上海大学文学院四十周年纪念文集

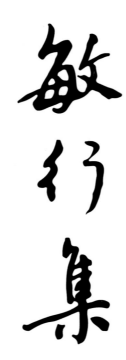

上海大学文学院 编

上海大学出版社

图书在版编目(CIP)数据

敏行集/上海大学文学院编. —上海：大海大学出版社，2018.12
(上海大学文学院四十周年纪念文集)
ISBN 978-7-5671-3370-9

Ⅰ.①敏… Ⅱ.①上… Ⅲ.①社会科学-文集 Ⅳ.①C53

中国版本图书馆CIP数据核字(2018)第274132号

书名题字　董乃斌
特邀编辑　苏　会
责任编辑　邹西礼
技术编辑　金　鑫　钱宇坤

敏行集

上海大学文学院四十周年纪念文集
上海大学文学院　编
上海大学出版社出版发行
(上海市上大路99号　邮政编码200444)
(http://www.shupress.cn　发行热线 021-66135112)
出版人　戴骏豪
＊
南京展望文化发展有限公司排版
上海世纪嘉晋数字信息技术有限公司印刷　各地新华书店经销
开本710mm×1000mm　1/16　印张25.75　字数448千
2018年12月第1版　2018年12月第1次印刷
ISBN 978-7-5671-3370-9/C·127　定价220.00元

《上海大学文学院四十周年纪念文集》
编辑委员会

主　任：张勇安　竺　剑
委　员：董乃斌　谢维扬　王晓明　陶飞亚　郭长刚
　　　　姚　蓉　杨位俭　倪　兰　黄景春　宁镇疆
　　　　朱善杰　杨万里

序 言 | Preface

40年栉风沐雨,我们与改革开放嘤鸣同响。

40载沧桑砥砺,我们与代代学子潮头弄浪。

2018年12月,将值上海大学文学院建院40周年华诞。时光流转,盛事如约。回望来时路,我们弦歌迭唱,宛转悠扬。1978年12月9日,复旦大学分校之成立,乃上海大学文学院之肇基。校长王中先生、党委书记李庆云同志,九畹初植兰,辛勤难具论。1983年,上海大学文学院始得今名,中文、历史、社会、涉外经济法、影视、广告、行政管理、信息、档案等9系15个本科专业,顺时而备举,素积而博洽。1994年,上海大学文学院焕新于四校融合,文学院初心自持,合社会、中文、历史、档案、文化研究5系于一体,而后顺应改革发展之大势,终集文史精华之大成,既览古今事,欲究治乱情。

道由白云尽,春与青溪长。时有落花至,远闻流水香。今天,学院已拥有中国语言文学、中国史、世界史3个一级学科博士学位授权点和中国语言文学、中国史、世界史3个博士后流动站,汉语国际教育、文物与博物馆等两个专业硕士点和政治学一级学科硕士点,怀瑾握瑜,春耕秋获。近年来,学院坚持走内涵式发展道路,以一流人才培养为中心,勇担人才培养、科学研究、文化传承、社会服务、国际合作之使命,以一流学科、一流教学、一流师资、一流科研、一流国际化、一流社会服务为牵引,以文化建设、平台建设、管理服务为保障,以传承和发扬中华文化自信为目标,切实践行博文雅人、转识成智之训,朝着建设一流的开放性、国际化、研究型学院扎实迈进。终见杏坛嘉木盛,泮池百花芳。

君子立言,非苟显其理,将以启天下之方悟者;立行,非独善其身,将以训天下之方动者。值此40周年院庆之际,我们秉承"立言行之谨慎"之宗旨,从老师们的丰富科研成果中,择其瑰琦锦绣,编撰成集,旨在汇聚学院智慧之结晶,为院庆献礼。这其中,既有多年吐纳涵泳、笔耕不辍、声名远播的学界前辈,也有甘守寂寞、淡泊名利、勤于磨砺的中流砥柱，还有生气勃勃、传承薪火、潜力无穷的后起之秀。我们更希望通过这本学术文集，向学界打开交流互鉴之门闾，搭起往来沟通之桥梁，以迎同行和专家学者之珠玉良言，用祛尘惑，益彰学术。

忆往昔岁月峥嵘，看如今海阔天高，望未来百尺竿头。上海大学文学院在40年的奋斗历程中清辉幽映、精益求精，共铸学院之精魂；文学院历代探索者在科学的哲思与人性的感悟中上下求索、左右采获，共期明日之辉煌。

因为我们怀揣激情，便无惧波澜翻涌，风雨兼程！

因为我们以梦为马，便敢越重关叠障，万里驰骋！

是为序。

编 者

2018 年 10 月

目 录 Contents

古 代 文 学

"唯一"传统还是两大传统贯穿？
——从"抒情"与"叙事"论中国文学史 …………………… 董乃斌 （003）
宋元诗话杂考 ………………………………………………… 林建福 （019）
论万俟咏词的流行及衰落 …………………………………… 吴惠娟 （025）
春秋政治生态变迁与诗歌创作政治化倾向演化 …………… 邵炳军 （037）
中国文学制度论 ……………………………………………… 饶龙隼 （057）
"演义"的生成 ………………………………………………… 杨绪容 （079）
清代才媛陈蕴莲战乱纪事诗谫论 …………………………… 尹楚兵 （092）
论"全民国诗话"的编纂及其意义 …………………………… 曹辛华 （102）
论交往场域中的诗词唱和 …………………………………… 姚 蓉 （115）
论陈世骧"抒情传统说""反传统"的启蒙底色及其现代性 …… 李 翰 （131）
《周易》"丧马"为"反马"婚俗考论 ……………………………… 杨秀礼 （147）
孔门分流与早期儒家文化的传播 …………………………… 梁 奇 （157）

古 典 文 献 学

元代江浙文人的串联风气和文艺创新 ……………………… 孙小力 （163）
论陈曾寿与晚清民国旧体诗坛 ……………………………… 张寅彭 （179）
钟嵘《诗品》评陆机"不贵绮错"文献考辨 …………………… 蔡锦芳 （201）
《文宗阁杂记》非汪中著作考 ………………………………… 王培军 （206）
《诗》学：调整与贯彻
——从清代前中期《诗经》学到张惠言词论 …………… 刘 奕 （237）

001

从《随园诗话》早期家刻本看涉红史料真伪问题 ················· 郑　幸（253）
近代报刊诗话的传统诗学影响和新变 ······················· 李德强（264）
隋代文学における劉善経の位置について ···················· 张宇超（274）

民间文学与俗文学

民族记忆构建的民间文学方式 ···························· 黄景春（289）
《草堂诗馀》三论 ···································· 杨万里（300）
"土之力"：论周作人的本土风物文化建构 ···················· 石圆圆（312）

汉语言文字学

异体字与汉字学研究 ·································· 王继洪（325）
上海话止遇两摄合口三等字读音及相关问题 ··················· 薛才德（339）
苏州话[i]元音的语音学分析 ···························· 凌　锋（352）
从《墨子》"选、择、选择"用法看"选择"成词 ················· 张　萍（365）
论特殊谐声字语音判定中的若干问题 ······················· 郑　妞（376）
从物性角色看汉语中动句中动词的语义约束 ··················· 李　强（385）

敏行集
上海大学文学院四十周年纪念文集

古代文学

"唯一"传统还是两大传统贯穿?
——从"抒情"与"叙事"论中国文学史

董乃斌

> 董乃斌,1942年生,上海人。1963年毕业于复旦大学中文系,之后到中国科学院文学研究所工作;1981年在中国社会科学院研究生院获文学硕士学位;1992年晋升为研究员,同时获国家级"有突出贡献的中青年专家"称号;1994—1998年,任中国社会科学院文学研究所副所长,研究生院教授、博士生导师;2001年调入上海大学文学院,任中文系教授。主要从事中国古代文学史研究,代表性著作有《李商隐的心灵世界》《中国古典小说的文体独立》《唐帝国的精神文明——民俗与文学》《中国文学叙事传统研究》《古代城市生活与文化叙事》《彩色插图中国文学史》(合著)等。

说中国文学史贯穿抒情、叙事两大传统,应该是顺理成章不言而喻的。然而,何以这又成了一个问题呢?那完全是因为先有了一个中国文学仅存在一个抒情传统的说法,而且这一说法长期流传,颇具权威,至今影响甚大——一些论者在对抒情传统的阐论中逐步把问题从文学表现方法扩展到文学的本质、创作的动因、作品艺术性的鉴赏和评价、作者心灵波动和创作行为的剖析、作者生活道路和思想情操的阐论,乃至对一国一族文学精神的判断和概括等,从而使"抒情传统论"上升为与整个文学史和文艺理论研究相关的一种宏观理论,并在实际上产生了研究范式的效应;更有甚者,个别论者还在某种程度上将本具独立性的叙事传统吞没,将叙事及其整个叙事传统笼统地含纳到抒情传统之中,而使其所谓的抒情传统变得庞大芜杂、无所不包,并以此为核心、为主要依据,去与西方文学进行比较。[①] 至此,"抒情传统说"就走到了"唯一"和"独尊"的地步,这就不能不用两大传统贯穿说来纠

---

① 柯庆明,萧驰,编.中国抒情传统的再发现.台北:台大出版中心,2009.陈国球,王德威,编.抒情之现代性:"抒情传统"论述与中国文学研究.北京:生活·读书·新知三联书店,2014.

偏、补正和平衡。否则,对中国文学史的认识和评价就不能全面而完整,也不符合中国文学的状况,甚至可能对现实文学的发展产生不良影响。当然,由于本文的目的是致力于"立",不想把精力放在对"抒情传统唯一独尊说"的批评上,也不想纠缠于抒情传统本身的局限,而主要是想就叙事、抒情两大传统在中国文学史中的合理性和必要性从正面说明。

一、"抒情"与"叙事"是同源共生的关系

抒情与叙事可以说是人类为维持物质生产、社会活动和精神生活必不可少的一种行为,两者都是因人类的表达、叙述、交往的需要而产生的。由于人类的口头语言、书面文字皆因表达和叙述方式而生,文学也就有了口头文学与书面文学之分。口头文学通过古人的代代口传,最后落实、保存到书面上,才能流传至今。书面文学虽是今日文学的大宗,但口头创作并未消亡,由口头而书面的转化(有时也反过来由书面而口头)至今依然存在。

文学有文学的特质。如果一言以蔽之,它归根到底是一种叙述;或者说,它是人类叙述的一种,是一种为了宣泄、告知、交流而做的叙述(请注意:是"叙述",不是"叙事")。① 所叙者或为身外之"事"、客观之"态",那便是"叙事";所叙者或为"情",包括叙述某种感受、看法、意见、观点即属于主观"情、志、意"范畴者,那便是"抒情"。叙事、抒情实为文学表现的两种最主要方法,至少中国文学(尤其是中国古典文学)是如此。在更多情况下,叙事、抒情交织在一起,混杂在一起,甚至难以区分,直到发展出各式各样的文学艺术样式;但对于研究者来说,抒情与叙事毕竟又是需要分清,而且是可以分清或基本分清的。

对于"叙事"从思维到行为的起源与逐步发展,现代心理科学、行为科学是有研究的,中国古代文献也提供了某些线索。有论者指出,叙事与古人对秩序的追求分不开。人的等级地位,宴会的座次,祭祀的排列,直至记录的序列,都与叙事思维和行为的形成有同一个内在根源。《易经·艮卦·象词》有"艮其辅,言有序,悔亡"之语。所谓"言有序",就与人的叙述行为即叙事有关。可见,古人很早就懂得"叙事有序"的重要性,言有序乃可无悔吝。"叙""事"二字搭配成词,则始

---

① 赵毅衡:"从这三个角度(人类进化、人的个体成长、人的梦幻)看,叙述的确是人生在世的本质特征,是人类最基本的生存方式。"他还对"叙述"下了一个简约定义,亦称"底线定义":"1. 某个主体把有人物参与的事件组织进一个符号文本中;2. 此文本可以被接收理解为具有时间和意义向度。"广义叙述学·导论.成都:四川大学出版社,2013:7.

见于《周礼·春官》所谓内史"掌叙事之法,受讷访,以诏王听治"。它说的虽是官员职责,但其实际内容与清晰有序地叙说事情显有瓜葛。①

二、在"大文学史"的范畴里讨论抒情、叙事

文学史范畴有大小,其大小则是由史家文学观之大小决定的。

"中国文学史"本是一个舶来的名词,经过一百多年的发展而形成一个学科。最初的"中国文学史"范畴,广泛而不明晰,其时流行的、作为文学史论著指导思想的是泛文学观,几乎把所有诉诸文字的东西,从经史子集到学术文章、簿书谱录之类都纳入文学范围。后来(大致在20世纪20年代之后)受西方文论影响,产生出纯文学观,把历史上许多应用型、实用性的文字(包括经国大文)排除在文学之外,只承认那些富于美感、触动感情而非以实际功用为主的作品才算文学,也才属于文学史的内容,在文体上便限于诗歌、小说、散文、戏剧四大块。这种纯而窄的文学史观念风行了数十年,至20世纪80年代以后,随着中国文化复兴思潮的高涨而渐起变化,一种新的大文学观逐渐崛起。

这所谓新的大文学观,要点有二:一是尊重中国历代占主流的文学观,即重视当时人的文学观。凡当时被视为文学的文本,特别是在文坛上受到重视、居于中心的创作,不因时过境迁,也不因与纯文学观扞格就将它们排除在文学史之外。二是判断一篇作品是否能够入文学史,应该是它的文学性。文学性与审美价值有关,其有无、多少并非纯主观的判断,而是有一定的客观性,可以分析和称量;文学性存在着层次,有高下、强弱、多寡、浓淡之分,文学史根据历史事实和今人评价加载具有不同分量文学性的作品,而不是仅根据文体形式容纳诗歌、小说、散文、戏剧四类文体的作品。

这样的文学观乃是新的大文学史观的基础,必然会影响所写文学史的面貌。最重要而显著的,是它容纳的作品种类大大多于纯文学史,而由于更全面真实地反映各历史时代的文学样态,也就不像纯文学史那样只限于今人认可的文学。比如,唐代几位以"大手笔"而闻名当世的作家,张说(667—730)、苏颋(670—727)、张九龄(678—740)、元稹(779—831)、权德舆(759—818)、陆贽(754—805)、李德裕(787—850)等,他们的很多奏议章表,或代朝廷起草的诏告文书,以前基本上不在文学史的视野之中,被关注的只是他们的诗赋杂文,实际上是不全

---

① 傅修延.先秦叙事研究——关于中国叙事传统的形成:第1章.北京:东方出版社,1999.

面的。有的人公务写作之外的私人作品少，像苏颋、陆贽，一般文学史就往往不提了，其实，他们的许多公务写作在当时影响很大，有的甚至影响了一代文风，不提他们，就不能完整地反映那段文学史的全貌。若从大文学史和抒叙两大传统的角度来看文学史，这些就都可弥补了。

这个所谓新的大文学观，与早期的泛文学观有联系而并不相同。因为，它有比纯而窄的文学观宽泛的特点，似乎有向往昔回归的倾向；但它又并非泛文学观的翻版，而是经过新文艺理论淘洗，对文学性有较新较深入认识的文学观。它对此前的泛文学观与纯文学观都是批判的继承。我们所讨论的中国文学史抒情、叙事两大传统的种种问题，正是以这个大文学史范畴为前提的。

三、文学的抒情、叙事与一定的文体有关，兼评"文史不分"

一切文学作品都需采用一种文体来表现。比如，在一般人的观念里，抒情多与诗歌有关，叙事多与小说、戏剧有关，散文则可兼叙事与抒情。但实际情况要复杂得多。倘若是对一篇具体作品作抒情还是叙事的分析，似乎还不是太难，只要对何谓抒情、何谓叙事有个比较明确的界限，便可就作品论作品。困难在于，超越一般的作品分析而进入"传统"的判断和论述。何谓抒情传统？何谓叙事传统？它们的关系又如何？这才是问题的症结，但也是这个问题的价值所在。对单篇作品的抒叙分析，影响主要限于对该作品的认识，而对抒情叙事传统及其关系的阐论则关乎文学史特质的判断裁定，当然更为宏大而重要。不过，对于文学史抒情叙事传统的阐论，离不开对具体作品的分析，传统的存在要由大量作品的历史性发展和沿革来构成，也要由此来证实和检验。所以，归根到底，对两大传统的研究不可能是空洞的理论阐述，还是离不开具体的而且往往是十分有趣的文学作品分析。

还有一个何谓"传统"的问题。所谓的"传统"，大体上就是在历史过程中形成和发展演变，并贯穿于历史过程之中的那些植根深厚、影响深刻、代代传承的特点。如果要从上古口头文学开始论文学的抒情和叙事传统，那么，最古老的诗歌谣谚是它们共同的源头，其中既有叙事成分，也有抒情的表现。即使以文字结集的第一部诗集《诗经》，也是如此。后世学者，有的把《诗经》视为抒情诗的总汇，也有的指出中国古典诗歌的每一种表现手法（无论叙事还是抒情），都能在其中找到根源。比较起来，我更赞同后者。

在文学后来的发展与分化中,往往要求押韵的诗歌较多地负担起抒情的职责,而不那么重视押韵的文字(文章),主要是史述,因为更便于叙事,也就更多地承担起叙事的责任。

抒情固然是诗歌的主要职责,但诗歌的抒情从来不可能脱离叙事。虽然纯抒情(包括纯议论)的诗歌作品不是没有①,但与巨大的诗歌总量比较,纯粹抒情议论之作毕竟是少数,大多数诗歌实处于抒叙结合状态,只是抒叙比例不同、抒叙结合方式各异而已。既往许多被笼统视为或说成是抒情诗的作品,仔细分析就能发现叙事的成分或因素,很需要用"抒中叙"或"叙中抒"的视角和方法加以重新研究;②更不用说那些叙事色彩明显,或公认为叙事之作的诗歌了。但就文学史总貌来看,不妨仍将诗歌视为抒情传统的主要承载者,因为文学抒情在诗歌以外的各种文体中虽然也有,但还是在诗歌里抒情的成分更多更明显,与音乐和歌舞关系密切(早期几乎三位一体)的诗似乎也更适宜抒情。最重要的,还因为抒情实乃诗歌独特擅长,若把"抒情载体"的资格也剥夺了,那诗歌文体还能充当什么传统的载体呢?它的价值会不会受到贬损呢?

叙事传统的源头是史述,从文体言之,就是散文,一般的文学史常称之为历史散文。把与此有关的大量作品划入文学史的研究范围,是前述大文学史观内容之一。

这些史述,包括某些甲骨文、钟鼎铭文等,更重要的当然是被视为"皆史"的"六经"。史学史不会忽略它们,但它们也早已进入文学史,是跨文史两域的存在。到了《春秋》及其三传,《国语》《战国策》等史书,则史述的水平已发展到相当高度。此时,叙事传统不但成形,而且已相当发达。再到纪传体史书出现,《太史公书》横空出世,中国文学的叙事传统就达到了它的第一个高峰。

编年体史书的文学性体现在叙事的眉目清晰,无论是错综复杂的外交活动,还是伏线久远、因果绵亘的酷烈战争,它都能叙述得有条不紊,有场面,有对话,

---

① 姑举二例,一是《古诗十九首》中"生年不满百,常怀千岁忧。昼短苦夜长,何不秉烛游?为乐当及时,何能待来兹?愚者爱惜费,但为后世嗤。仙人王子乔,难可与等期"一首,纯系诗人心情之直抒;二是陶渊明的《形影神》三首,以哲理阐发充当感情的舒泄。

② 例如,陈世骧在《中国文学的文化要义》(见:张晖编.中国文学的抒情传统——陈世骧古典文学论集.北京:生活·读书·新知三联书店,2015:60.)中提到谢朓诗《玉阶怨》:"夕殿下珠帘,流萤飞复息。长夜缝罗衣,思君其何极。"说明意象(珠帘)的抒情作用及其含义的固化。诗很精彩,但应视为是一首抒叙融合的代表性作品。前三句叙宫人从黄昏到深夜的所为所见(下珠帘、观流萤、缝罗衣),唯末句是抒,直言在整段时间里默默地思君。此诗不但有"人"有"事",甚至可想象为"有某种故事",完全符合赵毅衡定义要求的"具有时间和意义的向度"。至于意象,则不止一个,除"珠帘"外,还有"流萤"及其"飞复息",有"罗衣",乃至"长夜缝罗衣"的组合性意象或曰行为意象。众意象在时间过程中勾连照应,构成叙事,含蓄地表达了复杂深沉的感情。

有人物的活动,甚至有某些心理的描写和暗示。这是文学史家必须把它们写入文学史的理由。史学史家舍不得割爱,也可以从不同角度进行分析和肯定。人们由此看到了古人叙事思维的日趋精密,叙事能力的极大提高。

纪传体史书的文学性比编年体要高出一等。关键就在于"纪传"二字,它在体制上规定并突出了以"人"为中心。这就使它与号称"人学"的文学产生了更密切的联系,使史学的这一部分超越了史学而进入文学的领域。司马迁(前145—前90)的《史记》首创历史人物传记,其《本纪》《世家》《列传》中都有一些特别精彩的篇章,不但记载了历史人物的生平事迹,描述了他们的命运遭际,而且刻画、塑造了栩栩如生的人物形象,使一两千年后的读者阅之仍如闻其声、如见其人,而且许多人物的刻画进入人性深处,使之成为不朽的典型形象。

《史记》《汉书》《后汉书》以外的杂史杂传在东汉以后一度极为繁荣,这在唐人刘知几(661—721)的史论巨著《史通》中有重要的论述。虽然这类书籍大量佚失,但后继者不绝,并且还发展出新的史体,如具有地域特征的方志。这些都是叙事传统上重要的现象,遗存丰富。而《史通》则是对唐以前史学的总结,也可以说是对唐以前叙事传统的总结,而且是经典性的总结,其概前而起后的价值是怎样评估都不会为过的。

接下去发展起来的是数量巨大的碑传志铭类作品,是形式多样的文史笔记类作品。中国小说的源头,有人追溯到上古神话、诸子寓言,然后以魏晋时代繁荣起来的志怪、志人小说接续之。把小说史的源头和上述史学源头打通来看,中国文学史叙事传统起源之悠久遥远,就更加清楚了。

中国文史有着深厚渊源,文学中有史性的存在,史著中有文学(诗性)的成分,这是众所公认的。当然,随着科学思维的发展,文史也需要分科,不能混为一谈。古人在这方面曾作过很大的努力。刘知几《史通》的理论核心之一,就是阐明和划清文史的界限。在史著中彻底干净地排除文学成分,这几乎是历来史家恒久不变的心结,从刘知几到章学诚(1738—1801),无不如此。而在刘知几之前,当文学观念渐趋自觉,萧梁的昭明太子编选《文选》,则是通过选政,表达了文学家的态度。《文选》绝不选入任何史文,无论你把场面描写得多么精彩,无论你把人物刻画得多么生动(这也说明萧统的文学观尚未注意到"写人""叙事"的重要性),而只是选入了一些文字精粹的史赞和史论——它们用诗形的文字正面抒发史家的观点,是议论,但也如诗歌之抒情。问题是不管文家史家怎样努力地划分文史,文史总有一部分是无法分清的。文史的真正交集点,就在于对人物形象的刻画和描写。史部书的内容和形式非常多,许多不涉及人物描写(或虽涉及当事人,但不涉形象刻画)的部分,是可以与文学无关的。但只要一涉及人物形象的刻画,即使你宣布是百分之百的"非虚构"(实际上很难做到),也不能不与文学发生瓜葛,因为人物的刻画和塑造乃是文学的专利,也是文学至高无上的职责,故只要是纪传体史书,必有部分先天就具备文学性质,碑传志铭或涉人的笔记杂文小品之类,也是如此。所谓"文史不分"本是个十分笼统的说法,其实文史早已分道扬镳,其真正发生交集而永世无从解脱者,唯在人物传记一项而已。且在小说、戏剧充分发展起来之后,文学作品刻画人物形象的手段渐趋丰富无限,后世正史之人物纪传却日益拘谨、形成格套、缺乏进步,于是,写人和叙事的重心就逐渐转移,叙事的能力,"写人"的智慧,大踏步回归文学,说到文学叙事也就无须像早期那样非借重史部的著述不可了。

但尽管如此,文史的因缘仍然未断,说到中国文学的叙事传统,仍然必须文史兼顾。试看今日之文坛,出现了多少亦文亦史的作品!文学中的"非虚构""报告文学""传记文学"(或准传记文学)、各种回忆录,无不史性十足;而史部书中,除严肃板正的写法外,格外受欢迎的正是以文学笔法出之的作品,包括形形色色的口述史。美国史景迁的多本著作,实质是史,写法却近文,他的偶像和模仿对象就是纪传体史书和文学的鼻祖司马迁。

四、对"事"的认识、界定,"事"与抒、叙的关系

文学表达与任何表达一样,都是把作者心中的东西(感受、认识、知识、人物和故事等)外在化,以传达给别人。文学表达也和任何表达一样,是一个过程,是一个将作者主观告知他人的过程。

叙事之"叙"和"事"可分而视之。"叙"乃行为,"事"则是此行为之对象。所谓"事",即某种事情,包括事由(因)、事象、事态(状)、事境、事脉、事程、事果(结局)、事证(远期后果)……乃至某种故事,既可以是曾经发生过的实在事,也可以是想象中的虚构事。无论叙述哪种事,无论怎样叙,都是"叙事"。

抒、叙、议是人们从分析文学作品表现方式时总结出来、而再用之于分析更多文学作品的概念。正如古人曾用"赋比兴"来概括《诗经》和某些古诗的表现手法一样。当初的创作者只因有事要叙,有情要抒,怎样合适便怎样说出来或记下来,并不知道也不在乎自己发明创造了什么"赋比兴"。但研究者却不能不运用这些概念去分析,即使为此而争论不休也在所不惜。古人爱用的"赋比兴"概念,今人几乎不用了,常用的是"抒情""叙事""议论"这些概念。其实,"赋比兴"也

好,"抒叙议"也好,都是说明人们对文学作品表现方式做研究的概念。这些概念,既可以用于一篇篇文学作品的微观分析,也可用于中观视角的考察,如对一个作者全部作品、一批诗人的作品、一个时代的创作进行研究和分析。而将其提升到宏观视角来看,就会发现整个中国文学无非是抒叙的互动互渗,但因抒叙各有所长,甚至各有所能与不能,故又有所博弈竞争,在相互推挽中前进。

关于文学与"事"的关系,清人叶燮(1627—1703)在《原诗·内篇》中有过精彩的论述,不止一处讲到"理、事、情"与诗之道、诗之法的关系,虽是就诗而言,实可扩及全部文学。其中,最集中而重要的是以下这段话:

> 自开辟以来,天地之大,古今之变,万汇之赜,日星河岳,赋物象形,兵刑礼乐,饮食男女,于以发为文章,形为诗赋,其道万千,余得以三语蔽之:曰理,曰事,曰情,不出乎此而已。然则诗文一道,岂有定法哉?先揆乎其理,揆之于理而不谬,则理得;次征诸事,征之于事而不悖,则事得;终絜诸情,絜之于情而可通,则情得。三者得而不可易,则自然之法立。故法者,当乎理,确乎事,酌乎情,为三者之平准,而无所自为法也。

他是把"事、情"作为诗的内容来源,构成诗歌作品之基础,而以"理"渗透其中又凌驾其上,从而形成一个三角形(△)的样态,以此说明它们的关系。在叶氏观念中,"事"与"情"(有时还加上"景",但在后面的论述中又略去"景"而只提"事""情")既是促发诗人创作的动因,又是诗歌作品的根本内容:

> 原夫作诗者之肇端,而有事乎此也,必先有所触以兴起其意,而后措诸辞,属为句,敷之而成章。当其有所触而兴起也,其意、其辞、其句劈空而起,皆自无而有,随在取之于心,出而为情、为景、为事,人未尝言之,而自我始言之。故言者与闻其言者,诚可悦而永也。

他认为"事"在创作之前和之初,是触发作者情思的外在因素;经过创作,"事"及其引发的"情思"被写入诗中,成为诗中的"事"与"情"。这是经过作者主观心灵加工后的"事""情",与当初触发作者诗兴的"事""情"既有关联,又并非同一。叶氏还特地深论与诗有关之"事""理"的复杂情况:

> 子但知可言、可执之理之为理,而抑知名言所绝之理之为至理乎?子但

知有是事之为事,而抑知无是事之为凡事之所出乎?可言之理,人人能言之,又安在诗人之言之?可征之事,人人能述之,又安在诗人之述之?必有不可言之理,不可述之事,遇之于默会意象之表,而理与事无不灿然于前者也。

并且以杜甫(712—770)、李白(701—762)、王昌龄(698—757)、李益(746—829)、李贺(约791—约817)等人的诗句说明并强调"作诗者实写理、事、情,可以言,言可以解,解即为俗儒之作。惟不可名言之理,不可施见之事,不可径达之情,则幽渺以为理,想象以为事,惝恍以为情,方为理至、事至、情至之语"。①

叶燮对"事"在诗中作用和表现的论述,实已涉及叙事传统问题。概略地说,就是"情"与"事"构成了文学的两大内容,是诗文创作的基本构件。世上没有无事的文学,文学之"事"其实就是人的生活——所历所遇所见所闻,丰富多彩,花样百出,无所不包。"事"首先是以创作动因的姿态发挥作用,"事感说"认为人总是因"事"而生"情",因"情"的推动而进入创作,故世上也没有无情的文学。文学作品总是通过叙事和抒情的途径曲折而多样地表现那些"事"与"情",舒泄自己的积郁胸臆,也把它们传达给读者或听众。抒情与叙事是文学表达的两大主要手段,如此代代传承、代代积累,既有因继,又有变革,从而形成一种富于活力的创作传统——分观之是为抒情传统和叙事传统,合观之则为中国文学之表现体系。若将文学视为一种过程,则其创作阶段又可分为两段,前段是感事,即在生活中感受并酝酿情绪,寻觅灵感。后段进入写作,将心中所思付诸文字。抒情或叙事之行为就发生在这个时段。文学创作,看似方法无限,归纳之,则不出抒情、叙事二者,而且单抒单叙的情况极少,绝大多数是抒叙不同比例的融合。

清人刘熙载(1813—1881)的《诗概》也曾论及于此。其言曰:"赋不歌而诵,乐府歌而不诵,诗兼歌诵,而以时出之。"这是从诗歌、乐府、辞赋在表演方式上的差异着眼,来论说它们的区别。由于表演方式的不同,会影响到内容及抒叙方式的选择,故刘氏又曰:"《诗》,一种是歌,'君子作歌'是也;一种是诵,'吉甫作诵'是也,《楚辞》有《九歌》与《惜诵》,其音节可辨而知。《九歌》,歌也;《九章》,诵也。诗如少陵近《九章》,太白近《九歌》。"论到这里,于是总结道:"诵显而歌微,故长篇诵,短篇歌;叙事诵,抒情歌。诗以意法胜者宜诵,以声情胜者宜歌。古人之

---

① 叶燮.原诗·内篇//清诗话:下册.上海:上海古籍出版社,1978:574,575,567,585.

诗,疑若千支万派,然曾有出于歌诵外者乎?"①在这里,刘熙载明确指出了古代诗歌非叙事即抒情的事实。

刘熙载指出的古诗中长篇宜诵,故多叙事,短篇宜歌,故多抒情的情况,反观文学史,大致可以得到证实。但也还有人加以补充修正,如夏敬观(1875—1953)在《刘融斋诗概诠说》中云:"长篇不止叙事一种,亦有写意、写景、写情,或参错于其间,或专写意、写景、写情。短篇不止于写意一种,亦有用之叙事也;情景二者尤多。"②这一补充,不但肯定了诗之长篇多叙事,还指出诗之短篇"亦有用之叙事"的情况,以及无论长篇短篇往往是抒情(写意写情)、叙事、写景参错融混的状态。

文学必然也必须与事发生关系,文学总要这样那样地去表现事与情,但文学与事的关系有多种样态,关系有远近,不可一概而论。比如,有含事而并不实写某事者(或谓之"事在诗外"),有咏叹某事而不具体细致写其事者(咏史诗或于题目作出标示,或以极简括之语提示史事)。这两种都是事与诗(作品)有关而距离较远者。进一步,便是叙事,即具体写到或正面写出那桩事件来,这里可关涉各种文体,或为笔记小品,或为散文小说等,不一而足。若是诗体,则属所谓"事在诗中"者,其中叙述较详细者,则渐次向叙事诗靠拢。至于具体写法,花样极多,不胜枚举。

文学作品从含事,到咏事,再到叙事,是文学与事的关系一步步走近的过程。到了叙事阶段,作者描摹人物、模仿声口和铺排讲演故事的能力已大为提高。慢慢地,他们不但能够复述已有之事、真有之事,能够一般地添枝加叶、移花接木,而且能够凭空杜撰、按需虚构,能够无中生有地编派人物或故事,并把它讲得天花乱坠、诱人忘倦,在艺术上创造出可以乱真的"第二自然";或者用更时髦的"可能世界理论"来说,是通过艺术运作,将一种可能世界的情景描绘得如同实在世界一样。③ 同时,这也是作者一步步退隐幕后,少用直接抒情手法,而让抒情(包括述意、议论等)逐步融化于叙事之中的过程。所以,这也是抒情、叙事两大传统在发展中有所消长浮沉,有所博弈和竞争,从而显出不平衡状态的过程。

在文学与事的关系中,还有一个演事的阶段。叙事能力渐臻高峰,乃有演事

---

① 刘熙载.艺概·诗概.上海:上海古籍出版社,1978:76—77.
② 夏敬观.唐诗说·刘融斋诗概诠说.台北:河洛图书出版社,1975.王气中.艺概笺注·附录.贵阳:贵州人民出版社,1986.
③ 赵毅衡.广义叙述学·时间与情节·可能世界与三界通达.成都:四川大学出版社,2013:176—197.

能力的潜滋暗长,文学品种中,遂有戏剧的产生并迅速走向成熟。戏剧为艺术的综合体,其文学本质仍是叙事和表现,但与小说不同,戏剧的叙事人彻底隐退。真正的戏剧叙事人完全走入了幕后,他所叙述的故事人物则以角色的身份粉墨登场,把故事演练一番。① 戏剧又是叙事和抒情两大传统融合的最高形式。中国戏剧从古代歌舞表演萌芽,到唐代初成雏形,到宋元明清开始壮大成熟,有遍布全国各地南腔北调的地方戏,有所谓的花部和雅部,至近现代因受外来文化影响而多途发展,更出现各种新的形式,如话剧、歌剧、舞剧、电影、电视剧、广告等,直至今日方兴未艾的视频和网络游戏,媒介工具有所不同,花样、形态不断变换翻新,但本质仍不离叙事,仍以在故事中展现人物、塑造人物形象为宗旨,让设定的各类人物矛盾冲突演绎故事为表现手段。在抒情传统与叙事传统新一轮的博弈和竞赛中,叙事显得头角峥嵘、气场十足,呈现一派领先态势。叙事传统与抒情传统在浮沉起伏的关系中,进行着新的调整。

叙事领先不但表现在现实文坛份额分配上,也深刻地表现在读者的爱好倾向上。即使是古典文学研究者,其实也不满足于抒情,往往要"因情而寻事""由情而入事",考证笺注之学的大兴即与此有关。

五、叙事传统义涵的补充说明

文学的抒情传统和叙事传统之分,表现方法的差异仅是文学写作的浅表层次,稍一深究就须涉及文学表现之前的感受酝酿,涉及文学在人心(意识或意念)中的孕化生成等问题。即使仅仅把文学过程粗分为内在的涵育运思和以语言文字工具外化倾诉两个阶段,讨论抒情、叙事传统也不能仅仅限于外化的表达这个层面。无论抒情传统还是叙事传统,都关联着文学的全过程,贯穿其首尾,都与作者的自我定位和创作取向,与他观察生活、撷取和处理题材的姿态角度相关,也与他们的创作动机和目的分不开,再进一步,则还与作品的实际效用、影响和价值有关。这对我们更深入地理解文学和文学史,把握两大传统的内涵、更痛切地认识两大传统共存互补的必要性,或者更好地说明以抒情传统唯一、独尊而遮蔽、压抑叙事传统之违理和危害,都是非常重要的。

颜昆阳教授在《从反思中国文学"抒情传统"之建构以论"诗美典"的多面向

---

① 有的戏剧在出场人物中安排一个用来串场的局外叙述人,但并不是剧作家自身,仍然是剧作家笔下的一个角色。

变迁与丛聚状结构》一文中,对郑毓瑜教授的观点作过如下介绍:

  近年来,郑毓瑜有见于陈世骧以下对"抒情传统"的论述,大多关注在"抒情自我"的发现,强调内在主观心灵的优位性,相对将外在于人的景物,仅视为诗人情感的寄托。因此,她在《诗大序的诠释视域——"抒情传统"与类应世界观》《身体时气感与汉魏"抒情"诗》等篇论文中,乃试图从"类应"的观点,去探讨古代诗学中所建构庞大的"比物连类"体系,如何展现人在天地物我相互开放,彼此参与的存在情境中,产生"触物以致情"的歌咏,而"抒情"也不再只是内在主观单向的表现,而是"自我与空间的相互定义"。①

  这里首先是指出了一种事实,即陈世骧(1912—1971)教授以下的抒情传统论者,大多更为关注"抒情自我"的发现,强调文学创作中"内在主观心灵的优位性",而将外在于人的景物"仅视为诗人情感的寄托"。这个事实暴露了抒情传统说的偏颇和局限——过于关注,甚至只是关注"抒情自我",过于强调"内在主观心灵的优位性",而忽略甚至遮蔽、贬抑文学表现客观世界的能力和责任。创作者心灵的复杂深邃很有必要,简单浅薄是文学的大忌;但主体心灵除要善于挖掘和倾吐自身,也需有关注身外之事乃至天下大事的热诚和激情。虽不能认为,主抒情者必定拘囿于个人内心,或主叙事者就准定胸怀世界,关心他人,但抒叙二者毕竟出发点有异,要求也有所不同,容易造成这种差别。记得陈世骧教授曾经说过:"抒情精神(lyricism)成就了中国文学的荣耀,也造成它的局限。"②这局限究竟是什么? 又是怎样造成的呢? 是否与"抒情自我"的过度膨胀有点关系? 也许如此过度地阐扬抒情传统"内在主观心灵的优位性",把抒情传统"绝对化为唯一的传统",形成一种"覆盖性大论述",以至造成"整个中国文学被一元化,至少是绝对中心化、单一线性化"的状况,③并非是已对抒情精神(传统)之局限有所觉察的陈世骧的本意。颜昆阳教授的文章还说到,诸位学者在对抒情传统论的反思中各自提出了转向或补救的论点:

  高友工已预示此一转向的可能性,他特别从中国戏曲提出"描叙美典",已与"抒情美典"对观。蔡英俊先前虽多关于"抒情美典"的论述,近些年已关注到"叙

---

  ① 柯庆明,萧驰,编.中国抒情传统的再发现:下册.台北:台大出版中心,2009:735.
  ② 陈世骧.论中国抒情传统——1971年在美国亚洲研究学会比较文学讨论组的致辞.现代中文学刊,2014(2):55.
  ③ 颜昆阳.从反思中国文学'抒情传统'之建构以论'诗美典'的多面向变迁与丛聚状结构//柯庆明,萧驰.中国抒情传统的再发现:下册.台北:台大出版中心,2009:739,743.

事美典"的相关议题。前文述及龚鹏程从"假拟、代言、戏谑"诸类型,提示吾人开启"抒情、言志"传统以外的另一诠释视域。郑毓瑜也由主体性转而关注到客观"物"的世界,依藉身体论述与人文地理学的知识基础,从"类应"的观点,去探讨古代诗学所建构"比物连类"世界观的体系,而提出对"抒情传统"另一种取向客观面之理解的可能。

针对过度宣阐抒情传统说所造成的局限,人们似乎不约而同地想到用叙事(描叙)来作弥补。这当然不是偶然的。因为,若论文学之表现,自以"抒情"与"叙事"为两大可对举之范畴,其余种种描写和修辞手段皆为抒情或叙事服务,亦可归约到它们之中。而抒情与叙事二者则有根本区别,因之在讨论文学表现问题时,二者也就处于对举甚至某种程度对立的位置上。

抒情传统的本质和理论基石是情志至上,这就必然会导致个人中心的观念,从而鼓励个人,而且鼓励作者向心灵内部挖掘,以把作者变成高度纯粹的"抒情自我"为创作的最高追求,这与文学的自觉固然有关,或许也是文学发展的必经阶段和必要条件,但其弊端则是易致文学的私人化、空虚化、高蹈化。所谓中国古典诗歌之衰,主要乃是抒情传统之衰而已;若从叙事视角来作分析,未必就能得出衰落的结论;且欲拯救中国诗歌,向叙事传统寻求倒不失为途径之一。

文学叙事从来也不排除抒情,但"叙中抒"不是直白的呼喊,而是将感情和看法蕴涵在叙事之中;不是作者自我中心的倾诉舒泄,而是在叙事与写人写物中"润物细无声"地渗透,因而更为读者所乐见、所易于接受。与仅重视个人抒情不同,叙事需要作者心灵开放,眼睛向外向下,要十分关注自身以外的他人和事情,自觉留心客观世界万事万物,否则,若想抒情(比如写几行抒情诗)尚可,若要绘画场景、描叙人物、讲述故事,恐怕就不可能。所以,就文学表现手法言,叙事应该、而且必须对抒情有所襄助和补益,叙事实有帮助抒情突破自我而开拓文学天地之功。而就文学传统言,叙事与抒情自然也就不能互无瓜葛,不相交往。郑毓瑜教授敏锐地发现抒情言说的局限,乃提出不要将抒情仅理解为"内在主观单向的表现",而应是"自我与空间的相互定义"。事实上,若把这意见落实下来,也就不能不把叙事的某些职能赋予抒情,按此做去,便会出现"抒中叙"的现象。"抒中叙"与"叙中抒"当然不是一回事,但却都显示了两大传统难分难解的关系。

当然,无论"抒中叙"还是"叙中抒",所涉及的差别都在文学表达手法的范围之内,比这更重要更核心的还是抒叙的内容本身。内容可取,则抒叙皆不妨,也可以或抒或叙而皆佳好,各有所长,各尽其妙,各展所用,各得其爱,正不必厚此薄彼,更不必有我无你。

六、抒情叙事博弈消长,在演变中形成传统,构成文学史的千姿百态

综观中国文学史,从古到今可分为 7 个阶段,抒情与叙事两大传统贯穿始终。

1. 以文字产生之前的文学史史前阶段为起点,为抒情和叙事两大传统的远源。在此阶段中,与劳动、生活、宗教、民俗相联系的诗、歌、乐、舞等常同为一体而尚未严格区分,文学的抒情叙事均在自然发生和运作之中,而它们的关系还处于某种混沌状态。

2. 殷商后期经西周到春秋战国,加上短暂的秦代,时间在千年以上,为两大传统发端和初步生长阶段。此阶段最重要的文化事件是文字的产生、定型和实际应用。《诗经》、楚辞和早期史籍《尚书》《春秋》及其三传、《国语》《战国策》等皆出现于此阶段,它们是文学史两大传统明确而可信的源头。文史的瓜葛于焉发生,并由此历经变化地贯穿下来。

3. 两汉的 400 多年,是两大传统从成形到基本定型的阶段。抒情、叙事两大文学表现方式与各自主要依托的文体(诗歌辞赋——抒情;散文史传——叙事)关系日益明确而紧密。在这个阶段中,诗歌由四言为主发展出五言的格式,抒叙功能均大为提高,乐府的杂言则表现力更强。辞赋篇幅宏伟,结构趋于复杂,既发展着抒情议论和想象铺叙的能力,也探索着虚构述事、描画人物言行的途径。尤其重要的是《史记》的问世,宣告纪传体史述的诞生。从此,史部著述的这一部分(其根本特征是以人为单位叙述历史,记叙刻画人物的形象和命运)就与文学结下了不解之缘,而文学的叙事传统也因之壮大,并从此受其滋育和影响,至今未曾断绝。

4. 魏晋至隋亡的 400 年间,是两大传统自觉竞变、各自加速发展的阶段。以往人们认为魏晋始进入文学自觉时代,表现为文人自我意识日益高涨,诗歌的主体抒情性加强,故台湾学者多赞成以《古诗十九首》为抒情传统的开端(反对以《诗经》为始)。然而在我看来,这一阶段的文学自觉思潮可从其欲与史述分家的冲动觇之。陆机(261—303)的《文赋》突破"诗言志"之古训,倡"诗缘情以绮靡"之说,突出一个"情"字;《昭明文选》不录经、史、子之文,其序所谓"事出于沉思,

义归乎翰藻",实有重"文"轻"笔"之意。陆、萧皆似有以抒情、叙事区分文、史的暗念。刘勰(约465—520)的《文心雕龙》博涉当时诸种文体,自然触及叙事问题;钟嵘(约468—约518)的《诗品》论诗歌创作动因,也将"物感说"具体化为"事感说",但他们对文学之美与价值的裁断标准仍大致与陆、萧相应,抒情与抒情传统地位高于叙事和叙事传统,这一观念在文学界中逐步形成。而另一方面,叙事传统所主要依托的史述也在发展,不但各类正规的史传层出不穷,而且杂史别史乃至笔记小说也大量涌现,出现了《搜神记》《世说新语》等名著。这个阶段乃是两大传统都在加速发展,并且有所竞争的态势。

5. 唐宋两代600多年,是抒情传统达到高峰、叙事传统深入文学领域的阶段。在此阶段,抒情传统的主要代表是诗词,当时的人们若有情欲抒,大多会选择诗词的形式,而且抒情的技术也达到极为多样繁复、细密精巧的程度——故称之为"高峰"——但就在抒情传统发扬到最极致的时候,也并未拒绝叙事传统的渗入。在诗词辞赋这类韵文形式中,抒情与叙事两大传统是一派互渗互动、相融共进的景象。叙事传统除与抒情传统互融外,也有自身的发展,史传类和应用型作品繁荣,尤其是属于文学骄子的小说文体,在唐宋时代开始独立并快速成长,预示着它在文学史上辉煌的未来。当然,无论文言小说,还是通俗的白话小说,既从史述汲取营养、承继传统,也自始就与抒情传统、与诗词曲赋结有深刻的情缘。由于诗词作品的杰出成就和巨大影响,后世一些学者以偏概全,将这个阶段文学史以"唐诗宋词"来概指,甚而称之为"抒情时代"。其实,这不过是刻意地突出时代文学的主导趋向而已,并非否认叙事传统的存在。

6. 元明清三代的六七百年为叙事移向文坛中心、抒情传统沉潜变易的阶段。抒情传统既已在唐宋时代升至巅峰,之后自不可能再有巅峰。当然,在这一阶段,中国文学的抒情传统仍在延续,仍有演变,且屡欲崛起,但在与叙事文学的竞赛中,后者在时代开始转型的大趋势下借助文学商品化的巨大力量,表现出更强劲的活力。其中最值得重视的恐怕要数小说的繁荣和戏剧文学的发展。许多文学史将小说视为明清时代"一代之文学",与唐诗、宋词、元曲并列。而中国戏剧(戏曲)更是抒情叙事两大传统最佳结合的产物。中国戏剧亦叙亦抒,且叙不离抒,抒不离叙,达到了两大传统最密切最完美的交融,成为最能代表民族特色的文学样式。正是中国戏剧将两大传统推送到崭新的更高阶段,而中国诗词、史传文学、长短篇小说,则是它强有力的友军。当然,这一切也就显示出中国文学重心由抒情向叙事的转移和倾斜。

7. 时代、文化重大转型,两大传统关系进一步演化的新阶段。时间从民国建立(1912)算起,至今已逾百年,远未结束。这个阶段除中国自身的内在变化,更有欧风美雨的来袭,文学的新变迅捷而巨大。从两大传统的关系考察,最显眼的特点是以受众面广为特征的叙事文学(小说戏剧及各种新叙事样式)繁荣、发达、领先和进一步占据文坛中心和主流地位,而高雅精英的抒情文学(各类诗歌)虽数量尚伙而影响大不如前,呈现愈益退居边缘的状况。[①]

　　中国文学抒情叙事两大传统发展至今,在早已显露的倾斜趋势下呈现出更加鲜明突出的新景象:叙事传统日趋壮大,抒情传统渐见萎弱。之所以会如此,原因自不止一端,但有两条似可注意:一就外部条件而言,是文学的商品化、市场化;二就文学内部因素而言,则是抒情、叙事两类文学自身性质的区分。抒情文学是以自我心灵、个人情志为中心和创作动因,即以自我、个人为中心才能写出某种抒情文学来;而叙事文学不同,无论从写作素材还是从作品出路,都必须把世界和他人置于自身之上的首位来考虑,即使以自身遭际为叙述对象,也总要涉及一定的社会面。抒情文学,特别是号称纯粹的抒情文学,可以满足于自我把玩或小圈子的友朋酬答,甚或无意于当世流传而藏诸名山,可以不在乎市场,不在乎其商品价值,不在乎是否能转化为物质财富,而以此为清高脱俗。但叙事文学往往有具体现实的创作动机,所写常为世人关注的题材,写作时还必须考虑未来读者的观感和反应,必须考虑市场接受、欢迎的程度,因而在内容、形式、结构、技法上必挖空心思努力创新,不断求进。这样一来,就使得叙事文学无论是从被接受和受欢迎的社会效应看,还是从作品衍生繁殖的可能性和市场影响看,都比抒情文学胜出一筹。当然,广大受众的审美趣味是不断变化提高的,这种叙事作品(往往比较通俗)较受欢迎的情况会延续多长时间还要走着瞧。目前中国文学的抒情传统虽然在走下坡路,但绝不会就此消歇,更不会消亡。在叙事传统大发展的洪流中,抒情传统仍有自己的位置、自己的声音,仍将发挥自己的作用。两大传统无论怎样博弈、怎样互竞,仍然会互补互渗互相促进。今后的文学史,仍将是两大传统并肩前行、比翼齐飞的历史。

---

① 董乃斌. 中国文学叙事传统研究. 北京:中华书局,2012.

宋元诗话杂考

林建福

林建福，1947年生。1983年1月毕业于复旦大学分校中文系，1984年1月入上海大学文学院工作，2007年12月退休。副教授，硕士生导师。主要研究领域为先秦散文、宋代诗学。主讲课程有"中国古代文学作品选""中国古代文学史"（先秦—南北朝）""楚辞研究""先秦诸子导读"（后二门为研究生课程）。著有《文苑佛光——中国文僧》（合著）、《庄子直解》（合著）、《先秦诸子文精读》、《中国历代文选·先秦文选》等著作，并参与了《宋才子传笺证》《中国古代诗文名著提要》等书的撰写；发表有《试论楚辞体的衰微》《宋元诗话杂考》等论文。

最近几年，本人参加了《中国历代古籍总目提要·诗文评卷》宋金元部分的撰写工作，其间偶有所得，辄随时札记。有些内容已反映在《提要》稿中，有些则因体例所限，或不能展开，或无法容纳，遂草成此文，以求正方家。

一、张表臣《珊瑚钩诗话》

本书末条曰："余以百司从车驾止建康。一日，谒内相朱子发，论文甚洽。"朱震，字子发。内相，翰林学士之别称。李裕民先生《四库提要订误》称，据《宋史·朱震传》，震以"绍兴五年至七年间为中书舍人、翰林学士，此称内相，则本书应作于绍兴五年至七年或稍晚"。然而细考之下，其中有几个问题：第一，《宋史·朱震传》并未明确交代朱震担任中书舍人、翰林学士的具体时间；第二，朱震未曾同时担任过中书舍人和翰林学士两个职务；第三，中书舍人不得称"内相"；第四、朱震任翰林学士一职并非终于绍兴七年。

李心传《建炎以来系年要录》具体交代了朱震由任中书舍人到翰林学士乃至

以翰林学士致仕的时间表：绍兴五年(1135)八月癸丑,以起居郎兼侍讲兼资善堂赞读"试中书舍人,升翊善"(卷九二);六年正月癸未,以中书舍人兼侍讲兼资善堂翊善"试给事中"(卷九七);六年五月癸酉,以给事中兼侍讲兼资善堂翊善"兼权直学士院"(卷一○一);六年五月辛卯,以给事中兼侍讲兼资善堂翊善兼权直学士院"为翰林学士,兼侍读仍兼翊善"(同上);八年六月丁丑"疾亟",以翰林学士兼侍读兼资善堂翊善"上奏乞致仕,且荐尹焞代为翊善"(卷一二○),当夜即卒。从以上时间表可以看出,朱震于绍兴五年八月癸丑试中书舍人,自六年五月癸酉兼权直学士院时,已不再担任此职。而其任翰林学士则始于六年五月辛卯,这一职务一直担任到八年六月丁丑病故当日。故尽管《诗话》之作或早于朱震任翰林学士之前,然其书之成必在任翰林学士期间或稍晚,而绝不可能早于绍兴六年五月辛卯。李先生跳过了朱震由中书舍人转给事中一段,而以中书舍人径接翰林学士,似乎其在绍兴五年至七年兼任了中书舍人和翰林学士,以此作为考定《诗话》撰写时间的依据,似欠审慎。

　　书中所谓"余以百司从车驾止建康"一事,考《建炎以来系年要录》卷一○九、一一八,宋高宗赵构驻跸建康的时间为绍兴七年三月辛未至八年二月癸亥,《宋史》卷二八、二九所记相同,则作者之扈从车驾必在此时,而《诗话》亦当成于此期间或稍后。

　　又,关于本书卷数,《皕宋楼藏书志》卷一一八有宋刊本三卷,《善本书室藏书志》卷三九有影宋旧抄本三卷;《仪顾堂题跋》卷十三有宋刊本二卷;《百川书志》卷十八则作一卷,《述古堂藏书目录》卷七又有抄本一卷,未知是否完本。郭绍虞先生《宋诗话考》称"是书二卷,亦有分作三卷者,今《百川》本二卷,《历代诗话》及《萤雪轩》本皆三卷"。然《澹生堂藏书目》卷十四有《百川学海》本《珊瑚钩诗话》三卷,考今存各宋、明刊本《百川学海》均为三卷,其他通行各本亦三卷(《说郛》本一卷,不全)。

二、吴聿《观林诗话》

　　关于此书作者,《直斋书录解题》题"楚东吴聿子书撰"。四库馆臣按语则称"《文献通考》'吴聿'作'张律'"。张宗泰《鲁岩所学集》卷六、《善本书室藏书志》卷三九及《宋诗话考》均沿此说。然《四库全书总目提要》仍作"吴聿",《文献通考》引上述《直斋书录解题》语,"吴聿"作"吴律",而非"张律"。考诸家书目多作"吴聿",当以"吴聿"为是。

吴聿生平事迹不详，《直斋书录解题》亦云"未详何人"。唯书中自言曾往过宛丘道中，家有听雨轩，曾集古今人诗句，又与"琏公"、"敏闻"游，余皆不可考。

此书版本，《邵亭知见书目》（清莫友芝撰，子莫绳孙编）谓有《学海类编》本、《墨海金壶》本，然二书实未收。

三、曾季貍《艇斋诗话》

书中叙及张元干"后以累失官"，当指其以《贺新郎》词送胡铨受累一事。王明清《挥麈后录》卷十云，绍兴八年（1138），胡铨上书斥和议，劾秦桧、孙近、王正道等。十二年，"诏除名，勒停送新州编管"。张元干时"寓居三山，以长短句送其行"。后胡铨被"移送吉阳军编管"。此后"又数年，秦（桧）始闻仲宗（张元干字）之词"，遂"追赴大理削籍焉"。据《宋史》卷三七四《胡铨传》，铨之移送吉阳军编管一事在绍兴十八年十一月己亥。余嘉锡先生据此推断"元干之被除名，似当在绍兴二十年以后"（《四库提要辨证》卷十四），则《诗话》更当成于其后。罗根泽先生《两宋诗话年代存佚残辑表》称"作于绍兴二十年前后"（见《中国文学批评史》第三册）是比较稳妥的意见。但成书时间则一定在绍兴二十年后。而郭绍虞先生推测本书之成"殆在隆兴乾道间"（《宋诗话考》上卷），似嫌太迟。

又，郭先生称"未见"钱熙辅续辑《艺海珠尘》收入本书，"当未刊行也"（同上书），经查，本书正收于《艺海珠尘》壬集。

四、陈岩肖《庚溪诗话》

关于作者家世及生平，诸书记载甚略，唯知其绍兴八年（1138），以任子中博学宏词科，赐同进士出身，任至兵部侍郎，见《续资治通鉴》卷一二〇、《宋诗纪事》卷四十五。由本书可考得者尚有：（一）其父德固，死于靖康之难："岩肖之先君光禄，靖康间为京城守御司属官，尝以守御策献之朝，而议者沮之，京城失守，督将士与虏战，遂以身徇国。"（卷下）（二）其本人在靖康间尝游京师天清寺，寓景德寺。（三）建炎己酉（1129）至建康："建炎己酉岁，车驾驻跸建康，毘陵钱申仲绅赴召命，仆亦以事至彼，与之同邸。"（卷上）（四）绍兴初登第前曾官建康，任建康府司法参军、右迪功郎，见《续资治通鉴》卷一二〇。（五）绍兴庚午（1150），先官吴门，后为临安秋试考试官。（六）绍兴丙子（1156），罢尚书郎，寓居无锡。（七）隆兴、乾道间，任恭王府讲读官："当今皇太子……方其处恭邸时，在三王

中,阅经史习艺业为最多,每为诗篇,辞语高妙。岩肖时备讲读官,每讲退,则与同僚咏叹敬服不已。"(卷上)

五、周必大《二老堂诗话》

本书卷数,今传有作一卷者,作二卷者,然除《说郛》本所收不全外,各本内容均同。唯《宋诗话考》称"《善本书室藏书志》作三卷,疑误"。然《藏书志》实未著录此书。

六、赵令畤《侯鲭诗话》

《宋诗话考》作一卷,误。按,此书系日本学者近藤元粹辑自《知不足斋丛书》本《侯鲭录》,收入其所编《萤雪轩丛书》卷九。近藤氏于序中明言,就《侯鲭录》中"特钞出涉于诗者,分为二卷,命曰《侯鲭诗话》"。其上卷摘自《侯鲭录》卷一至卷三,下卷摘自卷五至卷八。

七、洪迈《容斋诗话》

《四库全书总目提要》称"此编诸家书目皆不载其名,唯《文渊阁书目》有之,《永乐大典》亦于'诗'字韵下全部收入,则宋元以来已有此编"。实则本书明代书目多有著录,除《文渊阁书目》外,钱溥《秘阁书目》、董其昌《玄赏斋书目》卷七、赵用贤《赵定宇书目》均载其名。清初则钱曾《也是园藏书目》卷七诗文评类著录之。其后丁氏《八千卷楼书目》卷二十集部诗文评类亦有著录,民国邓邦述《群碧楼善本书录》卷六更有抄本六卷。

八、《比红儿诗话》

此书因其价值不高,向不为所重,问题亦最多。《郡斋读书志》卷十八别集类中(上海古籍出版社,1990)、《直斋书录解题》卷十九诗集类上(上海古籍出版社,1987)及《文献通考》均有《比红儿诗》一卷,题唐罗虬撰。《晁氏宝文堂书目》卷上诗词类,《近古堂书目》卷下唐诗类及《赵定宇书目》亦有著录。而《比红儿诗话》则不见于诸家书目,仅清人吴兆宜在其《玉台新咏笺注》卷十中提及,称宋人冯曾撰。《说郛》虽收此书,然现存几种明抄本及据明抄本校理的涵芬楼本均作《比红儿诗》,题罗虬撰;宛委山堂本则作《比红儿诗话》,题宋冯曾撰。

按,《比红儿诗》系唐人罗虬所作。《郡斋读书志》称虬"词藻富赡,与其族人隐、邺齐名,时号'三罗'。从鄜州李孝恭,籍中有杜红儿者,善歌,常为副使者属意。副使聘邻道,虬请红儿歌,赠之以采。孝恭不令受,虬怒,拂衣而起。诘旦,手刃之。既而追其冤,作绝句诗百篇,借古人以比其艳,盛行于世"①。《唐诗纪事》卷六九收录此诗,凡七言绝句一百首。而就现存几种《说郛》本《比红儿诗话》来看,似系《比红儿诗》的注释②。然而,一则明出处、释词句原系诗话内容之一,郭绍虞先生称"宋人诗话又往往走上考据或注释一路"(《宋诗话辑佚·序》)。倘能确定该书作者是宋人的话,则名之曰"诗话"原不足怪;二则《说郛》所收乃节本,本书注释之外的内容已被编者删去,亦未可知。

关于《比红儿诗话》的撰者。如上所述,宛委山堂本《说郛》、吴兆宜《玉台新咏笺注》均题宋冯曾,明抄本及涵芬楼本《说郛》书名既误作《比红儿诗》,撰者亦随之而题罗虬。而台湾《"中央研究院"历史语言研究所善本书目》集部诗文评类诗话之属有《古今诗话》,其中有《比红儿诗》一卷,题曰冯曾撰。书名末当有"话"字,疑是排印致脱。李盛铎旧藏之《古今诗话》卷八则作《比红儿诗话》,(宋)冯曾"(见李盛铎著、张玉范整理《木樨轩藏书题记及书录》卷四集部诗文评类)。考书中所载未有晚于宋代者,其中"范宽之"一则,宽之系范讽之子,约为仁宗时人,官终尚书刑部郎中,知濠州,见《宋史》卷三〇四《范讽传》附。涵芬楼本又引梅尧臣栀子诗,见《宛陵集》卷四《植栀子树二窠十一本于松侧》。据此二端足以证明,撰《诗话》者绝非唐人。书中又有释"破瓜"一则曰:"孙绰情人诗云'碧玉破瓜时',吕洞宾诗云'功成当在破瓜年',杨文公谓俗以破瓜为二八。"杨文公即北宋初人杨亿,卒谥"文",此语出自《杨文公谈苑》。按,对本朝已故者以谥号相称虽非通例,但细揣该则语意,当是本朝人口吻,然则撰者为宋人当确定无疑,在没有更可靠材料的情况下,作冯曾自较稳妥。

罗冯二书,一为诗别集,一为诗话,原不致混淆,盖因书名一字之差,遂成迷

---

① 按,此前《唐摭言》卷十亦有相同记载,然不及《郡斋读书志》所记完整易读。
② 明人稽留山樵辑《古今诗话》卷八亦收入《比红儿诗话》。《古今诗话》有明末刊本,台湾"中央研究院"历史语言研究所、美国普林斯顿大学葛思德东方图书馆均有藏本,台湾广文书局又收入其所编《古今诗话续编》中。清人李盛铎旧藏有残本,李书后大半归北京图书馆,然《北京图书馆古籍善本书目》《中国古籍善本书目》均未见著录。按,《古今诗话》今不易见,然郭绍虞先生称其乃"书贾从《说郛》中诗话之著复印以成者"(《宋诗话考》中卷之上)、《普林斯顿大学葛思德东方图书馆中文旧籍目录》(台湾商务印书馆,1990年9月初版)亦称此书"系以《说郛》版本重辑印者"。是则其所收《比红儿诗话》与《说郛》所收实即一本。

障。除上述明抄本、涵芬楼本《说郛》误题外,《唐人说荟》《五朝小说大观》等说部丛书均误收罗虬《比红儿诗》,而不收"体兼说部"的《比红儿诗话》。《中国丛书综录》集部诗文评类不收《比红儿诗话》,却以各本《说郛》所收入集部别集类,且均题罗虬《比红儿诗》。罗根泽先生《两宋诗话年代存佚残辑表》、郭绍虞先生《宋诗话考》及吴文治先生新近主编的《宋诗话全编》则均不收《比红儿诗话》。按,为《比红儿诗》作注释者尚有宋人方崧《解注比红儿诗集》和清人沈可培《比红儿诗注》①,然唯独冯曾所撰称"诗话",既如此,则自不应忽视。罗氏等所撰三书皆以网罗赅备称,不收此书,实属憾事。又,书中"马明生随神女入室,卧紫金床"一则,出自葛洪《神仙传》及《太平御览》《太平广记》等书。"明",《神仙传》作"鸣",《太平御览》《太平广记》或作"明",或作"鸣",实即一人②;宛委山堂本《说郛》作"主",涵芬楼本作"王",均误。别有所谓"马明王"者,系蚕神马头娘之别称,然有关其传说中,并无随神女入室卧紫金床事。故《说郛》本中的"马明主"或"马明王"实即马明(鸣)生。

---

① 方崧即《郡斋读书志》中所说注《比红儿诗》之方性夫,性夫系其字。方、沈二注今均存。

② 按,据《神仙传》及《太平广记》,马鸣生系临淄人,本姓和,字君贤,少为县吏,因捕贼而为贼所伤,几死,得神人救之,遂弃职随神,更易姓名,自号马鸣生。《四库全书》本《神仙传》卷五《马鸣生》一则无马鸣生随神女入室卧紫金床事。而《太平御览》卷七〇六引《马明先生别传》:"明生随神女还岱宗,石室中金床玉几。"(书名中"先"字疑衍。)《太平广记》卷五七《太真夫人》一则引《神仙传》:"君贤乃易姓名,自号马明生,随夫人执役。夫人还入东岳岱宗山……石室中有金床玉几,珍物奇玮,人迹所不能至。"所记与《诗话》相近。

论万俟咏词的流行及衰落

吴惠娟

> 吴惠娟,女,1948年生。下乡知青。毕业于哈尔滨师范大学中文系,获文学硕士学位。1981年3月入复旦大学分校中文系(上海大学中文系前身)工作。教授,博士生导师。主要研究领域为唐宋诗词。开设课程有"唐宋文学史""魏晋六朝隋唐五代文学史""宋元文学史""历代文学作品选""唐宋词美学""中国古代艺术文化史"等。出版《唐宋词审美观照》(获第三届夏承焘词学奖二等奖)、《自是花中第一流——李清照诗词注评》《李清照词集导读》《诗骚辉煌——诗经、楚辞选评》等著作;在《文学遗产》《学术月刊》《词学》等刊物发表论文20余篇;完成上海市哲学社会科学课题《唐宋词从流行到经典的演进研究》。

唐宋词坛上,有一种现象值得我们重视。有一些词人,曾名重一时,或获得众多的追随者,或获得极高的声誉。可曾几何时,他们风光不再,或湮没无闻,或被后人不屑一顾,即使有人推崇,但也难于赢得众人的崇仰,引起曾经有过的轰动效应。他们被后代毫不留情地抛弃。他们在词坛上的历史,印证了一个颠破不灭的真理:流行的未必成经典!研究这一文学现象对于考察当前的流行文化、如何引领流行文化具有重要的借鉴意义。

唐宋词坛上出现这样一种文学现象的词人较为典型的有曹组(曹元宠)、万俟咏(万俟雅言)、康与之(康伯可)等。本文以万俟咏其人其作为例,管中窥豹,以期探讨这一文化现象。

一

万俟咏,生卒年不详,现存相关资料很少。关于其较为可靠的记载见诸陈振孙《直斋书录解题》、王灼《碧鸡漫志》卷二、李心传《建炎以来系年要录》卷三十四,其中以王灼的《碧鸡漫志》卷二记载最详。我们仔细爬梳这些数据,亦可勾勒万俟咏生平的大致轮廓。王灼谓其为"元祐诗赋科老手也",①当指其不止一次参加科考。"元佑"是宋哲宗年号(1086—1094),共为八年。元祐时考试"添诗赋"分设经义、诗赋两科。后又改为第一场试本经义及《论语》或《孟子》,第二场试诗赋,第三场试论,第四场试子、史、时务策。② 据《文献通考》载,元祐年间开考两次,一次为元祐三年,一次为元祐六年,③万俟咏既谓"老手",当两次考试都应参加。那么,元祐初,万俟咏至少已经成年,王如此称谓万俟咏,万俟咏当已不年轻。据《全宋词》二《万俟咏小传》:"绍兴五年(1135),补下州文学。"④现考为万俟卨之误。⑤ 目前涉及万俟咏最晚的生平资料,当见李心传《建炎以来系年要录》卷三十四:"(建炎四年六月)辛未朔,通直郎万俟咏者,工小词,尝为大晟府制撰,得官。至是因所亲携书入禁中,乞进官二等,上(高宗)览而掷之。"建炎四年(1130)万俟咏当还健在。还有强烈的升迁愿望。如果元祐元年,万俟咏二三十岁的话,至此,万俟咏至少已有六七十岁。

　　万俟咏一生沉沦下僚。其元祐科考屡屡失意。绍圣以后,又废试诗赋,其以诗赋为擅长,故心灰意冷,"不复进取,自称大梁词隐"⑥。大梁即战国时魏国国都,今开封市。开封为万俟姓的望郡。刘毓盘《辑校〈大声集〉跋》云:"惟不详其(万俟咏)何许人,其自号大梁词隐,或即大梁人也。"万俟咏称己为词隐,乃是一种无奈。其实他并未泯灭求仕之心。"政和初,召试补官,置大晟乐府制撰之职"⑦,政和二年五月蔡京以太师总治三省事,位在宰相之上,可谓炙手可热。当时在大晟府任职的大多是蔡京的门客,现没有确凿的资料证实万俟咏也是蔡的门客,但他依附蔡京集团应毫无疑问。其任职时期主动奉迎当政者,写了大量的谀颂词。其在大晟府任职的时间也很长。《碧鸡漫志》卷二载"新广八十四调,患谱弗传,雅言请以盛德大业及祥瑞事迹制词实谱,有旨依月用律,月进一曲,自此新谱稍传"。⑧据《宋史》所载,政和六年,诏曰:"大晟雅乐,顷岁已命儒臣著乐书,独宴乐未有记述。其令大晟府编集八十四调并图谱"。⑨ 由此可推测,政和六

---

　① 　王灼.碧鸡漫志·卷2//唐圭璋.词话丛编:第6册.北京:中华书局,1986:87.
　② 　宋史·卷155·选举志一.北京:中华书局,1977.宋会要辑稿·选举三之四十九.北京:中华书局,1957.
　③ 　《文献通考》·32·选举五.北京:中华书局,1986:306.
　④ 　唐圭璋.全宋词:二.北京:中华书局,1965:807.
　⑤ 　李心传.建炎以来系年要录·卷八十九.北京:中华书局,1956:1480.
　⑥⑦⑧　王灼.碧鸡漫志·卷2//唐圭璋.词话丛编:第1册.北京:中华书局,1986:87.
　⑨ 　宋史.卷129.北京:中华书局,1977:3015.

年,万俟咏还在大晟府任职。何时离职不详。

以后任新职的材料零星可见,但官职都很低下。

据《宋会要辑稿》:"(宣和)四年四月十一日枢密院奏:勘会提举陕西等路买马监牧司恭承圣训遵依元丰成法减茶买马。宣和二年八月至三年十月买获马二万二千八百三十四匹,计减省钱二百八十五万六千五百余贯有畸。令具秦川两司合推赏官吏职务姓名下项……第三等干当公事万俟咏、李与同,各减二年半磨勘。"①那么宣和二年至少已60上下的万俟咏只不过在买马监牧司中任一干当公事。干当公事只是一个属官。

万俟咏最高的官职当是《建炎以来系年要录》中提到的"通直郎"了②。而"通直郎"是文散官名,在宋代也只不过是个从六品的低级官员。长期沉沦下僚的万俟咏按捺不住内心的煎熬,并不甘心以此终老,于是有了《要录》卷三十四所载托亲求官,结果不成反受耻辱之事。帝王的鄙视令万俟咏从此湮没无闻,也不知何年何日其黯然离开了这个没有满足他功名欲望的世界。

二

万俟咏作为一个词人,曾经有过辉煌。当年曾"每出一章,信宿喧传都下"③,"山谷亦称之为一代词人"④。由此可见其词流传之速、词名之盛、词誉之高。

据陈振孙《直斋书录解题》卷二十一《歌词类》载:《大声集》五卷。赵万里《〈大声集〉辑本题记》言:"《漫志》又云:'雅言初自集分两体,曰雅词,曰侧艳,目之为《胜萱丽藻》。后召试入官,以侧艳体无赖太盛,削去之,再编成集,分五体,曰应制,曰风月脂粉,曰雪月风花,曰脂粉才情,曰杂类。周美成目之曰《大声》。'说与直斋所云五卷合。"可见当时作品数量当为不少。

南渡以后,词风变化,对万俟咏来说可谓时过境迁,他在词坛已无往日的风光。

在南宋人所选宋词中,万俟咏的词被收入的并不多。有的竟一首不选。最早的鲖杨居士所编《复雅歌词》50卷,已佚。此为北宋末年所出大型选本,选词

---

① 宋会要辑稿.职官43之101—102.北京:中华书局,1957.
② 建炎以来系年要录·卷34.北京:中华书局,1956:657.
③ 王灼.碧鸡漫志·卷2//唐圭璋.词话丛编:第1册.北京:中华书局,1986:87.
④ 黄昇.唐宋诸贤绝妙词选·卷7.唐宋人选唐宋词:下.上海:上海古籍出版社,2004:655.

4 300余首,至于录万俟咏词之数目现已不可知。目前留存资料中,宋陈元靓《岁时广记》引《复雅歌词》7则,其中2则为万俟咏词。稍后,曾慥编选《乐府雅词》,但他没有收录万俟咏之词。曾慥生活的年代与万俟咏生活的年代相近。如上所述,建炎四年(1130)万俟咏还健在,而曾慥的《乐府雅词》成书于绍兴十六年(1146),曾慥选录了北宋及南渡前后、与其同时代的34家词人词作,其选择的标准是摒弃"谐谑"和"艳曲",但万俟咏的"雅词"也未入曾慥的法眼。其后,宋书坊编选、何士信增修笺注《草堂诗馀》共收词370首,其中只收了万俟咏《梅花引》(晓风酸)、《三台》(见梨花初带夜月)两首。① 《草堂诗馀》是宋代的流行歌曲集,"类编"专为应歌而设,以便歌者。后明嘉靖年间顾从敬把类编改成分调本,于是《草堂诗馀》风行于明代。可是万俟咏只有两首词跟随流行。再后,黄昇编选《唐宋诸贤绝妙词选》,共选词515首,其中所选万俟咏词除了与《草堂诗馀》相同的两首之外,又加了11首,共计13首。《唐宋诸贤绝妙词选》共收134词家之作,收词在10首之上的词家不到10位,黄不仅收录万俟咏词的数量不少,并且对其的评价亦很高,黄言:"雅言之词,词之圣者也。发妙旨于律吕之中,运巧思于斧凿之外,平而工,和而雅,比诸刻逐句意而求精丽者,远矣。"② 由此足见黄的推崇。这也许是万俟咏词流传中获得的最高褒奖。

南宋后期赵闻礼编选《阳春白雪》,所选词人,大都是南宋词家。其在宋人总集中最为晚出,故流传不广。他于卷三选万俟咏词一首即《木兰花慢》(恨莺花渐老)。③

宋代除了一些词集选本中选了万俟咏词之外,还有别的著作中也收俟咏词。其中有陈景沂《全芳备祖》,此书虽不是词的选本,只是一本有关花谱类著作,但书里收录与花有关的诗词文赋,赵万里辑《大声集》,转录其收万俟咏词两首,即《尉迟杯慢》(碎云薄)、《钿带长中腔》(簌真香)。

而在南宋的诗话中则很少涉及万俟咏的词,现存资料中只有《苕溪渔隐丛话》后集卷三十五,谈到咏桂花词时提及他的《蓦山溪》,④至于评价就更为鲜见了。从以上数据看,南宋时人们已对万俟咏之词持有不同的态度,而且推崇其词的也为极少数。

元代,陈元靓在记录风俗、时令的笔记《岁时广记》中有6处提到万俟咏有关

---

① 宋佚名原编,何士信增修.草堂诗馀//唐宋人选唐宋词:上.上海:上海古籍出版社,2004:531,540.
② 黄昇.唐宋诸贤绝妙词选//唐宋人选唐宋词:下.上海:上海古籍出版社,2004:658.
③ 赵闻礼.阳春白雪//唐宋人选唐宋词:下.上海:上海古籍出版社,2004:907.
④ 胡仔.苕溪渔隐词话·后集卷35.北京:人民文学出版社1962年版,277.

时令的词(其中包括转引《复雅歌词》所收之词)。①

　　明代,关注万俟咏词的人寥寥无几。明人陈耀文所编《花草粹编》,其搜采颇为广泛。赵万里从其集里辑得万俟咏词五首。杨慎在《词品》中提到万俟咏,他只是录其简况并转述前人的评价,选择的全为正面的褒扬之辞,当然这也代表了杨慎的评价,颇有推崇之意。② 另外,明代的吴从先《草堂诗馀隽》、③卓人月《古今词统》、④潘游龙《古今诗馀醉》⑤都有对万俟咏词的点评,但往往只有一二首,不过点评中多有赞赏。

　　清代词评家对万俟咏的评论比明代略多,但大约也就六七则,就连这六七则也褒贬不一。褒者如陈廷焯,他从作品的审美角度出发,不仅肯定其长调,特推崇其小令的妙境。⑥ 吴梅则从传播角度,言《大声集》虽不传,但其《春草碧》《三台》《卓牌儿》诸词,还是流传千古等。⑦ 贬者或联系人品论词品,或深入分析其作品的美学缺陷。如王昶认为论必论其人,如晁端礼、万俟咏、康顺之之类词人,其在俳优戏弄之间,故词亦庸俗不可耐。⑧ 而汪东在《唐宋词选评语》中认为万俟咏词的体制格律与柳永相近,但他只有与柳永类似的雍容铺叙之才,而缺乏柳永沉着透快之笔,故不可相提并论。⑨ 这些批评颇为成熟,并非拾前人牙慧,论者对万俟咏词的解读也更为深入,评论的视野也颇为拓展。清代词坛的创作和评论都非常活跃,可以说达到了一个新的高峰。可惜的是关注万俟咏和其词作的人实在太少。

　　近代词学界并没有抛弃万俟咏。一些学者有感于万俟咏词集的散落,欲做一些补救工作,吴昌绶在《宋金元词集见存卷目》中谈到欲辑万俟氏词,以见大晟遗制,但久而未成。求助各本,只得23首。稍后的赵万里在《〈大声集〉辑本题记》言:"除周、晁外,馀并无专集传世。一代宗工(指万俟咏),至今并其名亦几不传,良可叹也。"他为收集万俟咏词出力甚多,所辑《大声集》一半左右来源于黄昇的《唐宋诸贤绝妙词选》,其余分别来自《岁时广记》(包括《岁时广记》引宋鲖阳居

---

① 参见陈元靓《岁时广记》卷八《食春菜》条、《为春鸡》条,卷十一《预赏灯》条、《赐金瓯》条,卷二十一《趁天中》条,卷三十四《菊花酒》条。陆心源《十万卷楼丛书》光绪八年刻本,上海图书馆藏。
② 杨慎. 词品·卷四//词话丛编:第一册. 北京:中华书局,1986:501.
③ 吴从先、宁野甫汇编《新刻李于麟先生批评注释草堂诗馀隽》一卷,(明)师俭堂萧少衢万历四十七年刻本,上海图书馆藏。
④ 卓人月. 古今词统·卷三//续修四库全书:1728册. 上海:上海古籍出版社 1995:516.
⑤ 潘游龙《古今诗馀醉》卷三、卷十一。清初刻本,上海图书馆藏。
⑥ 陈廷焯《云韶集》卷四,转引孙克强、杨传庆《云韶集》辑评,《韵文学刊》2010年第3期。
⑦ 吴梅. 词学通论. 上海:华东师范大学出版社,1996:83.
⑧ 王昶《春融堂集》卷四十一《江宾谷梅鹤词序》,《续修四库全书》本。
⑨ 汪东. 梦秋词·附录唐宋词选识语. 济南:齐鲁书社,1985:474.

士所编的《复雅歌词》二首)、《全芳备祖》《阳春白雪》《花草粹编》等,赵万里上下求索,也只觅得万俟咏词27首,附录2首,共计29首。

当今我们所阅唐圭璋的《全宋词》,其收录的万俟咏词完全据赵万里辑本入录。被黄庭坚称为"一代词人"的万俟咏,如今留存的作品连30首都没到,真令人感叹。以上我们只是勾勒了万俟咏词在历史上流传变化的现象,从中我们很明显地看到了万俟咏的词从流行到散落几近湮没的历史过程,它不以人的主观意志为转移。当今没有一个读者认为万俟咏是个经典作家,他的词中虽也有被人推崇的佳作,但这几首佳作怎么也达不到经典的高度。流行的并没有成为经典,这是一个客观的文化现象。那么在这文化现象的背后有着怎样的玄机?或者说提供给我们当代研究文学和文化的人们以何种启示?

三

如果我们要解开万俟咏词从流行到散落几近湮没的玄机,那么首先需要考察万俟咏词当时的流行因素,继后剖析之,答案也就水落石出。

万俟咏词的最重要的流行因素是题材的适时性。其词的主要题材为二:一是应制、一是侧艳。王灼云:"雅言初自集分两体,曰雅词、曰侧艳,目之曰《胜萱丽藻》。后召试入宫,以侧艳体无赖太甚,削去之。再编成集,分五体:曰应制、曰风月脂粉、曰雪月风化、曰脂粉才情、曰杂类。"①可见再编之前有很多俗艳之词。从词史看,柳永之后俗艳之词十分流行。万俟咏的俗艳之词不仅非常迎合当时普通民众的欣赏口味,也受到士大夫的喜爱。朱翌《猗觉寮杂记》云:"淫声日盛,间巷猥亵之谈,肆言以内,集公燕之上,士大夫不以为非。"②这一记载真实地反映了当时的社会风尚。时风侵润,当时的宫廷也好俗艳之词。北宋政和七年,宋徽宗应高丽国王使臣之请求,赐赠大晟府惯用歌词一卷,其中就有10余首俗艳之词。③万俟咏的侧艳之词顺应了这一潮流。其词在当时流行不衰也就不奇怪了。我们再仔细分析再编成集的目录,就会发现万俟咏只不过去掉了侧艳的名目,并没有摒弃艳体,其实"风月脂粉"还是与艳情有关,只是不像"侧艳"那么刺目,名目显得比较雅些而已。"脂粉才情"也和女性有关,用了才情,似乎提升了"脂粉"的品位。其实也没有摆脱艳体的范畴。万俟咏并没有改辕换辙。

---

① 王灼.碧鸡漫志·卷2//词话丛编:第1册.北京:中华书局,1986:83,84.
② 朱翌《猗觉寮杂记》卷上,文渊阁《四库全书》本。
③ 参见:谢桃坊.《高丽史·乐志》所存宋词考辨.文学遗产,1993(2).

据《直斋书录解题》，万俟咏词集由周邦彦和田不伐作序。那么此书成书当在徽宗时期。①徽宗词坛除了周邦彦和李清照两位词人之外。创作活跃的词人很多，宋徽宗也是其中一位。徽宗原作词当不少，宋高宗御制序文内也说徽宗："赋咏歌诗，垂裕后昆者，盈于策牍。"②宋亡后，全集散佚，只存17首词，大多数写于汴京未陷之前，描写的多表现承平气象宫廷生活的宴乐、祭飨及赏花之作。③万俟咏再编后词集的分类目录显然迎合了宫廷帝王的需要。

再者，徽宗时期掀起了一股谀颂风。蔡京之子蔡绦在《铁围山丛谈》中记载了不少所谓祥端之事。如："政和初，中国势隆治及之际，地不爱宝，所在奏芝草者动三二万本，蕲、黄间至有论一铺在二十五里，遍野而出。汝、海诸近县，山石皆变玛瑙。动千百快，而致诸辇下……"④等等不一而足，由祥端以证圣王出世，进而谀圣，大大小小的官吏庸俗不堪，沉溺于这类荒唐的活动，以获徽宗的欢心。⑤万俟咏在这股谀颂风中表现突出，他不仅写了大量的应制词，入大晟府后，主动"请以盛德大业及祥端事迹制词实谱"，积极投身于谀颂词的创作。他写的《三台》，"好时代、朝野多欢，遍九陌、太平箫鼓"，《雪明鹈鹕夜慢》："圣时观风重腊，有箫鼓沸空，锦绣匝道。竞呼卢、气贯调欢笑。暗里金钱掷下，来侍燕、歌太平睿藻。"皆歌颂承平气象，迎合徽宗和蔡京集团。在这样的时代背景下，万俟咏的应制词当然流行无疑。

其次是万俟咏词具有高超的音乐性。黄昇赞其"发妙旨于律吕之中"。我们可得知其音韵的谐美。万俟咏精于音律，其词首首协律。刘毓盘《辑校大声集跋》中言："（周邦彦）不独其平仄宜遵也，即上、去、入亦不容相混。晁次膺诸家次之，于律间有未谐，可见协律之难矣。《大声集》无议其失律者……"在大晟府时"有旨依月用律"，万俟咏与大晟乐府中的乐官一起，奉旨"月进一曲，自此新谱稍传"。所以万俟咏常有新曲问世。现存词27首，就有10首为新声。因集散佚，无法统计完整的数据。料想当年新声之多当亦是《大声集》在音乐方面的一大特色。在徽宗时期，应歌的词作消费量特大，这在词中亦时有反映，"有十里笙歌，万家罗绮，身世疑在仙乡"（万俟咏《安平乐慢》）、"锦帐笼香，鸾钗按曲，琵琶双转语绵蛮"（王安中《水龙吟》）、"日日仙韶度曲新，万机多暇宴游频"（晁端礼《鹧鸪天》），而孟元老在《东京梦华录》中的记载则还要详细，其在谈到北宋后期汴京的

---

① 王灼《碧鸡漫志》卷2："时（政和年间）田不伐亦供职大乐。"
② 朱孝臧.彊村丛书·宋徽宗词·宋高宗御制序文.上海：上海古籍出版社，1989.
③ 薛砺若.宋词通论.上海：上海书店，1985：180.
④ 蔡绦.铁围山丛谈·卷1.北京：中华书局，1983：12.
⑤ 可参考：诸葛忆兵.徽宗词坛研究.北京：北京出版社，2001：33—39.

民俗时云:"以其人烟浩穰,添十数万众不加多,减之不觉少。所谓花阵酒池,香山药海。别有幽坊小巷,燕馆歌楼,举之万数,不欲繁碎",①又云正月十六日"……诸幕次中家妓,竞奏新声,与山棚露台上下,乐声鼎沸",②还云中秋"贵家结饰台榭,民间争占酒楼玩月。丝簧鼎沸,近内庭居民,夜深遥闻笙竽之声,宛若云外"。③这个享乐的时代需要音乐和歌舞。万俟咏的词以其音韵谐美、知音协律、频制新声的特点也顺应了这个时代,那么其词的流行也是自然而然的。

最后必须提及的流行因素是万俟咏词和雅的艺术风格,这是其词的美学价值。徽宗词坛总体的美学追求是崇雅。大晟词人的艺术风格大多精丽典雅,万俟咏词的美学特点符合时代的潮流,但又有自己的特色。黄昇曾赞万俟咏词:"运巧思于斧凿之外,平而工,和而雅,比诸刻琢句意而求精丽者,远矣。"黄昇是万俟咏词的知音,他一语中的,直探万俟词的奥妙之处。他的构思巧妙,巧妙中不见斧凿。他的语言醇雅,醇雅中不见刻琢,似不经意,却亦工丽和雅。王灼在《碧鸡漫志》中曾谈到"沈公述、李景元、孔方平、处度叔侄、晁次膺、万俟雅言,皆有佳句,就中雅言又绝出。然六人者,源流从柳氏来……"④6人虽同出一源,但王灼看来,万俟咏词的艺术魅力似乎要高出同类一筹,即使词集能完整留下来的晁端礼也未能出其右。王灼的艺术感觉十分准确,万俟咏的艺术表现与主流总有同而不同之处,这使他在当时的词坛中既融入了潮流又能高出潮流,成为一代词人。万俟咏的佳作《三台》《春草碧》《卓牌儿》都体现了这样的美学价值。试看《三台》(应制清明):

见梨花初带夜月,海棠半含朝雨。内苑春、不禁过青门,御沟涨、潜通南浦。东风静、溪流垂金缕。望凤阙、非烟非雾。好时代、朝野多欢,遍九陌、太平箫鼓。　乍莺儿百啭断续,燕子飞来飞去。近绿水、台榭映秋千,斗草聚、双双游女。饧香更、酒冷踏青路。会暗识、天桃朱户。向晚骤、宝马雕鞍,醉襟惹、乱花飞絮。　正轻寒轻暖漏永,半阴半晴云暮。禁火天、已是试新装,岁华到、三分佳处。清明看、汉宫传蜡炬。散翠烟、飞入槐府。敛兵卫、阊阖门开,住传宣、又还休务。

---

① 孟元老.东京梦华录·卷5.北京:中华书局1982:131.
② 孟元老.东京梦华录·卷6.北京:中华书局1982:172.
③ 孟元老.东京梦华录·卷8.北京:中华书局1982:215.
④ 王灼.碧鸡漫志·卷2//词话丛编:第1册.北京:中华书局,1986:83.

这是一首应制词。唐宋以来《三台》这个词调都是作为侑酒的。宋程大昌《演繁露》卷十一云:"丙戌(1226)所见燕乐,上自至尊,下至宰执,每酌,曲皆异奏。而唯侑饮百官者,不问初终,纯奏《三台》一曲。"①程大昌记的是宋理宗时的情况。而万俟咏《三台》是应制词,写在徽宗时期,亦为宫廷所用。但改变了《三台》通常的节拍,首创慢词体。整首词写得相当和雅。三叠分咏清明三种景象。第一叠咏清明时的自然景观,梨花、海棠、细柳均为清明时所见。咏梨花谓"初带夜月",朦胧而又雅致,咏海棠谓"半含朝雨"鲜艳而又充满生机。"见"是个领字,除去领字,起首两句是对句,对得十分工整。写细柳谓"金缕",富贵堂皇。因是应制,免不了要歌功颂德一番,用的是大笔勾勒。第二叠写清明的风俗人情,万俟咏不愧诗赋科老手,对唐宋时咏清明的诗赋了然于胸,进而融化在笔下,他既化用了唐顾非熊《长安清明言怀》中的"九陌芳菲莺自啭",又櫽括了晏殊的《破阵子》:"燕子来时新社,梨花落后清明。池上碧苔三四点,叶底黄鹂一两声,日长飞絮轻。　巧笑东邻女伴,采桑径里逢迎。疑怪昨宵春梦好,原是今朝斗草赢,笑从双脸生。"还巧用了张先咏清明《青门引》中的"隔墙送过秋千影"。但这些诗词化得自然,如同己出。第三叠,写宫廷豪门节日景象。此中化用了唐韩翃《寒食》中的名句:"日暮汉宫传蜡烛,轻烟散入五侯家"。此词正如吴从先《草堂诗馀隽》中所言:"铺叙有条,如收拾天下春归肺腑状。"②词人分头细细道来,温和、雅致,不失雍容之态。这样的词迎合了徽宗时代的审美情趣和欣赏格调,故非常流行。

以上三个流行因素使万俟咏的词在北宋后期的词坛上享尽了荣光。然而盛况不再,以后万俟咏再也得不到北宋后期所获得的殊荣,当然,原因是复杂的。诸种原因中还多多少少与三个流行因素有关联。对有的作家而言,他作品流行的时候,其流行因素使他日后能成为经典作家;而对另外一些作家来说,他作品的流行因素也就蕴含着日后将要被冷落或者几近湮没的因子。这是不以人的主观意志为转移的。

四

万俟咏的词到了南宋就风头锐减。首先时代发生了翻天覆地的变化。靖康

---

① 程大昌. 演繁露·卷11,文渊阁《四库全书》本.
② 吴从先、宁野甫汇编《新刻李于麟先生批评注释草堂诗馀隽》一卷,(明)师俭堂萧少衢万历四十七年刻本,上海图书馆藏.

之变震撼了词人们的心灵,面对国破家亡的巨大民族灾难,词人们走出了清歌妙舞、狭邪冶游的生活,关注起时代和国家的命运。南渡后数十年间,低回婉转的黍离之悲、缠绵悱恻的故国之思,以及表达抗敌收复失地的呼号成了词坛创作的主流。那种应制和侧艳的词作再也不能引起人们的热情。再者,万俟咏的应制和侧艳词中缺乏个人深挚的情感体验,他的词还是比较浮华,有着徽宗时代的鲜明印记。有些言情的词虽然比较清新也比较雅致,但缺乏通过浓缩得以强化的情感,故缺乏打动人心的力量。阅读过后难于引起人反复咀嚼的兴趣,如《长相思》:

一声声,一更更。窗外芭蕉窗里灯,此时无限情。　梦难成,恨难平。不道愁人不喜听,空阶滴到明。

这首词的意境来源于温庭筠的《更漏子》:"玉炉香,红蜡泪,偏照画堂秋思。眉翠薄,鬓云残,夜长衾枕寒。　梧桐树,三更雨,不道离情正苦。一叶叶,一声声,空阶滴到明。"万俟咏的《长相思》应该说也是一首佳作,但无论从意境的构思和蕴含的情感力度都没有能超越温庭筠。北宋的林和靖也有《长相思》,试看其作:

吴山青,越山青。两岸青山相送迎,谁知离别情?　君泪盈,妾泪盈。罗带同心结未成,江头潮已平。

林词的意境构成是独一无二的,其艺术价值显然高于万俟咏的《长相思》。我们再看万俟咏的另一首《长相思》:

短长亭,古今情。楼外凉蟾一晕生,雨余秋更清。　暮云平,暮山横。几叶秋声和雁声,行人不要听。

这首词从意境的构思来说还是不错的,黄苏《蓼园词选》评此词末句"不要听"含无限惋侧,[①]似不确。词句说得太直白,缺少回味和反复阅读的魅力。

王灼在《碧鸡漫志》卷二中批评万俟咏和其他几位学柳词的"病于无韵"有一定的道理。所以他的词能流行于徽宗时代,也仅仅是一代而已。真正优秀

[①] 黄了翁.蓼园词选//词话丛编:第4册.北京:中华书局,1986:3025.

的作品要经得起几代人的反复阅读,还应在有限的文句里传达出无限丰富的内涵,这就是通常所说的艺术生命力。用这一点来考察万俟咏流传的几首作品,缺乏让人产生浮想联翩的感动和难以忘怀的印象。我们再看万俟咏的《木兰花慢》:

> 恨莺花渐老,但芳草、绿汀州。纵岫壁千寻,榆钱万迭,难买春留。梅花向来始别,又匆匆结子满枝头。门外垂杨岸侧,画桥谁系兰舟？　　悠悠。岁月如流。叹水覆、杳难收。凭画栏,往往抬头举眼,都是春愁。东风晚来更恶,怕飞红拍絮入书楼。双燕归来问我,怎生不上帘钩？

这首词写春愁,用的是比兴手法,词中表达一位女性的伤春惜别,其中恐怕也隐隐地寄托了词人的身世之感,上片留春的句子颇有新意。但下片抒发女子的愁情时给人难以留下情感的冲击或回荡。

北宋之词应歌。这在当时,音韵是否美听,词曲是否协律,作词是否多有新声,这些对词的流传极有关系。音美、协律,唱起来容易上口,也容易流传。流行歌坛对音乐的要求是唯美求新。这在当时,歌者都愿唱新声。词的魅力来源于几个方面,音乐也是一个重要的方面。在这样的流传条件下,万俟咏的词具有高超的音乐性就占了优势。南渡以后,词谱散佚,词的流传主要不依赖歌唱,失去了歌唱,新声的作用也大打折扣。词已经成了案头作品,那么万俟咏词高超的音乐性就无法显示。人们更多关注的是其文字方面表现的内涵和艺术技巧。如果说北宋后期词是一种综合艺术,南渡以后,词几乎就是一种文学艺术。显然,万俟咏词的总体评价就会比北宋后期低。我们检索全宋词,还发现了一个值得思考的现象,即万俟咏创造的新声,以后几乎无人填写。现存27首词中,他谱有新声约十调:《雪明鳷鹊夜慢》《凤凰枝令》《三台》《荡荷香》《明月照高楼》《钿带长中腔》《春草碧》《恋芳春慢》《快活年近拍》《别瑶姬慢》。其中只有《荡荷香》后人填有六首。其余皆为零。南渡以后词谱散佚这是一个原因,此外北宋灭亡后,大晟乐府的名声也不佳,人们往往把徽宗的荒淫无度与大晟乐府联系起来,大晟新声尤其是那些歌功颂德的词调似乎是不祥的征兆,没有人喜欢填制。尤其是建炎四年宋高宗览(万俟咏的词)而掷之[①],在这种情势下必然大大削弱了万俟咏的影响,他的新声没人续填,也是必然的。

---

① 李心传.建炎以来系年要录:卷34.北京:中华书局,1956:657.

北宋初期词坛沿袭晚唐五代婉约的词风,中期柳永开创了慢词,多用铺叙手法。词风仍属婉约一路,而苏轼则在婉约之外又树立了豪放与旷达的词风。北宋后期的大晟词人词风又有了新变,崇尚典雅,万俟咏和雅的词风与同道大同小异,也给词坛带来新的审美趣味。当人们尝试到新的美学趣味时会有新的感受,万俟咏和大晟词人的风格能得到追捧也在情理之中。到了南宋,时代环境的变化,审美的多元化,势必削弱万俟咏和大晟词人的影响。万俟咏词在艺术表现上固然有黄昇所赞叹的特点,但与他的源头柳永相比,显然艺术上的原创性远不能相及,其词的内涵和美学表现也有很大距离。汪东在《唐宋词选评》中言:"雅言词名极盛,黄叔旸至有词圣之目。今览其体制格律,最与耆卿为近,然但有雍容铺叙之材,而无沉着透快之笔,此所以未可并论也。"汪东的评论只涉及了万俟咏和柳永艺术表现上的一个重要差异。其实最大的距离还是万俟咏词缺乏柳永词中深厚的人情味和强烈的生活气息以及富有生命力的人生意识。柳永的《雨霖铃》和《八声甘州》淋漓尽致地表达了封建社会失意文人的苦闷和牢骚,令人百读不厌。即使在一些艳情词中,我们也能看到柳永对那些身为下贱的歌伎的尊重和同情。我们再将万俟咏与同时代的周邦彦相比,那么他们两个反映在词中的文化修养和词格也不在同一水平。王国维《清真先生遗事》言周邦彦:"集中又无一颂圣谀贡之作。"周邦彦词的格调远在万俟咏之上。而其化用熔铸前人的典籍和诗词的能力也是万俟咏所不能望其项背的。

　　万俟咏的人品一直遭人诟病,这在以儒家思想占统治地位的中国社会里,词品与人品是等同的。就这一点万俟咏也进入不了经典作家的队伍。他的词也成不了经典。王昶《春融堂集》卷四十一《江宾谷梅鹤词序》:"论词必论其人,与诗同。如晁端礼、万俟雅言、康顺之,其人在排优戏弄之间,词亦庸俗不堪。"尽管柳永和周邦彦的人格亦微有瑕疵,但他们各有实际行动有所补过。柳永在睦州团练任上勤于职守,在晓峰盐场监管任上关心民瘼。① 周邦彦"虽归班于朝,坐视捷径,不一趋焉"。② 一千多年来柳永和周邦彦作为经典作家得到多数后人的认可,他们的作品也在争议中获得了经典的地位。而万俟咏和其词只能受冷落,被排斥在外了。

　　流行的未必成为经典,万俟咏其人其词就是一个最好的例子。

（原载《词学》第 31 辑,华东师范大学出版社 2014 年 5 月出版）

---

① 参见:曾大兴.柳永和他的词.广州:中山大学出版社,1990:36.
② 楼钥.攻媿集·卷51·清真先生文集序.文渊阁《四库全书》本.

春秋政治生态变迁与诗歌
创作政治化倾向演化

邵炳军

邵炳军,1957 年 10 月生,甘肃通渭人。西北师范大学文学博士(2000),南京师范大学博士后(2002)。现为上海大学中国诗礼文化研究中心主任、教授、博士生导师、博士后合作导师、中国古代文学学科带头人。主要研究领域为先秦两汉文学与诗礼文化。为享受国务院政府特殊津贴专家(2016)、国家二级教授(2016)、上海市社科规划重大项目首席专家(2015)、国家社科基金重大项目首席专家(2016)。曾荣获上海市社科优秀成果著作类一等奖(2014)、教育部高校社科研究优秀成果著作类二等奖(2015)、中国大学出版社图书奖优秀学术著作一等奖(2015)。任《诗礼文化研究》主编、《诗经研究丛刊》编委,兼任中国诗经学会副会长等职。

所谓文学创作的政治化倾向,是指政治生态环境——由政治、经济、文化等相互联系的诸要素共同构成的一种政治体系运行现状和发展趋向的动态社会环境,对文学创作过程与创作内容发生影响后形成的一种文学现象。春秋时期,随着政治格局由"天子守在四夷"向"诸侯守在四邻""守在四竟(境)"(《春秋左传正义》(昭公二十一年至二十三年/校勘记)见《十三经注疏》下册第 2103 页)①的渐次转变,政治生态由"礼乐征伐自天子出"向"自诸侯出""自大夫出""陪臣执国命"(《论语·季氏第十六》《十三经注疏》下册第 2520 页)的渐次变迁,即由"王权"政治向"霸权"政治、"族权"政治、"庶人"政治的变革②,那些身处社会变革大

---

① 本文所引《毛诗正义》《春秋左传正义》《尚书正义》《礼记正义》《论语注疏》文本,皆据中华书局 1980 年影印阮刻十三经注疏本,不再逐一标注页码。
② 笔者此所谓"庶人",亦称"庶民",指士之庶子无爵者,包括担任王室与公室府、史、胥、徒之属者及大夫家臣者。其虽可入仕在官,但并非由天子、国君任命。故就社会阶层而言,属于平民阶层。

潮中的贵族诗人乃至平民诗人、奴隶诗人，自然会更加关注政治生态环境变迁进程中的重要政治事件，其诗作自然会更加强调干预社会现实生活的政治功能。据笔者考证，这一时期传世诗作凡 229 篇，主要有今本《诗经》所载诗歌 183 篇，传世文献所载贵族佚诗 32 篇、平民与奴隶歌谣 14 篇。其中，直接或间接与政治事件相关者就有 177 首，比例高达 77％。当然，由于不同历史阶段政治生态环境构成要素的差异性，导致政治文化介入诗歌创作的方式与程度不同，这种政治化倾向的表现形态自然会呈现出时代特征。

一、"王权"政治生态与诗歌政治化倾向的基本特征

春秋前期（前 770—前 682）①，尽管王权受到严峻挑战，但政治格局依然是"天子守在四夷"，政治生态依然是"礼乐征伐自天子出"，即政治思想、政治制度、政治格局、政治风气和社会风气综合状态与环境依然是以王权为中心。在"王权"政治生态环境中，诗歌创作形成了独特的文学景观："正雅"息，"变雅"盛，"正风"歇，"变风"兴。这一历史阶段传世的诗歌作品凡 135 首（含逸诗 2 首），占春秋时期诗歌总数 229 篇的 59％。其政治化倾向主要表现在以下五个方面：

1. 怨刺先王覆亡宗周

幽王十一年（前 771），骊山之难、西周覆灭②。这是周王室发生的重大政治事件，彻底改变了西周立国以来的政治生态环境。故像王室"三公"摄司寇卫武公和、卿士凡伯、宰夫家父（家伯父）及佚名之王室大夫等贵族诗人，其笔触多集中于此。

他们或闵宗周颠覆——"悠悠苍天，此何人哉"（《诗·王风·黍离》），或伤骊山之难——"先祖匪人，胡宁忍予"（《小雅·四月》），或刺幽王以戒平王——"家父作诵，以究王訩"（《节南山》），或刺幽王听信谗言而伤贤害忠——"谗人无极，构我二人"（《青蝇》），或刺幽王宠信褒姒以致灭国——"艳妻煽方处"（《十月之交》），或刺幽王致使宗周灭亡——"赫赫宗周，褒姒灭之"（《正月》），或刺幽王友戎狄而仇诸侯以灭国——"舍尔介狄，维予胥忌"（《大雅·瞻卬》），都从不同侧面

---

① 笔者将春秋时期分为春秋社会分为前期（前 770—前 682）、中期（前 681—前 547）、后期（前 546—前 506）、晚期（前 505 年—前 453）四个历史阶段。详见：邵炳军. 春秋文学系年辑证·绪论. 北京：高等教育出版社，2013：9—11.

② 本文列举史实，除特别标注者外，皆出自《春秋》《左传》《国语》《论语》《礼记》《韩非子》《孔子家语》《史记》《列女传》《吴越春秋》，不再逐一标注出处。

对西周覆亡的诸种社会原因进行了深刻反思,以便从历史往事中总结出沉痛的经验教训。这种以史为鉴的文化精神,表现出诗人对"王权"政治的高度关注①。

比如,《瞻卬》首章"瞻卬昊天,则不我惠。孔填不宁,降此大厉。邦靡有定,士民其瘵。蟊贼蟊疾,靡有夷届。罪罟不收,靡有夷瘳",写亡国之象——天降灾祸而士民忧患;五章"天何以刺?何神不富?舍尔介狄,维予胥忌。不吊不祥,威仪不类。人之云亡,邦国殄瘁",写亡国之因——夷狄入侵而贤者离居;六章"天之降罔,维其优矣。人之云亡,心之忧矣。天之降罔,维其几矣。人之云亡,心之悲矣",抒忧伤之情——天降灾害而国家危殆;卒章"觱沸槛泉,维其深矣。心之忧矣,宁自今矣?不自我先,不自我后",言离乱之苦——天灾泛滥而生不逢时。足见诗人在上述四章中,侧重写骊山之难后的亡国之象。次章"人有土田,女反有之;人有民人,女覆夺之",则侧重反映了西周末期土地关系的转变——土地兼并现象,天子将贵族们的土地与民人皆占为己有;三章"哲夫成城,哲妇倾城。懿厥哲妇,为枭为鸱。妇有长舌,维厉之阶。乱匪降自天,生自妇人!匪教匪诲,时维妇寺",选取恶声、不孝、恶灵之鸟"枭""鸱"来经营意象,象征褒姒乱政祸国。足见上述两章揭示出幽王之所以亡国的政治与经济双重原因。正是诗人具有大胆批判现实的精神,表面上说"哲妇倾城",似极言女祸之害,实际上批判矛头直指最高统治者"哲夫"——幽王宫涅。

2. 诫勉与颂美时王中兴王室

幽王身死而西周覆亡之际,王室卿士虢公翰拥立幽王庶子余臣为王(史称"携王"),与先前在西申(姜姓申侯之国,为幽王太子宜臼嫡母申后宗国,地在今陕西省宝鸡市眉县附近)僭立为王的废太子宜臼(史称"天王",即周平王),形成了"二王并立"的政治格局。面对这一政治格局,在依然恪守王位嫡长子承袭制这一宗法背景下,像卫武公和、晋文侯仇、郑武公滑突、秦襄公等大国诸侯及王室中的许多佚名公卿大夫,大都选择了支持"天王"。尤其是卫武公、晋文侯、郑武公、秦襄公夹辅周室,不废王命,帅师护送平王自镐京(位于今陕西省咸阳市沣水东岸)东迁雒邑(即"王城",地在今河南省洛阳市王城公园一带,位于瀍水以西)。他们之所以成为"天王"政治营垒的股肱之臣,自然是冀望其能够中兴王室;当然,"天王"自己亦有中兴王室之志。故像周平王、卫武公及佚名之王室大夫等贵族诗人,其笔触多集中于此。

---

① 关于本文所涉诗篇的作者、诗旨与创作年代,笔者《春秋文学系年辑证》有关部分与已发表的相关论文有详细考证,可参。

他们或美平王燕群臣典乐之盛大——"是曰既醉,不知其秩"(《小雅·宾之初筵》),或美平王自西申归镐京之仪态——"其容不改,出言有章"(《都人士》),或美平王在镐京宴享群臣之欢乐——"王在在镐?岂乐饮酒"(《鱼藻》),或美平王东迁途中先养后教之明王形象——"饮之食之,教之诲之"(《绵蛮》),或美武士送平王东迁途中不畏劳苦之武士精神——"武人东征,不皇(遑)朝矣"(《渐渐之石》),或美平王在雒邑策命燕享有功诸侯礼节之隆重——"钟鼓既设,一朝飨之"(《彤弓》),或祈愿平王东迁雒邑后能修御备保其家邦——"鞹鞃有奭,以作六师"(《瞻彼洛矣》),或诫勉平王东迁雒邑后能以史为鉴中兴王室——"质尔人民,谨尔侯度,用戒不虞"(《大雅·抑》),都以不同方式表达出诗人对幽王继任者平王的崇敬之意,寄托了对平王中兴王室的盈盈之情。

比如,《抑》首章"抑抑威仪,维德之隅",告诫平王敬慎威仪以显德;次章"无竞维人,四方其训之;有觉德行,四国顺之",告诫平王潜心修德以治国;六章"无言不雠,无德不报。惠于朋友,庶民小子,子孙绳绳,万民靡不承",告诫平王要使王令中理以明德;九章曰"其维哲人,告之话言,顺德之行",告诫平王听受善言是敬慎威仪的直接体现。可见,诗人以富有哲理的语言,委婉娴雅的风格,从潜心修德、敬慎威仪、乐闻善言、政令中理四方面反复诫勉,循循善诱,字里行间透露出卫武公对周平王中兴王室的殷切期望。

3. 赞美与诫勉时君文德武功

这一时期的诸侯国君,大多为贤明之君,文德懿美,武功卓著,如卫武公和"箴儆于国"(《国语·楚语上》),晋文侯仇"克慎明德"(《书·周书·文侯之命》),郑武公滑突"善于其职"(《诗·郑风·缁衣》毛《序》),秦襄公"将兵救周",秦文公"以兵伐戎"(《史记·秦本纪》),等等;诸侯国君夫人①,大多为贤惠之君,芘亲之阙,妇道肃雝,如齐桓夫人王姬(共姬)"敬事供上"(《逸周书·谥法解》),卫庄夫人庄姜"淑慎其身"(《邶风·燕燕》),等等。故周平王及周大夫、卫大夫、郑大夫、齐大夫、秦大夫、召南人(国人)、卫人、齐人、秦人、秦宫女等许多佚名贵族诗人与平民诗人,多赞美与诫勉之。

他们或美王姬下嫁齐桓公时之盛大场面——"之子于归,百两御之"(《召南·鹊巢》),或美王姬下嫁桓公时之敬和情态——"曷不肃雝,王姬之车"(《何彼襛矣》),或赞卫武公修身治学精益求精之盛德——"如切如磋,如琢如磨"(《卫风·淇奥》),或美卫庄姜初嫁时清秀、素淡之形象——"硕人其颀,衣锦褧衣"

---

① 国君夫人,《左传》称"小君",《论语》《礼记》称"寡小君"。则其亦为"君",社会地位与其夫同。

《硕人》),或美郑武公以好贤而立国之功德——"适子之馆兮,还,予授子之粲兮"(《郑风·缁衣》),或美郑武公有明德、有才华、有礼节——"我心写兮"、"维其有章"、"乘其四骆"(《小雅·裳裳者华》),或美齐襄公出猎时和蔼友好之风致——"其人美且仁""美且鬈""美且偲"(《齐风·卢令》),或美鲁庄公朝齐狩禚时射仪之巧——"四矢反兮,以御乱兮"(《猗嗟》),或诫勉秦襄公立国后应"其君也哉""寿考不亡(忘)"(《秦风·终南》),或赞美秦襄公命为诸侯后礼乐之隆盛——"既见君子,并坐鼓瑟"(《车邻》),或赞美襄公命为诸侯后武备之强大——"驷驖孔阜,六辔在手"(《驷驖》),或赞美襄公求贤尚德之执着——"遡洄从之""遡游从之"(《蒹葭》),或赞美秦文公大败戎师于岐——"王于兴师:修我戈矛,与子同仇"(《无衣》)。在这些对在位诸侯国君文德武功的赞美之中,不仅洋溢着诗人热烈的爱国情感,更寄予了诗人期望诸侯国君辅佐天子中兴王室的政治情怀。

比如,《终南》首章选取"终南何有?有条有梅"这一客观事象起兴,以终南山上长满了长寿之楸树与珍贵之楠树,兴"君子至止,锦衣狐裘。颜如渥丹,其君也哉",言襄公服饰华丽显贵而色彩斑斓,脸色光泽红润而气度不凡;卒章选取"终南何有,有纪有堂"这一客观事象起兴,以终南山上遍地是实用之杞柳与健体之棠梨,兴"君子至止,黻衣绣裳。佩玉将将,寿考不亡(忘)",冀望襄公封为诸侯后,不忘励精图治,治国安邦,振兴秦族。足见诗人正是选取富有政治文化象征意味的西周王室望山终南山(即王畿岐丰地区之南山)作为兴象,通过凸显其景色幽美而物产丰富之特征经营来自己的文学意象,以象征秦人建国初期的壮阔气象与襄公封侯之后的伟岸形象。平王分封,襄公受爵,秦人始国,霸业之基始定,实乃秦国发展史上具有里程碑意义的大事。故此诗为秦大夫对襄公立国的礼赞之歌,洋溢着秦人的喜庆气氛与愉悦之情。当然,诗人在赞颂之中,更寓诫勉之意。

4. 讽谏怨刺时王不德行为

西周覆亡之后,王室与诸侯大夫皆担心王室继续衰微,冀望时王能够中兴王室,然正是继立者的不德行为,反而使王室更加衰微。如平王宜臼东迁时"弃其九族"(《王风·葛藟》毛《序》),携王余臣"奸命"(昭二十六年《左传》),桓王林"构怨连祸"(《王风·兔爰》毛《序》),等等。故周大夫、郑大夫及携王近侍之臣、平王戍南申(周宣王自西申徙封申伯之国,即今河南省南阳市北二十里之故申城)士卒等许多佚名贵族诗人与平民诗人,讽谏而怨刺之。

他们或刺平王东迁雒邑时弃其九族——"终远兄弟,谓他人父"(《王风·葛蓄》），或刺平王劳王师而守侯国——"彼其之子，不与我戍申"（《扬之水》），或刺平王用兵不息——"何人不将？经营四方"（《小雅·何草不黄》），或担忧平王东迁雒邑后王室衰微而诸侯不朝——"心之忧矣，不可弭忘"（《沔水》），或刺平王与携王兄弟骨肉相残——"相怨一方"而"受爵不让"（《角弓》），或刺携王斗筲用事而治乱乏策——"谋夫孔多，是用不集"（《小旻》），或怨刺携王使功者获罪——"曷予靖之，居以凶矜"（《菀柳》），或表达怨尤携王小朝廷之情绪——"正大夫离居，莫知我勩"（《雨无正》），或怨桓王以王师及诸侯之师伐郑——"忘我大德，思我小怨"（《谷风》），或刺桓王使出者为谗人所毁——"一日不见，如三岁兮"《王风·采葛》）。这些诗篇正是通过刺平王与携王兄弟相争而恩泽不施于民，通过刺桓王失信诸侯而构怨连祸于国，表达出诗人对天子未能中兴王室的失望之情。

比如，幽王十一年（前771），平王宜臼借助西申侯之力，依靠西戎之师，弑父而灭宗周，与携王余臣兄弟相及，骨肉相残。这不仅为万民所知晓，而且亦为万民所效仿，诸侯乃至国人自然形成了水火不容的两大政治营垒。这种"二王并立"政治格局持续了十二年之久，王室内战不断；直到晋文侯弑携王，平王方成一统，王室得以安宁。故周大夫作《角弓》以怨刺之。其首章选取"骍骍角弓，翩其反"这一客观事象作为兴象，以两端镶嵌牛角之弓不可松弛，正兴"兄弟昏姻，无胥远矣"，言同姓兄弟之族与异姓婚姻之族皆不可相互疏远；次章"尔之远矣，民胥然矣。尔之教矣，民胥效矣"，则纯用"赋"体，言王若以美德教化骨肉亲族则民将化于善；三章"此令兄弟，绰绰有裕。不令兄弟，交相为瘉"，再用"赋"体，言同姓兄弟绝不可同室操戈而同归于尽；四章"民之无良，相怨一方。受爵不让，至于已斯亡"，亦用"赋"体，言同姓兄弟连接受爵位都不谦让；五章连续选取"老马反为驹""食宜饫""酌孔取"三个事象作为喻体，取喻多奇，正反结合，喻义多用：一喻小人不知忧老，二喻小人须知养老；六章选取"毋教猱升木，如涂涂附"这一客观事象作为喻体，以既教猱攀缘上树而又用泥涂树使其不能攀升，正喻"君子有徽猷，小人与属"，言切不可既欲人向善而又自坏规矩；七章选取"雨雪瀌瀌，见晛曰消"这一客观事象作为兴象与喻体，以积雪再多一旦日出则会融化，反喻"莫肯下遗，式居娄骄"，言小人若遇王之清明善政则自然会溃败；卒章选取"雨雪浮浮，见晛曰流"这一客观事象作为兴象与喻体，以积雪遇日自然会消融，反喻"如蛮如髦，我是用忧"，言王不能明察小人之行而视宗族骨肉如夷狄。可见，全诗八章，前四章重在刺王不亲同姓兄弟，后四章重在刺小人谗佞得逞。

5. 讽谏怨刺时君不德行为

这一时期的诸侯国君中，亦有不德者，如桧仲"骄侈怠慢"（《国语·郑语》），晋昭公伯"不能修道以正其国"(《唐风·山有枢》毛《序》),陈桓公鲍恃"有宠于王"而纳弒卫桓公之公子州吁(隐四年《左传》),宣公杵臼"多信谗"(《陈风·防有鹊巢》毛《序》),郑庄公寤生"小不忍以致大乱"(《郑风·将仲子》毛《序》),昭公忽"先配而后祖"(隐八年《左传》),齐襄公诸儿政令"无常"(庄八年《左传》),卫庄公扬"使贤者退而穷处"(《卫风·考槃》毛《序》),庄公庶子公子州吁"弒桓公而立"(隐四年《左传》),宣公晋"烝于夷姜(宣公庶母)"(桓十六年《左传》),惠公之母宣姜"与公子朔构急子(宣公太子伋)"(桓十六年《左传》),宣公庶长子公子顽(昭伯)"烝于宣姜"(闵二年《左传》),惠公朔"骄而无礼"(《卫风·芄兰》毛《序》),等等。故卫庄姜、宣夫人、公子职(右公子)、公子职孺人及卫大夫、伶官、士卒、国人、郑大夫、国人、齐大夫、国人妻女、晋大夫、国人、陈大夫、桧大夫、国人等许多贵族诗人与平民诗人,多有讽谏怨刺之作。

他们或刺卫庄公使夫人庄姜失位——"绿衣黄里""绿衣黄裳"(《诗·邶风·绿衣》),或伤庄公不见答于己——"谑浪笑敖,中心是悼"(《终风》),或刺庄公废教——"硕人俣俣,公庭万舞"(《简兮》),或怨庄公宠公子州吁——"胡能有定?宁不我顾"(《日月》),或刺卫公子州吁会诸侯之师伐郑——"从孙子仲,平陈与宋"(《击鼓》),或刺庄公使贤者退而穷处自乐——"独寐寤言,永矢弗谖"(《卫风·考槃》),或刺宣公夺其太子伋之妻(宣姜)——"燕婉之求,蘧篨不鲜"(《邶风·新台》)、"母也天只,不谅人只"(《鄘风·柏舟》)、"女子有行,远父母兄弟"(《蝃蝀》),或怨宣公夺媳乱伦以误国——"人之无良,我以为兄"(《鹑之奔奔》),或伤宣公使盗杀太子伋——"愿言思子,不瑕有害"(《邶风·二子乘舟》),或刺宣公助周伐郑——"人涉卬否,卬须我友"(《匏有苦叶》),或刺宣公暴政威虐致使贤者离居——"惠而好我,携手同行"(《北风》),或刺公子顽烝于庶母宣姜——"中冓之言,不可道也"(《鄘风·墙有茨》),或刺宣公夫人宣姜淫乱而失事君子——"子之不淑,云如之何"(《君子偕老》),或刺惠公骄而无礼——"虽则佩觿,能不我知"(《卫风·芄兰》),或刺郑庄公不胜其母武姜以害其弟共叔段(大叔段)——"岂敢爱之?畏我父母"(《郑风·将仲子》),或美共叔段厚道谦让而勇敢英武以刺庄公——"洵美且仁""洵美且好""洵美且武"(《叔于田》)、"执辔如组,两骖如舞"(《大叔于田》),或刺昭公不能与贤人图事——"彼狡童兮,不与我言兮"(《狡童》),或刺昭公不婚于齐以失大国之助——"彼美孟姜,德音不忘"(《有女同车》),或刺昭公不择臣以乱政事——"不见子都,乃见狂且"(《山有扶苏》),或刺昭公君臣不倡而和——"叔兮伯兮,倡予和女"(《萚兮》),或闵昭公无忠臣良士——"无信人之言,人实迋女"(《扬之水》),或思见正于大国以止乱——"子不我思,岂无他人"(《褰裳》),或思见君子以止乱——"既见君子,云胡不喜"(《风雨》),或刺齐襄公政令无常——"颠之倒之,自公召之"(《齐风·东方未明》),或刺襄公通于其妹文姜(鲁桓公夫人姜氏)——"彼姝者子,在我室兮"(《东方之日》)、"既曰归止,曷又怀止"(《南山》)、"齐子归止,其从如云"(《敝笱》)、"鲁道有荡,齐子发夕"(《载驱》),或刺襄公不修德而求诸侯——"无思远人,劳心忉忉"(《甫田》),或刺晋昭公封其叔父公子成师(桓叔、曲沃伯)于曲沃(即今山西省临汾市曲沃县)——"彼其之子,硕大无朋"(《唐风·椒聊》),或刺昭公政荒民散将以危亡——"宛其死矣,他人入室"(《山有枢》),或刺昭公不恤其民——"裘羔豹袪,自我人居居"(《羔裘》),或讽劝昭侯要居安思危——"无已大康,职思其居"(《蟋蟀》),或密告昭公潘父欲结桓叔以叛晋——"素衣朱襮,从子于沃"(《扬之水》),或刺晋侯缗时行役之苦——"王事靡盬,不能蓺稷黍"(《鸨羽》),或刺陈桓公弟公子佗(陈佗)淫佚无形——"夫也不良,国人知之"(《陈风·墓门》),或刺桧仲逍遥游燕以失道——"羔裘逍遥,狐裘以朝"(《桧风·羔裘》),或嗟叹国破家亡而民逃——"夭之沃沃,乐子之无室"(《隰有苌楚》)。足见这些诗作从不能修身、齐家、治国诸方面,来抨击在位国君的不德行为,表现出诗人疾恶如仇、忧国忧民的政治情怀。

比如,平王二十六年(前745),昭公初即位,晋始乱,故封桓叔于曲沃,以靖侯之孙栾宾傅之。时昭公都绛(亦曰"翼""故绛",在今翼城县东南),桓叔居曲沃,两大都邑相距不足百里。正是晋自昭公时出现的这种"大都耦国"(闵二年《左传》)畸形状态,严重破坏了周初分封制所规定的"天子→诸侯→卿大夫→士"宝塔式统治网络系统,成为造成其后公室小宗吞并大宗的社会根源之一。故晋大夫作《椒聊》以怨刺而儆诫之。其首章选取"椒聊之实,蕃衍盈升"这一客观事象为兴象,以花椒嘟噜蔓延多子满升,兴"彼其之子,硕大无朋。椒聊且!远条且",喻桓叔子孙敷衍盛大而德馨弥广,暗示曲沃大都耦国将并晋;卒章选取"椒聊之实,蕃衍盈匊"这一客观事象,以花椒嘟噜蔓延多子满匊,兴"彼其之子,硕大且笃。椒聊且!远条且",喻桓叔子孙繁衍盛大而德馨笃厚,暗示曲沃厚施得众将并晋。

要之,这一时期诗人的政治话语中心,实际上依然聚焦于王室与周王身上。这正是"礼乐征伐自天子出"政治生态环境影响使然。因为"礼乐征伐自天子出"政治生态,本质上就是"王权"政治生态。故诗人的政治话语自然会是以"王权"为中心,诗歌创作的关注点依然为王室兴亡之政治态势。

二、"霸权"政治生态与诗歌政治化倾向的基本特征

春秋中期(前681—前547),奴隶主贵族内部矛盾加剧,霸主取代天子成为天下诸侯共主,政治格局由"天子守在四夷"转变为"诸侯守在四邻",政治生态由"礼乐征伐自天子出"转变为"礼乐征伐自诸侯出",即政治思想、政治制度、政治格局、政治风气和社会风气综合状态与环境逐渐由以王权为中心转变为以霸权为中心。在这一政治生态环境之中,诗歌创作形成了独特的文学景观:"变雅"息,"变风"盛,"变颂"兴。这一历史阶段传世的诗歌作品凡69首(含逸诗12首),占春秋时期诗歌总数229篇的30%。其政治化倾向主要表现在以下五个方面:

1. 赞美时君文德武功

这一时期的诸侯霸主虽弃"王道"而行"霸道",但依然有尊王攘夷之德与继绝存亡之功;其他一些诸侯国君虽惟霸主马首是瞻,但依然可以修身勤政以中兴公室。他们大多为贤明有为之君,文德武功卓著。如齐桓公小白"帅诸侯而朝天子"(《国语·齐语》),晋武公称"尽并晋地而有之"(《史记·晋世家》),文公重耳"勤王"以"求诸侯"(僖二十五年《左传》),卫文公毁"授方任能"(闵二年《左传》),鲁僖公申"能复周公之宇"(《鲁颂·閟宫》毛《序》),楚庄王熊旅(一作"侣")倡导"武有七德"(宣十二年《左传》),周灵王太子晋(王子乔)主张遵从"前哲令德之则"(《国语·周语下》),等等。故秦康公罃、鲁公子鱼(奚斯)、里克(里革、太史克)、楚优孟、晋介推(介之推、介山子推、介子推)、师旷(子野)及卫大夫、晋大夫、曹大夫等许多佚名贵族诗人与平民诗人,多赞美与诫勉之作。

他们或美齐桓公城楚丘(即今河南省安阳市滑县)以封卫——"永以为好"(《卫风·木瓜》),或美卫文公使国家殷富——"秉心塞渊,騋牝三千"(《鄘风·定之方中》),或美晋武公请命于天子之使为晋侯——"岂曰无衣,七兮"(《唐风·无衣》),或美武公好贤求士——"中心好之,曷饮食之"(《有杕之杜》),或美文公自秦返晋为君——"我送舅氏,曰至渭阳"(《秦风·渭阳》),或美文公称霸后复曹共公——"其仪不忒,正是四国"(《曹风·鸤鸠》),或颂鲁僖公文治之化与武功之德——"既作泮宫,淮夷攸服"(《泮水》),或颂僖公兴祖业、复疆土、建新庙之功德——"路寝孔硕,新庙奕奕"(《閟宫》),或颂僖公能遵伯禽之法养马众多以富国强兵——"駉駉牡马,在坰之野"(《駉》),或颂僖公燕饮群臣——"夙夜在公,在公载

燕"(《有驰》),或谏晋文公能以富贵有人——"一蛇羞之,桥死于中野"(逸诗《龙蛇歌》,见《吕氏春秋·介立篇》),或谏楚庄王加封孙叔敖之子——"念为廉吏,奉法守职"(《优孟歌》,见《史记·滑稽列传》)、"廉洁不受钱"(《慷慨歌》,见宋洪适《隶释》卷三著录《楚相孙叔敖碑》),或美周太子晋为古之君子——"修义经矣,好乐无荒。"(《无射歌》,见《逸周书·太子晋解》)。我们可以从这些对诸侯国君的赞美诗,尤其是从对霸主的热情赞美之中,看到诗人们对"霸权"政治具有很强的认同感。

比如,惠王十七年(前660),狄入卫,懿公赤被杀,戴公申立,遂南渡黄河而寄居漕邑(即今河南省安阳市滑县西南之白马故城);十九年(前658),齐桓公率诸侯城楚丘以封卫,国人欢悦,卫国忘亡,诸侯称仁。故卫大夫作《木瓜》以美之。其首章"投我以木瓜,报之以琼琚。匪报也,永以为好也",言欲以琼琚报木瓜,以永结其好;次章"投我以木桃,报之以琼瑶。匪报也,永以为好也",言欲以琼瑶报木桃,以永继其好;卒章"投我以木李,报之以琼玖。匪报也,永以为好也",言欲以琼玖报木李,以永续其好。足见全诗三章皆用"比"体,借男女相赠答之辞,以赠微物而报重宝之意,极力赞美春秋首霸桓公封卫之德,表现出卫人思欲厚报之情,表达了卫、齐两国"永以为好"之愿。

2. 赞美大夫仁德贤能

这一历史阶段虽然"王道"废而"霸道"兴,但王室与公室大夫逐渐成为一个不可小觑的社会阶层,他们皆为仁德贤能之臣,在内政外交方面显露出自己的政治才干。像陈公子完(敬仲)"以君成礼"(庄二十二年《左传》),郑公子詹(叔詹、郑詹)、堵叔(泄堵寇、泄堵俞弥)、师叔(孔叔)"三良为政,未可间也"(僖七年《左传》),秦百里奚(五羖大夫)"爵禄不入于心"(《庄子·田子方篇》),晋师旷(子野)"信而有征"(昭八年《左传》),等等。故周太子晋(王子乔)、陈懿氏孺人、秦百里奚孺人及卫大夫、郑大夫等许多佚名贵族诗人,多赞美之。

他们或美卫文公多贤才——"彼姝者子,何以畀之"(《鄘风·干旄》),或美郑叔詹为政之善——"舍命不渝""邦之司直""邦之彦兮"(《郑风·羔裘》),或美陈公子完将得齐——"有妫之后,将育于姜"(逸诗《凤皇歌》,见庄二十二年《左传》),或诫秦百里奚富贵不忘发妻——"今日富贵忘我为"(《琴歌》,见宋郭茂倩《乐府诗集》卷六十),或诫晋师旷早日自周归晋——"绝境越国,弗愁道远"(《峤歌》,见《逸周书·太子晋解》)。在大夫之"家"与诸侯之"国"融为一体的政治架构中,仁德贤能的大夫是维护公室利益的一支重要政治势力。故诗人们从不同侧面对其赞美之,称颂之。

比如,襄王二十三年(前630),晋文公伐郑求杀叔詹,詹固请往,晋人将烹之,詹视死如归,文公乃命弗杀,厚为之礼,使归之。故郑大夫作《羔裘》以美之。其首章"羔裘如濡,洵直且侯。彼其之子,舍命不渝",言羔裘色泽滋润光亮,形态顺直绚丽,以"美其存心"——当国家有危难之时,能舍弃生命而不变节,得守身之道;次章"羔裘豹饰,孔武有力。彼其之子,邦之司直",言羔裘以豹皮饰袖缘,显得威武有力,以"美其从政"——当国君有过失之时,能正其过阙而不掩饰,尽事君之道;卒章"羔裘晏兮,三英粲兮。彼其之子,邦之彦兮",言羔裘柔暖鲜盛,三排豹饰鲜明,以"美其为人"(元朱公迁《诗经疏义会通》卷四)——当服朝服以朝之时,能位称其服而堪为楷模,有持身之道。全诗三章皆用"赋"笔,由物及人,铺陈描写;述服之美,称人之善,极力夸饰。

3. 怨刺讽谏时君不德无为

这一历史阶段的诸侯霸主与其他诸侯国君或有不德之行者,或有荒淫无道者,像晋武公称"兼其宗族"(《唐风·有杕之杜》毛《序》),献公诡诸"好攻战"(《葛生》毛《序》),惠公夷吾"重赂秦以求入"(僖九年《左传》),秦穆公任好"以人从死"(《秦风·黄鸟》毛《序》),康公䄍"弃其贤臣"(《晨风》毛《序》),陈宣公杵臼"多信谗"(《陈风·防有鹊巢》毛《序》),灵公平国"通于夏姬"(宣九年《左传》),卫惠公朔"骄而无礼"(《卫风·芄兰》毛《序》),懿公赤"鹤有乘轩者"(闵二年《左传》),曹昭公班"好奢而任小人"(《曹风·蜉蝣》毛《序》),共公襄"远君子而好近小人"(《候人》毛《序》),等等。故陈公子完、晋士芳(子舆)、虢舟侨(舟之侨)及黎大夫、卫大夫、晋大夫、国人、舆人(攻木之工)、秦大夫、国人、陈大夫、曹大夫等许多佚名贵族诗人、平民诗人与奴隶诗人,皆怨刺而讽谏之。

他们或责卫懿公不能救黎(黎侯之国,都邑即今山西长治市西南三十里黎侯岭)——"叔兮伯兮!何多日也"(《邶风·旄丘》),或劝黎侯自卫归于黎——"微君之躬,胡为乎泥中"(《式微》),或刺惠公、懿公无礼仪——"人而无礼,胡不遄死"(《鄘风·相鼠》),或刺晋献公尽灭桓、庄之族群公子——"人无兄弟,胡不佽焉"(《唐风·杕杜》),或刺秦穆公以大夫子车氏三子为殉——"彼苍者天,歼我良人"(《秦风·黄鸟》),或刺康公弃其贤臣——"如何如何?忘我实多"(《晨风》),或刺康公忘先君之旧臣——"于嗟乎!不承权舆"(《权舆》),或忧陈宣公多信谗贼——"谁侜予美?心焉惕惕"(《陈风·防有鹊巢》),或刺灵公淫其叔父公孙御叔夫人夏姬——"彼美淑姬,可与晤歌"(《东门之池》)、"昏以为期,明星煌煌"(《东门之杨》)、"月出皎兮,佼人僚兮"(《月出》)、"匪适株林,从夏南"(《株林》),或刺曹昭公好奢而任小人——"心之忧矣,于我归处"(《曹风·蜉蝣》),或刺共公远君子而近小人——"彼其之子,三百赤芾"(《候人》),或刺晋献公不能修德以固宗子——"狐裘尨茸,一国三公"(逸诗《狐裘歌》,见僖五年《左传》),或刺惠公背内外之赂——"得国而狃,终逢其咎"(《舆人诵》),或刺惠公改葬共世子(太子申生)——"贞为不听,信为不诚"(《恭世子诵》,俱见《国语·晋语三》),或刺文公爵禄不公使君子失所——"一蛇耆乾,独不得其所"(《龙蛇歌》,见《说苑·复恩篇》)。足见诗人们不仅对那些荒淫无道之君以辛辣笔触展开批判,即就是象晋献公、文公与秦穆公这样的有为之君,对其不德行为亦毫不留情地进行讥讽。

比如,《黄鸟》首章选取"交交黄鸟,止于棘"这一客观事象起兴,以咬咬鸣叫之黄鸟栖止于酸枣树上是不得其所,兴"谁从穆公?子车奄息。维此奄息,百夫之特",言子车奄息为穆公殉葬是不得其死;次章选取"交交黄鸟,止于桑"这一客观事象起兴,以黄鸟栖息于桑树上是不得其所,兴"谁从穆公?子车仲行。维此仲行,百夫之防",言子车仲行为穆公殉葬是不得其死;卒章选取"交交黄鸟,止于楚"这一客观事象起兴,以黄鸟栖息于荆条上是不得其所,兴"谁从穆公?子车鍼虎。维此鍼虎,百夫之御",言子车鍼虎为穆公殉葬是不得其死。全诗通篇言黄鸟应以时往来而得其所,人亦应以寿命终而得其所,然三良与黄鸟一样皆不得其所,因而三章结句遂反复咏叹"临其穴,惴惴其栗。彼苍者天,歼我良人!如可赎兮,人百其身",写三良临穴恐惧之状,诅上天杀尽善人之罪,抒愿百死以赎之情,足见惜善人之甚。穆公生前称霸西戎,功业盖世;然其薨后,秦人却以"良人"殉葬。故秦国人作此诗以刺之。

4. 怨刺大夫不德之行

这一历史阶段王室与公室大夫,亦多有不德之行者,如周王子颓"奸王之位"(庄二十年《左传》),郑高克"师溃"而"奔陈"(闵二年《左传》),晋里克(季子)"弑二君与一大夫"(僖十年《左传》),宋皇国父"妨于农功"(襄十七年《左传》),卫孙蒯"越竟(境)而猎"(襄十七年《左传》杜《注》),鲁臧孙纥(臧纥、武仲)"干国之纪"(襄二十三年《左传》),等等。故郑公子士("士",一作"素")、晋优施及周王室乐工、魏国人妻女、晋国人、鲁国人、曹重丘人、宋筑台者等许多佚名贵族诗人、平民诗人与奴隶诗人,皆怨刺之。

他们或刺周王子颓僭立乐祸——"其乐只且"(《诗·王风·君子阳阳》),或刺郑高克危国亡师——"左旋右抽,中军作好"(《郑风·清人》),或刺魏贵妇人心胸狭窄——"维是褊心,是以为刺"(《魏风·葛屦》),或刺晋大夫用非其人——"美如玉,殊异乎公族"(《汾沮洳》),或刺里克不能事小君骊姬——"人皆集于苑,己独集于枯"(《暇豫歌》,见《国语·晋语二》),或刺鲁臧孙纥狐骀(邾地,即今山东省滕州市东南二十里之狐骀山)之败——"朱儒朱儒,使我败于邾"(逸诗《朱儒诵》,见襄四年《左传》),或刺卫孙蒯父子逐其君献公衎——"亲逐而(尔)君,尔父为厉"(《詢孙蒯歌》),或刺宋皇国父为平公筑台而妨于农收——"泽门之皙,实兴我役"(《诅祝歌》,俱见襄十七年《左传》),都从不同侧面对王室与公室大夫的不德行为进行批判,表露出诗人对他们乱政祸民的极大愤慨。

比如,《君子阳阳》首章"君子阳阳,左执簧,右招我由房。其乐只且",以"赋"笔写舞师左手执簧演奏得得意扬扬,右手招呼我以笙奏燕乐房中之乐,言君子之乐在音乐,刺王子颓观赏音乐时欢乐之状;卒章"君子陶陶,左执翿,右招我由敖。其乐只且",以"赋"笔写舞师左手执翿跳得陶陶自乐,右手招呼我以钟鼓奏舞曲鷔夏之乐,言君子之乐在舞蹈,刺王子颓观赏舞蹈时和乐之貌。惠王二年(前675),蒍国、边伯、詹父、子禽、祝跪五大夫奉惠王阃叔父王子颓以伐惠王,王子颓遂于王城僭立为王;三年(前674),惠王处于栎(郑邑,地在今河南省禹州市),王子颓享五大夫,遍舞六代之乐。故王室乐工作此诗以刺之。

5. 抒发爱国情怀

这一历史阶段,由于"王道"废而"霸道"兴,诸侯国各阶层贵族的国家意识形态逐渐强化。在他们心中,"天子"之"天下"已经不再那么重要,而"诸侯"之"国家"才是至关重要的,自然绝不能让他国"倾覆我国家"(成十三年《左传》)。于是,"礼"被赋予"经国家,定社稷,序民人,利后嗣"(隐十一年《左传》)的全新含意,"德"自然而然地被视为"国家之基"(襄二十四年《左传》)。即就是那些出嫁他国的公室贵族女性,她们虽已为他国国君之夫人,亦将其"宗国"视为"根本"。故自然出现了像宋桓夫人、许穆夫人等一批富有爱国情怀的贵族女性诗人,创作了一些抒发爱国主义思想的诗作。

她们或自伤狄入卫而已力不能救宗国——"有怀于卫,靡日不思"(《邶风·泉水》),或提出引大国以救宗国之策——"控于大邦,谁因谁极"(《鄘风·载驰》),或忧狄伐卫而望宋救宗国——"谁谓宋远?跂予望之"(《卫风·河广》),或抒发宗国为狄所破之忧——"驾言出游,以写我忧"(《竹竿》)。宋桓夫人与许穆夫人为姊妹,卫宣公晋之孙,公子顽(昭伯)之女,戴公申、文公毁之妹。故她们在宗国危亡之际,自然表现出强烈的爱国主义情怀。

比如,惠王十七年(前660),狄入卫,懿公赤被杀,戴公申立,遂南渡黄河而寄居漕邑。当许穆夫人得知宗国覆亡的消息,心里极为难过,不顾许大夫的极力反对和百般阻挠,即刻快马加鞭赶赴漕邑慰问,以筹划联齐抗狄方略,并愤而作《载驰》以明志。其首章"载驰载驱,归唁卫侯。驱马悠悠,言至于漕。大夫跋涉,我心则忧",言自许归卫之故——"归唁卫侯";次章"既不我嘉,不能旋反。视尔不臧,我思不远。既不我嘉。不能旋济。视尔不臧,我思不閟",言许人不许归唁卫侯之非——"既不我嘉";三章"陟彼阿丘,言采其蝱。女子善怀,亦各有行。许人尤之,众稚且狂",言许人尤之之非——"众稚且狂";四章"我行其野,芃芃其麦。控于大邦,谁因谁极",言欲引大国自救之策——"控于大邦";卒章"大夫君子,无我有尤。百尔所思,不如我所之",言我遂往之志——"无我有尤"。全诗五章皆用"赋"笔,铺陈描写了自己"归唁卫侯"之行,提出了自己"控于大邦"之策。未几,齐桓公使其庶子公子无虧(武孟)帅车三百乘、甲士三千人以戍漕。足见齐桓公在遵循"尊王攘夷"争霸方略的过程中,不仅对诸侯有"存亡继绝"之功,而且维持了东部地区相对稳定的政治局面。

要之,这一时期诗人的政治话语中心,实际上聚焦于公室与国君身上。这正是"礼乐征伐自诸侯出"政治生态环境影响使然。因为"礼乐征伐自诸侯出"政治生态,本质上就是"霸权"政治生态。故诗人的政治话语自然会是以"王权"为中心转变为以"霸权"为中心,诗歌创作的关注点自然由王室兴亡之政治态势转变为公室兴衰之政治态势。

三、"族权"政治生态与诗歌政治化倾向的基本特征

春秋后期(前546—前506),诸侯国奴隶主贵族内部矛盾加剧,卿大夫取代国君而专国政,政治格局由"诸侯守在四邻"转变为"守在四竟",政治生态由"礼乐征伐自诸侯出"转变为"自大夫出",即政治思想、政治制度、政治格局、政治风气和社会风气综合状态与环境逐渐由以霸权为中心转变为以族权为中心。在这一政治生态环境之中,诗歌创作形成了独特的文学景观:"雅乐"衰,"新声"兴[①]。这一历史阶段传世的诗歌作品仅9首(含逸诗8首),占春秋时期诗歌总数229篇的5%。其政治化倾向主要表现在以下四个方面:

1. 诸侯燕享之乐歌

天子与诸侯行朝聘之礼时,主人需对宾客行"燕享之礼"。期间,还需行"投壶之礼",即"主人奉矢,司射奉中,使人执壶"(《礼记·投壶》)。至春秋后期,由于"族权"逐渐取代了"王权"与"君权",当时诸侯朝聘天子之礼基本上形同虚设,

---

[①] "新声",亦称"新乐",是一种有别于"雅乐"(古乐)的新型世俗性流行乐歌。至春秋后期,陆续由民间进入公室,逐渐形成了"秦声""郑声""晋音""卫音""齐音""鲁音""宋音"等多种音乐形态。

但诸侯间相互朝聘时举行燕享投壶之礼制度依然未废。此类作品主要有逸诗《投壶歌》二首（见昭十二年《左传》）。

比如，景王十五年（前530），齐景公杵臼、卫灵公元、郑定公宁如晋朝嗣君，昭公夷享诸侯，以景公宴，上军将（第三卿）荀吴（中行吴、中行穆子）为傧相，行投壶礼，遂作《投壶歌》。其开篇"有酒如淮，有肉如坻"两句，连用两个明喻，以晋国美酒像淮水一样多、鲜肉像坻山（山名，今地阙）一样高，比喻今晋国军帅强御而卒乘竞劝；结尾"寡君中此，为诸侯师"两句，直言今晋君德不衰于古，齐不事晋，将无所事，表露出荀吴依然有维系晋国中原霸权之心（昭十二年《左传》）。实际上，昭公在位期间（前531—前525），"六卿强，公室卑"（《史记·晋世家》），则荀吴所谓"为诸侯师"，实乃自夸溢美之词。故晋司功（掌司仪之大夫）士匄（文伯、伯瑕）讥其"失辞"。当然，从傧相荀吴取代主人（昭公）作《投壶歌》以明晋志可知，即就是在诸侯国君之间行朝聘之礼时，晋君仅一道具而已。这从一个侧面折射出"君权"衰微而"族权"强盛的政治生态。

2. 赞美大夫武功文德

此时，虽然整体政治格局为大夫专权，但像晋下军佐（第六卿）荀跞（知伯、文子）、郑执政卿（位在次卿而执国政）公孙侨（子产）等，则武功文德卓著者。故曹国人、郑舆人（都鄙之人）等皆作诗以美之。

他们或美晋荀跞纳周敬王于成周（《诗·曹风·下泉》），或美子产推行田制改革（逸诗《子产诵》之二，见襄三十年《左传》）。这些诸侯国士、平民及奴隶等对卿士的赞美诗，实际上就是对大夫取代国君专权政治生态环境的一种颂扬。这从一个侧面反映出那些出身于社会下层的诗人，他们对"族权"政治具有更强烈的文化认同。

比如，景王二十五年（前520），王子朝（王子晁）作乱，晋籍谈、荀跞帅师纳悼王猛（王子猛）于王城，悼王猛卒，敬王匄即位；敬王元年（前519），敬王出居狄泉称"东王"，王子朝僭立王城称"西王"；四年（前516），王子朝奔楚，敬王入成周；九年（前510），晋会诸侯城成周。故曹国人作《下泉》赞美荀跞纳王之功。其首章选取"洌彼下泉，浸彼苞稂"这一客观事象为兴象，以寒冷的下泉（即"翟泉"，又称"狄泉""泽邑"，即洛阳城内大仓西南池水，位于王城之东）将丛生的稂（莠草）根淹泡湿腐而死，反兴"忾我寤叹，念彼周京"；次章选取"洌彼下泉，浸彼苞萧"这一客观事象为兴象，以寒冷的下泉将丛生的蒿草（荻蒿、牛尾蒿）淹泡湿腐而死，反兴"忾我寤叹，念彼京周"；三章选取"洌彼下泉，浸彼苞蓍"这一客观事象为兴象，以寒冷的下泉将丛生的蓍草淹泡湿腐而死，反兴"忾我寤叹，念彼京师"；

卒章选取"芃芃黍苗,阴雨膏之"这一客观事象为兴象,以黍苗之所以生长得茂盛是因为时常有阴雨滋润,正兴"四国有王,郇伯劳之"。此诗四章皆用"兴"笔,异章变文,重章叠句,反复咏叹,貌似空空说"念",实则含意固深:概叹我一旦醒来就怀念成周(即"周京""京周""京师",在今河南省洛阳市东约四十里,位于瀍水之东,与王城相距四十里)之情,极力凸显王子朝之乱使王室受害程度之重;卒章方画龙点睛,以颂郇伯之贤。

3. 讽刺大夫专权乱政

这一时期,晋韩氏、中行氏、知氏、魏氏、士氏、赵氏所谓"六卿",郑罕氏、驷氏、丰氏、游氏、印氏、国氏、良氏所谓"七穆",鲁仲孙氏(孟孙氏)、叔孙氏、季孙氏所谓"三桓",宋皇氏、乐氏、灵氏所谓"三族",齐国氏、高氏、陈氏"三族",陆续开始专权共政,君权(诸侯国君)与族权(卿大夫)之间的矛盾冲突日益严重。这种政治现象,在郑大夫、国人、舆人所创作的诗歌中多有反映。

他们或刺国遇乱世学校废而不修(《诗·郑风·子衿》),或刺子产推行田制改革(逸诗《子产诵》之一,见襄三十年《左传》),或刺子产推行丘赋改革(《丘赋歌》,见昭四年《左传》)。这些诗作从不同侧面反映出在由"君权"政治向"族权"政治变迁过程中,必然会引发剧烈的社会矛盾冲突。因为,这一社会政治生态环境的深刻变革,不仅会从根本上剥夺那些旧贵族的既得利益,也会在短时间使那些原来依附于旧贵族的下层民众的利益受到一定危害。故以士大夫为主体的下层贵族与平民、奴隶等,自然会通过作诗来发泄自己的不满情绪。

比如,《子衿》首章曰:"青青子衿,悠悠我心。纵我不往,子宁不嗣音?"此以"青青子衿"——学子所服之服饰借代学校,责其不寄问;次章曰:"青青子佩,悠悠我思。纵我不往,子宁不来?"此以"青青子佩"——学子所佩之玉佩借代学校,责其曾不来学;卒章起句以"挑兮达兮,在城阙兮"——在城门楼上独往独来,比喻学子独学而无友、孤陋而寡闻;结句以"一日不见,如三月兮",自言思念之切。春秋后期,大夫专权,学校不修,惟郑子产不毁乡校而已。故郑大夫有《子衿》"城阙之刺"(宋王应麟《困学纪闻》卷三)。

4. 诫刺家臣乱家政

"家臣"取代"公臣"秉国政,虽然形成于春秋晚期,然其肇始于春秋后期。特别是鲁叔孙豹庶子牛(竖牛)乱叔孙氏之室,季氏费邑(即今山东省临沂市费县)宰南蒯(南氏)以费叛季氏,实开后世阳虎以"陪臣执国命"政治态势之先。故费乡人(居于乡里之奴)笔触多集中于此。他们或诫南蒯将叛季氏(逸诗《南蒯叹》),或刺南蒯将叛季氏(《南蒯歌》,俱见昭十二年《左传》),都表现出对由于家臣乱政而引发社会动乱的无限担忧。

比如,景王十年(前535年),鲁季孙意如(平子)继祖父职为卿,不礼于南蒯,故南蒯以"臣欲张公室"(昭十四年《左传》)为借口,实则欲"以费为公臣"(昭十二年《左传》),遂依靠自己所掌握的采邑家兵武装,与公室卿士公子憖(子仲)及叔孙氏小宗叔仲小(叔仲穆子、叔仲子)谋出季氏;十五年(前530),南蒯将适费,饮乡人酒,乡人遂作《南蒯歌》以刺之。其选取"我有圃,生之杞乎"这一客观事象作为兴象,以原本种植蔬菜的园圃却生长出枸杞来,正兴"从我者子乎,去我者鄙乎,倍其邻者耻乎!已乎已乎!非吾党之士乎"(昭十二年《左传》),言南蒯在费欲为乱不合时宜,实为鄙贱之行、耻恶之事,表达了费人对南蒯以费叛季氏如齐极其失望之情。

5. 反映吴楚争霸政治态势

此时中原诸侯皆无力继续争霸,争霸的主要战场转移到南方吴、楚之间。这一政治态势,在楚申勃苏(申包胥)及吴渔夫等佚名诗人的作品中,都有所反映。他们或在吴入郢(即今湖北省江陵市荆州镇北五里故纪南城)后赴秦以歌乞师(《吴为无道歌》,见《吴越春秋·阖闾内传》),或歌咏伍员(子胥)自楚奔吴(《渔夫歌》,见《吴越春秋·吴太伯传》)。

比如,《吴为无道歌》以"封豕长蛇"比喻吴王阖闾以师入郢,以"寡君出在草泽"比喻楚昭王熊轸奔随(姬姓国,地在今湖北省随州市随县南),皆以形容吴楚争霸的严重态势。敬王十四年(前506),吴楚柏举(楚邑,在今湖北省麻城市东北)之战,楚师败绩,吴师入郢,楚昭王自郢奔郧(楚邑,地在今湖北省孝感市京山县、安陆市一带),又奔随,昭王使申包胥如秦乞师。其鹤倚哭于秦庭,七日七夜,口不绝声,哭已,遂作此歌以谏秦哀公出师救楚,秦师乃出。

要之,这一时期诗人的政治话语中心,其聚焦点不再是公室之"国",而是大夫之"家",实际上聚焦于大夫身上。这正是"礼乐征伐自大夫出"政治生态环境影响使然。因为"礼乐征伐自大夫出"政治生态,本质上就是"族权"政治生态。故诗人的政治话语自然会由以"君权"为中心转变为以"族权"为中心,诗歌创作的关注点自然由公室兴衰之政治态势转变为大夫专权之政治态势。

四、"庶人"政治生态与诗歌政治化倾向的基本特征

春秋晚期(前505—前453),政治生态的基本特征由礼乐征伐"自大夫出"转

变为"陪臣执国命",即政治思想、政治制度、政治格局、政治风气和社会风气综合状态与环境逐渐由以族权为中心转变为以庶人为中心。在这一政治生态环境之中,诗歌创作形成了独特的文学景观:"新声"盛,"徒歌"兴①。这一历史阶段传世的诗歌作品凡15首(全为逸诗),占春秋时期诗歌总数229篇的6%。其政治化倾向主要表现在以下四个方面:

1. 讽刺国君与大夫无德无形

此时诸侯国君及其大夫,多有无德无形者。如卫灵公元薄德厚色而"无道"(《论语·宪问篇》),庄公蒯聩欲使人"杀其母"(定十四年《左传》),齐景公杵臼"繁于刑"(昭三年《左传》),安孺子荼"置群公子于莱"(哀五年《左传》),简公壬家臣阚止(子我)"有宠"而"使为政"(哀十四年《左传》),吴王夫差"好罢民力以成私好"(《国语·楚语下》),鲁季孙斯(桓子)受齐女乐"三日不朝"(《论语·微子篇》),等等。故鲁孔丘、公孙有山、吴申叔仪及齐国人、莱人、宋野人(居于郊外鄙野之奴)、吴童稚等佚名诗人,皆作诗以刺之。

他们或刺卫灵公为其夫人南子召宋公子朝(宋朝)——"既定尔娄猪,盍归吾艾豭"(逸诗《娄猪歌》,见定十四年《左传》),或刺卫庄公无信无道——"登此昆吾之墟,绵绵生之瓜"(《浑良夫噪》,见哀十七年《左传》),或刺齐安孺子使群公子失所——"师乎师乎,何党之乎"(《莱人歌》,见哀五年《左传》),或刺齐公室弃民不恤而国政将归于陈氏——"妪乎采芑,归乎田成子"(《采芑歌》,见《史记·田世家》),或刺吴王夫差不恤下——"佩玉縕兮,余无所系之"(《庚癸歌》),或刺吴王夫差不与士卒共饥渴——"梁则无矣,粗则有之"(《庚歌》,俱见哀十三年《左传》),或刺吴王夫差筑别馆以淫逸——"梧宫秋,吴王愁"(《吴王夫差时童谣》,见《述异记》卷上),或刺鲁季孙斯受齐女乐——"彼妇之谒,可以死败"(《去鲁歌》,见《史记·孔子世家》)。实际上,这些诗作从不同侧面揭示出"庶人"政治形成的社会原因:正是诸侯国君及其大夫无德无形,终于导致"君权"与"族权"相继衰微而"庶人"强势,形成了"陪臣执国命"的政治生态。

比如,敬王二十四年(前496),卫灵公为夫人南子召宋朝,会于洮(卫邑,即今河南省濮阳市西南之颛顼城),太子蒯聩献盂(卫邑,今地阙)于齐,过宋之野(郊外鄙野之地),宋野人遂作《娄猪歌》以刺之。此歌采用连喻方式,以"娄猪(求子母猪)"喻宋女南子,以"艾豭(老公猪)"喻旧通于南子之公子朝,言其淫逸之

---

① "徒歌",亦称"谣""俗谣",是一种即兴创作的无须音乐伴奏、舞蹈扮演之诗歌,其形式犹如今之"清唱"。

甚,讽刺何其辛辣!

2. 诫勉国君奋发有为

与上述无德无行之君相比,越王句践则是一位奋发有为之君。其提出"内政无出,外政无入"(《国语·吴语》)之说,倡导"进则思赏,退则思刑"(《越语上》)之论,奉行"诛强救弱"(《史记·仲尼弟子列传》)之策,卧薪尝胆,励精图治,终于灭吴,成为春秋时期最后一位霸主。故越大夫文种等皆作诗以诫勉之。此类作品现存有逸诗《祝辞》二首(见《吴越春秋·勾践入臣外传》)。

比如,敬王二十六年(前494),越王句践与大夫文种、范蠡入臣于吴,群臣皆送至浙江(即今钱塘江)之上,临水祖道(祭祀道神以饯行),军阵固陵(即今浙江省萧山市西之西兴渡,为吴越通津),文种前为祝,遂作《祝辞》二首以诫勉之。其一曰:"皇天祐助,前沉后扬。祸为德根,忧为福堂。威人者灭,服从者昌。王虽牵致,其后无殃。君臣生离,感动上皇。众夫哀悲,莫不感伤。臣请荐脯,行酒三觞。"此以祝酒歌形式,言上天必定会佑助大王变祸忧为德富以复兴国家。

3. 哀怨乱世无道

此时"君权""族权"衰微,"家臣"主政,世间既无圣王之瑞,又无文明之祥,一派德衰无道、礼崩乐坏的乱世景象。故鲁孔丘、楚陆通(楚狂接舆)等皆作诗以哀怨之。

他们或哀乱世无祥瑞之兆——"凤鸟不至,河不出图"(《凤鸟歌》,见《论语·子罕篇》),或讥大夫不能隐为德衰——"今之从政者殆而"(《凤兮歌》,见《微子篇》),或怨自己生于乱世——"伤予道穷,哀彼无辜"(《陬操》,见《孔丛子·记问篇》),从不同侧面揭示出"庶人"政治生态环境中的"无道"之象,抒发了诗人们的哀婉之情。

比如,《凤兮歌》曰:"凤兮!凤兮!何德之衰?往者不可谏,来者犹可追。已而,已而!今之从政者殆而!"此歌开篇以呼告与比喻手法,言凤有道则见,无道则隐,以喻孔子;谓今天下德衰无道,则依然尚可隐去;然子却欲仕于殆政而不隐以避世。敬王三十一年(前489),孔子在楚,楚狂接舆遂作此歌以讽谏之。

4. 慨叹人生短促

此时,由于万物变化不息,世事变化无常,吉凶之兆相倚,致使许多士大夫感叹人生短促,韶光易逝。故他们通过作诗来抒发这种复杂情感,以求自我宽慰,进而转化为一种深沉的生命意识。这种珍惜生命价值的思想意识,不像前代鲁仲孙羯(孟孝伯)所谓"人生几何,谁能无偷"(襄三十一年《左传》)那样悲凉无奈,更像叔孙豹(穆叔)所谓"大上有立德,其次有立功,其次有立言"(襄二十四年《左传》)一样积极进取,唯有表现视角有所不同而已。此类作品现存有《泰山歌》(见

《礼记·檀弓上》)一首。

　　此歌选取"泰山其颓乎！梁木其坏乎"这两个客观事象作为兴象与喻体，以众山所仰之泰山下坠了，众木所依之栋梁腐朽了，比兴"哲人其萎乎"，言众人所敬之哲人生病了。全诗透露出英雄末路、壮志未酬之惋惜情愫。敬王四十七年（前479），孔子早作，负手曳杖，消摇于门，作此歌以叹；既歌而入，当户而坐，寝疾七日而没。足见此为孔子绝笔。

　　要之，这一时期诗人的政治话语中心，实际上聚焦于大夫与陪臣之间的权利斗争方面。所以，诗歌创作主要以贵族佚诗与平民歌谣为主，出现了处于乱世的个人抒怀之作。这正是"陪臣执国命"政治生态环境影响使然。因为"陪臣执国命"政治生态，本质上就是"庶民"政治生态。故诗人的政治话语自然会是以"族权"为中心转变为以"庶民"为中心，诗歌创作的关注点自然由大夫专权之政治态势转变为"陪臣执国命"之政治态势。

　　综上所述，春秋诗歌的政治化倾向，既指在诗歌创作过程中，政治思想、政治势力、政治人物对其进行控制和制约并产生了重大影响；又指作为创作主体的诗人，直接为了某种政治目的进行创作，或者作品题材直接涉及有关政治活动的创作。这是春秋时期一个十分重要的文学现象与突出特征。实际上，这种政治化倾向，代表了春秋诗歌创作的主旋律，是这一时期礼乐文化的重要元素。而正是由于政治生态由"王权"政治向"霸权"政治、"族权"政治、"庶人"政治的渐次变迁，促使诗歌创作内容由以祭祀活动为主向以现实生活为主转变，从而使这一时期的诗歌主旨具有明显的政治化倾向。当然，由于不同历史阶段政治生态环境的差异性，这种政治化倾向就诗人的政治话语及其关注的政治态势而言，自然表现出阶段性特征：前期以"王权"为中心，关注点为王室兴亡；中期以"霸权"为中心，关注点为公室兴衰；后期以"族权"为中心，关注点为大夫专权；晚期以"庶民"为中心，关注点为"陪臣执国命"。而这些阶段性特征，则构成了春秋时期诗歌创作的总体特征：创作题材的现实性与内容的真实性，创作动机的尊德性与民本性，建构方式的叙事性与事象性，诗学观念的言志性与社会性。这些具有政治化倾向的诗歌，对后世的诗歌创作乃至整个文学创作产生了深远影响。这种政治化倾向在不同历史阶段关注点的不同，正好反映出诗礼互动内涵不断演化的历史进程。诗歌创作政治化倾向与礼制变革现实性关照的有机结合，正是诗礼文化创造性传承与创造性发展的内在动力。

（原载《中州学刊》2018 年第 3 期）

中国文学制度论

饶龙隼

饶龙隼,1965年9月生。1989年7月毕业于江西师范大学,获文学学士学位;同年9月免试直升攻读硕士学位,师从陈良运教授研读中国诗学,1991年6月提前毕业,获文学硕士学位;1991年9月考入南开大学,师从罗宗强教授攻读博士学位,1994年6月获文学博士。2008年6月—2011年6月,在复旦大学中国古代文学研究中心从事博士后研究工作,合作导师为黄霖教授;2014年5月—2015年4月,在美国加州大学伯克利分校从事高级访问学者研究工作,合作导师为 Sophie Volpp(袁书菲)。1999年10月晋升教授,现任上海大学三级教授、中国古代文学博士点负责人,担任硕士生、博士生导师及博士后合作导师。主要研究领域为先秦两汉文学艺术与群经诸子以及元明时期文学艺术与思想文化。主讲课程有"文学理论""中国古代文学""中国文学批评史""中国原典导读""文心雕龙导读""中国文学经典名篇研读""左传文导读""佛教与文学"(以上本科生课程)、"中国文学研究专题""文心雕龙研读""元明清文学专题研究""近世中国文学研究学术名著导读""先秦诸子文学研究"(以上硕士生课程)、"中国文学研究前沿""中国文学专题研究"(以上博士生课程)等。出版《上古文学制度述考》《元末明初大转变时期东南文坛格局及文学走向研究》等专著6部,发表学术论文80余篇,主编"中国古代文学制度研究"丛书(约50种)等图书。兼任上海市古典文学研究会常务理事、浙江省文学研究会常务理事、中国明代文学学会(筹)常务理事;担任国家社会科学基金项目通讯评审专家、教育部哲学社会科学基金项目通讯评审专家、中国博士后科学基金项目通讯评审专家等;长期担任《文学评论》《文学遗产》《浙江大学学报》《上海大学学报》《苏州大学学报》《中南大学学报》的论文评审专家。为国家社会科学基金重大项目"中国古代文学制度研究"(17ZDA238)首席专家。

清儒章学诚曰:"古人论文,惟论文辞而已矣;刘勰氏出,本陆机氏说而昌论文心;苏辙氏出,本韩愈说而昌论文气:可谓愈推而愈精矣。未见有论文德者,学者所宜深省也。"鉴于前人之得失,他独标文德之说:"今云未见论文德者,以古人所言,皆兼本末,包内外,犹合道德文章而一之,未尝就文辞之中言其有才、有学、有识,又有文之德也。"①这是说,文德并非独立外在,而就包含在文辞、文心、文气之中。今承章氏绪论,特标文制之说,非谓自古以来竟无文学制度之认知,而要证成制度乃中国文学固有之义。

一、定　名

文学是一种活动,这是当今的通识。而文学活动诸层面、诸事项之指称,则有反映、表现、创作、创新、文本、文体、批评、鉴赏、发展、演变种种。近世以来,这些用语极为流行,成了文学活动专名;但衡以中国文学实际,则难免支离肤泛不切。此情形,不乏典型文案。② 而其实,中国文学固有的一个用语,更能涵容文学活动诸层面;只因外来文学观念的喧夺,致使它近世以来被人遗忘。今将努力拂尘吹沙,揭举之曰文学制度。

由于中国文论的用语不很规范,文学制度之名义又非恒定不变,以致古今贤哲论文,竟不曾用制度一词。如刘勰曰:"童子雕琢,必先雅制……八体虽殊,会通合数。"③数指数度,亦即度,其雅制、合数照应成文,实隐含文学制度之内涵。再如陈绎曾曰:"齐、梁以下七言,乃多古制,韵度犹出盛唐人上一等。"(《诗源辩体》卷三四转引《诗谱》)此古制、韵度互用,明确指称文学制度,但制、度仍未联词。至于叶燮以制度喻诗,称"宋诗则制度益精,室中陈设,种种玩好,无所不蓄"(《原诗》外篇下二)。其所云制度,显然是建筑规制,而非指文学制度。又如章学诚曰:"第文章可以学古,而制度则必从时。"(《文史通义》卷五内篇五《妇学》)将

---

① 章学诚.文史通义·卷3内篇3·文德.上海:上海古籍出版社,2008:82.
② 文学是一种活动的观点,出自美国文学理论家 M. H. 艾布拉姆斯著 THE MIRROR AND THE LAMP(参见:镜与灯——浪漫主义文论及批评传统.郦稚牛,等译.王宁,校.北京:北京大学出版社,2004.),在中国文学理论界影响广泛。20世纪80年代以来,国内通行的文学教程多援用其说,来建构形形色色的理论体系,如童庆炳主编《文学理论教程》、袁行霈主编《中国文学史》等;又美籍学者刘若愚《中国文学理论》,引用并改造艾氏的文学四要素构想,从文学活动四要素的诸环节上,引申出中国文学的形上、决定、表现、技巧、审美以及实用六种理论。(参见:刘若愚.中国文学理论.杜国清,译.南京:江苏教育出版社,2006.)
③ 刘勰.文心雕龙·体性//黄叔琳,注.本文心雕龙:二(国学基本典籍丛刊).北京:国家图书馆出版社,2017:58.文中引用皆出此本。

文章、制度区别言,则制度亦非指称文学。

不过应引起重视的是,前人论文高频度地遭用由制、度组构的词,实际从整体上涵盖了中国文学活动诸层面。兹以实例明之:

指称文学创作:刘勰《文心雕龙》:"剬(制)诗缉颂,斧藻群言"(《原道》);"先王因之,以制乐歌"(《声律》);"观彼制韵,志同枚、贾"(《章句》);"依《诗》制《骚》,讽兼比、兴"(《比兴》);"明帝纂戎,制诗度曲"(《时序》)。钟嵘《诗品》:"(鲍照)善制形状写物之词"(《中·宋参军鲍照诗》);"陶公咏贫之制、惠连《捣衣》之作,斯皆五言之警策者"(《下·序》);"自制未优,非言之失也"(《下·齐秀才陆厥》)。萧统《文选序》:"述邑居,则有《凭虚》《亡是》之作;戒畋游,则有《长杨》《羽猎》之制。"这些论例中的制、度,或用作词素,或独立成词,均蕴含有创制作品的施动义,是较早指称文学创作的显例。而晚近的用例,则有章学诚《文史通义》:"(固《书》)于近方近智之中,仍有圆且神者,以为之裁制"(卷一内篇一《书教下》);刘熙载《艺概》:"张平子始言度曲,《西京赋》所谓'度曲未终,云起雪飞'是也。制曲者体此二语,则于曲中抑扬之道思过半矣"(卷二《诗概》);刘师培《文说》:"齐、梁之间,文士辈出,盛解音律,始制四声。"(《刘申叔先生遗书》乙类)特别是刘熙载将度曲、制曲来互用,显示了制度所包蕴的文学创作内涵。

指称文学体制:刘勰《文心雕龙》:"江左篇制,溺乎玄风"(《明诗》);"文之制体,大小殊功"(《神思》)。此所谓篇制、制体,均为文学体制之名。钟嵘《诗品》:"观休文众制,五言最优。详其文体,察其余论,固知宪章鲍明远。"(《中·梁左光禄沈约诗》)此众制、文体呼应成文,实亦隐含文学体制之义。刘知几《史通》:"(王劭)《隋书》虽欲祖述商周,宪章虞夏,观其体制,乃似孔氏《家语》、临川《世说》,可谓画虎不成反类犬也。"(卷一内篇《六家第一》)"按马《记》以史制名,班《书》持汉标目。"(卷四内篇《断限第十二》)"寻(《春秋》)斯义之作也,盖是周礼之故事,鲁国之遗文,夫子因而修之,亦存旧制而已。"(卷一四外篇《申左第五》)《史通》此类论例,均指称史文之体制。严羽《沧浪诗话·诗辨》论诗法五种,而以"体制"居首,特别标举文学体制。许学夷《诗源辩体》:"圣门论得失,诗家论体制"(卷一);"风人之诗,其性情、声气、体制、文采、音节,靡不兼善"(卷一);"诗文俱以体制为主"(卷十一)。章炳麟《国故论衡》:"故自唐世已有短词,与官韵未相出入,此则名从主人,物从中国,古之制也。今纵不能复雅乐,犹宜存其节制。"(中《辨诗》)近人田北湖《论文章源流》:"综其体制,约为四类:纪述之文也,笺注之文也,议论之文也,比赋之文也。"(《国粹学报》第一年第二、三、四、五、六期)由这些用例可知,制字或独立成词,或作为一个词素,均具有绵延的生命力,一直存活于古今文学中,恒以指称中国文学体制。

指称文学体性:体性近乎今所谓文学风格,但亦非文学风格所能牢笼。它是作家才性、文体规制、时代风貌及古今通变等要素熔铸的文学特质。这一层含义,在近世文学中并无对等的称名,但在中国古代文论中却很常见。刘勰《文心雕龙》辟《体性》之目,专篇研讨文学体性问题,论列典雅、远奥、精约、显附、繁缛、壮丽、新奇、轻靡八体,并指出此八种,体性虽殊,而推其根源,总其归途,乃在于"制"与"数(数度)"。这就揭示了文学体性的制度内涵。钟嵘《诗品》:"其源出于李陵,颇有仲宣之体则。"①(《中·魏文帝诗》)嵇康《琴赋·序》:"世之才士,并位之赋颂,其体制风流,莫不相袭。"(《嵇中散集》卷二)杜甫《同元使君舂陵行·序》:"复见比兴体制、微婉顿挫之词。"(《杜诗详注》卷十九)严羽《答出继叔临安吴景仙书》:"作诗正须辨尽诸家体制,然后不为旁门所惑。今人作诗,差入门户者,正以体制莫辨也";又"(仆)于古今体制,若辨苍素,甚者望而知之。"(《沧浪诗话校释》附录)此诸例所云"仲宣之体则"着眼于文体规制,"体制风流"着眼于作家才性,"比兴体制"着眼于艺术传承,"诸家体制"着眼于时代风貌,"古今体制"着眼于古今通变,均标举了文学体性的制度内涵。

指称文学批评:司马迁《史记》:"依鬼神以剬(制)义"(《五帝本纪》),又有"制义法"之说(《十二诸侯年表》),其所谓制,是指制定评判史文之标准。陆机《文赋》据才性和体式,区分了文学创作的种种情状,而归结云:"虽区分之在兹,亦禁邪而制放;要辞达而理举,故无取乎冗长。"这是以辞达、理举来禁邪制放,也就是设定批评准则以为裁制。杜预《春秋左氏传经传集解》:"约言示制,推以知例。"(《序》)其所谓制,是指用来解释《春秋》经传的义例。刘勰《文心雕龙》:"若禀经以制式,酌雅以富言,是仰山而铸铜,煮海而为盐也;故文能宗经,体有六义。"(《宗经》)其所谓制式,是指宗尚《五经》而制定文学法式。钟嵘《诗品》:"斯三品升降,差非定制。"(《中·序》)此所谓制有断制之义,代指文学批评与品鉴。叶燮《原诗》:"惟立说之严,则其途必归于一,其取资之数(度),皆如有分量以限之,而不得不隘。是何也?以我所制之体,必期合裁(制)于古人;稍不合,则伤于体,而为体有数(度)矣!"(外篇上一)此所谓制体、数度、裁制云云,均指称文学理论或批评之内涵。陈确《答查石丈书》:"古人所谓《坟》《典》之书,已尽剬(制)削,三代之文从删者益不少。"(《陈确集·文集》卷一)剬(制)削亦即删削,是一种文

---

① 高松亨明《诗品详解》云:"体则为体制、体法之意。"车环柱《诗品校证》:"体则谓文体之规模。"两家所说近同,均以"体则"为文体之规制。其文又见于《文选·宋书谢灵运传论》李善注引《续晋阳秋》:"代尚诗赋,皆体则《风》《骚》";《北史·杜诠传》:"论为文体则,甚有条贯。"此两例亦指文体之规制,适可供参证。

学批评形式。

指称文学发展：刘勰《文心雕龙》："文律运周,日新其业。变则可久,通则不乏……望今制奇,参古定法。"(《通变》)"夫情致异区,文变殊术,莫不因情立体,即体成势也。势者,乘利而为制也。"(《定势》)因通变以制奇、乘势利而制体,即阐明了文学发展之内在规制。钟嵘《诗品》："逮汉李陵,始著五言之目矣……推其文体,固是炎汉之制,非衰周之倡也。"(《序》)此制、倡相互成文,指称特定时期文学发展的形态与性状。此为早前的用例。而最近的用例,则有姚华《弗堂类稿》："夫文章体制,与时因革,时世既殊,物象即变,心随物转,新裁斯出。"(论著丙《曲海一勺》)这是说,新裁是文章体制演变的产物,表征特定时期的文学规定性。

上述有关文学活动多层面之释例,隐约揭露了中国文学制度的内涵。兹所谓制度,就是事物自身的规定性;而文学制度,就是文学自身的规定性。其义颇为原始,在规范的现代汉语中已难以搜寻,却遗存于古老的《周易·节》中。

《节》卦曰："节,亨。苦节,不可贞。"孔颖达正义曰："制事有节,其道乃亨,故曰'节,亨';节须得中,为节过苦,伤于刻薄,物所不堪,不可复正,故曰'苦节,不可贞'也。"节卦最基本的精神意向,是确定人类活动的原则。人类活动即所谓制事,应该遵循有节的原则。反之不能苦节,当然也不能无节;因为,苦节会过刻失正,无节会泛滥失中,有节才中正合道。准此,文学作为人类活动,亦不能例外,必须遵循有节原则。

何谓节?《节》彖曰："节亨,刚柔分而刚得中。"此据卦象立说:节卦兑下坎上。坎为水,性属阳刚;兑为泽,性属阴柔。阳在上而阴在下,故曰刚柔分;上下卦均以阳爻居中,故曰刚得中。因之,王弼注曰："坎阳而兑阴也,阳上而阴下,刚柔分也。刚柔分而不乱,刚得中而为制主,节之义也。"按王弼的理解,刚柔分、刚得中之特质,就是节卦自身的规定性。这种规定性就是节。准此,文学也有规定性,其规定性就是节。

节之为词,含两重性。作为名词,它指称事物的规定性,即所谓节;作为动词,它指示遵循事物规定性,即所谓为节。何谓为节?《节》彖又曰："苦节不可贞,其道穷也。说以行险,当位以节,中正以通;天地节,而四时成;节以制度,不伤财,不害民。"①此据实例立说:像人们涉历险途,以中正为节,方可以通行;像

---

① "说以行险",孔颖达正义将"说"训读为"悦",实未解《易》传之著述体例。"说"应作解说、例说来训读,其例多见于战国晚期经传著述体制中,如《墨子·经下》："物一体也,说在俱一、惟是;均之绝不,说在所均。""说以行险"即"以行险说"。"说"下列"行险""天地节""节以制度"三项。而通行本将"天地节而四时成""节以制度不伤财不害民"两项联属为一,实于文意不通,亦于"说"之体例不协。兹将之断开,读为"行险,当位以节,中正以通;天地节,而四时成;节以制度,不伤财,不害民"。

天地寒暑往来,以气序为节,方可以成时。① 推及人类活动,则王者役使民力,以制度为节,方可以利民。② 为节就是节以制度,这是人类活动普遍原则。落实到文学活动上,也就是要节以制度,即遵从文学规定性。

若将节以制度换个说法,也就是所谓以制度为节。这是人类活动对节卦原理的应用,也是节词性分化转释之结论。其思理是:节──→分化出动词节和名词节,而成节以节之论断──→名词节转释成制度,而成节以制度之论断──→制度粘连节的动词性,而成制度之动宾结构。所以,《节》象曰:"泽上有水,节。君子以制数度,议德行。"其谓制数度,简言之,就是动宾结构的制度。③ 故孔颖达正义曰:"水在泽中,乃得其节;数度谓尊卑礼命之多少,德行谓人才堪任之优劣。君子象节,以制其礼数等差,皆使有度;议人之德行任用,皆使得宜。"此所谓象节,是对节词性分化转释的最简表述。

这种分化转释意义巨大。节字分化出动词性,而使节具有操控能力;名词节转释为制度,而使节可供人为操作;动宾结构的制度,作为节以制度之缩略,不仅凸显了动词性节的操控能力,而且指示着人工操作对节的归化。由此可简明地说,所谓制度,就是人类活动的节,即事物自身的规定性,以及对这种规定性的遵从;所谓文学制度,就是文学活动的节,即文学自身的规定性,以及对文学规定性的遵从。落实到中国的文学活动诸层面,文学制度是为浑朴周全的观念:它不仅标识文学自身规定性(即名词性节),而且凸显文学的操控能力(即动词性节),更可体认文学的归本化原(即本原的节)。若要依习惯来强行区划之,则这三个层面可分别对应:文学体制、文学体性,文学创作、文学批评,文学本原、文学发展,等等;然而,文学制度的观念既已揭出,此类区划就应该歧路知返。

二、原　　理

出自中国文学制度的观念,文学活动实质上就是节文。何谓节文?节就是

---

① 此采用孔颖达正义之解说:"天地以气序为节,使寒暑往来,各以其序,则四时功成之也。"
② 此采用孔颖达正义之解说:"王者以制度为节,使用之有道,役之有时,则不伤财不害民也。"
③ "数度"一词,还见于《庄子·天下》:"古之人其备乎! 配神明,醇天地,育万物,和天下,泽及百姓,明于本数,系于末度,六通四辟,小大精粗,其运无乎不在。其明而在数度者,旧法世传之史尚多有之。"同篇又:"不侈于后世,不靡于万物,不晖于数度,以绳墨自矫而备世之急,古之道术有在于是者,墨翟、禽滑釐闻其风而说之。"在这里,"数度"是"本数""末度"的合词,用以指称"古之道术"的某种规定性。它可以呈现在旧法世传之史中,也可以阐发于墨者诸家学说中。由此可知,《天下》与《节》卦的"数度"同义;又由于"数度"是"数"和"度"的合词,故"制数度"可简化为"制度"。

节以制度,文就是修饰以文。联词而称,即为节以制度而修饰以文;简省而称,即为节文。这两项是相互依存的:节以制度是修饰以文的归趣,而修饰以文是节以制度的途径;修饰以文是节以制度的表象,而节以制度是修饰以文的规制。

然而,在实际的文学活动中,这两项又是一体不分的。就经典意义的文学而言①,节以制度就是遵从文学自身规定性,修饰以文就是体现文学自身规定性。因为制度是隐性的,难以人为操控,而修饰是显性的,可供人工操作;所以,从文学技艺层面来说,节文实际上偏向修饰以文,这是文学活动的必然归趣。如《文心雕龙》的论例:"契会相参,节文互杂,譬五色之锦,各以本采为地矣"(《定势》),是说节以制度为修饰以文的归趣;"舒华布实,献替节文,绳墨以外,美材既斫,故能首尾圆合,条贯统序"(《熔裁》),是说修饰以文为节以制度的途径;"夫能悬识湊理,然后节文自会,如胶之粘木,石之合玉矣"(《附会》),是说修饰以文为节以制度的表象;"若夫尊贵差序,则肃以节文"(《书记》),是说节以制度为修饰以文的规制。因此可以简明地说,节文就是语言修饰。文学作为语言艺术,其原理即奠基乎此。

援据上述节文之思理,文学制度有三大命题。其一,从本原的节引申出文学节止论;其二,从名词性节引申出文学节度论;其三,从动词性节引申出文学节制论。这三大命题分别讲述节文的原则、节文的内涵、节文之操持,即为什么节文、什么是节文、如何来节文。

文学节止论。止,是中国文论常用字眼。它有三个基本义项:一是极止,指称事物之极至,如《老子》:"名亦既有,天将知止,知止不殆。"(三二章)止这一义,又援用于《礼记·大学》,朱熹集注:"止者,所当止之地,即至善之所在也。"二是至止,指示抵达某节点,如《周易·艮》:"象曰:艮,止也。时止则止,时行则行,动静不失其时,其道光明。艮其止,止其所也。"三是齐止,指实达到了极至,如《礼记·大学》:"大学之道,在明明德,在亲民,在止于至善,知止而后有定,定而后能静。"郑玄注:"止,犹自处也。"落实到中国文学制度上,节止是文学活动之极至,也就是遵从文学自身规定性的完美体现。在古今文学相关论述中,节止作为一个思理结构,被适用于文学诸多层面。兹以若干论例明之:

极止之义,可指审美意味之极止,如司空图"诣极"论,他以醯"止于酸"、醝

---

① 经典意义的文学,是指以语言为主要媒质的文学,即通常所谓文学是语言的艺术。就中国的情况来说,文学作为语言的艺术,开始出现在春秋晚期,并且一直延续到当今。而在春秋中期之前,语言的传达功能并不强大,只对文学活动起辅助作用,其文学形态并不是经典的;而在更久远的未来,随着信息技术的深广普及,语言的传达功能将被弱化,其文学形态不再是经典的。

"止于咸"设喻,而推论曰:"绝句之作,本于诣极,此外千变万状,不知所以神而自神也。"(《司空表圣文集》卷二《与李生论诗书》)可指艺术传达之极止,如苏轼的"当止"论,他说写诗作文,"大略如行云流水,初无定质,但常行于所当行,常止于所不可不止,文理自然,姿态横生。"(《苏轼文集》卷四九《与谢民师推官书》)可指作家才力之极止,如王夫之"至止"论,他说:"太白乐府歌行,则倾囊而出耳,如射者引弓极满,或即发矢,或迟审久之,能忍不能忍,其力之大小可知已,要至于太白止矣。"(《薑斋诗话》卷一《夕堂永日绪论》内编一一)可指文学法度之极止,如沈德潜"行止"论,他说:"所谓法者,行所不得不行,止所不得不止,而起伏照应,承接转换,自神明变化于其中。"(《说诗晬语》上八)

至止之义,可指表现手法之至止,如钟嵘的"止泊"论,他说:"若专用比兴,则患在意深,意深则词踬;若但用赋体,则患在意浮,意浮则文散,嬉成流移,文无止泊,有芜漫之累矣。"(《诗品·序》)可指表达情思之至止,如王夫之"有止"论,他说:"艳诗有述欢好者,有述怨情者,《三百篇》亦所不废……嗣是作者,如'荷叶罗裙一色裁'、'昨夜风开露井桃',皆艳极而有所止。"(《薑斋诗话》卷一《夕堂永日绪论》内编四五)可指才气发泄之至止,如钟嵘的"气过"论,他说刘桢诗"源出于《古诗》……但恨气过其文,雕润恨少。"(《诗品上·魏文学刘桢诗》)可指师法古人之至止,如李本宁"太过"论,他说:"今之诗不患不学唐,而患学之太过。即事对物、情与景合而有言,干之以风骨,文之以采丹,唐诗如是止耳。"(《诗源辩体》卷十二引语)

齐止之义,可指文学表现之齐止,如章学诚"齐止"论,他说:"夫演口技者,能于一时并作人畜、水火、男妇、老稚千万声态,非真一口能作千万态也。千万声态,齐于人耳,势必有所止也。取其齐于耳者以为止,故操约而致声多也……声色齐于耳目,义理齐于人心,等也。诚得义理之所齐,而文辞以是为止焉,可以与言著作矣。"(《文史通义》卷四内篇四《说林》)可指遣词造语之齐止,如张戒的"中的"论,他说:"'萧萧马鸣,悠悠斾旌',以'萧萧'、'悠悠'字,而出师整暇之情状,宛在目前。此语非惟创始为难,乃中的之为工也。"(《岁寒堂诗话》卷上,《历代诗话续编》上)可指语言修饰之齐止,如王闿运能"已"论,他说:"孔子赞《易》曰'修辞',《聘记》论词曰'足达',又曰'辞足以达,义之至也'。然则,不修者不足以达,达而不已者,又修之不诚也。"(《湘绮楼文集》卷三《八代文粹序》)可指文学质性之齐止,如刘熙载"本位"论,他说:"文有本位。孟子于本位毅然不避,至昌黎则渐避本位矣,永叔则避之更甚矣。凡避本位窈眇,亦易选懦。文至永叔以后,方以避本位为独得之传,盖亦颇矣。"(《艺概》卷一《文概》、卷二《诗概》)

文学节度论。度,也是中国文论常用字眼。它有三个基本义项:一是维度,指称事物的空间结构,如四维、东维、八维之类。① 这落实到中国文学制度上,维度是指文学的空间结构,亦即性情与文辞两个维度。这以刘勰"文情"论最为典要,他说:"是以将阅文情,先标六观:一观位体,二观置辞,三观通变,四观奇正,五观事义,六观宫商。斯术既行,则优劣见矣。"(《文心雕龙·知音》)其"六观"所分六要素,都在"情文"维度之内。以后诸家所论,论析文学要素,容或有所增减,却不出此范围。至若刘知几所说:"夫饰言者为文,编文者为句,句积而章立,章积而篇成,篇目既分,而一家之言备矣。"(卷六内篇《叙事第二二·隐晦》)其论看似独标文辞,而遗落性情之维度;但云"一家之言备",实隐含作者情致意趣。

二是向度,指示事物的动态趋势,有朝向、去往、接近之义。② 这落实到中国文学制度上,向度是指文学的动态趋势。纵观中国文学,大体有三向度:(一)节制性情。主张节制人的性情,这是文学固有之义。早在对《诗》的实用批评中,孔子提出了"无邪"的要求(《论语·为政》),荀子又有"中声之所止"说(《荀子·劝学》)。该思理因承转释于《毛诗序》中,而成"发乎情,止乎礼义"之论。嗣后一代代的论文者,多承其绪论而发挥之。如刘勰说:"诗者,持也,持人情性;三百之蔽,义归'无邪',持之为训,有符焉尔。"(《文心雕龙·明诗》)至于如何持人情性,刘熙载更分解之曰:"诗之言持,莫先于内持其志,而外持风化从之。"(《艺概》卷二《诗概》)(二)节制文辞。语言之施用,不能无修饰;倘若不加以修饰,则"言之无文"(《左传》襄公二十五年)。故而文辞节制,就是语言修饰。其义颇通典据:"《易·系传》:'物相杂故曰文。'《国语》:'物一无文。'徐锴《说文通论》:'强弱相成,刚柔相形;故于文,人义为文。'《朱子语类》:'两物相对待故有文,若相离去便不成文矣'";"辞之患,不外过与不及。《易·系传》曰'其辞文',无不及也;《曲礼》曰'不辞费',无太过也";"文,辞也;质,亦辞也。博,辞也;约,亦辞也。质,其如《易》所谓'正言断辞'乎?约,其如《书》所谓'辞尚体要'乎?"(《艺概》卷一《文概》)(三)情文互节。在实际的文学活动中,对性情和文辞的节制,须由情文互节来实现。中国文学向来注重功利性,言语施用需接受外加规范;但这种规范不由外力强加,而是通过情文互节来体现。对此,刘勰概述曰:"文采所以饰言,而辩丽本于情性。故情者文之经,辞者理之纬;经正而后纬成,理定而后辞畅:此

---

① 参见《素问·气交变大论》:"土不及四维";《淮南子·天文训》:"东北为报德之维";潘勗《册魏公九锡文》:"君龙骧虎视,旁眺八维"。
② 参见《庄子·秋水》:"(河伯)望洋向若而叹";《后汉书·杜笃》:"师之攸向,无不靡披";陶渊明《饮酒》诗之三:"道丧向千载,人人惜其情"。

立文之本源也。"(《文心雕龙·情采》)循此,刘勰还论列情文互节之情形:"一则情深而不诡,二则风清而不杂,三则事信而不诞,四则义贞而不回,五则体约而不芜,六则文丽而不淫。"(《文心雕龙·宗经》)其义延至近世,章太炎犹申言:"本情性,限辞语,则诗盛;远情性,熹杂书,则诗衰。"(《国故论衡》中《辨诗》)

三是法度,指示事物的自身规制,有常规、准则、制度之义。这落实到中国文学制度上,法度是指文学的自身规制。基于上述文学活动三向度,中国文学自身规制对应为:节制性情以正,节制文辞以简,情文互节以达。

文学节制论。以正、以简、以达,这是节文的基本原则;而如何实现节文原则,正是文学节制的任务。

追求性情之正,抒发自然情性,这是中国文学一贯的要求。在这一点上,道家之因任自然,儒家之克己复性,是相通的,并无二途。从早前的诗言志、诗缘情之论,到晚近的童心自文、独抒性灵之说,虽语境不同而论调变改,但以正的精神贯穿始终。① 因此,以正被不同文学观点所认同,是中国古今文学的共同归趣。当然,达成这个共识,并非一蹴而就,中间难免有曲折,甚至还会有偏离;但大的趋势不可逆转,且其认识越来越明确。如清人刘熙载说:"《诗序》言'发乎情',《文赋》言'诗缘情',所贵于情者,为得其正也。"(《艺概》卷二《诗概》)而章学诚不仅持论性情之正,更探讨性情之阴阳正变机理:"夫文非气不立,而气贵于平。人之气,燕居莫不平也;因事生感,而气失则宕,气失则激,气失则骄,毗于阳矣。文非情不深,而情贵于正。人之情,虚置无不正也。因事生感,而情失则流,情失则溺,情失则偏,毗于阴矣。"(《文史通义》卷三内篇三《史德》)

追求文辞之简,崇尚用语经济,也是中国文学一贯的要求。而以简的思想来源,可上溯老子贵言观。《老子》曰:"多言数穷,不如守中";又曰:"由其(悠分)贵言,成功事遂,百姓谓我自然。"(第五章、第十七章)此一思理递经转释于文学中,就成"言近而指远""文已尽而意有余"之论。② 至唐刘知几论史文,而有极明确之表述:"夫国史之美,以叙事为工;而叙事之工者,以简要为主。简之时义大矣。历观自古作者权舆,《尚书》发踪,所载务于寡事;《春秋》变体,其言贵于省文。斯盖浇淳殊致,前后异迹,然则文约而事丰,述作之尤美者也。"(《史通》卷六内篇《叙事第二二·简要》)基于这个认知,他进而设喻说:"盖饵巨鱼者,垂其千钧,而得之在于一筌;捕高鸟者,张其万罝,而获之由于一目。夫叙事者,或虚益散辞,

---

① 语出《毛诗序》、陆机《文赋》、李贽《焚书》卷三《童心说》、袁宏道《袁宏道集笺校》卷四《叙小修诗》。

② 语出孟轲《孟子·尽心下》、钟嵘《诗品·序》。

广加闲说,必其所要,不过一言一句耳。苟能同夫猎者渔者,既执而罟钓必收,所留者唯一筌一目而已;则庶几胼胝尽去,而尘垢都捐,华逝而实存,宰去而沉在。嗟乎!能损之又损,而玄之又玄,轮扁所不能语斤、伊挚所不能言鼎也。"(《史通》卷六内篇《叙事第二二·简要》)损之又损、玄之又玄,就是节制文辞之要诀。

追求辞能达意,实现言简意赅,也是中国文学一贯的要求。而以达的思想来源,可上溯孔子慎言观。孔子曰:"辞,达而已矣。"(《论语·卫灵公》)①这里的"辞达"之说,实出自行人聘辞传统。达,是指慎言以达礼,非指言辞以达意。但随着周礼之崩坏,慎言饰礼无所附丽,辞达就转释到言语修饰中,而确立言辞达意的新规制。嗣后诸家论文,多缘辞达立说,如苏轼云"言止于达意",袁宗道云"古文贵达,学达即所谓学古",均指称辞能达意。② 对于这个思理,论者多有认知。如刘勰说:"文成规矩,思合符契:或简言以达旨,或博文以该情,或明理以立体,或隐义以藏用。"(《文心雕龙·征圣》)章学诚说:"《易》曰'修辞立其诚。'诚不必于圣人至诚极致,始足当于修辞之立也。学者有事于文辞,毋论辞之如何,其持之必有其故,而初非徒为文具者,皆诚也。有其故,而修辞以副焉,是其求工于是者,所以求达其诚也。"(《文史通义》卷二内篇二《公言中》)王闿运说:"(诗)贵以词掩意,托物寄兴,使吾志曲隐而自达,闻者激昂而欲赴;其所不及设施,而可见施行,幽旷窈眇,朗抗犹心,远俗之致,亦于是达焉。"(《国粹学报》第二三期王闿运《湘绮楼论诗文体法》)

如上所述,以达作为以正、以简之综合,实成为文学节制的理论核心,故亦为文学活动的终期目标。由于达的要求出自情文互节,它就揭示了文学活动的关系,从而引申出若干对关系范畴,包括言与意、文与质、艺与道、雅与俗、虚与实、内与外等;因而,中国文学之节制可具体为关系调节,即依据关系范畴的种种规定来节文。这些关系范畴具有稳定性,尽管随着场景语境的变迁,其具体内涵也会不断变化,而其思理结构却恒定不变。③ 这种理论识度一经确立,就成为稳定的思想结构,绵延在历代文学思想中,直至今日犹不出其轨辙。正因关系范畴的思理结构是稳定的,中国文学才得以确立自身的规定性。

---

① 关于"辞达"之考释,参见:饶龙隼.上古文学制度述考:晚周言用制度变迁.北京:中华书局,2009:56.
② 《苏轼文集》卷四九《答谢民师书》;《白苏斋类集》卷二〇《论文上》。
③ 比如言与意、文与质,就是典型的关系范畴。其变与不变之情形,参见下文"文用形态"小节。

三、质　　性

　　自身的规定性,就是文学制度。它是文学自身的,不为外力强加,又是圆融自足的,未尝有所亏欠;它是绵延不绝的,不可乖违越弃,又非一成不变的,而能适时变化。中国文学制度的特性就是这样。

　　关于中国文学制度的特性,前人已有许多片断的认知。如刘勰说:"夫情致异区,文变殊术,莫不因情立体,即体成势也。势者,乘利而为制也。如机发矢直,涧曲湍回,自然之趣也。圆者规体,其势也自转;方者矩形,其势也自安:文章体势,如斯而已。"(《文心雕龙·定势》)所谓"乘利而为制",是指文章千变万化,均出体势自然,若能因势利导,就会得其节制。又钟嵘说:"余谓文制,本须讽读,不可蹇碍;但令清浊流通,口吻调利,斯为足矣。"(《诗品序》)文制,是指文学自身的规定性;足,即指这种规定性之自足。又许学夷说:"予作《辩体》一书,其源流、正变、消长、盛衰,乃古今理势之自然,初未敢以私智立异说也。"(《诗源辩体》卷三四)所谓"理势之自然",即指古今绵延的文学规定性。对这规定性,只可体认之并遵从之,不可立异说而乖离之。类似的意见,王夫之也说:"古诗无定体,似可信笔为之,不知自有天然不可越之椠臬。"(《薑斋诗话》卷一《夕堂永日绪论》内编九)所谓"天然椠臬",即指文学的规定性。又叶燮说:"温柔敦厚,其意也,所以为体也,措之于用,则不同;辞者,其文也,所以为用也,返之于体,则不异。汉、魏之辞,有汉、魏之温柔敦厚;唐、宋、元之辞,有唐、宋、元之温柔敦厚。"(《原诗》内篇上三)这是说,文学体同用异,恒属温柔敦厚,却随文辞之用,适时而变,各具特质,既不僵硬不化,也非后出转衰。总之,前人有关文学规定性的认知,已探触文学制度的基本特性。概括说,文学是自生的、自性的、自足的、自适的、自化的。

　　从本原来说,文学是自生的。若据各种文学起源的学说,中国文学似乎有母体所出。但依文学制度的观念,却不是母体孕育文学,而是文学自生于母体;母体并非文学本原,本原就在文学自身。也就是说,文学乃自然化生,而不由外物主宰,是谓自然而然,而非他物使然。此一义,肇论于原始道家(即老列庄)对天地万物之体认,中经《文子·道原》和《淮南子·原道训》衍化,最后由刘勰"夫岂外饰,盖自然耳"语得以断制。① 以后诸家所说,无论旨趣不同,抑或角度有异,

---

　　① 参见《文心雕龙·原道》。

莫不承其余绪。如叶燮说：气行于理、事、情，"絪缊磅礴，随其自然"，而成"天地万象之至文"，如"万斛源泉随地而出"。(《原诗》内篇下三)章学诚说：人感知成象有两类，一是"天地自然之象"，一是"人心营构之象"；而从本原上说，"人心营构之象，亦出天地自然之象"。(《文史通义》卷一内篇一《易教下》)甚至晚近，张裕钊仍倡此说："盖曰意、曰辞、曰气、曰法，之数者，非判然自为一事，常乘乎其机而绲同以凝于一，惟其妙之一出于自然而已。自然者，无意于是，而莫不备至，动皆中乎其节，而莫或知其然，日星之布列，山川之流峙是也。宁惟日星山川？凡天地之间之物之生而成文者，皆未尝有见其营度而位置之者也，而莫不蔚然以炳，而秩然以从。夫文之至者，亦若是焉而已。"(《濂亭文集》卷四《答吴挚甫书》)又姚华亦云："文体变迁，纯出自然"；"诗所以作，本于自然"。(《弗堂类稿》论著甲《论文后编》、论著丙《曲海一勺》》)

从主体来说，文学是自性的。自古有常识认为，是作家创造文学；因而，论者多夸大作家的才华，张扬作家的个性，甚神化天才之超能。而依文学制度的观念，这实在是天大的误解。作家创作力的发挥，不在乎其学识超群、才华横溢，也不在于气质高妙、自别众庶；关键在于委弃自我，克除成心，虚心纳物，因任自然。也就是说，文学并非出于作家的创造，而是得自对文学制度认同。此一义，发端于远古精诚致神之术，而肇论于庄子的游艺说。他设为庖丁解牛等寓言，申论人工技艺娴熟精妙，就会游刃有余而无碍，达至技进乎道之极境。嗣后，论者更推衍曰："宋之庖丁好解牛，所见无非死牛者，三年而不见生牛，用刀十九年，刃若新磨研，顺其理诚乎牛也。"(《吕氏春秋·精通》)所谓"顺其理诚乎牛"，就是至诚于物，顺乎物性，委心合道，自由无碍。这转释到文学，便是修辞立诚①，去除主观成见，而不师心自用。其修辞所诚者，就是文学自性，即自身规定性。对此，叶燮以治水设喻，说神禹平成天地，"行所无事，不过顺水流行坎止自然之理，而行疏瀹、排决之事……以文辞立言者，虽不敢几此，然异道同归"。(叶燮《原诗》内篇下六)他如王充气导童谣说、苏轼行云流水说、严羽诗而入神说、元好问"诗囚"说、李贽童心自文说、王夫之"可以"新解、叶燮"去面目"论、沈德潜"称之"论，均对文学自性有独到体认。②

从本体来说，文学是自足的。基于自生、自性的特质，文学本体首先是排他

---

① 参见《周易·乾卦·文言》。
② 参见《论衡·纪妖》、《苏轼文集》卷四九《与谢民师推官书》、《沧浪诗话·诗辨》、《遗山集》卷十一《论诗三十首》之十八、《焚书》卷三《童心说》、《薑斋诗话》卷二《夕堂永日绪论》内编一、《原诗》内篇下二、《说诗晬语》下四四。

的。文学不是当今泛滥文化说所能包容的,更不混同政治、宗教或其他艺文形式。对此一规定性,王夫之设喻曰:"一段必与一篇相称,一句必与一段相称。截割彼体,生入此中,岂复成体?要之,文章必有体。体者,自体也。妇人而髯,童子而有巨人之指掌,以此谓之某体某体,不亦慎乎?"(《薑斋诗话》卷二《夕堂永日绪论》外编一三)其所谓文章之自体,即强调文学排他性。而排他,就是去"慎",也就是"别裁伪体亲风雅"。① 这是一面,而另一面,即排他的内在依据,则来自文学之自足。对于此,刘勰说:"诗有恒裁,思无定位,随性适分,鲜能通圆。"(《文心雕龙·明诗》)裁,是体制、体裁,即文学的本体;恒裁,即恒常的本体。这有三层含义:(一)诗有恒裁,其本体恒常不变;(二)诗之恒裁,其施用随性适分;(三)诗是恒裁,其范围鲜能通圆。由诗推广其他文类,则中国文学之自足,既有自身规定性,又有适度开放性。所以,后来严羽说:"夫诗有别材,非关书也;诗有别趣,非关理也。然非多读书,多穷理,则不能极其至。"(《沧浪诗话·诗辩》)材,通裁。② 标举别裁别趣,而排斥书、理,便是确认文学本体之自足;而说多读书多穷理,方能达文学之极至,则又开放文学本体的边界。自足而开放,开放而自足,就使文学不至封闭,从而表现出无限性。对此中玄妙,叶燮辨析曰:"作诗者实写理事情,可以言言,可以解解,即为俗儒之作。惟不可名言之理、不可施见之事、不可径达之情,则幽渺以为理,想象以为事,惝恍以为情,方为理至事至情至之语。"(《原诗》内篇下五)不可名言之理、不可施见之事、不可径达之情,就是文学的别裁别趣。实理、实事、实情是有限的,而理至、事至、情至是无限的。像这样寓无限于有限,方显文学本体之自足。

从功用来说,文学是自适的。今人关于文学的功用,好作审美与功利之分。这看法自近代开始流行,当受外来文学观念诱发,而初非中国文学所固有。可是,这种理论一旦确立,就被论者推广使用,因以衡量中国文学,而使文学功用分裂。据实而言,此类论调纵然听似高阔,却不合中国文学规定性。自古贤达多认

---

① 《杜工部集》卷十六《戏为六绝句》之六。
② "别材"之材,可通才,亦可通裁。郭绍虞等前辈学者多将材作才,因而"别材"被解成特殊才能。(郭绍虞,校释.沧浪诗话校释.北京:人民文学出版社,1961.)甚至有人径将材改为才,如陈衍曰:"严仪卿有言:'诗有别才,非关学也。'余甚疑之。"(《石遗室文集》卷九《瘿唵诗序》)而据严羽之意,材作裁解更安。"别材""别趣",并列而成文,均指诗本体。下文"诗者,吟咏情性也。盛唐诸人惟在兴趣,羚羊挂角,无迹可求""近代诸公乃作奇特解会,遂以文字为诗,以才学为诗,以议论为诗",都是论诗之体,而非论诗人之才。若"材"指才能,则不仅与"趣"不相照应,而且无法安置被否定的"以才学为诗"语。材之为裁,薛雪曾有所校正:"诗有别才之说,乃'别裁'二字之误,不可错认。"(《一瓢诗话》七八)又莫友芝引该语,一作"别裁别趣",又作"别材别趣",则材或裁,乃属两可。(《巢经巢全集》卷首《巢经巢诗钞序》)但此意见曾被郭绍虞否认(《沧浪诗话校释》)。今重加以检讨:材通裁,作体制、体裁解;不通才,不作才能、才性解。

为,文学具有适用性,既不是唯功利的,也不是纯审美的。其一言以蔽之,文学是自适的。对此特性,刘勰尝说:"渊乎文者,并总群势:奇正虽反,必兼解以俱通;刚柔虽殊,必随时而适用。若爱典而恶华,则兼通之理偏,似夏人争弓矢,执一不可以独射也;若雅郑而共篇,则总一之势离,是楚人鬻矛誉楯,誉两难得而俱售也。是以括囊杂体,功在铨别,宫商朱紫,随势各配。"(《文心雕龙·定势》)随势各配、俱通适用,说的就是文学之自适。以后诸家承刘勰绪论,对文学功用各有体认,如李本宁"各适其宜"说、叶燮"适如其意"说、章炳麟"各有体要"说,均颇为精妙。① 更以实例来说:明初君臣酬唱,敷演开国气象,辞气雍容典雅,以掩饰人心不和,此固为一种适用;而同时私人写作,宣泄忧闷情怀,流露望乡意绪,以暂得些许慰藉,是亦为一种适用。② 此中两重适用,均属文学自适,既不关审美或功利,亦不关孰优与孰劣。总之,文学之自适,可适一己之用,可适一体之用,可适一时之用,可适一世之用。③

　　从通变来说,文学是自化的。通变属文学发展论范畴。同属该范畴的,还有文章衰变、质文代变、代有一代诸论。④ 自古中国文学通变论,异于今日文学发展论。发展论认为文学是进化的,有始有终,后出转新;而通变论认为文学是自化的,古今一体,虽变不变。通变论有两个理论来源:一是老庄道论。道自然化生,恒久不衰,无始无终。文学本原于道,自当古今一体,既不古贵于今,亦非今胜于古。如叶燮云:"盖天地有自然之文章,随我之所触而发宣之,必有克肖其自然者,为至文以立极。我之命意发言,自当求其至极者……故我之著作与古人同,所谓其揆一;即有与古人异,乃补古人之所未足,亦可言古人补我之所未足。而后我与古人交为知己也。"(《原诗》内篇下四)二是周代易论。易生生不息,循环往复,虽变不变。文学依循于易,自当古今一体,既不食古不化,也不师心自用。如刘勰云:"文律运周,日新其业。变则其(可)久,通则不乏。趋时必果,乘机无怯。望今制奇,参古定法。"(《文心雕龙·通变》)出于这样的理论认知,文学通变就是自化的。这种自化,既体现为古今文学一体不分,源流相续,气脉贯通;

---

① 参见《诗源辨体》卷十二引、《原诗》内篇上三、《国故论衡》中《文学总略》。
② 参见:饶龙隼.元末明初浙东文人择主心态之变衍及思想根源.文学遗产,2008(5).
③ 参见刘熙载《艺概》卷一《文概》,方东树《仪卫轩文集》卷六《书惜抱先生墓志后》、卷七《答叶溥求论古文书》。
④ 文章衰变论,如屠隆曰:"虞夏之书浑浑尔,商书灏灏尔,周书噩噩尔,汉文典厚,唐文俊亮,宋文质木,元文轻佻,斯声以代变者也。"(《鸿苞节录》卷六《诗文》)质文代变论,如刘勰曰:"时运交移,质文代变,古今情理,如可言乎!"(《文心雕龙·时序》)一代有一代论,如王国维曰:"凡一代有一代之文学:楚之骚,汉之赋,六朝之骈语,唐之诗,宋之词,元之曲,皆所谓一代之文学,而后世莫能继焉者也。"(《宋元戏曲考·序》)

又表现为当代作家融摄古今,操纵自得,自然天成。这两个层面,一是出于文学自身规定性之律动,一是对于文学自身规定性之遵从。关于前者,方东树尝以"古水今水,是一非二"设喻曰:"夫有孟、韩、庄、《骚》而复有迁、固、向、雄,有迁、固、向、雄而复有韩、柳,有韩、柳而复有欧、苏、曾、王,此古今之水相续流者也,顺而同之也。而由欧、苏、曾、王逆推之以至孟、韩,道术不同,出处不同,论议本末不同,所纪职官、名物、时事、情状不同,乃至取用辞字、句格文质不同,而卒其所以为文之方无弗同焉者,此今水仍古水之说也,逆而同之也。古今之水不同,同者湿性;古今之文不同,同者气脉也。"(《仪卫轩文集》卷七《答叶溥求论古文书》)关于后者,沈德潜尝以学古通变、神理自生论之。(《说诗晬语》上一一)

四、构　　成

出于上述原理及质性之规定,中国文学制度自有特定内涵。具体说,它是文学活动在制度层面的表征,有观念形态和物质形制两个层次,由创制精神、用象形制、观念范畴、文用形态、传写形式、篇章体式等项目构成。

创制精神。创制精神是指文学活动的精神状态及归趋。依据中国文学制度的观念,创制精神不是作家的专利,不只表征于文学主体方面,而是灌注于文学活动整体。也就是说,创制精神不等同于创造力,认为创制精神只系于作家,而不关世界、作品、读者,这样的看法起码是片面的。当今所分文学活动四要素,是就经典意义的文学而论。殊不知经典意义上的文学,只是文学通变长河的一段,前之有原始宗教支配下的文学,后之有网络传媒互联中的文学。原始的文学,作家与世界浑然未分,主体与客体混合为一,文学用于自娱或娱神,作者与读者二位一体,当时没有区分四要素必要,后人又如何分得开四要素?互联的文学,世界不止于虚构,而且更趋虚拟化;作品不须被物化,而是成为信息流;作家不再是独创,而是与读者互动;读者不只是受众,而同步参与创作。这样,文学四要素的界限逐渐模糊,创制精神必将流灌全过程中。即便是经典意义的文学活动,创制精神也不会专属于作家。如陆机《文赋》描述构思活动:"其始也,皆收视反听,耽思傍讯,精骛八极,心游万仞",这是作家主体(即作者)的精神状态及归趋;"其致也,情瞳昽而弥鲜,物昭晰而互进",这是对象客体(即世界)的精神状态及归趋;"倾群言之沥液,漱六艺之芳润,浮天渊以安流,濯下泉而潜浸",这是语言传达(即作品)的精神状态及归趋;"收百世之阙文,采千载之遗韵,谢朝华于已披,启夕秀于未振,观古今于须臾,抚四海于一瞬",这是阅读期待(即读者)的精神状态及归趋。像这四方面的精神状态及归趋,就是流灌构思过程的创制精神;且在当下的文学活动中,创制精神四相是一致的:其精神状态均处分离,即个体与世界分离,主体与客体分离,作家与语言分离,今时与古时分离;其精神归趋均求合一,即虚己纳物而使个体与世界趋于合一,心游于物而使主体与客体趋于合一,修辞立诚而使作家与语言趋于合一,古今一瞬而使今时与古时趋于合一。而就历来的文学通变论之,不论文学处何种精神状态,其精神归趋总是指向合一。即以上古中国文学来说,它演绎着四种创制精神:一是远古以至殷周之际的童蒙谣讴,二是周初至春秋中期的集体创制,三是晚周时期诸子的个人创作,四是两汉时期文士的个人创作。① 在这四种创制精神中,精神状态虽各不相同,而精神归趋是一致的:从巫术之精诚致神,到周礼之言行诚信,到诸子之修辞立诚,到王充之文主实诚,合一是其永恒诉求。②

　　用象形制。用象形制是感知成象的文学规制及表形。感知成象是人把握事物的一种基本方式,人的认知活动很大程度上就是感知成象。文学活动中的感知成象,往往表现为作家的思维,且集中表征为形象思维;但是,文学用象不止于形象,除了形象思维的要素,也有多样的思维元素,比如它可能兼容抽象思维,或者介于形象与抽象之间,或者是更古朴的原始思维。同样,文学活动中的用象传达,往往表现为语言的运用,且集中表征为语言修饰;但是,用象传达不全赖语言,除了语言修饰的形式,也有别样的传达媒质,比如它可以是原始的直感,或者是主要凭借操持程式,或者是超语言的全息图景。因而,在中国文学通变的不同时期,人的感知成象就会很不相同,用象的传达也有各自的表征,这便有形态各异的用象形制。据一般情况,某种用象形制的确立,往往有若干事项构成。这包括:(一)特定的用象渊源。文学活动中的用象,不纯是作家创设的,而化生自某种用象的渊源,是对早前用象形制的演化。比如《诗》篇中的鸟类兴象,就是出自原始鸟图腾之演化。(二)成象的原理机制。象的生成固然出自思维创造,但这并不意味着可翻空易奇。文学活动中的感知成象,除要遵循一般的思维规律,还要接受特定的时代规制。比如晚周的观念具象,就是采用类比思维的方式,遵循同类相推的原理,识取物类属性的同异,以对事物制名指实,从而实现感知成象。(三)用象的形态特征。出于特定的思维形式、感知原理及成象机制,一定时期的用象形制便有标志性的形态特征。这些特征是独具一格的,不可替代的,既不

---

① 参见:饶龙隼.先秦诸子与中国文学.南昌:百花洲文艺出版社,2002:37—109. 又:饶龙隼.两汉气感取象论.文学评论,2006(4).

② 参见《国语·楚语下》《管子·枢言》《周易·文言》《论衡·超奇》。

会超前出现,也不会后来重现。比如作为远古感知表象的原型即象,就只能出现在原始宗教及其崇信中,而不会出现在殷周以后制度化时期。心物交感的成象机制,不可能出现在推演气感取象的两汉时期,而只能出现在玄谈物性自得的魏晋时期。(四)连缀组合之构形。基于用象的形态特征,单元象就可连缀组合,创设出多种多样的构形,以呈现更强的表义功能。比如,在晚周谈辩述学的场景,观念具象极少孤立出现,而往往落实在特定语境中,以连缀组合之构形被调用。既可调用单个观念具象之构形,也可调用多个观念具象之构形,而上升为更高层位的用象结构,并且具有相对独立的表义功能。(五)完形自足之功能。在实际的文学活动中,又往往以单元象的构形为部件,建立更高位更宏通的用象关联,从而创设体制更巨的表形集成,以尽显其完形自足的表义功能。比如晚周诸子著论行文,篇章中除了少许推论式文句,大多是观念具象的表形集成,显得完形自足,独具风神肌理。①

概念范畴。概念范畴是文学的思理结构及其表述。这思理结构出自文学自身规定性,而其最高表述形式就是概念范畴。在中国文学通变历程中,概念范畴有三个繁茂期:一是晚周及两汉时期,二是魏晋至盛唐时期,三是晚清和民国时期。第一期概念范畴孕育自群经诸子等艺文形式,第二期概念范畴催生于玄学佛理等知识领域,第三期概念范畴嫁接了西方文学的思想观念。从表象看,这三期概念范畴之繁茂都得力于外援,似乎不是从中国文学自身生长出来的。除此之外,它还接受音乐、绘画、书法等艺术门类的补养,使中国文学的思理结构表现出极大的开放态势。但是,这种开放只限于文学的边界,却不以放弃文学本体为条件;相反,正是中国文学本体之自足,才确保其思理结构的稳定。这样就蕴藏一种能量,文学的边界越是开放,文学本体就越显自足;而文学本体越显自足,其思理结构越趋稳定。即以中国文学的自然观为例,它在庄子思想中有三层含义:一是自然本体即自然而然,二是近乎自然即谓游艺说,三是去人工作用的自然界。这三层含义初与文学无关,但到后来全都进入了文学:自然而然,用以指称文学发生之本原;近乎自然,用以指称技艺之巧夺天工;自然界包含山水、生理和性情之自然,后陆续成为中国诗文题咏抒写的对象。这个实例充分表明,中国文学的自然观,一边陆续接受边界之外的思想成分,一边不断强化本体之内的思理结构。而且这种边界上的接受有所选择,吸收什么拒斥什么都有内在依据。比

---

① 以上所引例证,均见饶龙隼《上古文学制度述考》中的《原始崇信及其表象》《〈易〉象考原》《〈诗〉兴象考原》《晚周观念具象述论》《两汉气感取象述论》等篇。

如,来自建筑艺术理论的间架概念,能借用于体制宏巨的小说戏曲辞赋批评,却难以植入篇幅短小的诗歌词曲散文中;来自西方文学的典型形象理论,可嫁接于从说部发展而来的现代小说中,却不可阑入独具特色自成体系中国诗学。因此,出自中国文学自身的思理结构,及其最高表述形式的概念范畴,既不可以洋为中用式地搬挪替换,也不能够古为今用式地现代转换。而所能做到的,恐怕只有转释。所谓转释,就是赋予固有的思理结构以新质。它有三个要点,一是保持思理结构不变,二是添注新的思想内涵,三是非人为地适时而化。例如,将体道思理转释为文学运思,即在老庄的体道思理结构中,添注志气、辞令等要素,而化生中国文学神思论。(《文心雕龙·神思》)

  文用形态。文用形态是文学的修饰品质及其指向。"文"的本义是修饰,文学的实质即为修饰,所以文用也就是修饰。在中国文学通变的不同时段,修饰的手段及对象是变化的。一般情况,经典意义的文学固然是语言修饰,而此外的文学修饰不都属语言。比如,出于周代礼乐的规制,春秋中期以前的文学,是用礼仪来修饰言语行为,而不是修饰语言文辞本身。再如,出于网络互联的规制,未来可能盛行的文学,将用图文来修饰虚拟的世界,而超越常规的语言修饰疆域。然而,不论手段与对象如何变化,修饰却是永不衰退的话题。兹以上古中国文学为例,其修饰大体有四种情形:一是春秋中期以前的礼文。礼文是指礼仪修习,注重礼仪对行为(含言语行为)之修饰,行为(含言语行为)符合礼仪规范就是文,不符合礼仪规范就是质/野;二是春秋中晚至战国前期的身文。身文是指人身修养,注重礼义对品行(含道德文章)之修饰,品行(含道德文章)达成礼义要求就是文,未达成礼义要求就是质/野;三是战国中晚期的言文。言文是指文辞修润,注重义法对言语(含游说谈辩)之修饰,言语(含游说谈辩)符合义例法则就是文,不符合义例法则就是质/野。四是两汉时期的绮文。绮文是指书面敷饰,注重绮美对书面(含诗文辞赋)之修饰,书面(含诗文辞赋)体现华美追求就是文,未体现华美追求就是质/野。① 从上古文用的三、四两种情形来看,战国中期以后的文学方入经典范围,其文用也就相应地集中表现为言用。而更从言用指向来看,它约有三种理论倾向:一是主张言能尽意,以儒家、墨家和法家为代表。二是主张言不尽意,以道家和名辩家为代表。三是折中的看法,在言不尽意前提下,融摄了言能尽意论。这又形成两种论调:一种出自《易》传,在言、意之间添加象,以为言不尽意,但立象能尽意。(《周易·系辞上》)另一种出自庄子后学,只肯定言的

---

① 以上参见:饶龙隼.上古文学制度论.上海大学学报,2009(1).

有限功能,并主张得意就要忘言(《庄子·外物》)。① 这三种倾向亦一体未分:言能尽意,是言用的目标追求;折中之论,是言用的实现途径;言不尽意,是言用的最终效果。

  传写形式。传写形式是文学的传媒载体及其形质。在人类文明史上,文学传写经由口头、金石、甲骨、简帛、纸墨、舞台、音频、视屏、网络等形式。这些形式先后出现,并非出自作家创设,而是文学自身的选择,是适时而应化的结果。其大致情况是,在文字刻写技术获普及之前,有一个漫长的口传文学时期。远古神话、童蒙谣讴、典谟诰誓等雅俗形式都赖口耳言传。大约到殷商时期,随着契刻甲骨、铭镂金石技术推广,开始出现用文字来记录的传写形式,比如殷墟甲骨卜辞和殷周铭文之类。但其功能还不强大,适用面亦未及推广,局限于特定的领域。只有到西周中晚期以后,绢帛简牍开始普及应用,文字书写功能才更强大。这时,不仅文诰、史事、数术要依赖文字传载,而且早前的口传文学也转换成书写形式。以后口传文学虽未消失,但口耳言传的功能转弱,而书写简帛的功能增强,以致文学依赖书面传写。晚周的诸子讴歌、百家著述、策士说辞等,均由于借助简帛文字之书写而得以流传后世。特别是到了战国以晚,由于简帛的传载功能足够强大,而使原来口传的神话、歌谣等,逐渐转换成书面形式。② 及至汉代纸墨技术推行以后,文学之书面传写就不可逆转。不过,写本文学并不能消灭口传文学,因为在中国民间以及特殊领域,总是不断有新的口传文学产生;但新的口传文学流行一段时期,就会逐渐接受写本文学的因素,必不可逆地被转换成写本形式。随着写本文学不断涌现,其数量积累到一定程度,就引起文学传载方式的变革,并引发文学基本形质的演化。这表现为:(一)魏晋时期开始出现单篇诗文的结集,便利并促进文学作品的流传与研习。(二)文学作品广泛流通,壮大了接受消费群;而接受消费需求的扩大,也刺激了文学创作增量。(三)写本文学付诸视觉阅读欣赏,就为讲求平仄押韵提供可能,这将引导文学脱落自然音律,逐渐朝着人工声律方向发展。(四)文学的创作量和消费量之剧增,就暴露抄写的生产能力之不足,因而促进刻印技术的推广应用。而刻印技术的广泛运用,又使刻本文学日渐流行,不仅新创的作品很快进入批量复制流程,原来口传、写本文学也转换成刻印形式。这就再次引发文学全面而深刻的变革,表现为:(一)文学的体制及篇幅渐趋庞大,在原有诗文等短小体式之外,新出话本小说

---

  ① 以上参见:饶龙隼.晚周观念具象述论.文学评论,2009(1).
  ② 参见:饶龙隼.先秦诸子与中国文学.南昌:百花洲文艺出版社,2002:165—182.

和多折剧等样式。（二）文学体制一旦增大，其话语内含就增量，这非单纯的抒情所能胜任，而势必刺激叙事因素增长。（三）刻本文学大量复制，其低廉的销售价格，适应了社会下层的消费需求，因使文学接受群进一步壮大，特别是市民阶层参与消费，诱导文学趣味走向低俗化，从而促使通俗文学大量涌现，终至移易中国文学的雅俗观。（四）通俗文学流行催生文化产业，形成一条冷酷高效的利益链，这样职业的作家应运而生，从而改变文学生产的方式。以后刻印技术每一步改进，以至现代印刷技术的出现，都不断加速传写形式的变革，使中国文学卷入现代化进程。至于网络互联时代的文学，其传写形式将会怎样变化，其制度内涵将有哪些规定，亦可由此得到合理的推想。

篇章体式。篇章体式是文学的组织构造及其式样。若从其表象来看，篇章体式是用字词句依照一定规则组织而成的。所谓饰言为文、编文为句、积句成章、积章成篇，就是这个意思。这就容易让人产生一种错觉，似乎篇章体式出自作家构造，甚至可标识"一家之言备"。（《史通》卷六内篇《叙事第二二·隐晦》）但从其发生来看，中国文学的篇章体式是自生自化的，不容作家有太大发挥创造力的空间。作家是运用篇章体式的主体，当然要参与篇章体式的生成，但不可能独创某种篇章体式。即从其源头来说，上古是文学体制孕育发生期，其时作家创制意识尚未独立，却有了篇章体式之自然生长。此时凡相对成熟的篇章体式，并不是出自作者的灵性独创，而是对雅俗体制之因用改造。比如，《春秋》是各国旧史之创编，《楚辞》源自楚地民间巫歌，《成相》是成相表演之翻版①，等等。尤其战国时期的篇章体式，成为后世文体化生之渊薮。《文心雕龙·明诗》以后二十篇，追论数十种篇章体式的渊源流变，均一一推源溯流至战国时代以远。这大略有三种情形：（一）完形的篇章体式，比如诸子编著的语录体、专论体，又如历史撰述之诰誓体、编年体，等等。这些文体在上古时期就已成熟，而在后世文学中将延续与创变。（二）片断的文辞形式，比如庄子所设"寓言"、诸子所调用的寓言、小说家之街谈巷语，等等。这些文辞片断未成篇制，只是供调用的表义单元，因而还不是成熟的文体；但是它们具有生成文体的机能，后来陆续变成独立的文学体式，如"寓言"演化出汉代的主客赋，诸子寓言独立成体为寓言故事，小说家语诱发出后世文体小说。（三）多种体式之综创。上古篇章体式具有变异因质，这种因质当时尚未凸显出来，但到了后世文学通变进程中，在一定条件的诱发与催化下，将综合创变出新的文学体式。比如，以唐代传奇为标志的中国

---

① 参见：饶龙隼.先秦诸子与中国文学.南昌：百花洲文艺出版社，2002：145—149.

古典小说,就综合了神话、史传、子书、辞赋、诗歌、散文、志怪、志人等体式的叙事与虚构因质,而创变出一种完形独立的文体。① 而从长时段来看,篇章体式还要接受文学传写形式的规制。比如,近体诗是人工声律的结晶,只能出现在纸墨传载时代,而不会早产于简帛载体上;章回小说是一种长篇巨制,只能出现在刻印技术时代,而不会早产于写本文学中。更重要的是,某种篇章体式一旦确立了,它就具有相对稳定的体性,不仅可以自成一体、独具一格,还可以被更大的文学体制调用。比如古近体诗,既可作为独立的篇章,历来为文人墨客习用;还可作为片断的章节,成为长篇巨制的构件。像植入《红楼梦》的诗词,既是组成整体的有机部分,又可抽离出来而各具体格。

以上对中国文学自身规定性的考述,旨在修复本土固有的文学制度观念。兹标举中国文学制度观念,并非漠视文学的艺术哲学和审美心理内涵,而是企图将此类微危因素落实到制度层面。这样,或可救正近世以来浸淫的科学实用主义之积弊,并戒除流行的形上偏枯与唯美诡随的研究风习。当然,也要警示两种不良倾向:一是沉迷于"节文"过甚,滥用文学制度的话语权力;二是执着于"有数"可依,将文学自身规定性教条化。

---

① 参见:董乃斌.中国古典小说的文体独立・第三,第四等章.北京:中国社会科学出版社,1994.

"演义"的生成

杨绪容

　　杨绪容，女，1966年生。文学博士，上海大学文学院教授、博士生导师。曾担任日本神奈川大学、韩国外国语大学客座教授。主要研究领域为中国古代、近代文学研究，专攻小说、戏曲。主讲课程有"中国文学史""中国文学批评史""中国古典小说研究""《红楼梦》精读"（以上本科生课程）、"中国古典小说研究史""中国古典戏曲小说热点问题研讨"（以上研究生课程）等。出版有《〈百家公案〉研究》《明清小说的生成与衍化》等专著，整理有《王实甫〈西厢记〉汇评》《杨芳灿集》《中国古代小说戏曲作品选》等图书；在《文学评论》《复旦大学学报》《华中师范大学学报》《上海大学学报》等刊物发表学术论文40余篇。先后主持国家社科基金后期资助项目、国家社科基金重大项目子项目、全国高校古籍整理委员会项目、上海市教委项目各1项。

　　近年来，学术界充分发掘小说史料，并借鉴西方小说叙事学、文体学的思路和方法，对"演义"小说的研究取得了突出成绩。这主要体现在：梳理历史演义与讲史、话本及章回小说的关联，分析历史演义的体式特征，辨别"演义"的类型等。这些成果不仅大大深化了对历史演义体性的认识，还有力地推动了其他章回小说文体的研究。但其中尚有美中不足之处，主要是缺乏对"演义"的生成过程及内在要素的系统梳理。本文的任务就是补充这个研究环节，考述"演义"从释经的言说方式到历史小说文体之生成过程、要素因承与质性凝定。

一、"演义"言说方式之探源

　　"演义"源于儒家经传。"演义"或称"衍义""演绎""衍绎"[①]，本是动词，特指

---

① 欧阳修，等. 新唐书·卷157·陆贽传. 郑州：中州古籍出版社，1998：638.《陆贽传》："书诏日数百，贽初若不经思，逮成，皆周尽事情，衍绎孰复，人人可晓。"

一种释经的言说方式。《史记·太史公自序》云"文王拘而演周易",指周文王推衍伏羲八卦为六十四卦三百六十爻,并作卦爻辞。司马迁所谓"演",就是一种言说方式,既包含对某种经典的推衍,又有增广内容和文字之意,已具备后世"演义"的基本内涵。如此说来,《易》卦爻辞就是"演义"之滥觞。

先秦两汉时期,"演义"大量用于阐释儒家经典,朱熹就把"汉儒解经,依经演绎"看成注经的正体(《朱子语类》卷六七),并据以贬斥魏晋人离经自著之书。而汉儒"演绎"的书名多称"传"而不称"演义",其时儒家六经《易》《书》《诗》《礼》《乐》《春秋》皆有传,多数尚且不止一家。这些释经之作均运用了同一言说方式:依附某部经典,增广内容与文字,发明经义,已确定了"演义"这种言说方式的基本特征。只不过因解经手段不同,早期"演义"有演言、演事、演象的区别。大体而言,以事注经的有《左传》,以象释经的有《易传》,其余多为演言。

在这些经传中,《左传》出现的时间最早,堪称后世"演义"之祖。杜预《春秋左传序》曰:

> 左丘明受经于仲尼,以为经者不刊之书也。故传或先经以始事,或后经以终义,或依经以辩理,或错经以合异,随义而发。其例之所重,旧史遗文,略不尽举,非圣人所修之要故也。身为国史,躬览载籍,必广记而备言之。

从这段话可以看出:作为中国第一部"演事"之作,《左传》释经方式具有如下特点:其一,《左传》依附于《春秋》,两书"犹衣之表里,相待而成"[1];其二,《左传》"广记而备言",叙事详明,文字亦较《春秋》增广十倍;其三,《左传》"随义而发"。刘知几说《左氏》之义有三长",包括:"所有笔削及发凡例,皆得周典,传孔子教";"广包它国,每事皆详";"凡所采摭,实广闻见"[2]。其中,前一项"演"周孔之"义",后两项"演"事与文,涵盖了"演义"这种言说方式的主要特点。

从汉代开始,"演义"这种言说方式已开始由释经扩展到其他领域。《汉书》曾言:

> 至宣帝时,汝南桓宽次公治《公羊春秋》……推衍盐铁之议,增广条目,极其论难,著数万言(师古曰:即今之所行《盐铁论》十卷是也),亦欲以究治

---

[1] 桓谭. 新论·第九·正经. 北京:中华书局,1991:7.
[2] 刘知几撰,浦起龙释. 史通通释·卷14·外篇第五·申左. 中华书局影印聚珍版:第6册. 民国:27—28.

乱,成一家之法焉(《汉书》卷六十六)。

这段话非常明确地概括了"演义"这种言说方式的三大特征:以某项政治议题为根据,增广内容和文字,发明其义。具体而言,《盐铁论》是桓宽"推演"汉昭帝时盐铁会议纪要之作,如果说"增广条目"与"极其论难"落实到"演"的内容及文字,那么,"究治乱、成一家之法"则是"演"义了。这么说来,《盐铁论》就是一部阐释政论的"演义"。这里的"推衍"也是动词,指言说方式。从桓宽治《公羊春秋》的专家身份,还透露了"演义"与儒家经传的渊源关系。

使用"演义"一词的最早纪录见于《后汉书·周党传》,中有光武朝博士范升弹劾周党的奏语,云"党等文不能演义,武不能死军"等语。范升所言"演义",指推演发挥儒家经典,也用作动词,指一种言说方式。

最迟至唐代,"演义"已开始从言说的方式衍化为一种文类的专名。光启间苏鹗的《苏氏演义》是今存最早以"演义"名书之作。该书原作十卷,《永乐大典》仅残存二卷。陈振孙《书录解题》称其"考究书传,订正名物,辨证讹谬",则知为名物训诂之书,且是推衍书传、增广内容这种言说方式的成果,当属于小学范围之"演义"。其后,"演义"之书多了起来。其中有经学的"演义",如南宋真德秀的《大学衍义》;诸子学的演义,如南宋张德深推衍司马光《潜虚》而成的《潜虚演义》;诗学的演义,如元张性的《杜律演义》;术数的"演义",如明陈道生的《遁甲演义》等。这些"演义"之作,几乎都具有依据某部原著、敷衍内容及增广文字、阐发意义的共同特征,是"演义"这种言说方式的产物。但它们均是"演言"之书,而非"演事"之作。这大概是受孔子"述而不作"、后儒释经偏重于名物训诂传统之影响。

《左传》以后,"演事"之书也有所发展。如出现于汉魏之际的《吴越春秋》,本为补《春秋》之阙,却在史实中掺杂神怪异闻,至今被视为历史演义的雏形。唐传奇中有不少作品是关于唐诗本事的"演义",如《莺莺传》演《莺莺歌》,《长恨歌传》演《长恨歌》,《李娃传》演《李娃行》。它们都含有诗歌本事、内容和文字的敷衍、意义的阐发等特征,是"演义"这种言说方式的成果。清人钮琇说,"传奇演义,即诗歌纪传之变而为通俗者"[①],其中就包含唐传奇这种基于诗歌本事的"演义"。宋元时期的讲史和话本小说,其事多有所本,又皆出于增广内容与文字、发明其

---

① (清)钮琇.《觚剩续编》卷一《言觚》"文章有本"条,《续修四库全书》本。

义的"演义"方式,从它们分别被称作"演史"①和"演话"②的事实,说明早就被视为"演义"的同类之作。后来不少明清文学家把所有通俗小说都称作"演义",确是渊源有自。这些历史和文学题材的"演事"之作,虽无"演义"之名,却行"演义"之实,是后世"演义"小说的直接渊源。

《三国志演义》是首部正式题署"演义"的历史小说。明刊《三国演义》的题名大有意味:嘉靖元年刊本全称为《三国志通俗演义》,其"演义"用作名词,已衍化为一种小说类型;而其余大部分刊本的题名中都嵌有"按鉴演义三国志传"等字,其中"演义"仍作为动词,指示一种针对正史的阐释性言说方式。但无论《三国志演义》中的"演义"是名词还是动词,它们都指向共同的含义:对《三国志》等书事义的推衍、文字的增广和意义的揭示。

《三国志演义》及其后的历史演义,也均是"演义"这种言说方式的成果,包含了"演义"的三大特征。例如,林瀚《隋唐志传通俗演义序》称其书是在"罗氏原本"的基础上,又将"隋唐诸书所载英君名将忠臣义士凡有关于风化者悉为编入";熊大木《新刊大宋演义中兴英烈传序》称其书是在"原有小说"("武穆王《精忠录》")的基础上,以"王本传行状之实迹,按《通鉴纲目》而取义";陈继儒《唐书演义序》称其书是据"新旧(唐)书"中的《太宗传》并杂采"野史事实"和"流俗文词"的演义;甄伟《西汉通俗演义序》称其书乃据"马迁《史(记)》""因略以致详,考史以广义"而成;可观道人《新列国志传序》称其书是在《列国志》的基础上,"本诸《左》《史》,旁及诸书,考核甚详,搜罗极富,虽敷演不无增添,形容不无润色,而大要不敢尽违其实",用以发挥"国家之兴废存亡,行事之是非成毁,人品之好丑贞淫"之"义"③。这些演义小说所依据的原书,大都是历史著作或者敷衍历史故事的小说,这就从题材上规定了演义的"历史"性质。

直到近代,"衍义"一词仍可用作动词,指一种言说方式。如《新小说》第八号起连载的《电术奇谈》(一名《催眠术》),标"日本菊池幽芳原著、东莞方庆周译述、

---

① (宋)周密《武林旧事》卷六"诸色伎艺人"云:"演史:乔万卷、许贡士、张解元……陈小娘子。"(宋)罗烨《醉翁谈录·小说引子》:"由是有说者纵横四海,驰骋百家,以上古隐奥之文章,为今日分明之议论;或名演史,或谓合生,或称舌耕,或作挑闪,皆有所据,不敢谬言。"王国维云:"《东京梦华录》卷五所载'京瓦伎艺',有霍四究说三分、尹常卖《五代史》;至南渡以后,有敷衍《复华篇》及《中兴名将传》者,见于《梦粱录》;此皆演史之类也;"又云:"今日所传之《五代平话》,实演史之遗"(《宋元戏曲史》第三章《宋之小说杂戏》)。
② (明)熊大木编《全汉志传》的《文叔逃难遇刘唐》一回中,正文叙王莽以岑彭为状元、马武为榜眼,后有小字注云:"此时无状元、榜眼之名,后人演话者自取之矣。"
③ 黄霖等,编选.中国历代小说论著选(修订本).南昌:江西人民出版社,2000:113,121,138,207,248.

我佛山人衍义、知新主人评点"。方庆周原译只有短短六回,却被吴趼人"衍义"成二十四回的长篇,包括内容的推演:"有的地方吴趼人稍做了修改。更加详细地描写了主人公的心理状态,增加了故事里的伏笔,也增加了金钱的描写等等。"①以及文字的增饰:"书中有议论谐谑等,均为衍义者插入,为原译所无。衍义者拟借此以助阅者之兴味,勿讥为蛇足也。"②这说明,晚清作家吴趼人对"演义"的认识是非常精准的。

显然,无论"演言",还是"演事",其言说方式皆具有相同特征,即推演事义、增广文字、揭示意义三项。"演义"从言说方式衍变为文体类型之后,其基本特征仍一脉相贯。然而,目前学术界对"演义"体性的认知仍有诸多模糊之处。大家对"演义"以俗语推演事与义的特征并无异议,其主要疏失表现为两个方面:第一,不解"演义"本出于一种言说方式;第二,不解"演义"必要依据某部原作或某项事义。这种疏失并非今人才有,早在明清人对"演义"的论述中,已多偏重于"演"事义及语言通俗性,实未囊括"演义"的全部或主要特征。

二、"演义"三要素之生成

"演义"作为一种言说方式,这规定制约了"演义"体式的构成要素。中国"叙事起于史官"③,而"史之大原,本乎《春秋》"④。《孟子·离娄下》说:

> 王者之迹熄而《诗》亡,《诗》亡然后《春秋》作。晋之《乘》,楚之《梼杌》,鲁之《春秋》,一也。其事则齐桓、晋文;其文则史。孔子曰:"其义则丘窃取之。"⑤

孟子已从理论上钩稽出《春秋》叙事的三大要素:事、文、义。

正所谓"六经皆史也"(《文史通义·易教上》),《春秋》成了后世之"史教"。《春秋》所奠定的事、文、义三要素逐渐被论定为历史叙事的通例。宋人吴缜说:"夫为史之要有三:一曰事实,二曰褒贬,三曰文采。有是事而如是书,斯谓事

---

① 樽本照雄.吴趼人《电术奇谈》的原作//清末小说研究集稿.济南:齐鲁书社,2006:148.
② 吴趼人.电术奇谈·附记.新小说,1905(18).
③ 真德秀.文章正宗·纲目//文渊阁四库全书:第1355册.上海:上海古籍出版社,1987:6.
④ 章学诚著,叶瑛校注.文史通义·内篇五·答客问(上).北京:中华书局,1985:470.
⑤ 孟子·离娄下//赵岐,注.孙奭,疏.孟子注疏(影印十三经注疏本).北京:中华书局,1957:351.

实;因事实而寓惩劝,斯谓褒贬;事实、褒贬既得矣,必资文采以行之,夫然后成史。"①章学诚也说:"史所贵者义也,而所具者事也,所凭者文也。"(《文史通义·史德》)也就是说,具备义、事、文方可称"史"。这些意见都是对史学三要素的理论概括,也是对孟子关于《春秋》事、文、义三要素论的因承和发展。

史传的三要素渐次渗透到文学领域,演变为各种新生的叙事文学文体的基本要素②。在从历史到历史演义的生成过程中,事、文、义要素的嬗变起了至为关键的作用。张尚德《三国志通俗演义引》曰:

> 史氏所志,事详而文古,义微而旨深,非通儒夙学,展卷间鲜不便思困睡。故好事者以俗近语隐括成编,欲天下之人入耳而通其事,因事而悟其义,因义而兴乎感。③

这就明确概括出首部历史演义的三大要素:事、语、义,并指出历史演义的事、语、义与历史著作的事、文、义有明显的对应关系。下文即以《三国志演义》为中心,具体梳理历史演义三要素的成因及特点。

(一) 历史演义之"事"的生成

《孟子》概言《春秋》"其事则齐桓、晋文",其意是说,《春秋》所宣扬的是霸道而非王道,其核心内容是"战"而非"礼"。但《春秋》叙事简略,幸有《左传》"演义"之详明,后世才得以推原其事理。一千多年后,唐人刘知几尚称许《左传》为"叙事之最"(《史通·模拟》)。他高度肯定了《左传》的叙事成就:

> 《左氏》之叙事也,述行师则簿领盈视,哐聒沸腾;论备火则区分在目,修饰峻整;言胜捷则收获都尽;记奔败则披靡横前;申盟誓则慷慨有余;称谲诈则欺诬可见;谈恩惠则煦如春日;记严切则凛若秋霜;叙兴邦则滋味无量;陈亡国则凄凉可悯。或腴辞润简牍,或美句入咏歌,跌宕而不群,纵横而自得。若斯才者,殆将工侔造化,思涉鬼神,著述罕闻,古今卓绝。(《史通·杂说上》)

---

① 吴缜.新唐书纠谬序//新唐书纠谬·卷首.《四部丛刊三编》本.
② 如姚鼐论文倡"义理、考据和辞章";孔尚任论传奇云,"其旨趣实本于《三百篇》,而义则《春秋》,用笔行文义《左》、《国》、《太史公》也",都是对史传"义事文"三要素的发挥。
③ 修髯子.三国志通俗演义引//三国志通俗演义·卷首(嘉靖壬午本).本文所引《三国志演义》小说原文,均出自嘉靖壬午本。

在刘知几看来，《左传》仍沿袭《春秋》以"齐桓、晋文"霸业为中心，其叙事成就主要体现在战争描写上，故战争描写实是《左传》"叙事之最"。《左传》叙写了春秋时期255年中的492起战役①，俨然一部春秋争霸战争史。作者灵活运用倒叙、预叙、插叙和补叙等多种方法，多角度多侧面地描述了这些大小战争的起因、经过和结局，彼此之间绝无雷同。诚如清人冯李骅所言："左氏极工于叙战，长短各尽其妙……篇篇换局，各各争新。"②

尽管《三国志演义》主要是依据《三国志》而非《左传》的"演义"，但不少人注意到，《三国志演义》之"事"与《左传》之"事"有明显的对应关系③。首先，跟《左传》一样，《三国志演义》也以战争为叙事焦点，战争描写是其中最为精彩也最为成功的部分。其次，《三国志演义》还大量借鉴了《左传》战争描写的方法。《三国志演义》叙事的焦点往往并不局限于战争本身，而是将错综复杂的政治斗争、外交斗争交织在一起，展现出决战双方综合力量的对比与变化。就战争描写的艺术而言，真可谓《左传》而后，便是此书。

当然，《三国志演义》是小说，跟史传叙事终究是不同的。其主要区别就是在《三国志》《后汉书》④和《资治通鉴》史事的基础上，又新增了大量虚构故事。如《三国志演义》中"赤壁之战"一节，主要依据《资治通鉴》，其中诸葛亮舌战群儒、蒋干盗书、诸葛亮草船借箭、庞统献连环计、诸葛亮借东风、黄盖诈降、诸葛亮三气周瑜等一系列故事并未见于《资治通鉴》，却被《三国志演义》大书特书，成为最精彩的部分。这些情节主要出自一些汉魏笔记、宋元小说戏曲与其他讲唱文学资料，不仅其分量远远超过《资治通鉴》，其兴味也远远大于《资治通鉴》。正是在虚实结合的基础上，《三国志演义》最为集中地展示了古代战争的经验和智慧，成为我国战争文学之翘楚，甚至被后代将领视作军事教科书。

总之，《三国志演义》开创了历史演义之"事"的基本特点：其一，叙事必须依托于历史著作或历史故事；其二，以战争为叙事焦点；其三，虚构故事成为"演义"题中应有之义。

---

① 参见：朱宝庆.左氏兵法.西安：陕西人民出版社，1991：282—306.
② 冯李骅.左绣·卷首·读左卮言//四库全书存目丛书：第141册.济南：齐鲁书社1997：132.
③ 参见：梅显懋.《左传》战争描写对《三国演义》的影响：社会科学辑刊，1992(2).陈莉娟.《左传》与《三国演义》比较研究.江西师范大学硕士论文，2003.陶运清.《左传》的叙事特色.郑州大学硕士论文，2006.
④ 笔者曾提出《后汉书》也是《三国志演义》所依据的对象之一。参见：杨绪容.叶逢春本《三国志传》题名"汉谱"说.明清小说研究，2002(2).

(二)历史演义之"文"的生成

《孟子·离娄下》说《春秋》"其文则史",赵岐注与孙奭疏均释之为"史记之文"①。刘知几《史通》以《尚书》和《春秋》开篇,钱大昕《二十二史考异》赞《春秋》是"史学之权舆"②,章学诚《文史通义》说史学本于《春秋》,也均视《春秋》为"史记之文"。但这个解释颇有就事论事的意味,其确切含义仍显模糊。这里的"文"应作"文采"讲。如《论语·雍也》"文胜质则史",《仪礼·聘记》"辞多则史",《韩非子·难言》"捷敏辩洽,繁于文采,则见以为史",其中"史"皆指史文。因此,"其文则史",即是说史传富于文采的意思。因为在春秋战国时间,只有经史为"文",而无文人之文,所以有"文则史"之说。

一般说来,历史演义比史传更注意修饰文采。史传需要讲究文采是不错的,但无论怎么饰辞,均不能脱离史实,也不能抑扬过当。而演义小说则不然,不仅事实可以虚构,遣词造句皆可任意模拟。《三国志演义》修饰文采的地方主要体现在两个层次上:其一是虚构细节与场景;其二是嵌入诗词歌赋。如《三国志演义》中的"舌战群儒"虽出于虚构,但诸葛亮确曾前往东吴游说孙权联刘抗曹。《资治通鉴》载此事极略,《三国志演义》则加以精雕细琢,不仅在"舌战"之前增饰了许多细节,还以一整则的篇幅模拟"舌战"场面。这些新增的细节和场景描写大大拉开了与史笔的距离,使审美性超越了对真的要求,从而强化了小说的文学趣味。《三国志演义》中还镶嵌了大量的诗词歌赋。如叙"赤壁之战"一节,诸葛亮在智说周瑜时颂曹植《铜雀台赋》,周瑜在群英会上舞剑高歌"大丈夫处世分立功名",诸葛亮草船借箭时插入《大雾垂江赋》,曹操视察大军时咏《短歌行》,又在赤壁鏖兵时插入数篇诗赋渲染激战气氛。这些诗词歌赋使小说处处洋溢着诗情画意的美感。

以上事实表明,《三国志演义》已从"史笔"变为"文笔"。这个演变过程还促进了《三国志演义》语言的通俗化。正史的读者主要是士大夫阶层,难免"史之文,理微义奥",而《三国志演义》的主要对象是粗通文墨的普通读者,故要"通乎众人",务使"人人得而知之"。因此,"文不甚深,言不甚俗"的通俗化就成了"演义"语言的最佳策略。③

总之,《三国志演义》开创了历史演义之"文"的两大特点:其一,自觉地致力于文笔的细腻、生动与优美。其二,促进了文笔的"通俗"。此后,"演义"与"通

---

① 孟子·离娄下//赵岐,注.孙奭,疏.孟子注疏(影印十三经注疏本).北京:中华书局,1957:351.
② 转引自:赵翼.廿二史札记校证.北京:中华书局1984:885.
③ 本段引文均出自庸愚子《序》,嘉靖壬午本《三国志通俗演义》卷首。

俗"从未判为二途。

(三) 历史演义之"义"的生成

《三国志演义》究竟所演何"义"？这个问题众说纷纭，莫衷一是，迄无定论。推原而言，其"义"即《春秋》之"义"。现存最早谈及《三国志演义》的庸愚子《序》云：

> 夫史……有义存焉。吾夫子因获麟而作《春秋》。《春秋》，鲁史也。孔子修之，至一字予者，褒之；否者，贬之。然一字之中，以见当时君臣父子之道，垂鉴后世，俾识某之善，某之恶，欲其劝惩警惧，不致有前车之覆。此孔子立万万世至公至正之大法，合天理，正彝伦，而乱臣贼子惧。

庸愚子已敏锐地注意到，《三国志演义》之"义"与《春秋》之"义"相通。孔子曰："其义则丘窃取之。"这就明示后人，他在《春秋》"笔法"中寄寓了"微言大义"。但其"义"究竟何在？《孟子·滕文公下》曰："孔子成《春秋》而乱臣贼子惧。"这就是说，《春秋》之"义"即在于"惩恶而劝善"，在于抨击"乱臣贼子"。上引庸愚子《序》指出，《三国志演义》之"义"也在于辨忠奸善恶而使"乱臣贼子惧"。毛宗岗读《三国志法》云：

> 作者之意，自宦官妖术而外，尤重在严诛乱臣贼子，以自附于《春秋》之义。故书中多录讨贼之忠，纪弑君之恶。而首篇之末，则终之以张飞勃然欲杀董卓；末篇之末，则终之以孙皓之隐然欲杀贾充。虽曰"演义"，直可继麟经而无愧耳。①

毛氏也把《三国演义》比作《春秋》，揭示出两者寄寓了一脉相承之"义"。

《三国志演义》是怎样上溯春秋之"义"的呢？庸愚子《序》在揭示《三国志演义》之"义"即《春秋》之"义"后，云：

> 至朱子《纲目》，亦由是也。岂徒纪历代之事而已乎？

此话指出：朱熹的《资治通鉴纲目》忠实地继承了《春秋》之义；《三国志演

---

① 毛宗岗.读《三国志法》//朱一玄等.三国演义资料汇编.天津：南开大学出版社 2003：266.

义》"尊刘贬曹"之义并非直接源自《春秋》,而是直接出自《资治通鉴纲目》。朱熹编撰《资治通鉴纲目》五十九卷,记事起迄与《资治通鉴》一致。书中大字为提要,即"纲",模仿《春秋》以明"书法";小字以叙事,即"目",模仿《左传》记评史事;另有凡例一百余条,述褒贬之旨。朱熹编撰此书的目的,除了条理《通鉴》以便阅读外,更主要的是借修史来维护纲常名教,因此处处仿"《春秋》笔法",极重褒贬进退。例如,《纲目》卷十三写建安四年,"刘备起兵徐州讨曹操",又在文后解释说:"讨贼义重,《纲目》重以予人也。必若刘备然后可以书'讨'矣。"《三国志演义》叙此事完全依照《资治通鉴纲目》,也把刘备作为正义的一方,把曹操作为非正义的一方;把争霸的双方,看作是正统一脉"讨反贼"的战争①。这说明,《三国志演义》是直接以《资治通鉴纲目》为中介来取法《春秋》之"义"的。

总之,《三国志演义》奠定了历史演义之"义"的两大特征:其一,确立了取"义"的对象:即《春秋》之"义"。辨明《三国志演义》之"义"即《春秋》之"义",有利于我们确认历史演义的主题,不至于在多种说法面前无所适从。其二,确立了取"义"的途径:即通过《资治通鉴》和《资治通鉴纲目》来远绍《春秋》之"义"。受其影响,后世历史演义也多以"按鉴"相标榜。

无论在历史还是在历史演义中,"义"是灵魂、是核心,"事"与"文"是工具、是手段。所不同的是,史传三要素之间是基本协调统一的,而历史演义三要素之间则有可能出现不协调的现象。《三国志演义》中,事、文、义不协调之处表现如下:一是事、文、义之间的游离。《三国志演义》常为突出其"义"而夸大事实、过甚其词,以致给人以"欲显刘备之长厚而近伪,状诸葛之多智而近妖"的深刻印象。二是事、文、义之间的矛盾。如叙刘备投奔刘表,刘表有意托付荆州,刘备坚决推辞,义薄云天。不料他又乘着酒兴,对刘表矢口而言:"备若有基本,何虑天下碌碌之辈耳!"明显露出兼并之意。这样行文必然会对刘备的仁义之德造成某种歧"义"。这种义、事、文之不协调现象对后世演义小说影响甚大。其一,它进一步推动演义小说脱离史实,使得"引用故实,悉遵正史"②之类的话变成幌子;其二,它进一步推动演义小说去历史化,逐渐从历史的演义发展为世情、神魔、公案、侠义等各种题材的演义;其三,它引领明清小说之义与事、文进一步分离,使充斥于通俗小说中的道德劝诫逐渐虚化为空洞的说教。

---

① 《三国志演义》写建安四年,汉献帝密赐董承衣带诏泄密,刘备逃出,组织数万兵力进攻曹操的老巢许昌,在阵前与曹操叫骂:"吾乃汉室宗亲,故讨反贼耳!"(卷七《刘玄德败走荆州》)
② 齐东野人.新镌全像通俗演义隋炀帝艳史·凡例(古本小说集成).上海:上海古籍出版社,1993.

三、"演义"名义质性之凝定

如前所述,"演义"本是一种用于释经的言说方式,其体式则有"传""记"等称。"传"即"训释之义"。刘知几说:

> 《左传》家者,其先出于左丘明。孔子既著《春秋》,而丘明受经作传。盖传者,转也,转受经旨,以授后人。或曰:传者,传也,所以传示来世。案孔安国注《尚书》,亦谓之传。斯则传者,亦训释之义乎?观《左传》之释经也,言见经文而事详传内,或传无而经有,或经阙而传存。其言简而要,其事详而博,信圣人之羽翮,而述者之冠冕也。(《史通·六家》)

这就是说,"传"的本义是转述经义以传后人,也指一种释经方式,跟前引朱熹所谓"依经演绎"原是一回事。但在两汉以前,释经虽行"演义"之实,尚无"演义"之名。而"传"的使用则较为普遍,它既可跟"演义"一样用作动词,表示一种释经的方式;也可用作名词,表示一种释经的体式、一种文类的名称。如《春秋》三传就是"传"体的代表作,它们各有所侧重,《左传》举事实,《公羊传》《谷梁传》析义例,其共同目的均为发挥《春秋》寄寓的"微言大义"。章学诚在《文史通义》内篇《传记》中,除《春秋》三传之外,还列举了《礼经》的大小戴《礼记》《易经》的"大传""系辞"等。章氏断言,言"传"言"记",实无区别,如《春秋》三传"各记所闻,依经起义,虽谓之'记'可也";而《大戴礼记》《小戴礼记》"各传其说,附经而行,虽谓之'传'可也"(《文史通义·传记》)。总之,无论作为释经方式的"演义"与"传",还是作为释经体式的"传""记",都包含推演某部原书、增广内容与文辞、发明意义的共同特征。

在历史演义成熟之后,很多作品仍沿袭秦汉经传的成例,以"演义"为动词表示言说方式,以"传"为名词表示文体类型。有多个明刊《三国志演义》的书名同署"演义"与"传",如万历二十四年诚德堂刊本全称为《新刊京本按鉴补遗通俗演义三国志传》,明万历三十三年联辉堂刊本全称为《新锲京本校正通俗演义按鉴三国志传》,万历三十八年杨闽斋刊本全称为《重刻京本通俗演义按鉴三国志传》等。也有其他历史演义兼举"演义"与"传"为全名者,如《残唐五代史演义传》《大宋演义中兴英烈传》《杨家将演义全传》等。在这些题名中,"演义"是动词,指一种言说方式;"传"是名词,表示文体类型。两者互为补充,构成书名的全称。

也有历史演义单题"演义"或"传"为书名。如嘉靖壬午刊本称《三国志通俗演义》,嘉靖二十七年叶逢春刊本则称《新刊按鉴汉谱三国志传》。再如,明代的《武穆精忠传》又名《武穆王演义》,《唐书演义》又名《唐书志传》,《残唐五代史演传》又名《五代残唐演义》;清代的《梁武帝西来演义》又名《梁武帝传》,《洪秀全演义》又名《洪杨豪杰传》等。在这些书名中,"演义"与"传"均用作名词,同指文体类型,两者不仅同义,甚至可以相互替代。这是"演义"从一种言说方式衍化为一种小说文体的结果。

即使在"演义"成为明清小说的一个独立文类之后,其文体名称也不限于"演义"一端。明清演义不仅可称"传",也可称"志传""全传""书传""本传"等名。如《大宋演义中兴英烈传》又名《武穆王演义》《武穆精忠传》《精忠全传》和《岳王志传》,《全汉志传》又名《东西汉全传》,《大唐秦王词话》又名《唐秦王本传》《唐传演义》和《大说唐全传》,《南北两宋志传》又名《南北宋演义》和《南北宋传》,《英烈传》又名《大明志传》《洪武全传》及《皇明英烈志传》等。诸如此类同书异名现象表明,不仅"演义"可称"传",而且还可称"志传""全传""书传"。在这些名目之间亦无实质性区别。

在"传"之外,"志传"之名使用最多。由于使用较为频繁,"志传"之名甚为显赫,其重要性俨然与"演义"相抗衡。"志传"也可称为"传志",如万历三十三年西清堂刊本全称为《京板全像按鉴音释两汉开国中兴传志》。在文学批评中也用到"传志"之名,如林瀚《隋唐志传通俗演义序》曰:"罗贯中所编《三国志》一书,行于世久矣,逸士无不观之。而隋唐独未有传志,予每撼焉。""志""传"不仅可合称,也可分言,如《续英烈传》又名《永乐定鼎全志》和《云合奇踪后传》,《锋剑春秋》又名《锋剑春秋传》和《锋剑春秋后列国志》等。此外,也有单言"志"者,如《(新)列国志》《前后七国志》《东西两晋全志》《东周列国志》等。

还有一些演义小说既不称"演义",也不称"传""志传",而另用他名。其中有称"史"者,如《隋炀帝艳史》;有称"书"者,如《魏忠贤小说斥奸书》;有称"记"者,如《三宝太监西洋记》《台湾外记》;有称"录"者,如《辽海丹忠录》;有称"话"者,如《大唐秦王词话》;有称"评"者,如《梼杌闲评》;有称"文"者,如《隋史遗文》等。虽这些名称各异,其内涵与"演义"或"传""志传"并无区别,一般也可互换。

志、传、书、记都是正史的体例,正如明陈于陛所谓"考史家之法,纪表志传,谓之正史"(《明史》卷二百十七)。纪(记)、传是史书的体裁,由司马迁首创。《史记》有"本纪"十二篇,为帝王传记,居于全书纲领的地位;有"列传"七十篇,述皇帝以外各方面代表人物的传记,也用来记载少数民族及外国史。"书"亦为《史记》首创,《汉书》改"书"为"志",主要记述历代典章制度以及社会、经济、文化、地理等方面的历史。所以,志、传、书、记即可分用,也可合称,均是"史"的意思。当然,历史演义与正史终究是不同的。很多"演义"小说称"录""文""评""话",就明确揭示出其通俗小说的特性。

在"演义"的诸多名称中,当今学术界单把"志传"一词抽取出来,并拿它和"演义"对举,认为两者在内容及体式上具有显著区别。如普遍把明刊《三国演义》分为"演义本"和"志传本",且认定两者之间不仅有内容的差异,也有体式的区分;还有不少人认为在"演义体"小说类型之外,别有"志传体"小说类型。据以上辨析可知,这些意见是不恰当的。

结论应该是,"演义"和"传"最初是动词,都指一种释经的言说方式;而"传"同时又用作名词,表示一种释经的体式。最迟至唐代,"演义"也用作名词,成为一种文类的体式。《三国志演义》的问世标志着"演义"作为一种小说文体正式生成。在历史小说题名中,"演义"不仅与"传"或"志传"同义,且可与记、书、志、录、文、评、话等词通用。明清历史小说无论作上述何种称呼,均属于"演义"这一类型,其基本质性仍不外乎推演某部原书事义、增广文辞、揭示意义。

清代才媛陈蕴莲战乱纪事诗谫论

尹楚兵

尹楚兵,1967年生,湖南邵东人。南京师范大学古代文学博士,北京大学访问学者。2017年3月调入上海大学文学院工作,现为中文系教授,博士生导师,入选教育部新世纪优秀人才。主要研究领域为唐宋文学、吴地地域文学、文献整理与研究。主讲课程有"李白研究""中国文化概论""文学史料学"。出版有《令狐楚年谱 令狐绹年谱》《全唐五代诗·李白卷》等著作;在《文学遗产》《文献》等刊物发表学术论文40余篇;主持完成国家社科基金一般项目"皮日休集校笺",教育部新世纪人才计划资助项目"无锡地域文学研究"等。曾获江苏省高校哲学社会科学优秀成果二等奖。为中国俗文学学会、江苏省地域文化研究会理事,国家社科基金后期资助项目通讯评审专家。

陈蕴莲,字慕青,号蓉江女史,江苏江阴人,阳湖(今属常州武进区)左晨妻,曾随夫宦游,长期客居津门,著有《信芳阁诗草》五卷。陈蕴莲主要生活在清王朝走向全面衰颓的道光、咸丰年间,其间鸦片战争爆发,西方列强入侵,继之以波及全国的太平天国之乱。在时代巨变之际,作为女性文人的陈蕴莲展现出了超乎寻常女性的政治热情,同男性作家一道写下了大量以外族入侵、太平天国之乱为题材的战乱纪事诗。无论是相关作品数量之多,关注面之广,时间之久,书写之客观翔实,同时代女性鲜出其右,在历来被视为男性专属品的政治时事类创作中异军突起,有意识地突破了女性书写的传统格局。

一、以诗歌记录时事的诗史精神

孙康宜在《末代才女的"乱离"诗》中指出,中国传统女诗人的创作大都局限于闺怨的狭隘内容,缺乏自觉的历史意识和政治关怀。晚明以前,只有东汉蔡琰以及宋末元初个别女性在诗歌中通过描写战乱中的个人不幸,将自身的个人经历以见证历史的方式表达出来。直至明末,女性诗人始以前所未有的自觉意识关注王朝的更替和时代的灾难,"创造了一种见证人生的、富有自传意味的'乱离诗'"。①

清代道光、咸丰年间,时局动荡,内忧外患接踵而至,大多数女性诗人承继了明末女性开创的这种见证人生、富有自传意味的"乱离诗"的写作传统,或书写自身在战乱中的流离漂泊、生计艰难,或叙述自己及亲友所遭遇的不幸,或发抒对乱世的感慨。陈蕴莲也不例外,也创作了不少这种见证人生、富有自传意味的"乱离诗"。如《信芳阁诗草》卷三《旅夜书怀(题注:津门夷警,避居保阳)》、卷五《避乱蒋涝,途中即景,旅馆言怀,共得诗十一章》其一,分别描写第一、二次鸦片战争期间,因英舰进逼大沽口及英法联军攻占天津,自己仓皇避居保阳、蒋涝之事;卷五《触绪书怀》写咸丰三年太平军由湘入鄂,弃守武昌,沿江东下皖江,即将逼近诗人家乡时,对亲人的思忧;卷五《入都喜晤兰荪六姒暨诸侄等,聚首一月,别后寄怀》发抒亲人乱后团聚、"虎口余生"之感,并叙及咸丰三年太平军席卷南北,诸侄在天津奉命筑挖濠垒备战,南方家园烽火连天的情景;《避乱蒋涝,途中即景,旅馆言怀,共得诗十一章》其八、其九,则叙写咸丰十年避乱蒋涝期间得闻该年四月太平天国攻陷常州后,兄弟分别避难淮安、泰州,七姒庄友贞投水身亡的家族悲剧。

与同时代绝大多数女性诗人不同的是,除了这些富有自传意味的"乱离诗",对于时代战乱,陈蕴莲更多的则是跳出个人生活的小圈子,以一种客观翔实的笔触对其作近乎诗史的记录,创作了大量的战乱纪事诗。《信芳阁诗草》中以鸦片战争和太平天国之乱为题材的战乱纪事诗多达30余首,诗人承继唐代诗人杜甫以诗歌记录时事的诗史精神,对道光、咸丰之际20余年间的鸦片战争和太平天国之乱作了较为全面具体的反映,打上了鲜明的时代烙印。诗集中反映鸦片战争的作品,如卷三《闻定海复陷》、《闻宁波警》三首、《闻京口警》,卷五《海口纪事(题注:四国夷船驶至,上命谭制军等率兵勇万余人驻防海口)》、《闻僧邸海口之捷,诗以志喜》、《避乱蒋涝,途中即景,旅馆言怀,共得诗11章》其六、其七、其十一、《满江红·戊午》词等,涉及两次鸦片战争期间一系列重大事件,如:道光二

---

① 孙康宜.末代才女的"乱离"诗//张宏生,张雁编.古代女诗人研究.武汉:湖北教育出版社,2002:224—245.

十年鸦片战争爆发,七月,英军攻陷定海,定海知县姚怀祥投水殉国,典史全福被俘不屈,骂贼而死;二十一年十月,英军再次攻陷定海,定海镇总兵葛云飞、寿春镇总兵王锡朋、处州镇总兵郑国鸿同日战死;英军续攻宁波,郑国鸿之子郑鼎臣为父复仇,设计烧毁敌船,英军被迫退回定海;二十二年七月,英军攻占镇江;咸丰八年,第二次鸦片战争爆发后,英、法、美、俄四国联合舰队进攻天津大沽口(即海口),直隶总督谭廷襄战败溃退;咸丰九年,僧格林沁率清军在大沽口重挫英法联军;咸丰十年七、八月,英法联军相继攻占天津、北京,咸丰皇帝逃往热河。记载太平天国之乱的诗歌,如卷五《津门剿贼纪事(题注:起癸丑九月,迄甲寅二月)》十二首、《河北凯歌》四首、《阅邸抄,镇江、瓜州同时克复,喜赋二律》二首等,同样涉及太平天国一系列重大事件,如:咸丰三年至四年,太平军北伐至天津,遭到守军的顽强反击;咸丰五年,太平天国北伐军被清军将领僧格林沁击溃,统帅林凤祥、李开芳先后被俘遇害;咸丰七年冬,清军江南大营统帅和春、帮办军务张国梁等率军围困镇江,太平军弃守镇江、瓜洲,撤回天京。

  不同于其他女诗人在创作时主要关注自我,着重表现战乱给个人带来的痛苦、不幸这种狭隘的个人叙事,陈蕴莲这类战乱纪事诗更多着眼于以文字记录历史,通过对战乱中重大事件的记述表达自己对时局的关心,呈现出一种将诗歌和历史叙事相结合的纪实的创作风格。为达到充分反映时事的目的,陈蕴莲的战乱纪事诗有意识地采取了以下两种书写方式:

  一是大多采用组诗的形式,对战乱作多层面详尽的叙述。这类组诗有《闻宁波警》三首、《避乱藤涝,途中即景,旅馆言怀,共得诗十一章》、《津门剿贼纪事》十二首、《河北凯歌》四首、《阅邸抄,镇江、瓜州同时克复,喜赋二律》等。其中《津门剿贼纪事》十二首是陈蕴莲身居津门亲历战乱后对咸丰三年九月至四年二月清军与太平天国北伐军长达半年的天津战事始末的多角度的详细记述。其一、二写太平军占据独流镇,逼近津门,形势危急;其三写战前一月河水决堤,津城西南成为巨浸,赖以阻挡太平军从四面攻城,天津守军得以专守东北一方;其四赞颂士绅张秀岩捐出家财,募人修筑防御工事;其五歌颂县令谢子澄在津兵奉调在外的危急关头,动员组织义民守城;其六载此前杨慰农在天津都转盐运使任上听闻太平军进犯江南,遂主动捐献养廉银制造抬枪预作防备,当太平军进攻天津时,"器械未能悉备",赖以救急一事;其七则具体描述了咸丰三年九月二十八日县令谢子澄率领的民团在天津城外伏击太平军的一场战事;其八歌颂都统佟鉴、县令谢子澄"誓扫妖氛不顾身",于十一月二十三日同时阵亡的英勇行为;其九描述沧州、独流、静海等地遭太平军蹂躏后尸横遍野、血流成河的惨状;其十歌颂天津兵勇威名远扬;其十一歌颂胜保等文臣武将统领雄师捍卫京师门户,并感谢苍天,"河冰不合雪齐腰"的严寒天气使敌人陷入困境;其十二表达将士上下同心、同仇敌忾、胜利在望的信心。① 这十二首诗的内容勾连起来,读者对天津战役的前后经过及相关细节可以说是历历在目。

二是为了使读者对战事更加明了清晰,这些战乱纪事诗往往在诗歌正文之外,大多辅以题注和诗中夹注。诗歌正文对事件作简要概述和评论,注释则对诗歌创作背景、所涉事件的始末经过及具体细节作进一步的补充说明。如《津门剿贼纪事》组诗,既有题注"起癸丑九月,迄甲寅二月",交代了天津战事的起止时间,另外,十二首诗歌中,十首有夹注。兹举其六、其七:

居安思患令公孙,文采风流将相门。预制神机藏武库,雷轰电掣殪游魂。(自注:杨慰农制府任都转时,始闻贼犯江南,即捐廉制抬枪五百杆。迨贼至津门,器械未能悉备,赖此故得以克贼。)

五载军前草木风,吹唇沸地逞凶锋。佛郎机共抬枪手,歼厥渠魁兔雁同。(自注:九月二十八日,逆匪猝至津门之黄姓坟园,距城八里。时津兵奉调在外,谢明府率义民迎击贼之前锋,即以抬枪及雁户枪排伏于水次夹击,毙贼无算。内有黄衣贼目名小秃子者,绝骁悍,立为枪毙。贼始胆慑,退至浊流,负隅抗拒。)

其六注释对杨慰农的"居安思患""预制神机"以及这些预制兵器在太平军来犯时得以发挥作用作了详细说明;其七注释则具体记叙了县令谢子澄率领的民团用"佛郎机"火炮和抬枪伏击太平军,"歼厥渠魁"的故事。二诗的夹注字数甚至远超诗歌正文。又如《闻宁波警》三首其二:

传来消息浙川东,闻道楼船一炬空。(自注:总兵郑国鸿子鼎臣设计,烧毁夷船数只,贼始退至定海。)果使逆夷真破胆,也应韩、范在军中。②

诗歌配以夹注记载了处州镇总兵郑国鸿在定海保卫战中阵亡后,其子郑鼎臣为父复仇,在英舰进犯宁波时,设计火攻英船,迫使英军退回定海,诗人歌颂其

---

① 陈蕴莲.信芳阁诗草//胡晓明,彭国忠,主编.江南女性别集三编:上册.合肥:黄山书社,2012.
② 陈蕴莲.信芳阁诗草//胡晓明,彭国忠,主编.江南女性别集三编:上册.合肥:黄山书社,2012:452.

智勇有如北宋守卫边疆的名将范仲淹、韩琦。

陈蕴莲战乱纪事诗这种客观、真实的记录和浓厚的叙事色彩,无疑使其具有了诗史的性质。而诗中所载事件又多系诗人亲身经历,或得之时人见闻,因此其中所载轶事、细节于正史亦不无裨补。

这种对时事的翔实反映,同时代女性诗人中惟有钱守璞《即事感怀》四首、《壬子二月纪事诗,时贼围粤西省城》《闻金陵警》二首①,吴茝《题孝义图》②等反映太平天国之乱的少数诗歌可堪比拟。

二、对男性作为的大胆评判

中国古代社会由于女性主内的社会分工和男尊女卑的传统定位,女性往往习惯于充当被男性评头品足的对象,极少有女性在文学作品中对男性和时政进行褒贬美刺。晚清时期由于时局动荡,随着女性见闻和社会交往的增加,以及女性自我意识的逐步觉醒,这种局面渐渐被打破,这一现象在陈蕴莲等少数女性身上表现得尤为明显。不同于当时的大多数女性,对时政和男性或不予置评,或仅在咏史中暗寓时事,借古讽今,陈蕴莲在战乱纪事诗中,敢于跨越男女性别间的障碍,承继《诗经》的美刺褒贬传统,大胆评判男性在社会领域的所作所为。

在不少诗中,陈蕴莲对保家卫国、抵御外侮、不惜捐躯殉国的将士充溢赞颂之情。如《闻定海复陷》:"骂贼小臣甘斧锧(自注:定海陷,知县姚怀祥不屈赴水死,典史全福立狱门外骂贼遇害。),忠君上将饮靴刀(自注:寿春镇总兵王锡朋、处州镇总兵郑国鸿、定海镇总兵葛云飞并同日战死。)。"③《满江红》词:"太守见危思授命(自注:石褱臣太守名赞清,黔中进士,任津郡,素有贤名。夷船到时,太守厉色拒其入城,并有与城俱殉之语,一时民间感颂),便裨临难全忠节(自注:游击沙公春元暨都司陈毅、候补千总常荣经制、外委赵国璧、外委石振冈、护军校班全布增锦、骁骑校蔡昌年、候补千总恩荣等同守炮台,于四月初八日与夷船交锋,同时殉难,而沙公为飞炮所伤,肠飞腹裂死,事尤极惨烈云)。"④《闻僧邸海口之捷,诗以志喜》一诗对在大沽口重挫英法联军的清军统帅僧格林沁及其手下将

---

① 钱守璞.绣佛楼诗稿.哈佛燕京图书馆藏清同治八年刊本.
② 吴茝.佩秋阁遗稿.哈佛燕京图书馆藏清光绪十四年刊本.
③ 陈蕴莲.信芳阁诗草//胡晓明,彭国忠,主编.江南女性别集三编:上册.合肥:黄山书社,2012:449—450.
④ 陈蕴莲.信芳阁诗草//胡晓明,彭国忠,主编.江南女性别集三编:上册.合肥:黄山书社,2012:502—503.

士"忠诚共矢靖海氛""呼声动地诛骄虏"的报国精神更是不遗余力地进行歌颂,对"捐躯"将士则表达深深的"痛惜"之情。① 在《海口纪事》诗中,陈蕴莲曾不无得意地提到自己写诗"表扬"将士的"忠勇"之举对士气的鼓舞作用:"海口兵勇万余,以余癸丑曾赋《津门剿贼纪事》诗,咸谓表扬伊等忠勇,虽死亦足流芳千古,因共矢诚报国,踊跃从事。孰谓闺阁中词章末学无激劝之力耶?"②

如果说只是对男性的褒美尚不足为奇,那么陈蕴莲在战乱纪事诗中对当时部分男性的讽刺讥贬则更能体现出她过人的胆识。如《满江红戊午》词写咸丰八年英法联军进攻天津大沽口,大敌当前,讥讽直隶总督谭廷襄所率清军在尚未陷入危境时就畏敌溃逃的可耻行为:"望海中,烽火蔽长空,心先怯。两军接,生死逼。矢未竭,弦未绝,叹纷纷解体,仓黄避贼"③;《避乱蒋涝,途中即景,旅馆言怀,共得诗十一章》其十一写咸丰十年英法联军进攻北京门户通州,八里桥之战中,清军将帅胜保所统领部众在主帅受伤后,纷纷后撤,诗歌对这种不背城一战、袖手旁观的行为作了有力的讽刺挖苦:"鹏负青天铩羽翰,将军仗钺尚桓桓(自注:指胜帅。)。背城借一犹堪胜,谁料诸公袖手看。"④《避乱蒋涝,途中即景,旅馆言怀,共得诗十一章》其七更将批判的矛头对准当时最高统治者,嘲讽在英法联军进逼北京城下时,守城将士纷纷放弃抵抗,咸丰皇帝也不顾国家危亡、只顾个人逃命的行为:"山岳崩摧可奈何,纷纷壮士竞投戈。翠华安稳苍生福,犹谏君王幸热河。"⑤咸丰十年七月,英法联军攻占大沽炮台后,清军节节败退,清军统帅僧格林沁密请咸丰皇帝避难热河,咸丰帝表示赞同,但遭到群臣的强烈反对,只得暂时搁置。当战况急转直下,英法联军已入通州,长驱而北,清军沿途溃散,咸丰皇帝于是不顾王公大臣坚守京师、移幸大内的请求,于八月初仓皇逃往热河。

从以上战乱纪事诗中陈蕴莲对男性作为的大胆评判,我们不难看出以陈蕴莲为代表的晚清女性性别意识的觉醒,以及争取公共话语权的尝试和努力。

---

① 陈蕴莲.信芳阁诗草//胡晓明,彭国忠,主编.江南女性别集三编:上册.合肥:黄山书社,2012:491.
② 陈蕴莲.信芳阁诗草//胡晓明,彭国忠,主编.江南女性别集三编:上册.合肥:黄山书社,2012:489.
③ 陈蕴莲.信芳阁诗草//胡晓明,彭国忠,主编.江南女性别集三编:上册.合肥:黄山书社,2012:502.
④⑤ 陈蕴莲.信芳阁诗草//胡晓明,彭国忠,主编.江南女性别集三编:上册.合肥:黄山书社,2012:495.

三、强烈的国家意识

与以诗歌记录时事的诗史精神和对男性作为的大胆评判相联系,陈蕴莲的战乱纪事诗还表现出强烈的国家意识。

不同于一般闺阁女性较多关注个人生活和身边的日常琐事,陈蕴莲的诗歌创作开始突破闺阁"小我"的局限,在包括战乱纪事诗在内的诗歌中,她将目光从自我自觉延伸至对时局和国家命运的高度关注。比如她对鸦片战争几乎是全程追踪,从《雁字》诗的"粤省英夷滋事",林则徐受命赴广东查禁鸦片、整顿海防,①《苦雨行》的"庚子岁建申月"(即道光二十年七月)"时有英夷之警"②,鸦片战争爆发,到《旅夜书怀》的道光二十年(1840)八月,英舰抵达天津大沽口外,"津门夷警,避居保阳"③,再到《闻定海复陷》《闻宁波警》《闻京口警》三诗的道光二十一、二十二年(1841—1842)英军先后进犯定海、宁波、镇江,直至《海口纪事》《满江红戊午》词的咸丰八年(1858)春,第二次鸦片战争爆发,英、法、美、俄四国公使率联合舰队进犯天津大沽口,《闻僧邸海口之捷,诗以志喜》的咸丰九年(1859)六月清将僧格林沁在大沽口大败英法联军,《避乱藤涝,途中即景,旅馆言怀,共得诗十一章》的咸丰十年(1860)英法联军攻陷北京,咸丰皇帝逃往热河。正是通过这种近乎全景式的诗歌书写的方式,陈蕴莲表达了她对国家时局的热切关怀和忧虑。

另外,从《阅邸抄,镇江、瓜州同时克复,喜赋二律》诗题及卷四《喜雨质外》自注"阅邸抄,上躬诣斋坛祈雨,应时远近沾澍"④,也可看出陈蕴莲对国家时局的主动关注。邸抄,即邸报,清代也称为"京报",是用于通报的一种公告性新闻,是专门用于朝廷传知朝政的文书和政治情报的新闻文抄。作为女性的陈蕴莲经常阅读邸报,不难看出她对时局的眷怀,对家国命运的关切。

出于强烈的爱国意识,陈蕴莲除了在战乱纪事诗中热情歌颂保家守土、以身殉国的将士外,诗人也在诗中表达了自己热切渴望为国效力、请缨杀敌的愿望:

---

① 陈蕴莲.信芳阁诗草//胡晓明,彭国忠,主编.江南女性别集三编:上册.合肥:黄山书社,2012:439.
② 陈蕴莲.信芳阁诗草//胡晓明,彭国忠,主编.江南女性别集三编:上册.合肥:黄山书社,2012:443.
③ 陈蕴莲.信芳阁诗草//胡晓明,彭国忠,主编.江南女性别集三编:上册.合肥:黄山书社,2012:450.
④ 陈蕴莲.信芳阁诗草//胡晓明,彭国忠,主编.江南女性别集三编:上册.合肥:黄山书社,2012:456.

"愤极蛾眉欲请缨"。① 当然,诗人也意识到作为女性在现实生活中只能停留于纸上谈兵的无奈,即便如此,她仍表示在危急情况下准备效法屈原沉江殉节的行为:"贼势鸱张逼郡城,自怜闺阁枉谈兵。蚩尤妖雾如延及,便拟怀沙效屈平。"②

以上通过对战乱纪事诗的分析,不难看出陈蕴莲诗歌创作对女性创作传统的突破,其在战乱纪事诗中的种种尝试已经昭示出晚清前期女性逐渐挣脱传统束缚向现代女性的蜕变历程。

当然,这种突破和蜕变并非偶然,固然与"明清女性逐渐走向男性的大方向"③不无关系,而陈蕴莲的成长环境,自身阅历及交游,其个人才能及其在家庭中的经济地位,以及由此带来的自我意识的觉醒等尤显重要。

陈蕴莲出身书香门第,王逸塘《今传是楼诗话》称陈蕴莲"为江阴陈大令柄德女公子,一门工诗画"④,陈蕴莲之夫左晨亦谓蕴莲"母家才人辈出,有六朝刘氏风,学本有源"。⑤ 陈蕴莲幼年即从父兄学习作诗,受到父兄的熏陶。陈蕴莲自称"自垂髫"时,即"秉先人庭训,偶一拈毫,学为韵语"。陈蕴莲兄长陈祖望亦称其"幼耽翰墨","余举业之暇,课之如弟"。⑥ 嫁入夫家后,左氏又是常州名门望族,非常重视女性的教育。徐珂《近词丛话》云:"毗陵多闺秀,世家大族,彤管贻芬,若庄氏、若恽氏、若左氏、若张氏、若杨氏,固皆以工诗词著称于世者也。"⑦母家、夫家这种男女平等的家庭教育环境为陈蕴莲提供了良好的文学艺术素养,也使她得以在相对宽松自由的环境中成长生活。

陈蕴莲自身阅历和交游也异于普通的闺阁女性。陈祖望在《信芳阁诗草》序中提到,陈蕴莲幼时即因父"官旌阳",而随侍远赴蜀地。⑧ "迨于归后,侍宦远游,经西泠,历楚南,揽圣湖花月与夫潇湘洞庭之胜","中岁随夫婿宦津门,去家

---

① 陈蕴莲.信芳阁诗草//胡晓明,彭国忠,主编.江南女性别集三编:上册.合肥:黄山书社,2012:443.
② 陈蕴莲.信芳阁诗草//胡晓明,彭国忠,主编.江南女性别集三编:上册.合肥:黄山书社,2012:478.
③ 孙康宜.末代才女的"乱离"诗.张宏生,张雁编.古代女诗人研究.武汉:湖北教育出版社,2002:224—245,242.
④ 王逸塘.今传是楼诗话.张寅彭主编.民国诗话丛编:第三册.上海:上海书店出版社,2002:450.
⑤ 陈蕴莲.信芳阁诗草//胡晓明,彭国忠,主编.江南女性别集三编:上册.合肥:黄山书社,2012:510.
⑥ 陈蕴莲.信芳阁诗草//胡晓明,彭国忠,主编.江南女性别集三编:上册.合肥:黄山书社,2012:393.
⑦ 徐珂.近词丛话.唐圭璋编.词话丛编:第5册.北京:中华书局,1986:4221.
⑧ 陈蕴莲.信芳阁诗草//胡晓明,彭国忠,主编.江南女性别集三编:上册.合肥:黄山书社,2012:393.

益远"①。在这种客居游历中,陈蕴莲不仅与当时女性文坛领袖沈善宝等交往密切②,与家族外男性亦颇多唱和往来③,并参与男性文人主持的"梅花诗社"④。这种广泛的游历和交游,对于女性开阔胸襟、增长见闻显然是不无裨益的。

而陈蕴莲个人才能及其在家庭中的经济地位,更是对传统男主女次定位的颠覆。陈祖望序谓陈蕴莲"吟咏之暇,犹有余力,为花鸟写生",并记载了其客居津门时,"以诗画易资,砚田之润,转胜于折腰五斗矣","自台省封圻以至僚友,征诗求画,纷至沓来"的盛况。⑤ 其夫左晨在《信芳阁诗草》后跋中坦言自己天资才力均不如蕴莲,夫妻唱和常需妻子帮助自己推敲字句,经济上捉襟见肘时,也需妻子以诗画易资来帮衬:"余以谫陋之质,鲜力学,而从事于风尘鞅掌,作升斗营营,方以征逐无清才,居恒每引为憾……余私喜闺中得良友,而又愧天资才力均有不如。每当花辰月夕,此倡彼酬,字句未协,辄得慕青之助……慕青又工绘事,诗情画意,神韵远过于余。遇资斧缺乏,则又借其挥洒丹青,得泉为活。是慕青之助于我者,盖又不止推敲字句已也。"⑥陈蕴莲自己后来也回忆说:"外子需次长芦,往往贫累,寓中食指待哺孔殷。余为之分劳,遂作画题诗,无间寒暑,所得资,藉足赡生。虽历年驰誉通都,而劳苦实余一人肩荷。"⑦

陈蕴莲这种平等的成长生活环境,广泛的游历、交游,特别是女强男弱的家庭地位的错位,无疑激发了其强烈的自我意识和追求男女平等的思想。陈蕴莲自视颇高:"文希幕府黄崇嘏,武慕从军花木兰。"⑧对"男儿生世间,功业封王侯。女儿处闺阁,有志不得酬"⑨的男女不平等的社会现状强烈不满。在《信芳阁诗

---

① 陈蕴莲.信芳阁诗草//胡晓明,彭国忠,主编.江南女性别集三编:上册.合肥:黄山书社,2012:394.
② 《信芳阁诗草》卷四、卷五载陈蕴莲寄答沈善宝(字湘佩)之作10余首,诗集末并"附沈湘佩前后赠和各章"。
③ 如《信芳阁诗草》卷二《和吕幼心年伯〈雪后〉,用苏玉局〈书北台壁〉原韵》、《和沈西雍太守〈杨花〉,用王渔洋〈秋柳〉韵》,卷四《和邓樵香别驾〈残菊〉原韵》等。
④ 参见《信芳阁诗草》卷四《梅花诗社咏梅花四影》《梅花诗社咏海光寺海棠》《梅花社长廖豸峰大令挽诗》等诗。
⑤ 陈蕴莲.信芳阁诗草//胡晓明,彭国忠,主编.江南女性别集三编:上册.合肥:黄山书社,2012:393.
⑥ 陈蕴莲.信芳阁诗草//胡晓明,彭国忠,主编.江南女性别集三编:上册.合肥:黄山书社,2012:510.
⑦ 陈蕴莲.信芳阁诗草//胡晓明,彭国忠,主编.江南女性别集三编:上册.合肥:黄山书社,2012:506.
⑧ 陈蕴莲.信芳阁诗草//胡晓明,彭国忠,主编.江南女性别集三编:上册.合肥:黄山书社,2012:464.
⑨ 陈蕴莲.信芳阁诗草//胡晓明,彭国忠,主编.江南女性别集三编:上册.合肥:黄山书社,2012:415.

草》中,她毫不讳言甚至有点标榜自己的才德。对丈夫"性耽花月"的不堪行径,也不像传统女性那样逆来顺受,而是不留情面,反复公开指斥。① 这些都突破了传统女性写作的温柔敦厚的风格。这种强烈的自我意识和追求男女平等的思想还表现在对女性书写权利的强调,她明确宣称要通过出版诗集"存吾之志""留吾情性于天壤间",对"词章非闺阁所宜"的世俗观点不屑一辩。② 这种书写的主动自觉意识在当时女性中无疑也是比较突出的。

以上种种正是促成陈蕴莲在道光、咸丰年间内忧外患交困之际,有意识地效仿男性关注时事,大量写作战乱纪事诗的内在动因。陈蕴莲对女性创作传统的突破、自我意识的高扬,也使其成为传统女性向现代女性转变过程中的重要一员。

(原载《湖南大学学报》2018年第1期)

---

① 如《信芳阁诗草》卷五《披绎回文以遣岑寂,忽焉积感丛生,不能自已,率成长句,用写予怀》自注谓其夫:"公余之暇,留连花酒,有明时李云田之风,可谓风流人豪,自成馨逸者矣。"《藤寓卧病夜不成寐寄外》:"遥想应官听鼓客,此时正学野鸳鸯。""附刻信芳阁自题八图"《秋窗风雨》图跋:"辛亥秋,外子转铜中州,纸醉金迷,备尝酒地花天之乐。"

② 陈蕴莲.信芳阁诗草//胡晓明,彭国忠,主编.江南女性别集三编:上册.合肥:黄山书社,2012:394.

论"全民国诗话"的编纂及其意义

曹辛华

曹辛华,1969年生,河南巩义人。文学博士、博士后。现为上海大学特聘教授、诗词学研究中心主任、民国以来旧体文学研究所所长、中华诗词创作学院院长。主要研究领域为诗词学、唐宋文学、现当代旧体文学。出版有《民国词史考论》(人民出版社,2017年)等专著;在《文学遗产》等权威刊物发表学术论文20余篇;主持编纂《全民国词》《全民国词话》《全民国诗话》《民国旧体文学史料丛刊》《民国旧体文学大系》等图书。曾主持国家社科基金项目、教育部规划项目与江苏省社科项目"民国词史",国家出版基金项目"民国诗词学文献珍本整理与研究"及"全民国词(第一辑)"。为国家社科基金重大项目"民国词集编年叙录与提要"首席专家、世界汉学中国文学分会常务副会长、世界汉学研究会晚清民国文学副会长、中国文章学会副会长兼秘书长、中国韵文学会常务理事、中国词学研究会理事、中国近代文学会理事、《民国旧体文学研究》主编。专著《民国词史考论》入选国家哲学社会科学基金成果文库。

当前为止,对民国文学特别是旧体文学的研究逐渐形成热潮。笔者从20世纪末至今,一直从事民国话体文学批评文献与民国旧体文学文献的整理与研究课题。全民国词话、全民国诗话的编纂即属于此大型课题中的一种。前者目前已交付大象出版社编辑出版,笔者已撰有相关文章。而后者"全民国诗话"的编纂当前已列为上海大学出版社重点出版项目。本文中的"民国",主要是指"民国元年(1912)至民国三十八年(1949)九月三十日"这一时段。"诗话",指凡是以丛话、丛谈、短论、谈片、片段、言说、札记、残丛小语等体式批评、谈论诗者。凡创作或完成于此阶段的诗话均可视为"民国诗话"文献。具体来讲,民国诗话当包括诗话(含诗钟话)、联话、新诗话等内容。然而由于新诗话属于新文学研究的内容,故于此暂不纳入;联话又有其特殊性,于此也不列入。凡写于民国期间的各种形式的诗话,即使保存或刊行于新中国以后也应归入"民国诗话"文献,而民国间保存与刊行的前代各种诗话文献均不视为"民国诗话"文献;生于民国时期的文人于建国后所写的诗话文献也不归入"民国诗话"文献中。民国诗话数量丰富,具有极大的整理研究空间,下文将对全民国诗话编纂的基础与意义等进行论述。

一、全民国诗话编纂的基础

民国时期虽然历时较短,但诗话数量庞大,如仅目前笔者所收集的南社诗话已多达400余种,所汇辑的民国诗话总量已逾2 000种。有鉴于当前各种断代诗话全编均已展开的事实(如凤凰出版社出版的《辽金元诗话全编》《明诗话全编》,当前陈广宏先生、张寅彭先生分别主持有国家重大项目"全明诗话""全清诗话"等)以及各种整理与研究的成就与不足,全民国诗话的编纂应当提上日程,而且当前已有"全民国诗话"编纂的条件与基础。

其一,当前对民国以前的词话、诗话等文献的整理为全民国诗话的整理提供了参照。如词话整理方面,已有唐圭璋辑《词话丛编》[1]、张璋等辑《历代词话》[2]、《历代词话续编》[3]严迪昌辑《近现代词纪事会评》[4]、谭新红著《清词话考述》[5]、朱崇才编《词话丛编续编》[6]、葛渭君编《词话丛编补编》[7]、屈兴国编《词话丛编二编》[8]以及孙克强等辑《蕙风词话·广蕙风词话》[9]、《大鹤山人词话》[10]与《清人词话》[11]等。由于民国诗话属于断代文体作品研究与整理的范畴,各代诗话全纂伴随着各代诗歌作品全集的编纂业已展开。当前来看,自唐宋而清各代诗话的整理均已取得了很多成果,而民国诗话的全面整理还处于启动阶段。一方面,民国以前的诗话已大多完成或正在进行。除了何文焕所辑《历代诗话》[12]与丁福保辑

---

[1] 唐圭璋. 词话丛编. 北京:中华书局,2005.
[2] 张璋. 历代词话. 郑州:大象出版社,2002.
[3] 张璋. 历代词话续编. 郑州:大象出版社,2005.
[4] 严迪昌. 近现代词纪事会评. 合肥:黄山书社,1995.
[5] 谭新红. 清词话考述. 武汉:武汉大学出版社,2009.
[6] 朱崇才. 词话丛编续编. 北京:人民文学出版社,2010.
[7] 葛渭君. 词话丛编补编. 北京:中华书局,2013.
[8] 屈兴国. 词话丛编二编. 杭州:浙江古籍出版社,2013.
[9] 况周颐,孙克强. 蕙风词话·广蕙风词话. 郑州:中州古籍出版社,2003.
[10] 郑文焯撰,孙克强,杨传庆辑. 大鹤山人词话. 天津:南开大学出版社,2009.
[11] 孙克强,杨传庆,裴喆. 清人词话. 天津:南开大学出版社,2012.
[12] 何文焕. 历代诗话. 北京:中华书局,1981.

《历代诗话续编》①《清诗话》②等书之外,民国时期的学者也不断地进行诗话总集和别集的整理和目录研究工作。如郭绍虞先生的宋诗话研究。当代的学者又陆续对历代的诗话作品或辑佚、或选编,形成了一大批诗话总集作品。如劳孝兴撰《春秋诗话》③、萧华荣著《魏晋南北朝诗话》④、郁沅与张明高编《六朝诗话钩沉》⑤、王心湛著《五代诗话》⑥,蒋祖怡、张涤云整理《全辽诗话》⑦、张健辑校《珍本明诗话五种》⑧、周维德集校《全明诗话》⑨、吴宏一《清代诗话考述》⑩、蒋寅《清诗话考》⑪等。目前对民国诗话的整理还远远不足,仅有张寅彭《民国诗话丛编》⑫(仅收 38 种)出现。这就亟须我们加强对全民国诗话的编纂。

其二,诗话的整理虽然自清代就已经展开,然而比较规模化、系统化的整理主要在民国及解放后的新时期,这些成果为全民国诗话编纂作了铺垫,也提供了借鉴。一方面,当前已有不少诗话作品得到整理,但其中民国诗话的整理是较弱的部分。整理的诗话包括三类:古代诗话、民国诗话和当代诗话。古代诗话的总集大多已经包括在《历代诗话》及其续编中,而别集情况比较复杂。有些是古人已经存在的诗话别集,由民国或当代学者进行整理,如郭绍虞的《沧浪诗话校释》⑬。民国时期的诗话整理以现存的著名诗话别集校注为主,如存在多个版本的《六一诗话》《随园诗话》《沧浪诗话》。但对许多不很知名的诗话或篇幅较小的诗话则很少关注。而当代学界对古代诗话的别集整理已经比较完备,既有专门汇集完整的独立成书的诗话如《全明诗话》,也有新的特点,如将古代作家文集中论述诗歌的部分拣选勾稽,汇编成为诗话,如张忠纲《杜甫诗话校注五种》⑭、吴文治《明诗话全编》⑮(当前陈广弘先生已展开了重编全明诗话)等。吴氏《明诗话全编》除收录原已单独成书的诗话外,还广泛搜集散见于各类诗文集、随笔、史

---

① 丁福保.历代诗话续编.北京:中华书局,1983.
② 丁福保.清诗话.北京:中华书局,1963.
③ 劳孝兴.春秋诗话.北京:中华书局,1985.
④ 萧华荣.魏晋南北朝诗话.济南:齐鲁书社,1986.
⑤ 郁沅,张明高.六朝诗话钩沉.北京:中国广播电视出版社,1997.
⑥ 王心湛.五代诗话.上海:广益书局,1936.
⑦ 蒋祖怡,张涤云.全辽诗话.长沙:岳麓书社,1992.
⑧ 张健.珍本明诗话五种.北京:北京大学出版社,2008.
⑨ 周维德.全明诗话.济南:齐鲁书社,2005.
⑩ 吴弘一.清代诗话考述.台北:"中央研究院"中国文哲研究所,2006.
⑪ 蒋寅.清诗话考.北京:中华书局,2005.
⑫ 张寅彭.民国诗话丛编.上海:上海书店出版社,2002.
⑬ 严羽著,郭绍虞校释.沧浪诗话校释.北京:人民文学出版社,2006.
⑭ 张忠纲.杜甫诗话校注五种.北京:书目文献出版社,1994.
⑮ 吴文治.明诗话全编.南京:江苏古籍出版社,1997.

书和类书等书中的论诗之语,大大丰富了诗话文献,为学者们研究明代诗歌批评史建立了完备的资料库,属于辑佚类的诗话研究整理著作。民国时期诗话的整理比较薄弱,目前较早整理的著作为张寅彭编辑的《民国诗话丛编》。是辑收录38种民国诗话,除4种编撰年代不详外,编撰于1920年代以前的有8种,1930年代的有15种,1940年代的有4种。《民国诗话丛编》所收诗话,其来源多样:一是诗话专书;二是报刊连载;三是辑自诗文集;四是选自笔记;五是为诗学讲稿。吴宏一《清代诗话考述》、蒋寅的《清诗话考》对清末民初的许多诗话也有比较详细的考述。从民国仅数十年的时间来看,百数十种这样的数量是相当惊人的,应该说,它完全超越了宋以来历代诗话问世的年代平均数。民国诗话有的散见于报刊杂志,如胡朴庵《玉台诗话》载于1915年第一期的《女子杂志》,张麟年《一瓯室诗话》载于1915年第五期的《双星杂志》等。有的以专书出版,如杨香池编《偷闲庐诗话》①、沈瘦东《瓶粟斋诗话》②、陈衍《石遗室诗话》③等。民国诗话部分为旧体诗话,多用文言写作,其体例、观点和内容多与传统诗话一致;也有体例、思想、文学观念乃至语言都与传统诗话有异的新体诗话,如刘大白《旧诗新话》④是用白话文所写的"新诗话",谈论的对象却是"旧诗",同传统诗话一样,包括诗歌本事、诗歌体制、声韵格律以及诗歌批评等多方面内容。民国以来大量的诗话在建国后又得以重新整理出版印行,如吴奔星与李兴华编的《胡适诗话》⑤、舒芜校点的《饮冰室诗话》⑥、丁敬涵编注的《马一浮诗话》⑦等。这些整理成果为全民国诗话的编纂奠定了较好的基础。另一方面,有关民国资料整理的大型丛书和报刊中包含了许多诗话,为我们保存与整理了部分民国诗话文献,但目前尚未得到完备的整理。如民国时期的大型丛书《万有文库》含有民国诗人的部分诗话。上海古籍出版社出版的大型《中国近代文学丛书》中的许多诗文集里都含有各自作者在民国时期的诗话作品。中国人民大学出版社和社科文献出版社90年代推出的《南社丛书》中收有部分诗话。此外,北京图书馆编《民国时期总书目:1911—1949》⑧和《民国时期出版书目汇编》⑨《民国时期发

---

① 杨香池.偷闲庐诗话.1934年自刊本.
② 沈瘦东.瓶粟斋诗话.上海:云间印刷所,1948.
③ 陈衍.石遗室诗话.上海:商务印书馆,1935.
④ 刘大白.旧诗新话.上海:开明书店,1929.
⑤ 胡适.胡适诗话.吴奔星,李兴华编,成都:四川文艺出版社,1991.
⑥ 梁启超.饮冰室诗话.舒芜校点,北京:人民文学出版社,1959.
⑦ 丁敬涵,编注.马一浮诗话.上海:学林出版社,1999.
⑧ 北京图书馆.民国时期总书目 1919—1949.北京:书目文献学出版社,1995.
⑨ 刘洪权.民国时期出版书目汇编.北京:国家图书馆出版社,2010.

行书目汇编》①《1833—1949全国中文期刊联合目录》②等对民国时期诗话出版情况也提供了重要的参考。基于各种诗话编纂与整理的现状,对民国诗话的全面整理应当提上日程。所幸的是笔者已基本完成了资料搜集工作。

其三,专门来讲,当前为止,人们对民国诗话的研究基本集中在三大层面,为全民国诗话的编纂开拓了道路。一方面,民国诗话文献与理论的整理研究。民国诗话整理与研究方面,如陈浩望著《民国诗话》③、张寅彭主编《民国诗话丛编》以及张建智著《绝版诗话·谈"民国时期"初版诗集》④等于前言或论文中均对民国诗话有所评价与研究。《民国诗词学文献珍本整理与研究》(由曹辛华与钟振振教授主持的国家出版基金项目2011—2013,河南文艺出版社出版)中不仅整理了如民国诗词选本、民国诗词家别集等民国诗词文献,还整理了包含《全民国联话第一辑》《全民国曲话第一辑》《民国新诗话第一辑、第二辑》以及民国诗法、词法、诗词批评等著作在内的民国诗词理论与批评文献。当时还列有《全民国诗话第一辑南社诗话》,后来因篇幅过于庞大由出版单位单列出版。又曹辛华教授目前已大体完成了"民国词话全编"编纂任务。再一方面,当前对晚清民国诗、诗学及其批评的研究成果已部分涉及民国诗话。如黄霖著《近代文学批评史》⑤、杨启高著《民国学术文化名著·唐代诗学》⑥、胡云翼著《民国丛书·唐诗概论》⑦、严明著《中国诗学与明清诗话》⑧、叶庆炳与吴宏一编《清代文学批评资料汇编》⑨、陈引驰与周兴陆编《民国诗歌史著集成》⑩均属此类。

其四,当前民国旧体文学及其文学批评研究的态势表明,"全民国诗话"的编纂与研究已有较强的研究基础与学术环境,值得我们展开。一方面,民国旧体文学发展史及其批评的研究已有不少成果,为我们从事"全民国诗话"的编纂与研究提供了参照或铺垫。如胡迎建的《民国旧体诗史稿》⑪、吴海发的《20世纪中国

---

① 国家图书馆典藏阅览部.民国时期发行书目汇编.北京:国家图书馆出版社,2010.
② 全国图书联合目录编辑组.1833—1949全国中文期刊联合目录.北京:书目文献学出版社,1981.
③ 陈浩望.民国诗话.南宁:广西民族出版社,1996.
④ 张建智.绝版诗话·谈"民国时期"初版诗集.上海:复旦大学出版,2012.
⑤ 黄霖.近代文学批评史.上海:上海古籍出版社,1993.
⑥ 杨启高.民国学术文化名著·唐代诗学.长沙:岳麓书社,2011.
⑦ 胡云翼.唐诗概论.上海:上海书店出版社,1991.
⑧ 严明.中国诗学与明清诗话.北京:文津出版社,2003.
⑨ 叶庆炳,吴宏一.清代文学批评资料汇编.台北:成文出版社,1979.
⑩ 陈引驰,周兴陆.民国诗歌史著集成.南开大学出版社,2015.
⑪ 胡迎建.民国旧体诗史稿.南昌:江西人民出版社,2005.

诗词史稿》①、张振国所从事的"晚清民国志怪传奇研究"、刘梦芙所从事的"近百年名家旧体诗词及其流变研究"、马大勇正从事"20世纪诗词史"、王达敏所从事的民国旧体散文史研究以及曹辛华正从事的"民国词史研究"等均属此列。此外台湾地区王伟勇所编纂的《民国诗集丛刊》②、南江涛主编《清末民国旧体诗词结社文献汇编》③、曹辛华与钟振振主编《清末民国旧体诗词结社文献续编》④等均涉及民国旧体文学研究。另一方面，当前对民国词学等方面研究较多，但对民国诗学的研究还不够深入。诸如曹辛华《20世纪中国古代文学研究史·词学卷》⑤、傅宇斌《现代词学的建立》⑥等均从各方面对民国词学进行了探讨；陈水云《现代词学的研究价值、现状及方法反思》对民国词学研究的价值与方法进行了总结与反思等。⑦ 与民国词学相比，当前人们对民国诗学的研究侧重点在于新文学中新诗批评。如朱文华《风骚余韵论——中国现代文学背景下的旧体诗》⑧、刘士林《20世纪中国学人之诗研究》⑨等均专门对旧体诗词有研究。尤值一提的是由刘纳主编的《清末民初文人丛书》⑩和孙中田主编的《中国近现代文学名家诗词系列》⑪解析丛书对民国旧体诗词界不少名家名作展开深入的个案研究，这是现代文学界对民国旧体诗词研究作出的重要贡献。特别是，新文学研究界已有对旧体诗词编年的成果，如李遇春的《中国当代旧体诗词论稿》⑫，目前尚在进行中的"民国旧体诗词编年史稿"。这意味着，现代文学界已注意到了民国旧体文学是学科绕不过的文献与问题。而与民国旧体文学相比，对旧体诗批评的研究还处于拓荒阶段。当前专门研究民国诗学文献者，综合研究有王睿《民国诗学著作考述》，个案研究则有高平《南社诗学研究》⑬与林香伶《南社诗话考述》⑭。其他对某种单篇诗话或诗学著作进行研究者还处于起步阶段。这就意味着民国旧体文学、文献还有多方面的课题需要开展。全民国诗话的编纂工作

---

① 吴海发.20世纪中国诗词史稿.北京：中国文史出版社,2004.
② 王伟勇.民国诗集丛刊.台中：文听阁图书有限公司,2009.
③ 南江涛.清末民国旧体诗词结社文献汇编.北京：国家图书馆出版社,2013.
④ 曹辛华,钟振振.清末民国旧体诗词结社文献续编.北京：国家图书馆出版社,2015.
⑤ 曹辛华.20世纪中国古代文学研究史·词学卷.上海：东方出版中心,2006.
⑥ 傅宇斌.现代词学的建立.北京：商务印书馆,2013.
⑦ 陈水云.现代词学的研究价值、现状及方法反思.江西师范大学学报(哲社版),2014(2).
⑧ 朱文华.风骚余韵论——中国现代文学背景下的旧体诗.上海：复旦大学出版,1998.
⑨ 刘士林.20世纪中国学人之诗研究.合肥：安徽教育出版社,2005.
⑩ 刘纳.清末民初文人丛书.北京：中国文史出版社,1998.
⑪ 孙中田.中国近现代文学名家诗词系列解析丛书.长春：吉林文史出版社,1999.
⑫ 李遇春.中国当代旧体诗词论稿.武汉：华中师范大学出版社,2010.
⑬ 高平.南社诗学研究.郑州：河南文艺出版社,2013.
⑭ 林香伶.南社诗话考述.台北：里仁书局,2013.

就尤显迫切。

总的来看,当前民国文学研究已经成为学术新热点,这就为全民国诗话的编纂与研究提供了良好环境。如民国文学文献的整理和目录的编订,以及文学史研究、分体研究、作家作品研究和批评理论研究都有不少学者在进行,但是问题也随之而来。如综合性研究和总括式陈述较多,以民国诗学为核心开展的专项研究相对较少;研究清代文学和近现代文学的学者对此关注较多,专门以民国诗学作为研究方向的学者较少;研究集中在民国诗学家中的"大家"上,对民国时期大量非名家学者关注极少。这种不均衡的研究局面亟待突破,民国诗学乃至所有民国诗话的研究都势在必行,全民国诗话的整理与编纂,应当提上日程来。

二、全民国诗话文献考索问题

"全民国诗话"的编纂,首先是全民国诗话总目的编纂问题。当前笔者已基本完成相对完备的民国诗话总目。这一总目,不仅包括已有的诗话整理与研究论著中提及者(如吴宏一、蒋寅等人的清诗话考述中,有一定条目涉及了民国诗话,而张寅彭的《民国诗话丛编》中所收与提及的诗话目录也在其中),还包括各种民国期刊、杂志索引中出现的诗话。如晚清民国期刊库、中美百万数据库、瀚堂近代期刊数据库、爱如生期刊数据库等均可检索到大量的诗话篇名与文本。而各大图书馆书名检索数据库不仅有诗话书目,而且有的诗话已有电子图书影像。通过数据检索来的目录,多有重复,需要剔除;又因为录入信息时有失误,需要与实物比勘纠谬。民国诗话总目中,对版本不同者也有所收录,以便编纂时选取真、全、善、精的版本。全民国诗话总目,对存于民间如藏书家手中者、对港澳台、对域外流传者均有所搜录。总目编纂优良与否,关系到全民国诗话"全"的程度,这是我们必须认真对待并深入研究的。

民国诗话中,专书是相对容易搜求的。而单篇诗话,以其名实的多样,需要我们分别对待。虽然目前有各种检索库,但对那些不以诗话名篇者需要我们放宽检索条件来检索,与此同时,要搜辑民国文人的传记资料,从中获取诗话信息,尽可能做到不遗漏。就民国诗话单篇文本的存在情况来看,藏于图书类如别集、总集、选集中间者比较难找,须要尽可能多的翻检、辨别,才有可能拣出。刊于报纸上者,相对来说,不如期刊上容易查找。当前民国报纸的电子化相对较少,必须通过手工翻检、查阅方式来汇辑。

全民国诗话收录的时段有三:清末民国、新文化运动至抗战前、抗战至

1949年前。凡写作与成书于这三个阶段者,均属民国诗话范围。然而,有一类虽然成书出版在1949年后,但写作时间是在民国时期。对此类诗话的汇辑,需要结合诗话作者的生平、经历等来考辨方能做到不漏不误。存在于当代、写于民国的稿本诗话,是我们搜求工作的难点,需要我们在访求时谨慎地判定才可。对生命跨越清、民国、当代三个时代的诗话作者,我们一般本着诗话创作时间来收录其作品,凡未成书于民国或创作于民国者,均不收录。但是,由于民国成立前后有一个庞大的革命、文学团体——南社出现,他们中有不少反对清政府,身份特别。对此类文人所作诗话作品,为保持统一与完整,他们成书于民国以前的诗话作品当适当收录。就笔者所收录的南社诗话论著近500种来看,属于此种情况者并不多。

民国时期域外也有诗话论著的出现,如日本、韩国、越南也有人写作诗话。对此问题,我们认为,如果作者是外国人,就不予以收录;而作者是中国人用汉语写成者,我们将视之为民国诗话。还要注意的是,有一批写于民国时期的中国而留存于国外者,我们不仅要收录,还要考辨其传播中的变化。

民国诗话中,由于文言、白话的不同,有与传统相同,也有与传统相违。我们对白话文或新文学语言写成的诗话,根据其内容,也予收录。又由于民国时期称诗话者,有话旧体诗者,也有话新诗者,我们将对新诗话单列,不收入民国诗话总目或不编入全民国诗话,另外形成"全民国新诗话"。

在对民国诗话进行考述时,由于刊登时作者的姓名、字、号不统一,常常会造成一人数见的情况。对此,我们先在精准考索与编写民国文人小传的基础上,将分别以作者的名、字、号、笔名等来——搜求,避免重收、漏收与误收。

民国时期还有一批形成于前代但又被重新出版的诗话。对凡是与前代诗话版本相同或无修改与整理的前代诗话,我们将不视作民国诗话。而对那些虽然写于前代但在刊刻、发表时被加工、注释、研究过的诗话,我们将酌情收录。因为此时这些诗话已有"新变"。

民国诗话的判定有宽严之分,我们将采取相对严格的标准。如凤凰出版社所出版的诗话全编系列,属于宽型。以人为名,但凡某文人提到一句与诗有关的吉光片羽即重新命名为某某人诗话。这种做法虽有另造新名、误导生手之弊,但可最大限度为学人提供史料。这种做法若用于民国,就不太适合,因为与诗相关的文献相当浩瀚,所以我们将根据凡是论诗、话诗的有一定篇幅的话体文章才视为诗话,对那些纯粹的诗歌文献学文章(如考据、注疏、训诂等)、系统的诗学论著(如诗史、文学史、教材、专题研究论著等)、诗人史料(传记、志铭等)与诗歌序跋、品题、评点等,我们均不以诗话文本来看待。这样,就避免了庞杂、泛滥的弊病。

从诗话的形体来论有骈(齐、韵)、散之分。但对论诗绝句、论诗诗等文本,需要我们来统一判定规则。笔者以为,如果我们将《二十四诗品》视为诗话著作,那么,论诗诗也当视为诗话。如果论诗诗是,则论诗绝句也当是。笔者在《论全民国词话的考索、编纂及其意义》①一文中曾指出论词绝句为当时韵文化的词话文本。于此笔者倾向于此意见。即民国时期出现的论诗绝句、论诗诗,是话诗的韵文。不当以齐言与散体来区分诗话与非诗话。

对民国诗话文本的搜求,既要重视从数据检索库、电子图书等中间查找,更要重视从各个图书馆与民间私人藏书中亲自翻阅、查寻。由于民国离当代距离未远,不仅大型图书馆、博物馆中会存在诗话文献,在各个地区、县市图书馆也可能存有。这是我们当前必须注意的。民间私人藏书中,也可能保留有民国诗话文献,这就要求我们当积极与他们联系、交流,才有可能获得信息与文本。

"全民国诗话"的编纂方式当仿照全明诗话、全清诗话等著作,但判定要严。在出版形式上,可采取影印本与整理本并行的模式。影印本有存真、原生之优,但不利于阅读与现代传播。当前笔者已与河南文艺出版社签订了影印版"全民国诗话"文献协议,实行起来却有一定的难度,因为文献形体多样,不利于影印的编排。在编纂体例方面,将根据文献文本的名称与内容按类编排,如上编为纯粹以诗话命名者,中编为以诗话的别称或变态等为名者(如谈诗、诗谈、诗品、说诗、论诗、诗札、诗评、诗绎、诗钥、诗法等),下编为用散体或韵文来写成的谈论诗或诗学的短篇。

三、"全民国诗话"编纂的意义

"全民国诗话"的编纂具有重要的学术价值与意义。它既是新文学批评研究与传统文学批评研究、文献学研究与文艺学研究相互融通交汇的多学科合作课题,也是对中国诗话批评文体与诗话文献的"遗产"的一次大规模学术"攻坚战"。它既是一个填补旧体文学文献整理空白与话体文学批评研究空白的大型课题,也是一项规模较大、任务繁重艰巨、颇具挑战意义的重大文献整理与研究课题。作为"民国分体文学批评史"全面研究的前期工程之一,此领域目前基本仍是空白。特别是由于长期以来,按惯例将民国以后旧体文学的整理不视为古籍整理

---

① 曹辛华.论《全民国词话》的考索、编纂及其意义.泰山学院学报,2012(1).

的范畴,现代文学又长期侧重新文学研究,于民国旧体文学乃至民国旧体文学批评的整理与研究相当薄弱。"全民国诗话"的编纂不仅对近代文学史、现代文学史以及民国旧体文学史、民国文学批评史以及话体批评研究等具有补白意义,也对民国文学批评史料学、文学文献学的整理与研究史具有开拓意义。

其一,"全民国诗话"的编纂补近代文学研究之空白。当前近代文学研究大多囿于 1840—1917 年这样一个时间界限,对包含民国词在内的民国旧体文学史的关注不够充分。像近代文学大系、近代文学史等著作都未能延伸到 1949 年。像许宗元《中国词史》①、黄拔荆的《中国词史》②、邓红梅《女性词史》③等著作,黄霖《近代文学批评史》、莫立民《近代词史》④等均点到民国为止,仅涉及部分晚清入民国作家、作品与批评。目前除有关诗词、小说等文体的历史与批评研究已经有所展开(如胡迎建的民国旧体诗论稿、刘梦芙的 20 世纪诗词史研究、笔者的"民国词史"、马大勇的百年诗词史研究、李遇春的现当代诗词编年研究)外,其余的尚无大创获。"全民国诗话"的编纂与研究在促进民国文学研究深入的同时,也将刺激与促进近代文学界对民国其他旧体文学的整理与研究。

其二,"全民国诗话"的编纂可补现代文学研究及其文学批评研究之空白,纠正现代文学批评史研究的偏差。民国旧体文学史与民国新文学史、民国旧体文学批评史、民国新文学批评史均当为现代文学这一学科应当研究的对象。二者均属民国文学史(虽然现代文学史多从 1917 年开始描述),这是不争之事实。如果再按孔范今、黄修己、袁进、陈平原、丁帆、张福贵等先生的理论与实践来看,现代文学史或批评史实际上当包含旧体文学与新文学两方面的。由于"现代文学史"被狭义化为"新文学"的代名词,而且处于强势话语权(这是当时破旧立新的必需),其状态至今仍如月亮之亮面。也就是说,旧体文学、新文学(现代文学)及其对应的批评史均属于现代文学史或民国文学史的组成部分,均曾为 20 世纪中国文学史的发展、流变作出过贡献。由于在新文学建立、演进与学科独立过程中的种种缺失或误区,旧体文学才"被处于"对立面、"被暗淡""被潜伏",才导致大多人只见"月之亮部"——新文学史,有意或无意忽视民国或现代旧体文学史的"光辉"。当前对民国话体文学批评文献整理与研究,实际上是弥补现代文学批评史研究中的偏差,揭示被隐藏的"光辉"。目前现代文学研究已注意到研究民

---

① 许宗元. 中国词史. 合肥:黄山书社,1990.
② 黄拔荆. 中国词史.(修订版),福州:福建人民出版社,2003.
③ 邓红梅. 女性词史. 济南:山东教育出版社,2000.
④ 莫立民. 近代词史. 北京:人民文学出版社,2010.

国旧体文学史的重要,但还未出现相应的专门而全面的研究成果。这就说明"全民国诗话"的编纂与研究将对现代文学史特别是现代文学批评史的研究也将有极大的促进与修正作用。

其三,"全民国诗话"的编纂将补民国旧体文学史研究的空白,并对其他话体批评研究有启示、刺激、促进作用。前面已指出,民国旧体文学史包括民国旧诗史、民国词史、民国曲史、民国文言戏剧史、民国赋史、民国文言小说史或旧体小说史、民国骈文史、民国文言文章史、民国旧体文学文体史、诗钟史、对联史等多项内容,也包括与之相应的理论史、批评史、研究史等内容,但除民国诗史、民国词史以及词学史研究已有所启动外,大多尚少人涉足,与旧体文学相关话体批评文献也仅限于民国诗话、民国词话等文献整理上,全民国词话编纂虽然已在进行中,而全民国诗话的编纂目前才刚刚展开。"全民国诗话"编纂的启动,一方面将为民国文学批评史的研究提供铺垫,另一方面将对全民国曲话、全民国文话、全民国小说话、全民国书话等的研究与编纂有推动作用,还将对民国时期的书法话、印话、画话、影话、谜话等话体批评文献与研究也启示与借鉴意义。

其四,"全民国诗话"的编纂对民国文学批评史料学、文学文献学的整理与研究史具有补白意义。由于民国旧体文学史料与文献一直不被纳入古籍整理的范畴,因此现有的文学史料学、文学文献学整理成果基本上不涉及民国旧体文学部分。"全民国诗话"的编纂有利于发掘长期被忽视的旧体文学批评史料,建立真正的民国文学批评文献学。一方面,可补民国文学批评史传研究之不足。史传研究,对民国旧体文学及批评作家的家世、生平、交游等传记史料的考察、创作活动的编年,是梳理清楚创作"原生态"的必需。诸如旧体文学编年史(大事记)、民国旧体文学批评编年史、民国旧体文学活动编年史、民国旧体文学才子传等均属此类。但目前此类成果甚少。在进行全民国诗话的编纂、整理与研究时,不可或缺的是对相关话体文献作者及其生平的考察,这些成果将填补民国文学批评史上此类内容的空白。另一方面,可补民国旧体文学文献整理与研究之不足,促进民国各种传统文体作品的整理。民国诗话体文献整理与研究,是与民国各种传统文学研究密切相关的,诗话文献本身就是文学作品之一种。当前笔者已与大象出版社签约、正编纂《民国旧体文学大系》,其中就有民国诗话卷,将民国诗话作为旧体文学之一部分。加强包括民国诗话、词话等传统话体批评文学作品的研究,是当前民国旧体文学史研究应当早日列上日程的工作。"全民国诗话"的编纂与全民国词话、文话、曲话、剧话、小说话等话体文学的编纂一样,是对民国文学文献进行全面整理的必要环节与必经之路。由此,刺激与加速民国诗集、民国曲集、民国赋、民国骈文及其批评等旧体文学的全面整理与研究的启动。再一方面,"全民诗话"的编纂可补现代文学研究史料整理之不足,为现代文学史研究增添新史料。当前新文学研究界对旧体文学史料学或文献学重视不够。虽然现在学界对史的部分已采取新旧兼述的态度,但在史料整理时,仍缺少旧文学的内容。民国时,现代文学家为撇清与旧体文学的关系编纂《新文学大系》①,至于《旧体文学大系》一事根本未曾考虑。而当代各种现代文学史料丛书在编纂时也基本未考虑与之并存的旧体文学史料。如刘增杰等学者在编纂《中国现代文学史料学》②等图书时,对包括民国旧文学史料考虑不足;而刘长鼎、陈秀华等编著《中国现代文学运动史料编年》③,卓如、鲁湘元主编《20世纪中国文学编年》④时对此方面史料缺少关注,自然对旧体文学相关的诗话文献也就关注不够。时至今日,在打通古今、融汇新旧的原生态文学批评理论的指导下,现代文学研究界已认识到了问题,并提出了纠偏策略,实施了一定的行动。由此来论,民国诗话文献整理与研究将从客观上填补现代文学史料与文献的整理与研究问题上的空白,可弥补其缺憾。

其五,"全民国诗话"的编纂还具有极其重要的学术价值、应用价值与社会意义,为开发与利用各种民国文献资源提供启示。一方面,它将填补中国话体文学批评断代史研究的空白,将为合新旧文学于一体的民国文学批评史的研究扫清道路。民国诗话作为中国话体文学批评史不可或缺的内容,同前代词话批评、诗话批评等一样具有文学批评价值、文学史价值。当我们对民国诗话文献进行普查、汇总、整理与研究时,就要对大量与之相关的学术著作、史传图书、文集等予以学术的考察与研究,这样,研究此课题所得到的相关成果对民国学术史将有所贡献。全民国诗话的编纂与研究不仅对推动民国各种学术史的建构与展开有着较大的启示作用,也将为当代学术发展提供新的增长点。另一方面,透过民国各种诗话文献不仅可以加深对民国的社会历史、风土、人情、心灵等问题的了解,还有助于更深层次地揭示近现代社会转型对文学、文学批评或文化变革的作用、意义与影响,有助于近代文学、现代文学及其批评、现代艺术、现代文化以及现代史研究的深入。由于民国时期为近代与现代交汇、传统文学与新文学交汇、传统文化与现代文化交汇、西方文化与本土文化交汇的特殊时期,因而,"全民国诗话"

---

① 赵家璧.中国新文学大系.上海:上海文艺出版社,1936.
② 刘增杰.中国现代文学史料学.上海:中西书局,2012.
③ 刘长鼎,陈秀华.中国现代文学运动史料编年.太原:山西高校联合出版社,1996.
④ 卓如,鲁湘元.20世纪中国文学编年.石家庄:河北教育出版社,2013.

的编纂与研究，就不同于其前文学批评的研究，而是跨学科、跨领域的整合比较研究，自然对民国时期的新旧文学、各种文化、民国史等学科、领域都具有重要参照、启示、突破意义。特别是，"全民国诗话"编纂与研究的实施，将为研究民国历史、保全民国文化遗产提供一定的保障与启发。这个课题也是对以上海图书情报中心所开发的晚清民国报刊全文数据库的充分利用，可以说是专题化研究的一种体现。前述笔者所从事各项与民国文献相关的课题得益于这个数据者良多。

（原载《社会科学战线》2018年第3期）

论交往场域中的诗词唱和

姚 蓉

姚蓉,女,1972年4月生,湖南长沙人。中山大学文学博士(2003),武汉大学博士后(2005)。现为上海大学文学院教授、博士生导师,诗礼文化研究中心副主任。主要研究领域为明清诗词文献与文学。出版有《明末云间三子研究》《明清词派史论》《逸周书文系年注析》《郭麐诗集》(点校)等著作;在《文学遗产》《南开学报》《中山大学学报》等刊物发表学术论文30余篇。主持国家社科基金重大项目"明清唱和诗词集整理与研究"、国家社科基金重大项目"清诗话全编"子项目"清嘉庆朝诗话合辑"、国家社科基金青年项目"明清词坛唱和研究"、全国高校古委会项目《逸周书》文系年注析"、上海市教委创新项目"十七世纪江南文化士族与文学研究"等项目。入选上海市"浦江人才"(2012),为国家社科基金重大项目"明清唱和诗词集整理与研究"首席专家(2017),兼任中国词学研究会常务理事等职。曾任韩国外国语大学中文翻译系讲席(2010.8—2011.8)、美国斯坦福大学东亚系访问学者(2015.8—2016.8)。

诗词唱和是中国文学史上源远流长的文学现象,但历来被视为文人间的应酬活动或文字游戏。近来虽已有学者重新审视诗词唱和活动,但多强调其实用性和功利性,或多描述某些具体的唱和活动。而对于诗词唱和活动何以发生(发生的动机、条件等)、怎样发生(发生的特征、过程等)及唱和有何价值(发生的功能、效果等),目前还缺乏系统的研究与论述。从本质上说,诗词唱和是一种文学交往行为。而发生任何一种交往行为,都必须具备交往伙伴、交往手段、交往环境三个要素,本文即从这三个要素入手,在交往场域中考察诗词唱和活动的基本面貌,以提升对唱和功能和意义的认识。

交往伙伴：兼任创作者与接受者

在人类社会中，任何主体都不可能孤立地存在，交往是人得以生存、发展的基本条件。因此，以人为主体的社会文化生活也是以交往关系为基础的。文学作为一种独立的审美话语体系，作为社会文化生活的重要组成部分，作为人的社会性的重要表现形式，其本质属性亦是交往。从中国春秋时期流行的"赋诗言志"活动，到俄国作家列夫·托尔斯泰所说"艺术起源于一个人为了要把自己体验过的感情传达给别人"①，都体现了文学与交往的密切关系。文学文本只有与读者发生交往，被阅读、理解、阐释、批评、宣扬，才成为真正有意义的文学作品，否则只是一堆毫无意义的文字或声响。从某种意义上说，交往是文学的存在方式。在交往中，交往主体和交往对象合起来构成交往伙伴。根据交往伙伴的不同，文学交往可分为三个不同的层面：一是创作者与接受者之间的交往；二是创作者与所作作品、接受者与所接受文本之间的交往；三是文学作品中艺术形象之间的交往。

中国文学史上盛行的唱和，又称为"倡和""唱酬""酬唱"等，是指文人间以诗词进行呼应赠答的文学交往活动，必有一方首唱，他人相和，唱者与和者由此成为交往伙伴。《淮南子·道应训》篇有载：

今夫举大木者，前呼邪许，后亦应之，此举重劝力之歌也。②

以这段被视为唱和源头③的"举重劝力之歌"的记载为例，前呼者与后应者构成交往伙伴，前呼者创作出"邪许"的劳动号子，后应者接受这个口号并相和呼应，以此协调他们的行为，在交往中建立有效合作的人际关系。很显然，交往双方是创作者与接受者的关系。但后应者在这场唱和中，并非简单地被动接受，还曾主动相和，虽为交往对象也发挥了交往主体的主观能动性。汉伏胜《尚书大传》卷一《虞夏传》中记载了"于时卿云聚，俊乂集，百工相和而歌《卿云》"的故事：

---

① 列夫·托尔斯泰.艺术论.丰陈宝，译.北京：人民文学出版社，1958：46.
② 刘安.淮南子：道应训//二十二子.影印本.上海：上海古籍出版社，1986：1258.
③ 巩本栋《关于唱和诗词研究的几个问题》一文认为，"把这种前呼后应的劳动号子记录下来，应当说就是唱和与唱和诗词的最原始的状态和形式"。见：江海学刊，2006年(3)：161.

帝乃倡之曰："卿云烂兮,糺缦缦兮。日月光华,旦复旦兮。"八伯咸进,稽首曰："明明上天,烂然星陈。日月光华,弘于一人。"帝乃载歌,旋持衡曰:"日月有常,星辰有行。四时从经,万姓允诚。於予论乐,配天之灵。迁于贤圣,莫不咸听。鼚乎鼓之,轩乎舞之。菁华已竭,褰裳去之。"①

这段记载中帝舜首唱,八伯相和,舜继而又歌的过程,是很典型的唱和活动。交往对象八伯对交往主体、首唱者舜所作之歌进行唱和,很明显他们先接受了舜的创作,再进行创作与舜呼应,而舜在接受了八伯和歌之后,又继续进行了创作,在这场唱和交往中,舜与八伯都既是接受者又是创作者。另外,宋人黄鉴《杨文公谈苑》有"唱和联句之起,其源远矣。自舜作歌,皋繇飏言赓载"②之说,而舜"作歌"、皋繇"赓载"③的记载,出自《尚书·虞书·益稷》,系东晋元帝梅赜所献伪古文《尚书》中的内容,但至少可视为晋代文献。此记载中皋繇也是先接受了舜的创作,再自己进行创作与舜呼应,既是接受者又是创作者。至于东晋末年陶渊明与刘程之、慧远等友人交往过程中的诗歌往来,已是公认的诗歌唱和活动④。词成熟于中唐,以词的形式进行唱和,也始于中唐⑤。而在真正的诗词唱和中,交往伙伴兼具创作者与接受者双重身份的特点表现得更为充分也更为复杂。下面将唱和分为即时唱和与延迟唱和两类,分别阐述其中交往伙伴的特点。

即时唱和,是指发生在宴饮、社集、聚会、同游等情境下的文人之间的唱和活动,其特点是交往伙伴之间有面对面的交流过程。在即时唱和中,唱者与和者多兼具创作者和接受者的身份。以最早的填词唱和活动——南唐沈汾《续仙传》记载的中唐颜真卿等人和张志和《渔父》词之举为例:

真卿为湖州刺史,与门客会饮,乃唱和为《渔父》词。其首唱即志和之词,曰:"西塞山边白鸟飞,桃花流水鳜鱼肥。青箬笠,绿蓑衣,斜风细雨不须

---

① 伏胜.尚书大传·卷1//四部丛刊初编:经部.上海:商务印书馆,1919:22.
② 黄鉴.杨文公谈苑.上海:上海古籍出版社 1993:94.
③ 孔颖达,等.尚书正义·卷5//十三经注疏:上册.杭州:浙江古籍出版社 1998年:144.
④ 赵以武《"和意不和韵":试论中唐以前唱和诗的特点与体制》一文指出:"唱和诗始见于东晋末年,是陶渊明首先开写的。"见:甘肃社会科学,1997(3):55.巩本栋《关于唱和诗词研究的几个问题》也指出"真正以诗歌形式进行的唱和,则要到东晋时期陶渊明、刘程之、慧远等人的诗中才出现。"见:江海学刊,2006(3):162.
⑤ 黄文吉《唱和与词体的兴衰》一文认为,刘禹锡和白居易的《忆江南》两首,"这是诗人依曲填词的第一次自白,也是早期的和词"。见:黄文吉词学论集.台北:学生书局,2003:26.李桂芹、彭玉平《唱和词演变脉络及特征》一文认为,"唱和词最初出现于中唐,张志和的《渔父》词是记载最早的唱和词"。见:甘肃理论学刊,2008(3):117.

归。"真卿与陆鸿渐、徐士衡、李成矩共唱和二十五首,递相夸赏。①

这是一场典型的即时唱和。在颜真卿所设并邀请门客参加的宴会中,唱者张志和首先创作了《渔父》词,和者颜真卿、陆鸿渐、徐士衡、李成矩等四人在接受的过程中为"渔父"这一意象所触动,显示出惊人的创作力,依调作25首词以相和,创作之后,又彼此"递相夸赏",对交往伙伴的词作进行鉴赏和批评。由此可见,颜真卿等五位参与者都既是创作者又是接受者,在这场唱和中承担了文学创作与文学评论的双重任务。在许多诗词唱和中,当和者所和的诗词为唱者接受后,唱者又继续以诗词唱和,这样的创作与评论过程可以往复进行。如清初曹尔堪、王士禄、宋琬三人于西湖进行的"江村唱和",乃曹尔堪首唱《满江红·江村》,王士禄在西湖与曹尔堪相遇时出示和作请他赏评,曹尔堪感触之下再和《满江红·王西樵考功见和江村词用前韵》,并邀宋琬同和,于是宋琬和作《满江红·王西樵客游武陵曹顾菴赋词志喜属予和之》,几次往复,三人都爆发出极大的创作热情,相聚唱和的两月间每人作《满江红》词八首,结集为《三子唱和词》。其时,唱者与和者分别身兼创作者与接受者之任的特点,不断得到彰显。

延迟唱和,是指发生在异时、异地等情况下的文人之间的唱和活动,其特点是交往伙伴之间没有面对面的交流,唱与和之间有一段时间间隔。如胡仔《苕溪渔隐丛话》记载:

东坡有云:"余昔与张子野、刘孝叔、李公择、陈令举、杨元素会于吴兴,时子野作六客词,其卒章:'尽道贤人聚吴分。试问。也应傍有老人星。'凡十五年,再过吴兴,而五人皆已亡矣。时张仲谋与曹子方、刘景文、苏伯固、张秉道为坐客。仲谋请作后六客词云:'月满苕溪昭野堂。五星一老斗光芒。十五年间真梦里。何事。长庚对月独凄凉。   绿鬓苍颜同一醉。还是六人,吟笑水云乡。宾主谈锋谁得似。看取。曹刘今对两苏张。'"②

苏轼从杭州移官高密时,与张先(字子野)等五人相聚于吴兴,张先作《定风波令》,被称为"六客词"。十五年后,苏轼再过吴兴,张先等五人"皆已亡",另有张询(字仲谋)等五人相陪,苏轼在张询的请求下和作张先《定风波令》,是为"后

---

① 李昉.太平广记·卷27.北京:中华书局1961:180.
② 胡仔.苕溪渔隐丛话前后集:后集卷39.北京:中华书局,1985:731.

六客词"。这场"六客词"与"后六客词"的相和,相隔十五年的流光,是典型的延迟唱和。在延迟唱和中,唱者仍然是创作者,但是否兼任接受者则各有不同,而和者无一例外均承担创作者与接受者的双重职责。下面特举几种较为典型的延迟唱和类型说明之。

其一,追和。文学史上将后人对前人诗词进行模仿相和的行为称为"追和",然而后人所追和之原创作者未必有"唱"的主观意图,后人和其诗词的时候,其人也已经作古,无法对和作予以文学接受。如陶渊明作诗时并未曾指望后人相和,苏轼因仰慕陶渊明的人格与文采,几乎遍和陶诗,并说"追和古人,则始于东坡","吾前后和其诗凡一百有九篇,至其得意,自谓不甚愧渊明"。① 但作为唱者的陶渊明,是无法回应苏轼的。故追和活动中的唱者只是创作者,而不承担接受环节中的鉴赏、批评等任务。至于作为和者的苏轼,对陶渊明的诗歌不仅仅是被动接受,还发挥了极大的主观能动性,通过追和陶诗的创作方式完成与陶渊明的"神交",既是接受者又是创作者。

其二,遥和。笔者将同一时期文人间的异地唱和称为"遥和",其中和者仍身兼创作者与接受者,但唱者作为创作者是否兼任接受者则视具体情况而定。如北宋惠洪《冷斋夜话》记载苏轼守杭州时,尝携妓谒大通禅师,大通愠形于色,苏轼遂作《南歌子》嘲之。友人僧仲殊在苏州,闻而和作《南歌子》一首相谑。因为《冷斋夜话》并未记载苏轼对仲殊和作的回应情况,故而难以断定作为唱者的他是否亦承担接受者之任。一般来说,参与者众多的异地唱和,和作的信息未必会一一为唱者所接受而做出反馈。如康熙十年(1671)影响极大的"秋水轩"唱和,由曹尔堪在京师首唱《贺新凉》词,龚鼎孳、纪映钟、徐倬、周在浚、陈维岳等人即时唱和,杜首昌、王士禄等人继而参与,至周在浚结集为二十六卷《秋水轩倡和词》时,已收录唱和者 26 家,其中"作品约有三分之二系周在浚南来北往时诸地世交好友所酬赠"②,此外各地次韵遥和的词家词作还有很多,唱者曹尔堪只怕都无法确知这些和作的情况。但是有明确唱和伙伴的遥和,唱者与和者承担的使命与即时唱和大体一致。以中唐时著名的元白唱和为例:交往伙伴元稹和白居易身处两地时,经常互有寄赠寄答之作,如白居易写《八月十五日夜禁中独直对月忆元九》,元稹就和以《酬乐天八月十五夜禁中独直玩月见寄》,白居易写《寄微之三首》,元稹就和以《酬乐天赴江州路上见寄三首》。甚至二人还有一些往复

---

① 苏轼.与子由六首·之五//孔凡礼,点校.苏轼文集·苏轼佚文汇编:第 6 册.北京:中华书局,1986:2514.
② 严迪昌.清词史.南京:江苏古籍出版社 2001:127.

几轮的唱和举动,如元稹唱作《以州宅夸于乐天》,白居易和以《答微之夸越州州宅》,元稹再和《重夸州宅日暮景色兼酬前篇末句》,白居易又和《微之重夸州居其落句有酬罗刹之谑因嘲兹石聊以寄怀》等。在元白的遥和中,元稹和白居易不管是唱者还是和者,都兼具创作者和接受者的身份。宋代著名词人辛弃疾与陈亮鹅湖之会后的唱和活动也是如此。淳熙十五年(1188),陈亮至江西铅山鹅湖拜会辛弃疾,两人畅谈十日。陈亮离去时,辛弃疾追赶挽留不及,怅然写下《贺新郎》表达"行人销骨"①的离愁,陈亮见到辛词后,步原韵和了一首《贺新郎》,倾诉"只使君,从来与我,话头多合"②的知己之感,第二年春天辛弃疾对陈亮的和词"再用韵答之",追怀"我病君来高歌饮"③的相聚,陈亮又用原韵写了两首以示酬答与思念。两人用同一词调、同一韵脚不断往返唱和,既是富有创造力的创作者,又是对方作品最好的接受者。

其三,题壁唱和。中唐以降,题壁之风大盛,人们将诗词写在所经寺庙、驿舍、公私房屋的墙壁上,路过的人读后有感,往往又在壁上题诗词和之。④ 这种唱和的特色是,唱和发生的处所是确定的,但参与唱和的人是流动的。原创作者(唱者)题壁之时未必有求和的主观意图,题壁之后也不会坐等和者的到来,除非故地重游或者所题之壁为亲友所有,也无从对和者的和作进行文学接受。故而,题壁唱和中的唱者与追和活动中的唱者情况相似,大多数情况下仅为创作者而非接受者。但题壁唱和中和者的创作激情,一点都不逊色于追和中的和者。如北宋周煇《清波杂志》记载:

项于常山道上得一诗:"迢递投前店,飕飗守破窗。一灯明复暗,顾影不成双。"后书"女郎张惠卿"。迨回程,和已满壁。衢、信间驿名夛溪,谓其水作三道来,作"夛"字形。鲍娘有诗云:"溪驿旧名夛,烟光满翠岚。须知今夜好,宿处是江南。"后蒋颖叔和之云:"尽日行荒径,全家出瘴岚。鲍娘诗句好,今夜宿江南。"颖叔岂固欲和妇人女子之诗,特北归读此句,有当于心,戏次其韵以志喜耳。⑤

---

① 邓广铭.稼轩词编年笺注.上海:上海古籍出版社 1978:199.
② 夏承焘校笺,牟家宽注.龙川词笺校.上海古籍出版社 1982:15.
③ 邓广铭.稼轩词编年笺注.上海古籍出版社 1978:201.
④ 对题壁特点与效应的具体介绍,请参:王兆鹏.宋代的"互联网"——从题壁诗词看宋代题壁传播的特点.文学遗产,2010(1):56—67.
⑤ 刘永翔.清波杂志校注·卷10.北京:中华书局,1994年:443.

这段文字记述了张惠卿、鲍娘两位并非文坛知名人士的女作者的题壁诗及由此而生的唱和活动。张惠卿在常山道上题的诗得到许多人的唱和，导致"和已满壁"交流盛况出现。鲍娘的题壁诗更是得到徽宗朝做过枢密使的蒋之奇（字颖叔）的唱和，正如周煇所说，并非人们"固欲和妇人女子之诗"，而是读了她们的诗"有当于心"，在接受的过程中被她们的作品打动，忍不住生发创作冲动提笔相和。唱和者题诗词于同一墙壁的方式，可以十分直观地展示唱和的状况，凸显和者作为接受者和创作者的双重主体性。

通过上述对即时唱和与延迟唱和中交往伙伴分别承担的文学职能的分析，可以得出以下结论：一、诗词唱和活动中，交往伙伴多承担着双重文学职能，其一方和者全部兼任接受者与创作者之责，另一方唱者部分兼任创作者与接受者。可以说，唱和活动中和者的主体性往往比唱者发挥得更为充分，和者在接受唱者作品的同时进行新的创作，是唱和活动得以成立的基本条件。二、诗词唱和交往，比传统的文学交往方式更有优势。传统的文学交往多是单向度的，创作者只负责创作出作品，接受者只负责阅读，且接受者对作品的接受，多数是私人化的、并不宣之于众，更无法反馈到创作者那里。而由于唱和活动的接受者同时担任了创作者的职责，所以这种文学交往是复合型的，涉及文学创作、鉴赏、批评，甚至传播等各个层面，对文学发展具有多重意义：

首先，有利于文学的创造和再创造。即时唱和中，唱者与和者互为创作者与接受者，在宴席集会或把臂同游的过程中进行面对面地文学创作与批评，可以形成良性的文学交流机制。徐珂《近词丛话》记载：

光绪庚寅、辛卯间，况夔笙居京师，常集王幼霞之四印斋，唱酬无虚日。夔笙于词不轻作，恒以一字之工、一声之合，痛自刻绳，而因以绳幼霞。幼霞性虽懒，顾乐甚不为疲也。①

这段文字记录了晚清词学大家况周颐（字夔笙）和王鹏运（字幼霞）的唱和情况。王鹏运"性虽懒"，但是在跟况周颐的唱和中，在况周颐的严格绳检下，"乐甚不为疲"，激发出文学创作的热情。而延迟唱和中，和者虽然无法与唱者面对面交流，却是在无人监督的情况下自觉地进行文学接受与文学创作，体现出更强的主观能动性。

---

① 唐圭璋.词话丛编·第5册.北京：中华书局1986：4228.

其次,有利于扩大文学的声势和影响。如前文所举张惠卿和鲍娘,本是默默无闻的女子,还有那些和她们诗歌的未曾留下姓名的相和者,都是通过唱和活动,在文学史上留下了一丝"草根"的痕迹。即时唱和中,众多文人共同唱和、一起创作,容易形成规模效应,唱和作品也因此被有意识地记录下来。《四库全书总目》卷一八六《会稽掇英总集》提要介绍此书时说:

> 所录诗文,大都由搜岩剔薮而得之,故多出名人集本之外,为世所罕见。如大历浙东唱和五十余人,今录唐诗者,或不能举其姓氏,实赖此以获传。①

如果不是因为参与大历浙东唱和,这50余人中的绝大部分就湮没无闻了。此外,宋代景德年间杨亿、钱惟演、刘筠等人的馆阁唱和,元祐年间苏轼与苏门文人的日常唱和,清代康熙年间著名的红桥唱和、秋水轩唱和等,都是当时文坛盛事,规模盛大,作品众多,留传下来的唱和诗词集至今可见。而延迟唱和虽然缺少大规模的集会活动,但其创作与接受往往呈动态的连续性特征,唱者的创作,引发一个又一个的和者进行唱和。和陶渊明诗歌的文人,自苏轼以后多得数不胜数,在不断接受与继续创作的过程中,陶渊明的诗歌影响更大,和陶诗也成为文学史上一道独特的风景。这样的动态互联系统,无疑有利于文学的广泛传播与纵深发展。

再者,有利于文学的发展和演进。通过唱和活动,文人们交流文学观点、展开文学竞技,有助于文学规范的确立及文学题材、体裁的丰富和深化。关于这一点,下文还将论及,兹不赘述。

交往手段:以诗词作品为中介

唱和活动是一种复合型的文学交往,可完成一次或多次创作—接受—再创作的文学流程。从中不难看出,这种文学交往得以实现,所依靠的交往手段就是诗词创作。唱和的交往伙伴,是以诗词作品为中介进行交流的。唱者创作的诗词为和者所接受,引出和者的兴发感动及创作激情,于是和者进行再创作,一次唱和就此完成。如果和者再创作的诗词,为唱者或其他交往伙伴所接受,又创作出新的诗词,那么一场唱和活动就可以连续多次进行。日本僧人遍照金刚专论

---

① 永瑢,等. 四库全书总目. 北京:中华书局,1965:1694.

中国南朝至中唐之骈俪文学的著作《文镜秘府论》"地卷·八阶"第八条"和诗阶"有云:"染墨之辞不异,述怀之志皆同,彼此宫商,故称相和。"①可见,唱者与和者因有着同样强烈的"述怀之志",对对方的"染墨之辞"生发出理解与认同之感,不吐不快,以致通过诗词作品相和,展开文学交往。

不过,作为文学交往的手段,唱和活动中的诗词创作就与一般的创作有所不同。一般的文学创作可以随性而发、随意而写,唱和之作却受到交往关系的限制,它的最大特色是:和作必须与唱作具有关联性。这种关联,可以是内容上的,也可以是形式上的。如赵以武指出"中唐以前的和诗均是'和意'之作"②,即"和诗作者从唱诗作者的角度立意为诗"③,而非自抒己意。早期唱和活动的这种"和意不和韵"的特点,正说明当时的唱和诗要求内容上有关联性。唱和词于中唐兴起时,虽然并不要求和词作者从唱词作者的角度抒情感怀,但唱和时注重的也是词作意义上的关联,而不是和韵与否。如张志和与其兄张松龄的《渔父》词唱和都是从渔父风波垂钓的生活引申抒怀,白居易、刘禹锡的《忆江南》词唱和都是描写美景风俗,他们的《杨柳枝》词唱和也是用词调本意。

中唐以后,诗词唱和由重内容上的关联转为重形式上的和韵,分韵、依韵、用韵、次韵之作层出不穷,形式的牵拘往往影响了内容和情感的自由表达,唱和活动和唱和诗词因此颇受指斥。南宋严羽在《沧浪诗话·诗评》中就指出:"和韵最害人诗。"④清代陈廷焯更是严厉批评道:"诗词和韵,不免强己就人,戕贼性情,莫此为甚。"⑤当今研究唱和诗词的一些学者也认为"和韵诗害人不浅,误人也不浅"⑥,"从词的'分韵',固然可看出文人风雅之一面,但受到韵脚的限制,因文造情,自然也难从中创作出好的作品,词体的没落则是无可避免的。"⑦这些观点,无疑道出了和韵的种种弊端,但并不足以解释千百年来诗词唱和者为什么对这种"押韵文字游戏"情有独钟,难道仅仅是因为文人们喜欢作茧自缚、自讨苦吃?笔者认为,诗词唱和活动对和韵形式的追求,也是对和作与唱作之间关联性的一种强调。从"唱和是文学交往行为"这一基本认识出发,就不难解释和评价唱和者对和韵形式的看重。交往是"行为者通过行为语境寻求沟通"的互动,其行为

---

① 遍照金刚.文镜秘府论.北京:人民文学出版社,1975:62.
② 赵以武."和意不和韵":试论中唐以前唱和诗的特点与体制.甘肃社会科学,1997(3):57.
③ 赵以武.唐代和诗的演变论略.社科纵横,1994(4):78.
④ 郭绍虞.沧浪诗话校释.北京:人民文学出版社,1961:193.
⑤ 陈廷焯.白雨斋词话·卷八.北京:人民文学出版社1959:215.
⑥ 赵以武.唐代和诗的演变论略.社科纵横,1994(4):82.
⑦ 黄文吉.唱和与词体的兴衰//黄文吉词学论集.台北:学生书局,2003:37.

着眼点是"建立起一种人际关系"①。具体到唱和行为中，就是以诗词作品为手段，建立一种文学联系。正因为以建立关系为诉求，那么唱和双方注重诗词作品的关联性实属正常。中唐的元白唱和，以大量次韵诗完成了唱和诗从和意到和韵的历史性转折。陈寅恪《元白诗笺证稿》就曾说："二公于所极意之作，其经营下笔时，皆有其诗友或诗敌之作品在心目中，仿效改创，从同立异，以求超胜，决非广泛交际率尔酬唱所为也。"②其中"仿效改创、从同立异"形象地说明了唱和之作由仿效而创新、立足于同而求异的关联性。

交往必须遵循一定的规范，否则交往伙伴无法进行对话、讨论、争论等各种交流，也就无法进行沟通。诗词作品具有内容上或形式上的关联性，就是唱和活动必须遵守的交往规范。交往伙伴面对面交流、共同创作的即时唱和，其相关性自不必说。就是和者与唱者无法见面的追和、题壁唱和等延迟唱和中，和作对唱作或仿效、或感慨，其内容和形式上的关联也是十分鲜明的。如苏轼的和陶诗，皆依陶渊明原作之标题、体制及韵脚，在风格上也学习陶诗的平淡质直。而辛弃疾在和某女子之题壁词的《减字木兰花》（盈盈泪眼）词序中说："长沙道中，壁上有妇人题字，若有恨者，用其意为赋。"③就表明其和词与原作在内容上有紧密联系。因此，和意、和韵均是为唱和交往而建立的规范，和意是对作品内容作出要求和规范，而和韵主要表现为形式规范。相对于内容规范而言，形式规范更具可操作性，以更直观的方式为唱和双方确立了交往语境。因此，和韵跟和意相比，自有其长处：

一、和韵虽然限定了诗词的形式，但解放了唱和的内容。建立了和韵的形式规范之后，唱和诗的关联性要求通过形式得到体现，和诗作者不必再从唱诗作者的角度立意为诗，在内容上有了更多自由发挥的余地。

二、和韵规范的确立，有助于增加唱和的竞技性。形式相同的诗词，更容易比较高下。在用韵被限制的情况下，和作要从对唱作的仿效中改创新意、从对唱作的继承中显出差异，是极有难度的事。和者在这样的创作情境下，很容易激发竞技意识。白居易《和微之诗二十三首并序》有云："微之又以近作四十三首寄来，命仆役继和……意欲定霸取威，置仆于穷地耳……曩者唱酬，近来因继，已十六卷，凡千余首矣。其为敌也，当今不见，其为多也，从古未闻，所谓'天下英雄，

---

① 哈贝马斯.交往行为理论：第1卷.曹卫东，译.上海：上海人民出版社2004：84.
② 陈寅恪.元白诗笺证稿·第6章.北京：生活·读书·新知三联书店，2001：309.
③ 邓广铭.稼轩词编年笺注.上海：上海古籍出版社，1978：65.

唯使君与操耳'。"①元稹《上令狐相公诗启》亦云："稹与同门生白居易友善,居易雅能诗,就中爱驱驾文字,穷极声韵,或为千言,或为五百言律诗,以相投寄。小生自审不能以过之,往往戏排旧韵,别创新词,名为次韵相酬,盖欲以难相挑耳。"②由二人的叙述可知,他们在唱和中确实抱着"彼此角胜"③的竞技心态。明末清初时宋徵璧在《倡和诗馀再序》中亦将云间诸子的填词唱和活动称为"斗词"④。适当的竞争可以激活创作者的思维与创作欲望,从而写出更多更好的作品。最典型的例子,就是苏轼的《水龙吟·次韵章质夫杨花词》,以和作超越原唱,以致后人有"东坡《水龙吟》咏杨花,和韵而似原唱。章质夫词,原唱而似和韵"⑤之叹。

三、和韵的方式,还可以增加唱和的趣味性。和韵最为人诟病的地方,是过分争奇斗胜,争"一字之奇""一韵之险",以此被斥为文字游戏。为追求和韵而陷入形式主义的泥淖,当然不可取。然作为交往行为的一种,唱和特别是即时唱和,同其他所有交往行为一样,追求在轻松协调的状态中达成沟通和理解,故此在唱和中用来实现交往的诗词创作,也具有了某种游戏性,起到"以诗相娱"⑥的效果。宋徵璧说云间诸子在一起唱和填词,是"相订为斗词之戏,以代博弈"⑦,就是指出这种唱和的竞技性与游戏性。《红楼梦》其中贾宝玉与众姐妹的作诗、填词、联句等唱和活动,就如他们玩酒令、制灯谜一样,更多的是一种娱乐活动。至于他们"咏白海棠限门盆魂痕昏"等唱和中对韵部、韵脚等的限定,就如同制定游戏规则,而游戏的乐趣正在于从规则的重重束缚中不断过关直至达到成功,所以芦雪庵联诗中史湘云、林黛玉、薛宝琴三人才思敏捷、抢着对句,让他人无从置喙的场面,才显得乐趣横生。这虽是小说描写,但透露的是明清社会文人唱和的现实情状。

《四库全书总目》卷一八七《坡门酬唱集提要》在评价苏轼文人集团的唱和之作时说:

> 其诗大抵同题共韵之作,比而观之,可以知其才力之强弱,与意旨之异

---

① 顾学颉,校点.白居易集·卷22.北京:中华书局,1979:477.
② 冀勤,点校.元稹集·卷60.北京:中华书局1982:632.
③ 赵翼.瓯北诗话·卷4.北京:人民文学出版社,1963:38.
④ 陈子龙,等.倡和诗馀.沈阳:辽宁教育出版社2000:3.
⑤ 王国维.人间词话.上海:上海古籍出版社,1998:8.
⑥ 白居易.与元九书//朱金城.白居易笺校·卷45.上海:上海古籍出版社,1988:2795.
⑦ 宋徵璧.倡和诗馀再序//陈子龙,等.倡和诗馀.沈阳:辽宁教育出版社2000:3.

同。较之散见诸集，易于互勘，谈艺者亦深有裨也。①

"同题""共韵"不仅是苏门文人唱和时遵循的规范，也是后世多数唱和主体认同的交往语境。"同题"是唱和要求的内容、题材规范，"共韵"是唱和确立的形式规范。使用相同的题目、相同的韵脚写诗填词，固然有束缚唱和交往伙伴之创作自由的一面，但从积极意义上来说，题目、韵脚的限定，能让唱和交往伙伴迅速进入相同的文学语境，不再自说自话，其创作从内容到形式都与对方发生了不同程度的关联，"易于互勘"，彼此在同一平台上对话甚至竞争，以达到相互的理解和认同。因此，不管是和意还是和韵，诗词创作的关联性要求对唱和交往的有效开展显然是必不可少的。而大量同题、共韵之作的出现，也丰富了同一类型、同一题材的文学作品。北宋张表臣《珊瑚钩诗话》卷一有云："前人作诗，未始和韵。自唐白乐天与元微之为江浙观察，往来置邮筒倡和，始依韵，而多至千言，少或百数十言，篇章甚富。"②清康熙年间声势浩大的"乐府拟补题"唱和，就是对南宋遗民词选《乐府补题》的作品进行追和，这场唱和以京师为中心，辐射全国，许多词人异地相和，共创作了上百首"拟补题"作品，极大丰富了同类题材咏物词的数量。虽然数量不是判断文学优劣的标准，但大量同题材、体裁的作品出现，有助于创作的丰富与深化，更有助于后人分门别类地深入研究。

交往环境：文学环境与生活环境相互作用

交往环境分为自然环境和社会环境。刘勰《文心雕龙·物色》所言"岁有其物，物有其容，情以物迁，辞以情发。一叶且或迎意，虫声有足引心。况清风与明月同夜，白日与春林共朝哉"③，正表明自然环境有诱生创作冲动的作用。许多唱和交往，就是在自然环境中发生。交往伙伴在一起登山临水、寻幽访胜、探雪赏花的过程中，往往为自然风物所触动，诱发诗情，争相唱和。如王士禛《红桥游记》云：

> 山镇淮门，循小秦淮折而北，陂岸起伏多态，竹木蓊郁，清流映带。人家多因水为园，亭榭溪塘，幽窈而明瑟，颇尽四时之美。挐小艇，循河西北行，

---

① 永瑢，等. 四库全书总目. 北京：中华书局 1965：1695.
② 张表臣. 珊瑚钩诗话·卷 1. 北京：中华书局 1985：8.
③ 王运熙，周锋. 文心雕龙译注. 上海：上海古籍出版社，1998：415.

> 林木尽处,有桥宛然,如垂虹下饮于涧,又如丽人靓妆袨服,流照明镜中,所谓红桥也。游人登平山堂,率至法海寺,舍舟而陆,径必出红桥下。桥四面皆人家荷塘,六七月间,菡萏作花,香闻数里。青帘白舫,络绎如织,良谓胜游矣。予数往来北郭,必过红桥,顾而乐之。登桥四望,忽复徘徊感叹,当哀乐之交乘于中,往往不能自喻其故。王谢冶城之语,景晏牛山之悲,今之视昔,亦有然耶?壬寅季夏之望,与籜庵、茶村、伯玑诸子,偶然漾舟,酒阑兴极,援笔成小词二章,诸子倚而和之。籜庵继成一章,予亦属和。嗟乎,丝竹陶写,何必中年?山水清音,自成佳话。①

根据这段记载,可知清初著名的"红桥唱和"正是由"山水清音"引发,王士禛与袁于令(号籜庵)、杜濬(号茶村)、陈允衡(字伯玑)诸友漾舟红桥,"酒阑兴极",往还唱和,优美的自然环境成就了一段文学交往的佳话。

由此,自然环境可以成为文学交往的诱因、题材与内容,社会环境与文学交往的关系则更为紧密,可以为文学交往提供物质资料、交际圈子、创作素材、文学需求等所需的条件。对于唱和特别是即时唱和中的交往个体而言,所处的社会环境分为文学环境与生活环境两部分。文学环境由唱和个体在唱和中的交往伙伴构成,与文学伙伴的良性互动,往往可以使唱和者获得良好的文学环境。且看王昶《明词综》卷一瞿祐小传中引明田汝成《西湖志馀》记载:

> 凌彦翀于宗吉为大父行,彦翀作梅词《霜天晓角》、柳词《柳梢青》各一百首,号"梅柳争春"。宗吉一日尽和之。彦翀惊叹,呼为"小友"。宗吉以此知名。②

元末明初的著名文人瞿祐(字宗吉),就是因为和乡先辈凌云翰(字彦翀)的梅词、柳词,得其赏拔,迅速成名。可以说,与凌云翰的唱和交往,为瞿祐营构出利好的文学环境,"以此知名"意味着瞿祐扩展了文学交际网络,从此有了更宽广的文学发展空间,他的作品将受到更多人的关注,他的文学影响力也会更大。一对一的唱和尚且如此,多人参与的唱和在营造良好的文学环境方面作用更大。

---

① 冯金伯.词苑萃编·卷17"红桥游记"条//唐圭璋编.词话丛编:第3册.北京:中华书局,1986:2117,2118.
② 王昶.明词综·卷1.沈阳:辽宁教育出版社,1997:12.按:经查,此条明田汝成《西湖游览志馀》未见记载。然与《明词综》大约同时的冯金伯《词苑萃编》卷七亦录此条。

如清代冯金伯《词苑萃编》卷八所说马曰琯(号嶰谷)在扬州"结邗江吟社,以倚声与宾朋酬倡"①,谭献《复堂词话》所载"宁乡程颂万子大,在长沙联湘社唱酬"②等唱和活动,对文学社团的兴盛有积极作用,而诗社、词社等文学群体的兴盛,能够在一定范围内构建起文学的公共空间,交往伙伴可以通过创作和鉴赏批评,尽情开展文学活动,使自己的作品为更多人接受和了解。

特别需要指出的是,除和者与唱者素不相识的追和、题壁唱和等情况之外,一般唱和交往者既是文学伙伴,又是生活伙伴。他们不仅通过诗词作品展开文学交往,并且在生活领域直接进行日常交往。如唱和伙伴在唱和之外的互相走动、彼此馈赠、交流情感等,都是日常交往范畴。唱和伙伴的日常交往,构成了他们所处的生活环境。生活环境的好坏,对唱和的影响也是显而易见的。一般来说,生活富足的文人更容易组织唱和活动,因为他们更有能力提供唱和所需的场地、物资、费用,也更方便聚拢其他文人。至于一起参与唱和的君主与臣子、幕主与幕僚,在生活交往中更是一方为另一方提供生活资料的关系,甚至起到决定另一方生活环境品质的作用。以此,唱和交往的生活环境与文学环境呈现出相互作用、相互影响的关系。

一方面,生活环境对文学环境有积极作用,也有消极作用。雅好文艺的君主与幕主,往往可以凭借好的生活环境,构造优雅的文学环境,对唱和活动展开有积极作用。如唐朝自太宗始,经高宗、武后、中宗、玄宗等朝,君臣宴乐唱和的风气一直很盛,涌现出虞世南、许敬宗、上官仪、李峤、杜审言、苏味道、崔融、宋之问、沈佺期等一大批宫廷诗人。宋、明、清各代于太平盛世之时,也多君臣唱和。优裕的生活环境,在这种唱和活动中无疑是建构和扩大优雅文学环境的助力。古代勋臣的幕府之中,也常聚集着大批能文之士,公事之余,幕主与幕僚们诗酒唱和,留下很多佳话。如北宋仁宗朝,洛阳留守钱惟演幕下就会集了谢绛、尹洙、尹源、梅尧臣、欧阳修、杨愈、王复等大批文士,频繁展开雅集唱和活动,营造了十分活跃的文学交往环境。再如清代乾嘉时期的两淮盐运使曾燠,主持风雅于扬州,辟"题襟馆"召纳文士,与郭麐、张镠、乐均、刘嗣绾、彭兆荪、金学莲、江藩等一大批文人集会唱和,也在扬州创造了良好的文学氛围。不过,生活环境对文学环境的消极影响也由此而生。那就是,唱和交往伙伴往往把生活环境中的人际关系带到文学环境中,导致一种应酬客套的唱和风气。如作为君主的唐太宗作《正

---

① 唐圭璋.词话丛编:第2册.北京:中华书局,1986:1951.
② 唐圭璋.词话丛编:第4册.北京:中华书局,1986:4007.

日临朝》诗,臣子们奉和之时,自然谨守君臣本分,诚惶诚恐地大唱赞歌。岑文本《奉和正日临朝》之"德兼三代礼,功包四海图""佳气浮仙掌,熏风绕帝梧。天文光七政,皇恩被九区"①等句,魏徵《奉和正日临朝应诏》之"百灵侍轩后,万国会涂山。岂如今睿哲,迈古独光前。声教溢四海,朝宗引百川"②等语,所述虚浮,基本上是颂歌口号。同僚、友朋之间的唱和虽不会如此肉麻,但如果只是用诗词应酬生活环境中的喜庆丧悼、宾朋往来,也就意味着生活环境对文学环境过分干预,故而唱和之作也因此显得客套虚文,空虚乏味,不被人喜爱。

另一方面,文学环境也对生活环境发生作用。主要表现有二:

一、隔离作用。如徐珂《近词丛话》记载:

朱古微少时,随宦汴梁,王幼霞以省其兄之为河南粮道者至,遂相遇,古微乃纳交于幼霞,相得也。已而从幼霞学为词,因益亲。光绪庚子之变,八国联军入京城,居人或惊散,古微与刘伯崇殿撰福姚,就幼霞以居。三人者,痛世运之陵夷,患气之非一日致,则发愤叫呼,相对太息。既不得他往,乃约为词课,拈题刻烛,于嗢唱酬,日为之无间,一阕成,赏奇攻瑕,不隐不阿,谈谐间作,心神洒然,若忘其在颠沛兀鞼中,而自以为友朋文字之至乐也。③

朱祖谋(字古微)、刘福姚(字伯崇)与王鹏运(字幼霞)三人,在世道陵替、局势动荡的社会大环境下,躲进了"友朋文字之至乐"的文学小环境中日夜唱和,正可见文学环境对生活环境有隔离作用,可以使生活艺术化,让交往者遗世独立世俗生活之外,获得精神的超越。而其消极意义在于,唱和者往往坐囿于文学小集团内,纵然哀怜怨叹,却缺乏实在的社会担当。

二、干预作用。清代顾贞观(号梁汾)为友人吴兆骞(字汉槎)写"赎命词"的故事,就是一例。江南才子吴兆骞因顺治十四年(1657)科场案被流放宁古塔,顾贞观许诺要全力营救他,但是20年过去,仍一筹莫展。康熙十五年(1676)冬天,顾贞观思念在远方受苦的好友,感慨曾经的诺言,以词代书,写下催人泪下的名篇《金缕曲》(季子平安否),纳兰容若见之,为"泣下数行",并答应了顾贞观"以五载为期"营救吴兆骞的请求④,更写下一阕《金缕曲·简梁汾时方为吴汉槎作归

---

① 彭定求,等. 全唐诗·卷33. 北京:中华书局,1960:451.
② 彭定求,等. 全唐诗·卷31. 北京:中华书局,1960:441.
③ 唐圭璋. 词话丛编:第5册. 北京:中华书局,1986:4227.
④ 张秉戌. 弹指词笺注·卷下. 北京:北京出版社,2000:409.

计》相和,郑重承诺"绝塞生还吴季子,算眼前此外皆闲事"①。顾贞观和纳兰容若的《金缕曲》唱和,不仅仅是文学环境中的文学交往,更是由文学领域延伸到生活领域的文学干预。经此唱和,纳兰容若为营救吴兆骞尽心尽力,终于如期将他赎归。对吴兆骞来说,这场唱和为他赢得了久违了的人身自由,为他赢得了生活环境的全面改善。

通过上文对诗词唱和之交往伙伴、交往手段、交往环境等三要素的分析,可知作为复合型文学交往活动的诗词唱和,在实现交往职能、利用交往手段、营造交往环境等方面都有其优势,比单向度的文学交往活动更有利于文学的创造和再创造、文学的发展和演进,也更有利于扩大文学的声势和影响。历来备受指斥的和韵、游戏、应酬等弊端,其来有自,未可一概否定。

最后需要指出的是,随着现代社会交往环境、交往方式的改变,盛行于古代的唱和交往活动已经逐渐衰歇,但时至今日并曾彻底灭绝。当代毛泽东和柳亚子之间的诗词唱和,就解除了柳亚子的思想疑虑,让他安心投入祖国的建设事业,无疑也是诗词唱和的文学环境与生活环境相互作用的极佳体现。如今,文人学者们在酒酣耳热之际,仍不免效仿古人诗词唱和,也不仅仅是为缅怀古代社会的文学遗风,更多的是因为,诗词唱和的上述交往属性依然存在吧。

---

① 张草纫.纳兰词笺注(修订本)·卷4.上海:上海古籍出版社,2003:323.

论陈世骧"抒情传统说""反传统"的启蒙底色及其现代性

李 翰

李翰,1974年生,安徽桐城人。复旦大学文学博士,2007年入职上海大学文学院,任副教授、硕士生导师。主要研究领域为晋唐文学与文论。主讲课程有"晋唐文学史""文学批评史""古典诗词写作""李商隐研究"等。出版专著3部,合著或参编著作8部,发表学术论文数十篇。独立主持国家社科基金项目(重大项目子课题)1项、教育部项目1项,作为骨干参与完成国家项目2项(排名第二)。曾获上海市哲学社会科学一等奖1次、二等奖1次(均排名第二)。为唐代文学学会理事、李商隐学会理事。

1971年,陈世骧在美国亚洲学会年会发表《论中国抒情传统》,是其多年来中国古典文学研究提纲挈领之总结。陈世骧在报告中明确提出:"中国文学传统从整体而言是一个抒情传统",引起欧美及台、港学界极大反响。陈氏抒情传统说能抓住中国文学传统某些重要特征,并催生诸多理论成果,提供诠释中国文学的系统理论与方法,但也颇有失之片面乃至有违史实之处。龚鹏程对此有较全面的评述。① 近年来,台港学界也开始反思陈说,并逐渐重视起中国文学叙事传统的研究。

其实,陈世骧抒情传统说并未回避叙事:"当戏剧和小说的叙事艺术极其迟缓地登场以后,抒情精神依然继续主导、渗透,甚或颠覆它们。"② 原来,即便是叙事文,也有"抒情精神",它作为抒情传统的内核,涵盖整个中国文学,包括叙事文

---

① 龚鹏程.不存在的传统:论陈世骧的抒情传统.台湾政大中文学报,2008(10).
② 陈世骧.论中国抒情传统//杨彦妮,陈国球译,张晖,编.中国文学的抒情传统——陈世骧古典文学论集.北京:生活·读书·新知三联书店,2015:6,9.

类。甚至在有些抒情传统论者看来,还渗透于整个中国传统文化,如书法、绘画,等等。① 固然,叙事艺术登场"极其迟缓",与文学史多有出入,是陈世骧推尊抒情而导致的偏颇,但陈氏以抒情精神做注脚,其说大致也能圆融。抒情传统说之价值,主要尚不在于说对了多少文学史事实,而在于所阐扬的"抒情精神",它不只是写作层面的抒情与叙事问题,更关乎对中国文学精神、文学本质的理解。七十余年来,该说在海内外的冷热遭际,皆与此有关。故只有从抒情精神之角度,考察抒情传统说形成之因由、脉络,方为正解。同时,借此观察百年来文学及文化思潮之迁变,尤其是启蒙、革命两种思潮在文艺中的交锋冲撞,可厘清其源流脉络,得其趋势大略。

一、陈氏抒情传统:个体主义的文学演绎

在总体讨论中国文学的几篇重要论文中,《诗经》《楚辞》总是陈世骧展开论述的原点。② 一是相较于同时期古希腊的史诗和戏剧,《诗经》《楚辞》为中国文学所足以抗衡者;其二,《诗经》《楚辞》是纯文学概念下中国文学无可争议的源头;其三,诗词等抒情文体的发达也是中国文学史的基本事实。也正因此,时间相当的《尚书》《左传》,就成为论述盲点。偏重诗赋,忽视文章,也就毫无悬念地规定了抒情传统的当然走向。

那么,由诗赋而来的抒情传统,如何囊括不同文类,成为中国文学的整体传统呢?陈世骧是从文化的视野,将其看成中国文化传统在文学中的显现。《中国文学的文化要义》,系统地描述了这一思路。

该文从儒、道这两块中国文化的基石谈起,认为中国大多数作家都隐含"儒家所昭示的人类道德上的精粹之处"及道家"自然之法",即人文主义与自然主义两种理想之结合。中国文化的稳定性及统一性,在文学上也"可以被视为历史与文明中最伟大的凝聚力之一"。但这种凝聚力非民族、国家的凝聚,而是一种文化凝聚。陈氏引多位学者意见,认为中国文化传统中家、国观念甚为淡薄,无联邦精神:"传统的中国是一个文明的整体……而非确切意义上的国家或是民族。"所以,中国人对朝代更替、异族入主,国家重大政治事务等,意识淡漠。他以宋朝

---

① 高友工. 中国文化史中的抒情传统//陈国球,王德威. 抒情之现代性:"抒情传统"论述与中国文学研究. 北京. 生活·读书·新知三联书店,2014:106—163.
② 如《寻绎中国文学批评的起源》《中国文学的文化要义》《原兴:兼论中国文学特质》及最后的集大成的总结报告《论中国抒情传统》。

为例,云:"对于政府职权、国家军威以及行政制度,公众并不关心。确实,宋代中期曾发生过程度相当激烈的变法。然而在接下来的时间里,中国民众并没有响应某些胸怀大志且积极谋划的领袖们推翻异族统治者的号召,从而使少数爱国者的努力最终只能流于偏据于一隅或是发展于秘密组织。"文章还提到中国文学一个重要特点:"罕有称颂战争或是以尚武的爱国精神为特征的文学作品,而止戈息战之作则极为丰富。"其原因就在于:"中国民众很难将自身与国家混为一谈,而战争又主要是国家的事物,是以每逢战乱之际,诗人或是保持沉默,或是对其大加诛伐。"陈世骧以这一认识来看屈原,谓其为"个体意识高度自觉的突出例证",并将《离骚》与艾略特、乔伊斯等欧美现代主义文学对比,认为皆出自诗人"自我焦虑"。屈原历来是忠君爱国之典范,但在陈氏看来,屈赋应该从人的自由与解放中去理解,而非在国家名义上作政治解读。显然,陈氏以为诗人对现实政治与国家民族,具有超越性。[①]

由上述可见,陈氏讲儒家道德对民族的凝聚,但将指向社会的群体道德内化为个人心性修养,最终和道家的自然主义一起,都走向个人主义。由此观察中国传统文化,得出其超越国家与政治之局限的特点。文学的抒情传统由此而来,实为其对文学性质的认识与理解,即文学作为人的本质力量,当是自由的象征。文学因此必然是个人主义的,指向心灵与精神的自由。

陈世骧旅美之初,曾英译陆机《文赋》,题目即为《文学作为对抗黑暗之光》(Literature as Light Against Dark)。据艾克敦观察:陈氏其时已是一位"已然启悟的人文主义者","这时的陈世骧犹如身陷乱局的陆机。当世人纷纷逃遁于道教佛门,陆机仍然坚守圣人之道,成为'最后的儒者',好比陈世骧在坚持他的人文主义信念"。"陈世骧因为与陆机同样认为'文学'可以是'对抗黑暗之光',才有信心面对'回到中国'还是'留在加州'的犹疑。在这位'唯美者'眼中,回到中国比不上留在柏克莱,因为此间可以继续薪传中国文化的火光"。在翻译《文赋》的同时,陈世骧还与艾克敦合作英译《桃花扇》,从相关资料中可以看出,在其心内有强烈的黍离麦秀之感。[②] 所谓"已然启悟的人文主义者",实为接受启蒙思潮的自由主义者与个人主义者,这决定了陈氏的政治态度,也决定了他的艺术态度。在他眼里,即便是现实功用突出的作品,其价值也在于作者的主体精神。

---

① 陈世骧.中国文学的文化要义//石旻,译,张晖,编.中国文学的抒情传统——陈世骧古典文学论集.北京:生活·读书·新知三联书店,2015:33—74,34—35,36,64,38,42,43—44.
② 陈国球."抒情传统论"以前——陈世骧早期文学论初探//陈国球,王德威.抒情之现代性:"抒情传统"论述与中国文学研究.北京:生活·读书·新知三联书店,2014:741—814,735,734,719—730.

如卞之琳1940年出版《慰劳信集》,是应"中华全国文艺界抗战协会"的号召而写,目的是宣传抗战。而陈世骧却着眼诗人的感应力及其人格魅力,他说卞之琳有如"浮泛于崩石的浪涛间的一只白鸽,它最能感应到其中的怒潮,但却能翩然地舒展如雪的双翼,涸浊不沾"。① 将指向国家与民族的群体精神转向诗人内心世界,个人主义与自由主义的价值立场异常清晰。如陈国球所述,这样的文学批评,显示了陈世骧"依仗心灵追迹"②的感性特色,其之所以放大传统文化个人主义的一面,并以此来观察中国文学,得出抒情传统的认识,不能说没有其个人主义与自由主义立场的折射。

这与陈世骧早年在北大接受西方启蒙思潮之影响当有极大关系。陈世骧在北大读书及工作期间所交往的师友中,有很多受西方文化影响的新诗人、批评家,陈世骧经常参加这些人举办的文学活动,其中,朱光潜及英国诗人艾克敦对他影响尤大。陈国球对此有详细论述,兹不赘。③从这一文化环境与其所受熏陶来看,说陈世骧是偏向于英美自由派的"五四之子",并不过分,这也是其选择侨寓美国的重要思想因由。

当其身处西方文化世界,不免时有故国之思,而个人主义与自由主义的立场,民族主义情怀,使得这种羁愁乡思越过以全民、集体为核心价值的新政权,指向传统文化与文学,并将其解读为以个人主义为中心的"抒情传统",既应和了乡愁,又寄托了人文理想,完成其作为一个"依仗心灵追迹"的文艺批评家的主观批评。

二、抒情传统说的对面:中国文学传统中的抒情精神

"抒情精神"作为抒情传统之注脚,不过是在"五四"精神及西方语境下,陈氏自由主义的思想投射,中国传统文化及植根其上的文学传统,很难说就是以陈氏"抒情精神"为内核。所以,除了在文学批评方法上"以西律中",陈世骧抒情传统说还在文学思想上以西律中,以今律古。

完成这一论述的逻辑关键是将"抒情"或"抒情性"等同于抒情传统,将审美问题混同于历史问题。纯粹就"抒情"或"抒情性"而言,其固有个人主义、自由主

---

① ② ③ 陈国球."抒情传统论"以前——陈世骧早期文学论初探//陈国球,王德威编.抒情之现代性:"抒情传统"论述与中国文学研究.北京:生活·读书·新知三联书店,2014:741—814,735,734,719—730.

义之因子,如前述屈原的"自我焦虑",抽离具体历史文化背景,其内蕴之个人主义、自由精神,与艾略特、乔伊斯足堪和鸣。但一论及"抒情传统",则就成为历史问题。显而易见的是,屈原的"自我焦虑"源于并最终指向楚国政治,指向君王与家国,而非纯粹个人化的抒情。这就是中国传统文化中的个人主义与现代启蒙思潮下的个人主义区别所在,一者是绝对意义上的人的解放,故重在个体自由;而一者却是以群体为基础、为背景的个人主义,"修身"为根,而"治国、平天下"为目的。与陈世骧的论述相比,太史公所云"屈平疾王听之不聪也,谗谄之蔽明也……故忧愁幽思而作《离骚》"(《史记·屈原贾生列传》),无疑更为中肯。饶是如此,汉儒仍对屈原"露才扬己"(班固《离骚序》),有乖温柔敦厚之旨深为抱憾。至王逸《楚辞章句》,固然深刻认识到屈原"忧心愁悴……以渫愤懑,舒泻愁思"(《楚辞章句·天问序》)的个人情感,但仍坚持认为这是"中正为高,伏节为贤"的"人臣之义"(《楚辞章句·序》),则屈原之辞赋,并不违"诗人之义"。

  屈原的个人主义,只有被纳入"诗人之义"的群体主义中,方能赋予其意义;而魏晋以来"缘情绮靡"的文学风气,在中国文论史上鲜有积极评价,从古人直到今人,魏晋南北朝文学上不及先秦诗骚,下不及唐诗宋词,几成共识。如宗白华所言,魏晋南北朝是"中国政治上最混乱、社会上最苦痛的时代,然而却是精神史上极自由、极解放,最富于智慧、最浓于热情的一个时代"①,不妨说,这就是中国历史上最富有意味的个人主义时代,然而当其表现于文学,却未能获得历史的肯定。显然,中国文学的抒情传统仍然是群体抒情,只有成为某一群体代言者,方有存在之价值;只有成为家、国之代言者,方能成为伟大之诗人。类似于汉儒对屈原的争议,后代继续重演,如李、杜优劣的历史公案。抑李者最充分的理由便是"其识污下,诗词十句九句言妇人、酒耳"(惠洪《冷斋夜话》卷五引王安石语),或者"索其风雅比兴,十无一焉"(白居易《与元九书》),而扬杜者则认为"流落饥寒,终身不用,而每一饭未尝忘君"(苏轼《王定国诗集序》),成就了杜甫的伟大;为李白辩护的扬李派或李、杜齐观者,务必要为妇人与酒翻案,证明李诗同样有风雅比兴,如宋释契嵩称李诗"尊国家,正人伦,卓然有周诗之风"(《镡津文集校注》卷十三),葛立方亦云"李白《乐府》三卷,于三纲五常之道,数致意焉"(《韵语阳秋》卷十),等等。只有将李白纳入杜甫的标准,才能说明李白的伟大。"戏万乘如僚友,视俦列如草芥"(苏轼《李太白碑阴记》)的主体精神,虽更符合李白特征,也为历代文人所称道,却未足以成为独立完备的价值系统。

---

 ① 宗白华.论《世说新语》和晋人的美//宗白华全集:第2卷.合肥:安徽教育出版社,1996:5267.

在今人看来,屈赋浓烈的抒情色彩、李白恣肆浩荡的诗风,确乎是个人情感的极度张扬,但在古人那里,要么被否定,要么被纳入君国天下的语境,对于以人的自由为鹄的、具有现代意义的抒情精神,在儒家诗学中尚付阙如;而在道家诗学中,个体彰扬以政治出处为背景,与儒家诗学实乃一体两面,同样也谈不上现代意义上的个人自由。王国维曾云"美术之无独立价值也久矣,此无怪历代诗人,多托于忠君爱国,劝善惩恶之意,以自解免,而纯粹美术之著述,往往受世之迫害,而无人为之昭雪也"①,允称的论。

上述足以说明,文学抒情所蕴含的自由精神,总是被淹没在群体道德传统之中,个人抒情的价值总是被寄托在家国天下、人伦纲常的群体谱系中,抒情因其社会性、功用性而具备意义,内在的抒情被外在化,才是中国文学抒情传统最突出的特征。陈世骧将文学内蕴的自由性,解读成建立在中国文化传统基础上的文学传统的自由性,而对于中国文化传统,又加以启蒙思想的改造,将理念的、逻辑的问题等同于历史的问题。故其所论中国文学传统的抒情精神,谓之包含现代人文思想色彩的自由主义与个人主义,非但不是吾国固有传统,甚且正是吾国固有传统之对面。

三、抒情传统说与现实主义文艺思潮: 文学现代性的两种走向

陈世骧所论中国文学抒情传统,植根于个性解放、自由的"五四"精神,这是其学说的生成土壤;而中国文学固有传统实以群体主义为主要特征,恰恰站在其对立面,陈氏抒情传统因之显示出反传统的现代性色彩。不过,中国文学传统中的群体主义、家国天下的诗教精神,在现代现实主义文学中,仍得到承续与发展,呈现出另一种现代性。

以群体主义为主要特征的中国文学传统,在古典诗学中,就是"诗言志",作为一种文学精神,也是指向整体文学传统的。"诗言志"就其本义而言,本包含内外两方面,向内为诗人之心志,即"在心为志,发言为诗"(《毛诗正义》卷一)之"志"。前述屈原、李白等家国天下的抒情传统,就是这一类的"志"。向外为记述、记录。"志""誌"相通,"志"也就是记的意思。"饥者歌其食,劳者歌其事"

---

① 王国维.论哲学家与美学家之天职//王国维遗书:第5册.上海:上海古籍书店,1983:101—102.

（《春秋公羊传解诂》卷十六），就是这一类的"志"。《论语·阳货》所谓"诗"可"兴""观""群""怨""兴""怨"偏向内，近于陈世骧抒情说之义；"观""群"则偏向于外，或观所记之世事，或因内在之"心志"而观世事。同时，"观""群"又是诗的外在功效，与后文"事父""事君"相联系，构成由"兴""怨"至"观""群"而"事父""事君"的政教流程。内外各有侧重，同时又紧密关联，"兴""怨"发于外，则可"观""群"，而"观""群"又必含有真切之"兴""怨"。无论诗的内容是内之心志，还是外之世事，其目的与精神都是社会的、群体的。就这一点而言，无论是抒情传统，还是叙事传统，其功能、目的与主旨都是一致的，其文学精神与经、史殊途同归，也是一以贯之的。这种文学精神，繁衍至现代，在现实主义文学中又有新的表现，以另一种现代性，书写着现代文学的风貌。

近现代现实主义文学思潮，首先有一个从诗文到小说，由雅文学到俗文学的转化。梁启超1902年发表《论小说与群治之关系》，主张以小说新民，同是文以载道，所载之道转向近代人文启蒙，而载道之文也由经史与雅正诗文转向小说，实已开"五四"文学革命之先声。其后，蔡元培、胡适、鲁迅等人，均将极大精力倾注于通俗叙事文学。"五四"新文化运动从文学入手展开思想启蒙，以白话文、话本小说为主线重新阐释中国文学传统，如胡适《白话文学史》，即试图建立基于民间立场的文学叙事传统，其中寄寓了深沉的启蒙情怀。白话文叙事指向对封建专制的批判，白话诗的抒情则指向个体的解放与自由，"五四"新文化运动在文学叙事与抒情两方面的革新追求，恰好承载其民主与自由两大人文使命，指向立人、树人的终极目标。然如诸多论者所指出，"五四"启蒙主题未及充分展开，就被迫转向革命与救亡，新文化运动发起者文艺立人、树人的初衷，迅速被要求服务于现实政治。坚持启蒙、尊个性，是"五四"反传统所自树立的现代性；而以后者压倒前者，主张前者服从后者，是现代政治斗争、民族解放运动对文艺的要求。现代文学中被推崇的个人，不再是具体的个人，而是背负着家国情怀和阶级使命的个人。个人必须投身于对现实社会的改造，才具有意义。在这样的转换过程中，现实主义在文学中被再度高置，并成为此后左翼革命文学的主流。

现实主义并不天然与个体主义相对立，个体的自由、解放当也是现实主义题中应有之义，现代文学中现实主义的展开基础，就是对个体不自由的反抗。"五四"新文化运动从人性解放的角度提出文学革新的目标，无论是较为温和的文学改良，还是较为激烈的文学革命，其目的都是人的发现、人的自立，其与儒家修齐治平最大的区别就在于，人是目的还是工具，以及人作为目的是如何实现其自身。对于现实主义而言，人的发现，是以整体来命名的社会的人。因此，现实主义中的个体自由与某一阶层、某一群体的整体自由是联系在一起的,并且以群体自由为个体自由的前提。个体主义在这一前提下走向现实主义,二者才产生某种程度的对立。如果说人的发现是以个体自由为核心的现代性,由个体自由走向群体自由,则是以理想、使命为核心的现代性,二者本应是现代性之两面,但在现实情境下,往往取此先须舍彼,从而不得不成对立之势。这在现代文学史上,表现为启蒙与革命、个体主义与群体主义、理想主义与现实主义等一系列二元对立,实质上是"五四"新文化在现实中国两种走向、两种现代性之间的激荡。中国现代文学思潮,因此呈现出一个从自然人的解放到社会人的价值实现的演绎过程,这一过程与从启蒙到革命的思想进程是一致的。现实主义最终随着革命的进程,取得波澜壮阔的发展,成为现代文学,尤其是左翼文艺的最高准则。古典文学的载道传统、淑世情怀,也因之被赋予新的内涵,获得新的拓展。抒情传统说所代表的抒情美学,在与左翼现实主义文艺思潮的碰撞中,不断调整强化着自身,而以陈氏抒情传统为对照,左翼文艺的不足也能得到更深刻的认识。

左翼文艺在革命与救亡中产生,特定历史情势下,从启蒙到革命,是时代发展的必然。个人主义在走向现实主义的过程中,文学社会功能得到前所未有的重视,与左翼革命文学的政治使命相呼应,更进一步地成为现实政治斗争的工具与武器。1930年左翼作家联盟成立纲领明确宣示:"社会变革期中的艺术……作为解放斗争的武器……站在历史的前线,为人类社会的进化,消除愚昧顽固的保守势力,负起解放斗争的使命。"[①]王瑶在其《中国新文学史稿》中说:"中国新文学的历史,是从'五四'的文学革命开始的。它是中国新民主主义革命三十年来在文学领域中的斗争和表现,用艺术的武器来展开了反帝反封建的斗争,教育了广大的人民;因此它必然是中国新民主主义革命史的一部分,是和政治斗争密切结合着的。"[②]王瑶的概括,就是以左翼文学作为叙述主线的现代文学史论。尽管如此,"五四"知识人对于文艺工具论,其认识和态度仍然是复杂的。持排斥或消极态度者,固不必论,即如鲁迅这样坚定的支持者,实际也有自己的立场和态度,其间多有龃龉。

鲁迅不但是左联的发起者,更是核心与旗帜,但鲁迅作为文化人及"五四"启蒙者,又使其与左联的分歧在所难免。左联成立,鲁迅发表讲话,乍看是迎合左联纲领,细读却能发现甚有区别。首先,鲁迅反对先验的立场、派别划分,如其一

---

① 中国左翼作家联盟底理论纲领. 萌芽月刊,1930,1(4).
② 王瑶. 中国新文学史稿·序. 上海:新文艺出版社,1953:1.

开场就说"我以为在现在,'左翼'作家是很容易成为'右翼'作家的"。其二,鲁迅强调基于平等、自由下的团结,反对宗派主义。他批评有些左翼文人"以为诗人或文学家高于一切人,他底工作比一切工作都高贵,也是不正确的观念",这种唯我独尊,就是专制意识的萌蘖,而宗派主义,实质上也就是在小圈子里建立专制王国。其三,鲁迅在支持无产阶级文学阵营时,依然使用新旧社会、旧势力、旧派与新文学、新派这样对立的指称,而所谓新与旧,其实还是新文化启蒙视野中的新与旧。① 林贤治甚至认为"鲁迅在会上的发言,其精神却是批判这个纲领的"②。鲁迅反对与批判的,是左翼阵营内的专横气息与一些人的专制作风,这种作风,无论对于启蒙还是革命而言,都是背道而驰的。

鲁迅与胡适的不同在于,胡适持改良立场,寄希望于既有政府自身的改善,帮助其成为现代政府;而鲁迅则对专制高压、遏制人权的当局高度失望,寄希望于新的政治力量。但无论组织还是个人,解决思想文化问题,至为关键,而思想文化问题具有自身的独特性,并不总是迁就现实情势。胡适在旧政府那里屡次碰壁,文章、著作屡屡被禁;而鲁迅在新的政治力量这里,其个人主义、人道主义等,又被左翼激进青年拿来当作攻讦目标。胡、鲁看似选择相对的立场,却都在自己的这一方遭遇攻击。实际上,胡、鲁二人的启蒙思想是一致的,他们所遭遇的,是"五四"之子在现实政治前的普遍困境。鲁迅对新政治力量的希望,使其往往顾大局而有所折中,即所谓"听将令"也,甚至在某种程度上认同文艺作为政治斗争的工具。只是鲁迅的"听将令",还有很重要的一点,即要尊重工具作为文艺自身的特性。"我以为一切文艺固是宣传,而一切宣传却并非全是文艺……革命之所以于口号,标语,布告,电报,教科书……之外,要用文艺者,就因为它是文艺"。③ "五四"阵营在严酷的社会现实中产生分化,不少"五四"之子从启蒙走向革命,鲁迅无疑也正向革命迈出步伐,为更高远的目标,他自觉地以个人服从集体,以文章作为匕首与投枪。饶是如此,鲁迅始终葆有"五四"启蒙者的本色,未曾放弃其超越于政治的文化立场,也未曾将文学彻底功利化为斗争的武器。而他与起初支持的团体,因此产生严重隔阂。左联解散后,左翼成立新组织文艺家协会,鲁迅就坚拒参加了。

但动乱中国给左翼文艺思想及政策提供了肥沃的土壤,使之在鲁迅去世后更加蓬勃发展,并在共和国前三十年里,成为大陆文艺创作的主导思想。客观地

---

① 鲁迅.对于左翼作家联盟的意见//鲁迅全集:第4卷.北京:人民文学出版社,2005:238.
② 林贤治.人间鲁迅.合肥:安徽教育出版社,2004:684.
③ 鲁迅.文艺与革命//鲁迅全集:第4卷.北京:人民文学出版社,2005:85.

说,超越小我局限,走向国家与民族的宏大叙事,是成就伟大作品的重要因素,但这必须同时包含两点:一是作家真诚的态度和真切深刻的体验;二是作为文艺,要具备较高艺术性。这就要求在坚持艺术性的前提下,做到功利性与主体性的统一,但这显然只是一种理想。因为现实在不断变化,而主体性的基础则是个人生命及情感的长期积淀,二者不可能如影随形。左翼及共和国十七年文学,固然不乏优秀作品,但也因此而具有很大的局限性。同时,以现实主义的功利性、工具性作为绝对标准,对于很多不接受改造或改造不成功的作家和作品,也是不公允的。这类作家,因此受到很大的政治冲击,或者被边缘化。沈从文就是例证。

1948年,沈从文因其"'游离'国共两党政治之外的'中间路线'、超越具象的战争观照、自由主义的文艺追求"①等思想及主张,在国统区受到左翼文人的集中批判。郭沫若将沈氏创作称为"桃红色文艺",他批评沈从文:"一直有意识地作为反动派而活动着。在抗战初期全民族对日寇争生死存亡的时候,他高唱着'与抗战无关'论;在抗战后期作家们加强团结,争取民主的时候,他又喊出'反对作家从政';今天人民正'用革命战争反对反革命战争'……他又装起一个悲天悯人的面孔,谥之为'民族自杀的悲剧'。"②郭氏上纲上线,词多失实,但他指出沈的文艺思想疏离于当时"进步"政治,却也不诬。王德威曾敏锐地指出沈从文创作是"批判的抒情和反讽",认为其小说所具备的"大象无形"的品格,"与其说是一种文学创新手段,不如说是表明了他的人生观念,此种人生观念拒绝为意识形态或美学的规矩所囿"③,这其实就是一种自由的精神。王德威认为"沈从文的抒情主义来自摈弃——而非拥抱——五四作家对于个人主义的放纵追求;他对那些自命激进的作家看似前卫、实则传统的浪漫姿态,一向不能苟同"④,同时他又认为沈从文以其"抒情"与"反讽"的"互为映照","互相抹消","用最微妙的方式,表达出五四运动的人文主义精神"⑤,显然,这样的一种"五四人文精神",并不容于中国社会的动荡现实。革命以另一种现代性改写着"五四"精神。无论抒情还是叙事,现代文学的现实处境都要求其有所依附——依附于革命,则是其总体背景与大趋势,而革命文学,即是有组织有纪律的遵命文学。连鲁迅尚不容于革命青年,遑论沈从文。

沈从文作为革命文学的对面,反映了两种现代性之间的矛盾冲突,革命是以

---

① 凌宇. 沈从文传. 北京:十月文艺出版社,1988:418.
② 郭沫若. 斥反动文艺//郭沫若全集(文学编):第16卷. 北京:人民文学出版社,1982:289.
③④⑤ 王德威. 批判的抒情——沈从文小说中现实的界域//写实主义小说的虚构:茅盾,老舍,沈从文》. 上海:复旦大学出版社,2011:231,228,233.

群体担当为内核,沈从文则坚守个人自由的启蒙价值观。陈世骧抒情传统说的思想萌蘖,沈从文为重要源头。陈在北大期间,与朱光潜、沈从文过从甚密,他积极参加朱光潜的家庭读诗会,又是沈从文主编的《大公报》文艺副刊的重要作者。1935年12月6日《大公报·文艺》第55期发表陈世骧《对于诗刊的意见》,着重谈论新诗的艺术问题。陈文的观点,契合沈从文"文学独立"的办刊宗旨以及一贯的文学思想。但在20世纪30年代的中国,"文学独立"主张文学在"政治、宗教之外",别具"一种进步意义和永久性"①,实不合时宜。陈世骧其时人微言轻,枪弹都由沈从文挡在前面了。到革命取得绝对胜利之际,政治情势需要对以沈从文为代表的文艺思想作全面清理,于是就有了郭沫若那一番声讨。共和国成立后,个人主义更显得落后与退步。沈从文只能告别文学创作,寄幽怀于古代服饰研究,与此同时,沈氏好友及文学同道朱光潜,也在新时代的大潮中改造着自己的人生观与艺术观,在更"唯物"的美学思潮的大辩论中节节败退。

  王德威认为朱光潜在美学大辩论中的节节败退,"代表了1949年以前的抒情美学的最后一役"②。抒情美学退出大陆文艺思想阵线后,陈世骧接过抒情传统的旗帜,使之在北美及中国港台开花结果。陈氏在美国广泛宣讲抒情传统之际,正是沈、朱等在国内被批判之时。陈氏在加州伯克莱任东方语文学系主任,又是加大"现代中国研究中心"董事,期间主持"现代中国术语研究"项目,时刻关注着大洋彼岸的祖国。陈氏在思想上倾向自由主义,曾因此与第一任太太姚锦新离异。③ 以陈氏对祖国的了解与关切,在现实主义文艺思潮全面压制自由抒情传统之时,他将启蒙思想寄托于古典抒情诗文,既是继承和发扬"五四"人文精神,也是对沈从文、朱光潜等人的隔空声援。

  左翼现实主义文艺思潮作为近代以来对于理想社会的探索,显然也是现代性的一个重要方面,且在20世纪五六十年代,呈现出全球蔓延的趋势。60年代初,捷克汉学家普实克评夏志清《中国小说史》所引起的相关争论,可见一斑。就对文学史的认识来说,夏志清未必是抒情传统的拥趸,其《中国小说史》研究小说,所关注者倒是叙事传统;普实克也非叙事传统论者,他对现代文学抒情与史诗的辩证观照,称誉学林,其《中国现代文学中的主观主义与个人主义》,甚至被认为是比陈世骧更早揭示基于个人主义的抒情传统。但普实克的个人主义,是

---

① 沈从文.一个传奇的本事//沈从文全集:第12卷.太原:北岳文艺出版社,2002:215—236.
② 王德威."有情"的历史——抒情传统与中国文学现代性//陈国球,王德威编.抒情之现代性:"抒情传统"论述与中国文学研究.北京:生活·读书·新知三联书店,2014:802.
③ 参庄:信正.忆陈世骧先生.现代中文周刊,2014(2).

现实社会中的具体个人,与"现实主义并行不悖"。此即前文所云与现实主义并不天然对立的"个体主义",这与陈世骧在绝对意义上强调个人主义实相胡越;而夏志清关注叙事文学,其推崇文学的个人经验,强调文学的独立性,主张文学与政治的疏离等立场、观点,皆与陈世骧所揭櫫的抒情美学息息相通。普、夏之争,固不能说就是抒情、叙事传统之争,但二人之争所反映的现代性两种走向之间的矛盾,与陈氏抒情传统说所面临的问题是一致的。陈世骧所代表的抒情美学在文艺思想上与沈从文、朱光潜等相师承,在海外汉学界,和夏志清一样,都站在左翼文艺的对面。夏志清兄弟皆与陈世骧私交笃厚,堪称文学同道。特别有意思的是,普实克与夏志清的辩论,如果将陈世骧的相关论述拿来,能构成同样有效的对话。如夏志清表明自己的评判标准:"……那些最优秀的作品,就是文学'良心'的明证。凭借这种文学良心,他们超越了社会改良主义者和政治宣传家的热情。我轻视那种把济慈所说的'明显的图式'强加给我们的文学,因为这样明显的图式与现实所呈现出的丰富无法相容。因此,我更偏爱普实克加以非议的那种'无个人目的的道德探索'的文学。"夏志清认为其强调"无个人目的的道德探索","也就是在主张文学是应当探索的,不过,不仅要探索社会问题,而且要探索政治和形而上的问题;不仅要关心社会公正,而且要关心人的终极命运之公正。"这种"无个人目的的道德探索",远非只是普实克所指责的"逃避文学"。夏氏谈到其欣赏茅盾的《蚀》、巴金的《寒夜》及张爱玲的《秧歌》等与现实政治有些距离的作品,是因为"它们在感情与洞见上都卓有成就,它们所探索的都是广泛触及人类命运的社会哲学问题"。① 夏氏强调超越具体政治活动的更为宏大的主题,即所谓"人类命运的哲学问题",而这恰恰是抒情传统所强调的文学精神之所在。陈世骧在《中国文学的文化要义》中,从人类的高度来考察中国文学的价值,他积极肯定《古诗十九首》的价值,就在于以个体经验表达人类的通感:"在这个人文主义盛行的伟大时代,这些非凡的诗篇中准确揭橥了人类存在的真谛,意义的得来源自全体人类的经验与见解……"他认为中国文学蕴含的崇高理想"所具备的深远影响的真正能动性,存在于对于生命的热爱与使之永恒的强烈愿望之中"。② 陈氏的这些话,完全可以代替夏志清来答复普实克的责难。普实克很尖锐地指出夏志清的目的"是要在中国新文学中发现一个有别于左派评论家和历

---

① 夏志清.论对中国现代文学的"科学"研究—答普实克教授//李欧梵,编.抒情与史诗:现代中国文学论集.郭建玲,译.上海:上海三联书店,2010:233—234.
② 陈世骧.中国文学的文化要义//石旻译,张晖编.中国文学的抒情传统——陈世骧古典文学论集.北京:生活·读书·新知三联书店,2015:51,73.

史学家所指出的传统"①,其实,夏氏所要发现的传统,也就是陈世骧的"抒情传统"。

再如普实克指责夏著轻视抗敌救亡的文学作品,认为夏"以贬损的语气,谈论爱国主义的战争文学"②。而夏志清对沦陷区的失节文人及其作品往往作更高的评价,"不仅说明了夏志清缺乏任何国家的国民所必有的思想感情,同时表明他没有能力公正地评价文学在某个特定历史时期的功能和使命,也不能正确地理解并揭示文学的历史作用"。③夏志清"人类命运的社会哲学问题"固足以回应,而陈世骧《中国文学的文化要义》中关于中国文化中家国观念、对于战争的态度等论述,亦可代为申援。可以说,消解政治上家国观念的拘囿,来寻找更具超越性的人类共通的经验、情感,正是陈世骧抒情传统说生发的基点,表明了其坚持启蒙的文学立场。

由上述可见,普实克与夏志清的论战,从某种程度上看,正预演了抒情美学与其对面之质疑批评的交锋。一者强调文学的社会功能,强调文学参与政治、文化建设,其本质与思路,与中国文学的经史传统一脉相承,是经史传统在现代的发展和深化;一者强调个人的自由与解放,继承"五四"人文主义精神,故致力于发掘中国文学中客观存在的个人主义、自由主义等因素,并不惜以之重新阐释中国文学传统。前者作为对立面,成为激发、催生陈氏"抒情传统"说的一个重要因缘,也从反面映照出陈氏"抒情传统"说的意义与价值。

四、"抒情传统说"的回归与当代文学史著述范式的转变

抒情传统说与经史传统的现代演绎——现实主义之间的对立,实际上是追求民族现代化的过程中,路径、走向与次序、方法的差异。将二者比较,不仅是为了看到差异与对立,更应该在二者的差异中,参校补益。作为对于文学传统的两种认识,二者的起伏消长,对百年来文学史的著述、阐释产生重要影响。

由于东西方文化交流的隔阂,在共和国成立的近三十年间,"抒情传统说"在中国大陆沉寂无闻。这一时期大陆高校普遍采用的文学史教材,古代文学

---

①②③ 普实克.中国现代文学史的根本问题——评夏志清的《中国现代小说史》//抒情与史诗:现代中国文学论集.李欧梵编,郭建玲译.上海:上海三联书店,2010:202,195,196.

史如游国恩的四卷本《中国文学史》,现代文学史如唐弢的《中国现代文学史》,总体上都是反映论为纲,推重现实主义的叙事作品;对于抒情性作品,如屈原、李白等的抒情诗,则侧重抒写愤懑之作,以阶级论的立场方法,将其解读为对封建势力的斗争与控诉。对于那些斗争性不足、政治立场模糊,以个人生活、自然风光等为中心的创作,则予以忽略或否定。所以,在古代文学史中,南朝文学、花间词、温庭筠、李商隐等,都被普遍贬抑;在唐弢的现代文学史中,则是鲁、郭、茅、巴、老、曹六大家统御全局,沈从文、张爱玲、钱钟书等瑟缩于一角,周作人的小品文被评为"内容空疏""意味消沉",李金发等象征诗派则被视为新诗"逆流"……

　　上述两种文学史,以小说、戏剧等叙事文学为主线;对于古代文学史中无法回避的大量诗文,则首推反映现实的叙事诗与乐府诗,次推批判现实的抒情诗,而避抑个体抒情,实际上构建了一种以现实叙事为主线的文学史范式。如前所论,此种范式当导源于"五四"及其前驱者对通俗叙事文学的重视,以之建立新文学、培育新国民,饱含树人、立人的人文情怀,也是文学作为人学的文学观的反映。但其后在中国社会救亡与革命的现实需求中,阶级论压倒人性论,现实主义文学观普遍排斥个人主义,到1949年后由左翼文艺思潮而派生的叙事传统文学史研究范式,在文学精神上从启蒙走向革命,对于"五四"人文传统来说不能说不是一种背离。在这种背景下,陈世骧的抒情传统,就是又一次回归,重新接续了"五四"人文精神。

　　改革开放以来,在思想解放的大背景下,中国大陆人文研究的格局和氛围发生很大变化,但在很长一段时间内,文学史研究范式及主导思想并未发生多大改变,游、唐两种文学史依然是大专院校中文系的主要教材。直至20世纪80年代中后期,在人文精神大讨论及重写文学史的呼吁下,当代大陆学界的文学史研究格局开始发生变化。钱理群、温儒敏等的《中国现代文学三十年》,袁行霈主编的四卷本《中国文学史》,章培恒主编的三卷本《中国文学史》,较唐弢、游国恩文学史已有极大改变。在古代文学史中,宫体诗、齐梁文学、骈体文均得到积极评价;游国恩文学史中只占小小一节的李商隐,在袁编文学史中,与李白、杜甫占据着同等的一章篇幅。而在钱理群、温儒敏等的现代文学史中,沈从文、张爱玲等人的文学地位也得到大幅提高,尤其沈从文获得与巴金、茅盾同等位置。文学史研究由重客观转向重主观,由反映论一元独尊转向表现论、反映论并重。对于古代文学,因诗赋所占比重大,且以主观抒情性作品居多,很自然地显现出抒情传统的叙述主线,个体抒情被逐渐推重,文学价值观开始发生很大变化。如章培恒

《中国文学史新著》,明确宣称其以"人性的发展制约下的文学的美感及其发展"①为论述主线,人性论、主观美感经验等被看成文学重要的内在价值。在章编文学史中,从抒情作品到叙事作品,完成了价值观的全面内转。章编文学史在1996年初次出版,引起极大轰动,钱明诚誉其为"石破天惊",钱谷融也高度认同,主要就在于其突破了"'左'的思想影响下形成的长期流行的文学史模式"。③实际上,章编文学史研究范式已经由现实主义为统率的叙事范式,转向以人为中心的抒情范式。

差不多同时,过去被忽略或批判的文学史著重新进入学界视野,并受到追捧。如林庚于1947年出版的《中国文学史》,将中国古典文学定位为"诗的国度",并着眼于"士"的文化精神,揭示作家主体精神的发展过程。陈国球谓其为"诗性智慧"烛照下的"诗性书写"③,是典型的抒情传统论述范式。共和国成立后,林庚于1954年出版修订《中国文学简史》上卷,加入人民性、爱国主义等因素,但基本精神与1947的初版尚无大的出入。该书在1957年初期比较宽松的文化环境中,一年就重印三次。自1958年后,文化环境骤然"左倾",即再未刊行,直至"文革"结束。当前林著文学史重新成为热点,实为思想风气改变下的学术风气之变。夏志清《中国现代小说史》的中文版于1979年在香港出版,对后来内地"重写文学史"起到重要推动。夏氏小说史推尊沈从文、张爱玲,在艺术上,对小说的抒情性、意境美,尤为看重;在思想上,排斥文艺工具论,推尊更具超越性的普遍人性。沈从文、林庚、夏志清等人的交游履迹,与陈世骧多有重叠,而在文学思想、艺术趣味上,也脾胃相投。随着沈从文、张爱玲走到学术中心,随着夏志清吸引着大陆学界越来越多的眼光,其身边的陈世骧自然再也无从遁迹。《陈世骧文存》因陈子善推介,1998年由辽宁教育出版社收入"万有文库"出版。陈子善为钱谷融弟子,钱谷融曾因坚持文学是人学的观念饱受政治波折;陈子善继承老师衣钵,以张爱玲、周作人研究驰名,其文学思想与夏志清、陈世骧也堪称隔代知音。

新世纪以来,随着两岸文化交流的深入,尤其是王德威、陈国球等学者深入持续的探索及推介,陈世骧"抒情传统"在大陆渐成热潮。就文学思潮而言,不妨将其看成是继"人文精神"讨论、"重写文学史"之后的又一重要文学史事件。这三次文学史事件的核心都是"人文精神",是主体性的发扬,力图完成"五四"未竟

---

①② 章培恒,骆玉明.中国文学史新著:第2版.上海:复旦大学出版社,2011:《导论》第1页,《原序》第1页,《增订本序》第1页.

③ 陈国球.诗意的追寻——林庚中国文学史论述与"抒情传统"说.北京大学学报,2010(4).

的启蒙使命。前两次主要寄托于西方文哲与现代文学,对中国大陆的人文景观起到极大的改善与推进,而今回望20世纪80年代,仍令人缅怀感慨。进入90年代,中国大陆经济腾飞,政治及文化境况再次发生重要变化。随着国家整体实力的增强,文化自信随之提升,"国学热"蔚然兴起。陈世骧"抒情传统说"托意古典文学,内蕴现代人文精神,既可保留国粹,又可更新传统。尽管时代多元,文学思潮的社会影响力大不如前,然而抒情传统说在当代唤醒古典文学,引起现代人的情感共鸣与思想共通,良有以也。

然而,文学与文学传统、逻辑理念与客观历史毕竟是两个范畴,中国文学传统的历史还原,呈现出的文学史演变图景,实乃文学自由与传统固执的背向角力。那么,为什么只是"抒情传统"?为什么事实存在的"叙事传统",一旦作为文学史范式,就背离了"文学是人学"的天然命题?"抒情传统"范式能成为更具超越性的文学史研究范式,"叙事传统"为什么就容易被羁縻?"叙事传统"难道不是文学传统么?如果用"叙事传统"来叙述文学史,难道就一定要变成社会史、政治史么?如何用"叙事传统"补正陈世骧抒情传统之不足,同时又避免再次陷入将文学史写成社会史、政治史的弊端,是创新文学史研究范式必须思考的问题。检讨陈世骧"抒情传统"说的源流脉络,寻绎其精神旨趣,参照其学说的正、反两面背景,有助于我们从根本上思考中国文学"叙事传统"问题,建构抒情、叙事双线并贯的文学史研究范式。

(原载《文学评论》2016年第6期)

《周易》"丧马"为"反马"婚俗考论

杨秀礼

杨秀礼,1977年10生,江西玉山人。2000年毕业于南昌大学,获文学学士学位;2007年毕业于上海大学,获文学硕士学位;2011年毕业于华东师范大学,获文学博士学位,同年入职上海大学文学院,现任中文系讲师职称。主要研究领域为先秦两汉典籍文化与文学。主讲课程有"中国古代文学""《周易》读书会""古典诗歌的现代阐释"等。出版有《元代老学研究》《曾子·子思子译注》等著作;在《宗教学研究》《郑州大学学报》《光明日报》《中国社会科学报》等刊物发表学术论文10余篇,并有论文被人大复印资料《中国古代、近代文学研究》全文转载。

《周易》在我国存世文献中,为成书定型最早的一部典籍,也是表现殷周"人文精神"与"社会现象"的重要著作。经文篇幅短小,文句简略,相关语言附加成分的缺失,造成了《周易》语义表述的含混性。这给《周易》研究的重要前提性工作即卦爻辞所涉历史事实的爬梳考辨、还原增加不少难度。将先秦相关文献资料,含出土文物、文献等,与《周易》经文进行互文性、多学科性的释读,应是一个有效的解决手段。

一、《周易》"匪寇婚媾"为聘娶婚制释读

《周易》为商末周初的产物,因"圣人有以见天下之赜,而拟诸其形容,象其物宜"的"取象"方式,故而保存着先秦重要的可信的史料。由于文本简略、时间相隔久远,《周易》卦爻辞相关事象,即相关史迹民俗,相关考定已显得比较困难。在文化人类学等西方现代性研究方法引入后,《周易》研究获得一次多方位拓展,产生了不少最新成果,但其中一些尚需做更深入的考辨。比如《周易》时代存在

抢婚制的说法主要是以"匪寇，婚媾"这一爻辞①为文献依据，而这一说法有脱离语境的局限性。

《屯》：元亨，利贞。勿用有攸往，利建侯。
初九，盘桓，利居贞，利建侯。
六二，屯如邅如，乘马班如。匪寇，婚媾，女子贞不字，十年乃字。
六三，即鹿无虞，惟入于林中；君子几，不如舍。往吝。
六四，乘马班如。求婚媾，往吉，无不利。
九五，屯其膏。小，贞吉；大，贞凶。
上六，乘马班如，泣血涟如。

《贲》：亨。小利有攸往。
初九，贲其趾，舍车而徒。
六二，贲其须。
九三，贲如濡如，永贞吉。
六四，贲如皤如，白马翰如；匪寇，婚媾。
六五，贲于丘园，束帛戋戋，吝，终吉。
上九，白贲无咎。

所谓脱离语境的局限，主要包括两种情况：其一是文化语境，其二为上下文语境。结合《仪礼·士婚礼》、甲骨文等文献资料，可见《屯》《贲》二卦②确实反映了《周易》时代的婚娶制度，这一点除了卦爻语词的提示，更有卦爻辞对婚娶程序的描绘，但其反映的应不是抢婚制，而是聘娶婚制，因为其中多有与《仪礼·士婚礼》记载相合之处③。

---

① 将"匪寇婚媾"与抢劫婚制相联系者，近代当始于梁启超："夫寇与昏媾，截然二事，何至相混，得无古代昏媾所取之手段与寇无大异耶？故闻马蹄蹴踏，有女啜泣，谓是遇寇，细审乃知其为昏媾也。"（梁启超. 中国文化史·社会组织篇//饮冰室全集：第 7 册卷 86. 北京：中华书局，1988.）这一推断后来得到一些学者的推崇和补证，亦为当下多种版本古代文学史所采纳。

② 《周易》非出一人之手，但其成书，已有较成熟的语篇意识，故考察《周易》卦爻辞应置于各卦整体中，以联系、语境等手法进行综合考察。详见拙文《〈周易〉古歌事象组合方式及其影响研究》(待刊)。

③ 《仪礼》成书时代与作者，主要包括以古文经学家为主体的周公说，如崔灵恩、陆德明、贾公彦、郑樵、朱熹、胡培翚等；与以今文经学家为主体的孔子说，如司马迁、班固、邵戴辰、皮锡瑞、梁启超等；目前周公作《仪礼》一说已为学界主流所弃，但《仪礼》留存大量西周制度记载也是被广泛承认的事实。《仪礼》与商周文明的相合共通，是文化的继承与记忆留存。

《屯》卦的一、三、五三爻，看似与"婚媾"无关。其中六三爻出现在六二爻"婚媾，女子贞不字"，即求婚被拒①，与六四爻"求婚媾，往吉，无不利"求婚成功之间，则其所载之事应是求婚转向成功的关键，"即鹿无虞"，即男子在女子拒绝求婚之后，狩猎野鹿。无独有偶，《诗经·召南·野有死麇》有"野有死麇，白茅包之，有女怀春，吉士诱之"的记载，将男子引诱怀春之少女，与"麇"，即一种鹿联系在一起。②马瑞辰认为："《说文》丽字注云：'礼，丽皮纳聘，皮盖鹿皮。'又庆字注：'行贺人，从心从夂。吉礼以鹿皮为贽，故从鹿省。'《白虎通》：'纳徵，玄纁、束帛、离皮。'又曰'离皮者，两皮也。'"并据此认为"野有死麇""野有死鹿"，可能即为纳徵用丽皮之义。此诗只说"死麇""死鹿"者，盖为取用其皮之义。"其中《白虎通》"纳徵，玄纁、束帛、离皮"的记载同见于《仪礼·士婚礼》"纳徵，玄纁、束帛、俪皮。如纳吉礼"中，郑玄注："俪，两也。""皮，鹿皮。"据此，婚礼纳徵以鹿皮为贽礼。闻一多推论道："古盖用全鹿，后世苟简，乃变用皮耳。"由此，男子第一次求婚失败是因未完全按照婚娶礼制行事，才有九三爻"即鹿"以备纳徵（即鹿过程也具有一定的曲折性），并然后"乘马班如，求婚媾"得以"往吉，无不利"。

　　同理，《贲·六五》说"贲于丘园，束帛戋戋"，"束帛"应是当时求婚纳彩所需之聘礼。《周礼·媒氏》"凡嫁子取妻，入货纯帛无过五两"，《礼记·杂记下》"纳货一束，束五两"。"戋戋"③，义为极少，戋者小也，从戋之字多有小义，如笺、浅、钱、残、贱诸字。④ 故菲薄的"束帛"是婚娶中必备的贽礼，但虽菲薄，并有可能致"吝"，因其合乎礼仪故而"终吉"。

　　《周易》娶女之辞，使用的已是"取女""纳妇"这样高度文明化语词；又随着生产力发展，社会阶层不断分化，抢婚制应已不能满足商周社会各阶层，尤其是社

---

① "字"有二义，一为怀孕，二为出嫁。六二爻如取孕育义，婚姻已结束，则《屯》卦意脉断绝；如取出嫁义，女子既拒绝出嫁，与后文的继续求婚直至出嫁连为一体。这一结构似也能说明六二爻所载并非抢婚，爻辞对女子的态度是十分尊重的。
② 徐正英教授认为"野有死麇，白茅包之"，很可能是男方依礼向女方求婚行纳征礼的描述，该诗在周公制作礼乐之前既已流传（徐正英.《诗经·二南》对西周礼乐精神的传达——以出土文献为参照.中国人民大学学报，2015（3）：108—121.）。可见《周易》时代已进入聘娶婚姻制阶段。
③ 戋戋，《经典释文》"马云'委积貌'，薛虞云'礼之多也'黄云'狠积貌'。"（陆德明撰，黄焯汇校. 经典释文汇校. 北京：中华书局，2006：42.）可见马融、虞翻等"戋戋"均取众多之义，《周易正义》同，即形容彩礼丰厚。《贲》卦虽讲文饰，核心则在文质关系，初九"贲其趾，舍车而徒"，不事文华；六二"贲其须"，须为人体之次要部位；上九"白贲"，以无文为文；可见《贲》卦在文质取舍方面，更偏重于质而非文。从相关《礼》书及疏解亦可见，婚娶"束帛"数量有相当严格控制，远不可能达到堆积、丰厚的程度。
④ 这种形声字声符兼具表义作用，即"右文说"。清代乾嘉学者发展为音近义通说，近人沈兼士有长文《右文说在训诂学上之沿革及其推阐》论述其详。（见：沈兼士.沈兼士学术论文集.北京：中华书局，1986.）

会上层对婚娶方式等文明政治的需求。故《周易》时代,即商末周初时期的婚娶形式应已进入文明化阶段①。对甲骨文献相关记载的考察,可使这一判断更加确切可信。甲骨文献娶女之辞,也有用"取"字例。如:

辛卯卜,争,勿乎取奠女子。辛卯卜,争,乎取奠女子。(乎取)奠女子。(《合集释文》536)。

同时可见,殷商时期迎娶女子需进行贞卜,如此郑重其事,抢婚发生的概率应是极低的。在贞卜获吉之后,男方还要派遣人员前往议婚,其角色大概相当于"媒妁"。目前所见甲骨文中虽无"媒""妁"二字②,但存在取义与此相似之字词,如:

□寅卜,叀,(贞)……使人……䢼……(《合集释文》12500)

可见,媒妁在商代业已产生,媒妁的产生与壮大,婚娶之间既有媒介,则抢婚制与其所依赖条件应一并逐渐走向消亡。除了进行贞占与派使人员议婚外,《周易》时代对女子嫁娶日期的选择,也要通过占卜决定,如:

贞女往。在正月,在吕休。(《合集释文》24262)
贞妹其至,在二月。(《合集释文》23673)
丙午卜,今二月女至。(《合集释文》20801)
王占曰:今夕其有至,惟女其于生二月㞢。(《合集释文》10964)

---

① 关于殷商婚娶礼仪,宋镇豪综合商代墓葬形式、甲骨文及相关传世文献进行考论,得出如下结论:"大略说来,非婚生育在商代似较普遍,主要见之于平民阶层,构成社会演进过程中遗留的一大习俗,实乃经济发展形态所使然。商代贵族婚姻受崇神思想支配,求吉之卜贯穿终始,然婚嫁形式渐趋礼仪化,婚姻'中于人事'(《史记·龟策列传》)。议婚、订婚由当事男女双方家族基于各自的功利目的而合好,有使者为之媒妁,男女本人无选择对象之自由。请期诹吉日一般以择于二月某一丁日为多,日期大都由政治实力雄厚一方选定,不限专出男方家族。亲迎之礼,嫁女有媵,娶女有迎。媵用私臣或家族成员,'媵必娣侄'实乃后制。迎有等级规格之异,一般为'婿亲迎',男先于女,然殷商王室娶女,则以使者往逆。婚后又有长辈见新妇之礼。"(宋镇豪.夏商社会生活史.北京:中国社会科学出版社,1994:171.),本节在思路与资料均有借鉴该书《家族支配下的婚姻运作礼规·婚娶礼仪》一节(第164—171页)。
② 《诗·豳风·伐柯》:"伐柯如何,匪斧不克。娶妻如何,匪媒不得。"已有"媒"字并承担"媒妁"、"婚介"之角色。该诗作于1040年周公摄政三年(赵逵夫.先秦文学编年史:第1卷.北京:商务印书馆,2010:206.),为商末周初时期。

由此，单纯根据"匪寇，婚媾"爻辞便断定，《周易》反映了其文本形成时期存在抢婚制是有失武断的，不管是从卦爻辞语境，还是从甲骨文献所提供的社会语境①，都提示《周易》时代已进入婚聘制阶段。对于看似抢婚制的文字，应视为抢婚遗俗在当时，尤其是在贵族阶层婚娶礼俗的仪式化表现更为得当，这一仪式化在当代也尚有很多不同形式的遗存。

二、《睽》卦"丧马"为"反马"礼考论

根据《周易》经文，"马"在当时不仅和婚娶联系在一起，是当时重要的交通工具。甚至是人们跳脱险难的依赖，比如《明夷》卦六二爻"明夷，夷于左股，用拯马壮，吉"，《涣》卦初六爻"用拯马壮，吉"。可见在有险难之初，如得壮马则能跳脱险难，从而获吉。同时《周易》还有一些卦爻辞，所言现象与马为当时重要依赖力量的认识有较大矛盾之处。其中最显著者，当为马这一力量的丧失的后果，如《大畜》卦九三"良马逐，利艰贞；曰闲舆卫，利有攸往"、《睽》卦初九"悔亡。丧马勿逐自复，见恶人，无咎"、《中孚》卦六四"月几望，马匹亡，无咎"等，除《大畜》卦九三爻"良马逐"，因后有"曰闲舆卫"而具"亡羊补牢"的意味外。其他爻辞，似乎都在说明一个问题，即马这种依赖力量的丧失，并不带来灾咎。经学家和易占家从义理方面对此颇有高深委曲的解读，却有忽略卦爻辞首先是对商末周初社会生活真实反映这一基本事实的缺憾。

《睽》：小事吉。

初九，悔亡。丧马勿逐自复，见恶人，无咎。

九二，遇主于巷，无咎。

六三，见舆曳，其牛掣，其人天且劓。无初有终。

九四，睽孤，遇元夫，交孚，厉无咎。

六五，悔亡，厥宗噬肤，往何咎？

上九，睽孤，见豕负涂，载鬼一车，先张之弧后说之弧。匪寇婚媾，往遇雨则吉。

《序卦传》："家道穷必乖，故受之以睽。睽者，乖也。"《睽》卦与《家人》卦互为

---

① 甲骨卜辞与《易经》文本，因两者最初同为占卜、卜筮资料遗存，且均为当时贵族，可互相佐证。

综卦，则两者有一定的相关性，又《象》辞曰："天地睽而其事同也，男女睽而其志通也。万物睽而其事类也。睽之时用大矣哉!"认为正因为男女之睽，才有阴阳交感与人类的生育繁衍。《睽》卦取象与婚娶应有一定的关系①。现在讲先秦抢婚，也常常以《睽》卦上九爻为例。

如此则《睽》卦初九爻爻辞，与古代婚嫁礼俗的"反马礼"②有暗合之处。

> 秋，九月，齐高固来逆女，自为也。故书曰"逆叔姬"，卿自逆也。冬，来，反马也。（宣公五年《左传》）

> "冬，来，反马也。"礼，送女留其送马，谦不敢自安，三月庙见，遣使反马。高固遂与叔姬俱宁，故经、传具见以示讥。（杜预《注》）

> 礼，送女适于夫氏，留其所送之马，谦不敢自安於夫，若被出弃，则将乘之以归，故留之也。至三月庙见，夫妇之情既固，则夫家遣使，反其所留之马，以示与之偕老，不复归也。（孔颖达《疏》）

可见，古代贵族女子出嫁，应乘坐父母家之车马去往男家，"三月庙见"之礼完毕，尚有"返马礼"。至于女方将父母家送嫁之车马暂留男方的原因，杜预认为

---

① 在谈论《周易》保存着原始社会婚姻遗风时，李镜池、曹础基认为存在对偶婚与劫夺婚，"对偶婚的记载尤其详细，曾三记其事：见于《屯》卦的是求婚，见于《睽》卦的是订婚，《贲》卦则全卦记亲迎的过程……《屯》卦与《蒙》卦写到劫夺婚，被抢的女子悲伤哭泣，男子有时被抗拒，甚至丢了性命。还有《归妹》写姊妹共夫等，都可以看出古时婚俗。这是研究上古社会风俗不可少的资料。"（李镜池，曹础基.周易通义.北京：中华书局,1981：4.）黄玉顺在分析《屯》卦古歌的婚娶性质时，认为"关于'婚媾'的古歌，可另参见《睽》两卦"，在解读《贲卦》"匪寇，婚媾"时，又强调"从歌辞及诗意来看，《屯》《贲》《睽》三首古歌题材一致，可能出自同一首古歌，或一套组诗。"（黄玉顺.易经古歌考释.成都：巴蜀书社,199：22,111.）；均视《睽》卦与婚娶有关。但在具体分析卦爻辞时，李镜池、曹础基将《睽》卦定位为"这是行旅专卦之一，描绘了旅人在路途的三见三遇，很像一篇旅行日记"（第77页）；黄玉顺认为《睽》卦初九爻为占辞（第178、179页）。

② "反马"礼，见于《左传》，不见于《仪礼》，故何休作《膏肓》，认为古代贵族婚嫁礼俗中无反马礼法。郑玄著《箴膏肓》以作详尽回应，认为：(1)《仪礼·士昏礼》所论为士阶层婚姻礼俗，至于天子、诸侯、大夫等，其婚俗当有不同，惜《仪礼》并未详载；(2)《士昏礼》记载"主人爵弁，纁裳缁袘。乘墨车，从车二乘"，故出嫁之女用车同此，应为夫婿家提供。据《诗·召南·鹊巢》"之子于归，百两御之""之子于归，百两将之"，"将"为送嫁之义，则天子诸侯婚娶，其妻乘坐的送嫁车马应为其父母所备。另《士昏礼》《记》："若不亲迎，则妇人三月，然后婿见……主人请醴，及揖让人，醴之一献之礼，主妇荐，奠酬，无币。"郑玄《注》云："主人，即女父也。"贾公彦《疏》曰："上已言亲迎，自此已下至篇末，论婿不亲迎，过三月及婿往见妇父母事也。必亦待三月者，亦如三月妇庙见，一时天气变，妇道成，故见外舅姑。"（《春秋左传正义》孔颖达引，《十三经注疏》，第4065页），可见《士昏礼》若"不亲迎"，也有女子出嫁三月后"婿见"，即回妻子父母家之礼节，此近乎"反马礼"。

将"反马"礼与《周易》卦爻辞结合解读，较早见于李道平《周易集解纂疏》。在疏解《归妹》六三爻"归妹以须，反归以娣"虞翻注"娣谓初也，震谓反，反马归也"时，对虞氏尚未明确的"反马归也"，李氏阐明道："《春秋》宣公五年'冬，齐高固及子叔姬来'，《左传》'冬，来，反马也'。震为马，四反，不可仍象震兑，故反马，而曰反马归也。"（李道平.周易集解纂疏.北京：中华书局,1994：475.）惜尚拘于义理性的解读为

这是女方表示"谦不敢自安",即这时的女方不敢自以为,一定能得男方即未来夫家的欢心,为其所接纳:如不被接纳,未及庙见则尚未克成妇礼,女子可乘其父母送嫁车马返回父母家;如被接纳,在行庙见克成妇礼之后,夫婿需遣人将送嫁车马,送返女方父母家,以"示与之偕老不复归也",标志着夫妇之礼克成,整个婚礼仪程到此才告完成。即无论婚娶最终成功与否,女方送嫁之车马终究是会由男方之处返回。

据此,则《睽》初九"丧马勿逐自复,见恶人,无咎",应该写的是主人嫁女之后,其送嫁之车马,与出嫁的女子一并离家不见,但不用着急追找,因为车马将会由人护送回来。如女子所见遇(出嫁)为恶人,她可随车马一起返回,故而不会得咎。对《睽》卦初九爻的这一解读,可置于《睽》卦中进行整体考察,《睽》卦的内外卦,如《象》所言,内卦为睽违,而外卦则睽而有应,即为合。那么初九之丧马自复,是因女子所见遇(出嫁)为恶人,故驾驭送嫁车马返回父母家,因未克成妇礼,亦得无咎。同时初九与九四有敌应关系,两者属性、地位相当,在《睽》卦之时,成了两者同德而求相互遇合的表达,九四爻辞为"睽孤,遇元夫,交孚,厉无咎"。虽然"睽孤",即情势乖违、孤立无援,但所见遇(出嫁)者为"元夫",即阳刚的大丈夫,与初九"恶人"形成对比关系,两者通过"交孚"即以诚相待相处的方式,最终"遇合",有危厉,却终无咎害。《春秋》笔法,礼仪简约者为遇,故九四爻辞所言之礼仪并无初九周备,这呼应了"敌"之关系。而由初九"见恶人"的"丧马""自复",而走向与"元夫"以"交孚"遇合,是"应"的关系。与"无初有终"(《睽》六三)、"先张之弧,后说之弧。匪寇婚媾,往遇雨则吉"(《睽》上九)的爻辞之义亦暗合。

三、《中孚》卦"马匹亡"为"反马"礼考论

如果说对于反马礼的描述,《睽》卦是由女子出嫁这一视角考察,《中孚》卦则是从男子娶妻的角度展开。关于《中孚》卦卦旨为诚信可致无虞乃至获吉,各家的观点比较一致,但对于此卦卦爻辞的取象,说法则显得比较杂乱。李锦池、曹础基先生甚至认为"爻辞分说五礼:丧礼(虞礼)、宾礼(燕礼)、嘉礼(婚礼)、军礼、吉礼(祭礼)。"《中孚》六四"月几望,马匹亡,无咎",与"反马"婚娶礼俗之关系的解决,前提在此卦以婚姻家庭之事取象能否成立。

《中孚》:豚鱼吉。利涉大川,利贞。
初九,虞吉,有它不燕。

九二，鸣鹤在阴，其子和之；我有好爵，吾与尔靡之。

六三，得敌，或鼓或罢，或泣或歌。

六四，月几望，马匹亡，无咎。

九五，有孚挛如，无咎。

上九，翰音登于天，贞凶。

卦辞所讲"豚鱼吉"，荀爽曰："豚鱼谓四三也。四为山陆，豚所处。三为兑泽，鱼所在。豚者卑贱，鱼者幽隐，中信之道，皆及之矣。"所言谓卑贱幽隐如豚鱼者，因孚信所至，也能触及。更有甚者，将"豚鱼"解释为"河豚"，如来知德《周易集注》："本卦上风下泽，豚鱼生于泽知风，故象之。鹤知秋，鸡知旦，三物皆信，故卦爻皆象之。"《周易集解纂疏》李道平曰："《尔雅翼》：鯸，今之河豚，冬至日辄至，应中孚十一月卦，信及豚鱼，河豚也。又《山海经》'鲋鲋之鱼'，即河豚鱼也。或曰：豚鱼生泽中，而性好风，向东则东风，向西则西风，舟人以之候风焉。当其什百为群，一浮一没，谓之拜风。拜风之时，见其背而不见其鼻，鼻出于水，则风至立矣。"按照语言文字发展的一般规律，《周易》时代产生"豚鱼"这一双音节词的可能性不大。而荀爽的说法，又太为婉曲附会。王引之说："豚鱼者，士庶人之礼也。《士昏礼》：'特豚合升去蹄，鱼十有四。'《士丧礼》：'豚合升，鱼鱄鲋九，朔月奠用特豚鱼腊。'《楚语》：'士有豚犬之奠，庶人有鱼炙之荐。'《王制》：'庶人夏荐麦，秋荐黍。麦以鱼黍以豚。'豚鱼，乃礼之薄者，然苟有中信之德，则人感其诚而神降之福。故曰'豚鱼吉'，言虽豚鱼之荐亦吉利。"可见，"豚鱼"二物在先秦是各礼通用之物，亦不限于祭祀，与士庶人。但据此尚不能完全确定，《中孚》即是讲婚礼的。

《中孚》六三"得敌，或鼓或罢，或泣或歌"所叙当为婚娶礼俗。历代主流解读以之为取军事之象，"得敌"取意战胜敌人，即"敌"取敌人之义。《中孚》卦旨所言为诚信可致无虞乃至获吉，则六三爻与卦旨的取向如何发生关系，即战胜敌人与诚信之联系，目前解说多有牵强附会者，此不作详细考辩。考之《周易》本文，其取敌人义的用语，主要有"寇"，如"《蒙》上九"不利为寇，利御寇"，《需》九三、《解》六三"致寇至"，《渐》九三"利御寇"等，皆为"敌寇"之义，"寇"亦作动词用，如"匪寇婚媾"等。同时"战胜"用语，考之《周易》文本，也多用"克"字，如《同人》九四"弗克攻"、九五"大师克相遇"，《复》上六"至于十年不克征"，《既济》九三"高宗伐鬼方，三年克之"等；"俘获"之用语，考之《周易》文本，则多用"获"，如《离》上九"获匪其丑"，《解》九二"田获三狐"、上六"公用射隼于高墉之上，获之"，《巽》六四

"田获三品"等；均不用"得"一词。又按"敌"有"敌匹"（配偶）之义。《左传·桓公三年》："齐侯送姜氏，非礼也。凡公女嫁于敌国：姊妹，则上卿送之，以礼于先君；公子，则下卿送之。"其中的"敌国"之"敌"即是匹配之义。故《中孚》六三"得敌"，指男女双方相互得到配偶之义为妥。程《传》"'敌'，对敌也，谓所交孚者"，所言"敌"也取匹敌、配偶义。

"得敌"即为娶得配偶，六三之"或鼓或罢，或泣或歌"应为载歌载舞的迎亲哭嫁现场，《屯》上六"乘马班如，泣血涟如"与此同义。可以想象，在迎娶仪式中，有停停歇歇敲锣打鼓的、有唱送嫁歌的、更有新娘子的哭嫁等，是好不热闹的婚礼场面。

由此延展，《中孚》九二以鸣叫的鹤在树荫下，它的伴偶应声和鸣，表达"气同则会，声比则应"，即至诚相交，互相感应之义；"爵"，《左传》桓公二年"舍爵策勋焉"注："爵，饮酒器也"，此处代指酒，即"自己有美酒"之意，"靡"为"共"，即希望与对方一起共饮，为"与子偕老"之约。李锦池、曹础基先生认为"这是一首男唱的婚歌，表现了男女欢聚，与《诗·关雎》相似。开头也是用一对鸟起兴。在当时大概是十分流行的，所以作者用来代说婚礼。"《诗·关雎》为男子追求女子尚未成功时"求之不得"式的吟唱，则李、曹当也赞成九二应是求爱，而非婚礼之描述。

《中孚》初九取象，关键为"虞"的解读，"虞"字在《屯》卦尚有一见，《屯》六三"即鹿无虞，惟入于林中"，"虞"取"向导"之义，似与此爻无关。程《传》："九当中孚之初，故戒在审其所信。虞，度也，度其可信而后从也。虽有至信，苟不得其所，则有悔咎。故虞度而后信则吉也。"而"有它不燕"争议不大，即有其他（变故），则不得安裕。由此可知，初九与婚娶之准备有一定的联系，即在求婚、议婚之前，应能自我揣度，并有向导，如果情况有变，则会不得安裕。

由此，《中孚》的前三爻取象为婚娶之事，六四爻"月几望，马匹亡，无咎"，"月几望"在《小畜》上九"既雨既处，尚德载。妇贞厉，月几望，君子征凶"，《归妹》六五"帝乙归妹，其君之袂，不如其娣之袂良。月几望，吉"中尚有二见。由这两则爻辞，可见"月几望"与婚娶、夫妇之道等的关系。虞翻理解为"日月相对，故'月几望'"，王弼则认为"阴之盈盛莫盛于此，故曰'月几望'也。满而又进，必失其道，阴疑于阳，必见战伐，虽复君子，以征必凶，故曰'君子征凶'。"故《中孚》六四德盛不衰，美盛不盈，与杜预的初嫁女子"谦不敢自安"构成了互文关系。即《中孚》六三所载仪式完成后，女子嫁入男方，虽其德盛不衰，却美盛不盈，尤"谦不敢自安"。至行三月庙见克成妇礼后，夫婿遣人将女方父母送嫁所用车马，送返女方父母。

《中孚》九五"有孚挛如,无咎"之"挛",《说文》"挛,牵系也,从手䜌声",《释文》"马云'连也'",取义为"牵系、连接",即夫妇家庭生活应以诚信之德互相牵系,共信共处,生活自然无咎无害。《中孚》上六"翰音登于天,贞凶","翰音,即鸡,《礼记·曲礼》:'鸡曰翰音',《尔雅·释鸟》:'翰,天鸡'……《说文》:'䳺,雉(应作鸡)肥,翰音者也。鲁郊以丹鸡祝曰:以斯䳺音赤羽,去鲁侯之咎。'䳺即翰。"《尚书·牧誓》"牝鸡司晨,惟家之索",即商纣帝辛听用妇言,是其大罪状之一。《周易》关于女子的叙述,也略同于此,如"窥观,利女贞"(《观》六二),即女子目光短浅①,故应"无攸遂,在中馈,贞吉"(《家人》六二),即主中馈的女人只管做家务,凡事不要自作主张,其结果自然是"贞吉"的。而一旦女子掌握家庭主导权,"翰音登于天",则将有祸咎。

当置《周易》与礼制关系这一话题于《周易》文本及其自身所处时代语境,所获认识应更贴近历史情境。在重写中国古代学术史的呼声中,应可依据考古学等所获文献文物,以厘清相关礼俗的质性认定、时代判断等问题,同时以应如陈寅恪先生所言"以外来之思想,与吾国固有之材料相结合",通过方法与材料的共同创新,推动《周易》考证与研究的开展。

(原载《郑州大学学报》哲学社会科学版,2018 年第 2 期)

---

① 关于"窥观,利女贞",古今解释大致相同。如虞翻解释为:"临兑为女,窃观称窥。"(《周易集解》卷 5,95 页),王弼解释为:"处在于内,无所鉴见。体性柔弱,从顺而已。犹有应焉,不为全蒙,所见者狭,故曰'窥观'。"(《周易正义》,《十三经注疏》,第 73 页)他们都认为"窥观"是女子的观察。从"窃观"和"处在于内"来看,"窥观"取象于女人躲在门后往外窥视的行为。即女子虽然是成年人,不像童子那样蒙昧无知,但采取这样的方式来观察事物当然不能全面彻底,故而眼光狭窄,见识浅薄,是"无所鉴见"的。

孔门分流与早期儒家文化的传播

梁 奇

梁奇,文学博士、博士后。现为上海大学文学院副教授、硕士生导师。主要研究领域为早期社会制度变革与文学嬗变。在《中国社会科学报》《河南社会科学》《求索》《郑州大学学报》等刊物发表学术论文 30 余篇,其中 3 篇被人大复印资料《中国古代、近代文学研究》全文转载。目前正在主持教育部人文社科规划项目"唐前社会嬗变与文献中神怪形象演化"的研究。

春秋战国之际,王权式微,战争频仍,诸侯蚕食。战争的加剧促使贵族的"下流"与庶人的"上流"在交集处汇合成新的阶层"士"(《士与中国文化》)。士的出现,对于社会的稳定、文化的缔造与承传均起着积极的助推作用。尤其孔子广办私学,以先世典籍为教科书教育弟子和时人,培养了子路、闵子骞、漆雕开、颜回、曾子、子夏、子游、子张、子贡等"儒士",使儒学大放异彩。在孔门师徒的共同努力下,儒学成为"显学",人们争相"学儒者之业,受孔子之术"。孔子卒后,弟子们"散游诸侯",传播师说,对早期儒学的流播和文化的繁盛作出了重大的贡献。这主要有以下几点:

第一,促使儒家文化向四方传播。孔子卒后,众弟子为孔子服丧三年后,子贡又独守三年。这时诸弟子为推举新掌门而发生争执,子夏、子张、子游等人想推举有子为接班人,如同侍奉孔子一样。曾子则认为接班人关乎整个师门的盛衰和荣誉,有子达不到圣人的条件,故而不肯(《孟子·滕文公上》)。至此,孔门诸子间的矛盾激化,分裂成为必然,于是弟子们纷纷离开鲁国而到他处寻求生存和发展空间,"大者为师傅卿相,小者友教士大夫,或隐而不见。故子路居卫,子张居陈,澹台子羽居楚,子夏居西河,子贡终于齐",最终导致"儒分为八"。除"子路居卫"时间不确,《史记》所载弟子行迹较为可信。诸弟子分散到各国,通过自己的知识和学问去干谒诸侯,友教臣子,势必对儒学的传播和发展起到积极的推动作用。子夏于西河设教授徒,使儒学在魏国广播,并与政治紧密结合,将在下文论述。子张居陈,使陈地儒学大盛。孔子说子张做事偏激,指他对孔子和儒家的偏离,体现子张"尊贤容众"、倡导广泛接纳不同的思想和主张。其实这更利于子张在不同群体中传播儒学。从《荀子》《韩非子》中"子张氏之儒",郭店楚简中《忠信之道》为子张所作(廖名春《郭店楚简儒家著作考》),以及子张在唐代被追封为"陈伯"、宋代被尊为"宛邱侯"和"陈公"来看,可知他在陈地传播发展儒学的影响甚大。澹台灭明在楚传播儒学。据史书记载,澹台灭明在南方收徒讲学,有弟子300多人,名显诸侯。刘成群、刘冬颖、常佩雨等学者考证了战国时期楚地诗学的状况,李学勤等认为清华简《耆夜》是战国楚简。可见战国时期楚地儒学、诗学的繁盛和发达。尽管史料匮乏,我们无法详知澹台灭明在楚传播儒学的具体情况,但根据战国时期楚地儒学和诗学的兴盛,以及司马贞、张守节等人对唐代吴国东南、苏州城南五里的澹台湖和湖北的澹台等遗迹的记载,可知澹台灭明一派对楚地儒学的发达当作出一定的贡献。子游对南北学术的影响。《史记》虽未明言孔子卒后子游的去向,但从他在唐开元年间被追封为"吴侯"、宋代朱熹作《平江府常熟县学吴公祠记》提出"南方之学"来拔高子游地位来看,可知他当到了南方去传授儒学。有宋以降,人们对于言偃的认识更加重视,纪念性的牌坊、祠堂也随之而起。郭沫若说"八儒"中子思之儒、孟氏之儒、乐正氏之儒就是子游氏之儒,从而认为子游"道启东南"也合乎情理(《十批评书·儒家八派的批判》)。廖名春先生判定郭店楚简《性自命出》当为子游的作品。邹旭光先生考证出子游在31岁到64岁在故乡讲学。可见,子游对于儒家文化在南方的传布起到积极的作用。漆雕开与蔡地《书》的传播。据《论语》《孔丛子》《孔子家语》等典籍记载,漆雕开为蔡人,身患残疾,节操高尚,不热衷于仕途,而致力于传习《尚书》,作《漆雕开》。刘海峰先生认为,孔门弟子中来自蔡地的有漆雕开、漆雕哆、漆雕徒父、曹恤、秦冉和漆雕凭等人,均在孔门弟子之列。他们当以漆雕开为首而形成了颇具影响的"漆雕氏之儒",使儒家学说在蔡地发扬、传播,至今此地区尚有关于漆雕开的多种民间传说。曾子居邹鲁,兴洙泗儒学。曾子在争立继承人的过程中获胜,守住了儒学的大本营,留在鲁地继承老师的思想和"产业",使洙泗儒学呈现"誾誾如也"的气象。《孟子·离娄上》说,曾子在武城讲学时,师从者多达70人,此可谓与孔门七十二贤相媲美。据李学功先生考证,洙泗学派的成员有孟敬子、阳肤、单居离、沈犹行、公明仪、公明高、子襄、公明宣、曾元、乐正子春、曾申,另加孔伋等人,可见曾子门人之多。也正是在这些人的努力下,洙泗儒学出现了盛况,《史记·鲁周公世家》载,鲁国别处礼法衰败,只有洙泗之地"齗齗如也"。裴骃《集解》引徐广语:"《汉书·地理志》云'鲁濒洙泗之间,其民涉渡,幼者扶老者而代其任。"司马贞《索隐》:"言鲁道虽微,而洙泗之间尚闾闾如也……鲁尚有揖让之风,如《论语》音闾为得之也。"别处礼坏乐崩,而洙泗之地依然彬彬相待、闾闾如也,可见其礼乐教化的兴盛。《盐铁论·论儒》认为这当归功于孔子及其弟子,而这些弟子中,对洙泗教化贡献最大的非曾子及其弟子莫属。可见曾子对于鲁地儒学的传播和广大作用甚巨。

诸子在孔子去世后分散各地传播师说,使儒学异彩纷呈,出现了"儒分为八"的局面。与此同时,他们还促进了一些国家政治体制的革新和百家争鸣文化氛围的形成。

第二,促使知识与政治结合的新型人际关系的创立。诸侯间的混战打破了血缘与政治相结合的模式,促使知识与政治结合的新型人际关系的形成。这意味着士人参与到政治管理中,首开风气之先者当为子夏与魏文侯。子夏设教西河,弟子多达300人(此依《后汉书·徐防传》李《注》引《史记》,今本《史记》无"弟子三百人"5字)。其中可考者有魏文侯、魏武侯、田子方、段干木、翟璜、翟角、吴起、李悝、李克、西门豹、乐羊、屈侯鲋、赵苍唐等人。也正是在子夏及其西河弟子的推动下,形成极具影响的西河学派。这一学派将儒家所倡导的政治理想与魏国的政治实际相结合,形成一种新的社会模式——知识与政治的结合来维护社会的正常运转,从而使魏国成为战国前期的政治强国和儒学重心。子夏虽不直接做官、参政,但对时政产生很大影响,姚大中先生称之为"与现实政治直接的子夏学派"(姚大中《黄河文明之光》)。子夏与孟子等人的批判精神不同,而是愿意与统治者合作,注重政治实践,得到国君的认可,"受上大夫之禄,不任职而论国事",成为魏国施行改革的中坚力量。罗家湘先生认为西河弟子在魏国得到广泛的信任与认可,是知识与权力结合的典范。

这一典范性的结合不仅对后代人才选拔和用人机制均产生深远的影响,还对儒家文化的传播起到了积极的推动作用。李学勤先生认为平山器铭文所反映《诗》在中山的风行,可能与魏文侯尊重儒士,魏国是儒家重心有关系。该学派在魏国传播儒学,弘扬师说,践行孔子、子夏的政治宏愿,为后世儒学的发展奠定了基础。这当为儒学发展史上不可或缺的一环。同时,西河学术中心开启了战国学术中心(学宫)的先河,为后来的学术团体提供了范式。它使学术中心成为知识传承的重要场所和载体,改变了春秋时期靠世族世家来传承知识的局面,促进了战国乃至古代文化的勃兴。

第三，为"百家争鸣"奠定基础。众所周知，孔门弟子来自鲁、卫、陈、吴、蔡、宋、楚等地，做事风格和思维未免有所差异，《论语·先进》载有孔子对这些差异的评述：子张做事偏激、过分；高柴生性愚笨；曾参反应迟钝；仲由鲁莽；子贡不安分；子夏日益发达。孔子对弟子因材施教，允许有不同的思想存在。弟子们保留或发展了鲜明个性特点，对某些问题往往存有分歧，甚至出现争执、攻讦。这在孔子去世前后表现尤为明显，《论语》《孟子》《礼记》等典籍载有曾子、有子、子夏、子张、子游、子贡等弟子间出现的摩擦或攻讦。尽管这些矛盾不利于内部团结，致使孔门分裂，而从哲学的观点来看，矛盾是事物发展的动力和内因。因此，就整个早期儒学乃至先秦文化的发展而言，孔门弟子间的分歧和争论是不无裨益的，促使对问题的深入见解，使孔子思想的不同方面得以发展、完善，甚至在儒家思想中孕育出别家思想，有利于文化繁荣。

对别家影响最大的当属子张和子夏。《淮南子·要略训》记载墨子始学儒者之业，后背周道而用夏政，自立门户。可见儒墨当有相通之处。关于二者相通，唐代韩愈已经指出，郭沫若首倡子张与墨子相近，并从二人的年龄考察了墨子应受到子张的影响。丁原明认为子张之儒很可能就是儒墨相通的最早疏导者，甄洪永从"仁爱"和执行力等方面考察子张对墨子的影响，从而认为子张之儒为墨家理论的先导，对墨家的形成具有重要作用。确如贤哲所论，子张之儒对孔子思想有一定的偏离。而这一偏离则对墨家思想的形成和墨家学派的出现产生了很大的影响，可以说，没有子张氏之儒，不一定有墨家思想的兴盛。子张对于儒学传承的功劳可谓大矣！对"百家争鸣"贡献博矣！子夏所创建西河学派实际上是以子夏为代表的儒家者流、以李悝吴起为代表的法家者流和以魏文侯为首的魏国政治集团的巧妙综合。该学派是魏文侯变法运动的人才库和智囊团，在积极参与魏国政治管理的同时，也为法家的产生与发展提供了温床，孕育了李悝、吴起之流的法家人物。子夏在传播师说的同时，也对"百家争鸣"的形成做出了较大的贡献。

综上可知，孔子卒后，弟子分流四方，使儒家文化由鲁国移向各地。儒家文化与各国"土著"文化进一步交流和融合，改变了他国的文化风貌和历史进程。战国之世，儒家文化乃至古代文明未像世界他国古代文明因遭受战争等灾祸的侵蚀而衰败或中断，孔门弟子功莫大焉。

敏行集
上海大学文学院四十周年纪念文集

古典
文献学

元代江浙文人的串联风气和文艺创新

孙小力

  孙小力,男,1954年1月生,上海人。1986年毕业于复旦大学中文系中国古典文献学专业,获文学硕士学位;之后入职上海大学文学院,先后在古籍整理研究室、中国文化研究所及中文系工作。2000年评为教授,2007年任博士生导师,2015年9月退休。主要研究领域为中国元明文学及古国古代相关文献。主讲课程有"中国古代文学""元代艺术与文学""庄子精读""庄子与生活哲学""杨维桢研究""校勘学与古籍整理"等。已经或即将出版的著作有《杨维桢年谱》《明代诗学书目汇考》《庄子直解》(合作)、《吴地园林文化》《杨维桢全集校笺》等。为上海古典文学学会理事、中国明代文学学会(筹)理事、中国元代文学学会(筹)常务理事。

  明季夏允彝《岳起堂稿序》曰:

> 唐宋之时,文章之贵贱操之在上,其权在贤公卿,其起也以多延奖,其合也或赘文以献,挟笔舌权而随其后,殆有如战国纵横士之为者。至国朝而操之在下,其权在能自立,其起也以同声相引重,其成也以悬书示人,而人莫之能非。故前之贵于时也以骤,而今之贵于时也必久而后行。①

  夏允彝发现了明代文坛风气有别于前代的几个特点:1. 文坛重心由上层转移至下层,文坛中心人物已非朝廷高官。2. 下层文人享有比较充分的自主权,能够自重自立。3. 文学派别的集团化倾向明显,颇具煽动性和号召力。4. 新颖的文学思潮或艺术风格,在下层缓慢地推广,逐渐流行。

---

① 文载《陈忠裕公文集》卷首。

其实，文人从热衷游走公卿之门和攀附权贵，转变为不屑于奔走请托，开始自唱自赞、自立门户，有一个转变的过程，这一转折期就出现于元代。夏允彝所总结的明代社会出现的上述现象，在元代江浙地区已经初露端倪。例如，元代中期文坛的重心在京城，其中心人物是人称"四大家"的虞集、杨载、范梈、揭傒斯，那么，元代后期文坛的中心无疑已经处于江浙地区，其中心人物则是杨维祯、顾瑛为首的铁崖派。也就是说，文坛的重心在元代发生了下移，下层文人开始成为文坛的主角。由此产生的一系列思想观念、文化风尚等诸多方面的变化，相当深刻和广泛。

那么，产生这些现象的社会原因何在？元代文人为何能自觉自愿并最终摆脱干谒请托的习气？元代的文坛中心何以从京城转移至江浙？元代江浙地区的文学派别有何特点？它们与明代江浙文学的发展有何联系？这就是本文所要探讨的。

一、有关思想观念、社会制度对于元代文人的影响

元代社会从一开始就注重务实。务实精神，贯穿于元代社会生活的方方面面，就连当时的理学也不再一味强调精神心性。元代最有影响的理学家许衡认为，任何身份或职业的人，谋生总是第一位的，因此为求生计，不管是务农还是经商，学人皆可尝试。① 受此观念影响，元代文人撰写诗文，对于农人（当然是理想化的农民）或商贾，往往采取肯定甚至赞扬的口吻。与此同时，市镇社会的风俗习气也在日益影响着那些混迹于城市中的文人。

和务实谋生相关的，是盛行于元代文人之中的干谒和交游的风尚。

中国文人历来提倡"慎言行""谨交往"的处世原则，至于游走权贵，攀缘请托，更是为正人君子所不齿。但是由于生活所迫，或是出于其他种种原因，干谒请托之风从未绝迹，在元代更是盛极一时，主要原因就在于元代的官吏选拔制度与宋、金社会有很大的不同。元代不仅不重科举，而且选官途径多样："凡入官者，首以宿卫近侍，次以吏业循资，盖近侍多世勋子孙，吏业多省台旧典。自此或以科举，或以保荐，内则省台院部，外则路府州县，咸以岁月计迁，九品分班，森布天下，可谓盛矣！而百家九流之人亦杂出于其间，岂遴选之多而士之所以求进者亦不专以儒术欤！古者为官择人，今则因人授官；古者选官侍从，今则侍从出官；

---

① 参见耶律有尚《国学事迹》。

古者乡贡里选，今则归官乡里。此汉世取士之杂，流弊至此而人不之察，故每有侥幸之心，而奔竞之习相踵矣。"①

由于轻科举、重吏治，更因为"取士之杂""因人授官"，所以尽管"国家取士非一途，或以艺，或以资，或以功，或以法律"，然而在习惯以文学才能作为进身媒介的文人看来，"其最上者以文章荐可立置馆阁"，②还是最有诱惑力的。争取"保荐"，无疑是文人获取高官的快捷方式。揭傒斯自称"年十五六，即挟其所有，奔走衣食于四方"。③至正初年，隐士杜本应朝廷征聘赴京，途经钱塘，江浙文人蜂拥而至，争趋其寓所，希望得到这位杜征士的青睐。④

当时的文人不以奔竞为耻，执政者亦以招揽宾朋为荣，如和阳王秉彝，"虽累岁崎岖戎马间，然雅意不忘交友。尝于所寓辟堂曰'乐善'，以延天下之善士。于是一时知名之彦咸喜从之游，每风晨月夕，则相与坐堂上……其所与游而最密者，如刘君伯温、章君三益、胡君仲申，皆尝获登斯堂，为文以颂君之美"。⑤又如参政胡存斋礼贤下士，南北文士争趋其门，胡氏无不接纳；胡参政若不出门，则于门上悬一牌匾，上书"胡存斋在家"，因此颇得美誉。⑥

但是在元代，尤其元代中期以前，热心接纳文学之士的权贵毕竟不多，文人以文学才能跻身馆阁的情况也不多见。所以南方文人主动前往京师，或周游于权贵之门谋求荐举，其实有一个渐变和转化的过程。

由于重吏治，元代文人必然受到轻视或排挤，不论北方还是南方，都是如此，相比之下，南方文人机会更少。一方面，从亡国的阴影中真正走出来，甘愿接受异族政权的统治，主动接受元代的官职，心理的调整需要时间；另一方面，长期接受性理之说的南方文人，与已经习惯于"务实"原则的北方文人之间，的确还有距离。南方文人往往不屑为吏，或不愿以文艺以外的技能谋取官职；同时因为距离京师较远，乏人荐举，故受重用者更为罕见。因此，元代中期以前，京师高官中的汉族文人，绝大多数为中原人士，即主要为"汉人"。"汉人"看不起"南人"，即便是赵孟頫那样受到皇帝宠爱、才能出众的文人，同样受到排挤。南北文人之间的矛盾隔阂因此十分突出，反过来又影响了南方文人出仕的热情。例如皇庆年间，天台丁复北游京师，当时仁宗皇帝尊尚儒学，"荐者以其与杨仲弘、范德机皆可为

---

① 《存复斋文集》卷四《送强仲贤之京师序》。
② 《揭傒斯全集·文集》卷八《甘景行墓志铭》。
③ 《揭傒斯全集·文集》卷二《上李秦公书》。
④ 参见《南村辍耕录》卷二十八《处士门前怯薛》。
⑤ 《九灵山房集》卷五《乐善堂记》。
⑥ 参见《南村辍耕录》卷七《挂牌延客》。

太史氏,然当国者思阴废楚产之士,丁复乃翩然去之,遂家金陵"。① 总之,由于或明或暗的种种原因,直到元代中叶,即元仁宗恢复科举之初,南方文人不屑为官、隐居不仕的仍然不少。

元代中期以后,情况有所改观,余阙对此曾颇为兴奋,他说:"比年大江之南山林之士,有挟其文艺游上国而遇知于当世,士之弹冠而起者相踵,京师大官之家皆有其客,而周知于当世者亦比比有之。"②由于南方布衣文士凭借文艺才能或通过交游荐举而获取高官的现象开始出现并增多,也因为易代鼎革的伤痛由于时间的推移而消失殆尽,游走权贵之门求得荐举的风气在南方终于蔓延开来。

其实热衷交游奔竞的习尚,在南方城镇本来就有一定市场(南宋末年江湖诗派中不少文人,就热衷于干谒或依附权贵),只是机缘未到,才受到遏制,一旦条件成熟,死灰立即复燃,而且愈演愈烈。萨都剌有诗描述当时的状况:"南人求名赴北都,北人徇利多南趋。"③同样是受利益驱使,北方人士的南趋,多为经商,为了赚钱;南方文士的北游,则是为了结交权贵,为了谋取官职或获得名声。这样的现象,恰恰说明元代务实的文化精神,逐渐作用于大江南北各个区域。

然而,热衷交游奔竞,结果却往往不尽如人意,上述丁复的北游受挫就是典型一例。与此同时,元顺帝至元年间(1335—1340)太师伯颜当道之后采取的一系列政策,更是雪上加霜,令文人灰心丧气。至元元年(1335)十一月,在伯颜的坚持下,诏罢科举。伯颜痛恨儒生,大力排斥文人,"其后公卿相师皆以为常然,而小夫贱吏亦皆以儒为嗤诋。当是时,士大夫有欲进取立功名者,皆强颜色昏旦往候于门,媚说以妾婢,始得尺寸"。④

但是,对于多数具有傲骨的文人来说,如此低声下气以求取一官半职,并非心甘情愿,更何况这样的官职似乎并没有多少升迁的余地。经过多年的江湖闯荡,借助于走南闯北、交朋结友所赢得的名声,务实的元代文人,逐渐摒弃了一味奔竞于权贵之门的做法,他们利用自身特长在市镇社会谋生的同时,发现了自身的价值,开始营造自己的文化圈和发展空间。那些曾经北游京师试图谋取官职的江浙文人,纷纷回归南方,例如柯九思、丁复、王冕、陈基、潘纯等。

必须指出的是,柯九思、丁复等人的南还,并非回归故里,枯守家中,而是携其所长,周游于江浙各地城镇。例如黄溍高足陈基,"尝负其所有涉涛江、游吴

---

① 《危太仆续集》卷一《桧亭集序》。
② 《青阳先生文集》卷四《杨君显民诗集序》。
③ 《雁门集》卷一《芒鞋》。
④ 《青阳先生文集》卷四《贡泰父文集序》。

中,久之,又自吴逾淮溯河而北,达于燕赵。留辇毂之下久之,于时虽未有所遇,然自京师及四方之士,不问识与不识,见其文者,莫不称美之不置"。①"未有所遇"而获得美誉的陈基后来回到江浙,如鱼得水,在钱塘、姑苏等地很快享有盛名。

元代中期以后,江浙行省(尤其浙西城镇)是各地失意文人最为向往的胜地。仙居柯九思自京师流寓江南,后"归老松江,时往来玉峰、吴阊,与玉山诸君宴游"。② 庐州潘纯,"壮游京师,名公卿争延致之。每宴集,谈笑倾座……或以达于文宗,目为滑稽士,欲系治之,因亡走江湖间"。③ 潘纯晚年周游于江浙,以其散曲和滑稽才能,在文坛争得一席之地。至于王冕北游京师后南还,未能久留浙西,最终选择回归诸暨老家,则是因为家有老母需要侍奉。然自京师归家途中,王冕也四处游历,曾在昆山、钱塘等地逗留多时,故晚年在家,曾有诗歌怀念昆山的朋友,追忆在顾瑛玉山草堂获得的快乐。当时有名望的江浙本地文人,大多无心远游为官,倪瓒自称"闭户读书史,出门求友生。放笔作词赋,览时多论评。白眼视俗物,清言屈时英。贵富乌足道,所思垂令名";④高启则放言"蹑屩厌远游,荷锄懒躬耕。有剑任锈涩,有书任纵横。不肯折腰为五斗米,不肯掉舌下七十城。但好觅诗句,自吟自酬赓"。⑤

因为元代比较宽松的政治文化氛围,东南一带便利的水陆交通,以及当地富商大户附庸风雅的习尚,江浙城镇为当地文人和移民文人创造了较好的生存环境。文人们在此交友结朋,以诗文书画创造声誉,同时也因为声誉而获得尊重,得以享受生活的惬意。

昆山富户顾瑛,中年折节读书,营造私园玉山草堂,专门接纳南来北往的名士,共同吟诗撰文,游山玩水。江西熊梦祥工书善画,"以茂才举教官,不乐拘制,辄弃去,以诗酒放浪淮浙间",卜居娄江,与顾瑛为邻,时常应邀至玉山草堂,谈诗论画。⑥ 世居钱塘灵芝乡的许文泰,雅好交结湖海名胜,进士如会稽杨维祯、吴兴宇文公谅、柳州陆景隆,道士如张贞居、杜丹邱,名僧如俊用章、渭清远,皆与之交。"苟一临之,款洽连日夜,剧谈赋诗以为乐"。⑦ 松江富户夏庭芝乐善好施,

---

① 《九灵山房集》卷十二《夷白斋稿序》。
② 《元诗选》三集《柯博士九思》。
③ 《元诗选》三集《子素集》。
④ 《倪云林先生诗集》卷一《述怀》。
⑤ 《高青丘集》卷十一《青丘子歌》。
⑥ 参见《草堂雅集》卷六《熊梦祥》。
⑦ 参见《始丰稿》卷六《耕乐处士墓志铭》。

"凡寓公贫士、邻里细民,辄周急赡之。遍交士大夫之贤者,慕孔北海,座客常满,尊酒不空,终日高会开宴,诸伶毕至"。① 正是在这样优裕的生存环境里,江浙文人喊出了"大隐在关市,不在壑与林"的口号。② 戴良的陈述则更为具体:"仆生五十有余年矣,虽足迹不出乎吴越,交游不及乎卿相,而往还于士大夫间亦多矣。泛泛市道者固不足言,其以斯文相亲爱,不啻如亲骨肉者,亦且不少矣!"③正是在江浙市镇里,戴良获得了较好的衣食来源;在友好同道之中,又获得了心情的愉悦,所以无意结交"卿相",甘心情愿地"足迹不出乎吴越"。

无意跨出吴越以及徙居吴越的布衣文人,具有衣食无忧的生活基础,获得了较为自由的身心,于是围绕某些具有号召力的诗文领袖人物、某些提供赞助的富商大贾,结为团体,由宦门的奔竞转而倾向于同道间的串联。市民的称扬和款待,文人相互之间不断的切磋、争辩和联谊,又催生了他们自信、自傲和自诩的勇气。

这样的自信和自诩,首先反映在对于"宗派""朋党"的看法。拉帮结派,历来为中国传统观念所排斥,正统文人往往避之唯恐不及。如元季出任京师高官的黄溍,因顾忌"朋党"之嫌而拒绝举荐朋友门生。杨维祯则针对黄溍的言论,专门撰文称扬"朋友"的意义,同时讥斥黄溍的胆小怕事:"君子与君子合谓之朋,小人与小人合谓之党。朋者,道德也,风节也,文学议论也……朋不避于先生,先生将不得令终于盛时哉!"④杨维祯认为朋党现象客观存在,朋友之间的交往切磋,是文人立身处世的正确选择,根本无须也无法回避,否则将不得善终! 正是基于这样的认识,元季江浙地区的文人串联十分频繁。

江浙文人的自信,还表现在对于本地的布衣文人的称许和拔高。郑元祐是从浙江遂昌徙居姑苏的一个普通的教书先生,顾瑛却将他与文坛巨擘相提并论,称郑氏"书无不读,肆意诗文,前不让古,虽在隐德,与馆阁虞(集)、马(祖常)并称于时"。⑤ 杨维祯赞赏松江隐士杨竹西说:"汝岂无相汉之筹,而遽从赤松之游;汝岂无霸越之策,而自理鸥夷之舟。仙踪寄乎葛杖,劲气吞乎吴钩。集车辙于户外,登歌吹于西楼。不识者以为傲世之叔夜,识者以为在乡之少游。"⑥褒奖布衣之士有汉初张良、春秋范蠡之才。凡此种种,足以说明当时的江浙文人,具有傲

---

① 《青楼集》卷首张鸣善《序》。
② 参见《铁崖先生古乐府》卷六《金处士歌》。
③ 《九灵山房集》卷十《投知己书》。
④ 《铁崖文集》卷三《金华先生避党辩》。
⑤ 参见《草堂雅集》卷三《郑元祐》。
⑥ 《珊瑚网·名画题跋》卷十《杨竹西高士小像》。

视一切的精神和勇气。

元季江浙文人的自诩,常常也是为了与北地文人一争高下。如前所述,南北文人之间的矛盾由来已久,那么,显示南方文人的才华和力量,本身就具有鲜明的宗派色彩。在这方面,影响最大的就是至正初年杨维桢撰写的《三史正统辩》,此文引经据典,洋洋洒洒两三千字,表面上是讨论宋、辽、金三史的撰写体例,实论证元朝应该上承南宋而非辽、金的道理,其实具有明显的现实意义,就是为"南人"(南宋的后代们)争取所谓的"正统"。所以文章一出,不但博得馆阁大臣江西人士欧阳玄的青睐,就连江浙地区的平民百姓也纷纷传诵。

这一切,直接促成了江浙布衣文人集团的产生。

二、江浙文人的串联聚会和文学重心的下移

元代后期江浙地区影响最大的诗文派别,是以杨维桢为代表的铁崖派。铁崖派的产生渊源,可以上溯至元代中期泰定年间。泰定四年(1327),杨维桢赴京师参加会试,曾与同科进士谈论闽浙新诗,当时的江浙诗坛较为沉寂,因此受到福建籍进士的嘲笑,闽人黄清老甚至讥斥说"浙无诗"。杨维桢对此耿耿于怀,归浙后四处寻访诗人,由此联络起一大批有名或无名的诗文作家。后来,人们就将这些接近或聚拢于杨维桢身边的文人,称为铁崖派,又称铁雅派。

铁崖派其实并非严格意义上的诗文派别。因为它既没有明确的理论纲领,也没有明确的为集团成员必须奉行的文学创作原则或艺术风格,它其实只是一群志趣相投的文人松散的联合体而已。铁崖派最为重要的功绩,在于它提升并确立了江浙地区布衣文人的文学地位。至正初年,杨维桢曾撰文说,他之所以孜孜不倦地寻访江浙诗人和搜集江浙诗歌,并不只是为了与福建诗人黄清老赌气争胜,"实以见大雅在浙,方作而未已也"。① 也就是说,杨维桢的种种努力,包括拉帮结派,主要是为了让日益兴旺并逐渐成为焦点的江浙诗坛得到世人的重视。

铁崖派的最初成型,是在至正初年,其后二十来年之间,影响渐广,以至风靡东南。其中起重要作用的,除了杨维桢自身的魅力,还因为有布衣文人李孝光、道士张雨等人的参与和鼓吹,有顾瑛等富商大户的财力支持,以及当地得天独厚的文化氛围。明代王世贞对此早有认识,他说:"吾昆山顾瑛、无锡倪元镇,俱以

---

① 参见《东维子文集》卷七《两浙作者集序》。

猗、卓之资,更挟才藻,风流豪赏,为东南之冠,而杨廉夫实主斯盟。"①

顾瑛、倪瓒的风流俊爽和嗜好风雅,享有盛名。其实当时民间不少富商大户,往往也操办文化事业,例如盛行于江浙地区的文会,就是由许多后来湮没无闻的豪富大户主办的。所谓文会,类似于今天的作文比赛,由出资者或主办人聘请著名文人主持评选,允许四方学子文人参赛。比赛结束后公开发布优胜者名单,馈赠奖品,还模仿正规科举考试,刊印程文,加注评语。至正年间,松江吕良佐创办应奎文会,聘请杨维祯主评,盛况空前。事后吕氏撰序文说:"东南之士以文投者七百余卷,中程者四十卷。盖杨公早登高科,其文力追西汉盛唐之作,而山林学者无不欲列名于其门,故视他会为独盛。不然,世之怀奇负气不可以爵禄诱者,甘于自闷其学,况铢金尺币所能致哉?"②当时参与文会的布衣文士多达七百余人,其中竟然还有一些不屑于参加科举考试的山林之士,由此可见民间文会的影响非同小可。这样的文会,实际上隐寓有对科举考试缺乏公正性的不满,是用自我肯定的方式,公开以财富和政府抗衡。这一类活动对于杨维祯及其铁崖派来说,无疑也起到了宣传推动作用。

杨维祯能够获得成功,与他自身的才气也是分不开的。杨维祯多才多艺,诗文、书法、音乐、鉴赏,无不精通,尤其擅长吹奏铁笛,以至"集车辙于户外,登歌吹于西楼",声名鹊起。铁崖派能够盛极一时,更与其领袖人物的性格脾气有关,杨维祯自称"性疏豁,与人交无疑二",③也就是说生性通达大度,不拘小节,所以能够主动融入市镇社会,为各种各样、各个阶层的市镇社会中的人所接受,以到"吴越诸生多归之,殆犹山之宗岱,河之走海"。④ 其实当时江浙地区的著名文人,接待后生小子都十分热情,例如杨维祯的好友、道士张雨,也曾竭力提携晚生后辈,黄溍对此有过生动描述:"后生晚出如春华夕秀,奇采递发,欲一经伯雨之品题者,无不挟所长以为贽,而伯雨皆莫之拒,虽细弗遗。"⑤在对待年轻人的态度上,张雨与杨维祯的表现十分相似。这样的现象,如果发生在以复古为高尚、以年龄论优劣的传统社会环境里,是难以想象的。反过来说,正是在充满活力的江浙地区的新兴市镇里,具有叛逆行为和创新意识的杨维祯们,才与青年人取得了一致。杨维祯、张雨等人新颖出格的思想和行为,自然被城镇社会的青年人所效仿

---

① 《艺苑卮言》卷六。
② 文载《嘉庆松江府志》卷三十一《学校志》。
③ 《铁崖文集》卷二《铁笛道人自传》。
④ 参见宋濂撰《元故奉训大夫江西等处儒学提举杨君墓志铭》。
⑤ 《金华黄先生文集》卷十八《师友集序》。

追随,夏允彝所谓"其起也以同声相引重,其成也以悬书示人,而人莫之能非"的现象,自然也就出现了。因此,尽管杨维祯被比较传统守旧的王彝斥之为"文妖",当时却无人理会。

　　杨维祯很早就以江浙在野文人的代言人自居。至正初年,失去官职已有数载的杨维祯上书江浙行省平章嶹嶹,希望获得引荐,文章最后说:"(平章)有以推文子之知而一引手于堂下,则东南之士或沉于下者幸已,又岂某一人之幸哉?"①也就是说,杨维祯希望引起当局者的重视,因此将自己的升沉际遇和江浙在野文人的前途命运联系在了一起。但是上书并未奏效,于是他转而浪迹江浙各地市镇,交友结朋,授学为生。杨维祯曾有诗描述当时的畅快:"杨子休官日日闲,桐江新棹酒船还。丁宁旧客兼新客,漫浪南山与北山。"②在各地布衣文人的热烈呼应和青年学子的争相追逐下,杨维祯串联起一个庞大的诗人群体,《西湖竹枝词》《吴下竹枝歌》《大雅集》等诗歌总集相继刊行,杨维祯则被"南北词人推为一代诗宗",③赢得了东南文坛盟主的地位。

　　杨维祯及其铁崖派崛起并获得成功,在文学史上的意义在于:它表明文坛重心从元代中期的京师转移到了元代后期的江浙地区,文坛中心人物则由馆阁大臣转换为东南布衣文人,这其实也是文学走入平民之中的必然结果。

　　元季至正八年(1348)二月二十日,昆山名士顾瑛于其私园大宴宾客,出席酒宴的宾主、侍从以及乐妓等凡27人。来宾皆当时享誉东南的名士,如杨维祯、姚文奂、郯韶、李云、张渥、于立,应邀而未能赴宴的,还有张雨、李孝光、吴克恭、倪瓒、陈基等著名文人。这场宴请至少持续了3天,除了在顾瑛私园"桃源"内酣饮奏乐赋诗,还曾结伴登山游乐。事后,画家张渥作白描《桃源雅集图》,杨维祯撰写图志,专门记录这一盛事。杨氏图志最后声称:"夫主客交并文酒赏会,代有之矣,而称美于世者,仅山阴之兰亭、洛阳之西园耳,金谷、龙山而次弗论也。然而兰亭过于清则隘,西园过于华则靡。清而不隘也,华而不靡也,若今桃源之集者非欤?"④

　　桃源雅集具有元代江浙文人诗酒联谊的鲜明特色:1. 没有明确的现实功利目的或政治企图,纯属联谊。2. 强调"清而不隘",即摒弃以往文人经常标榜的所谓清高,主张广交友朋。桃源雅集并非王羲之兰亭聚会的清一色文人,宾主身

---

　　① 《铁崖文集》卷三《上嶹嶹平章书》。
　　② 《草玄阁后集》癸集《桐江》。
　　③ 参见《铁崖先生古乐府》卷首章琬《铁雅先生复古诗集序》。
　　④ 《游志续编·桃源雅集图志》。

份各异：诗人、画家、道士、僧人、妓女，聚集一堂，吟诗作画，奏乐唱曲，各呈技艺。3. 所谓"华而不靡"，既以桃源雅集的奢华而自豪，又突出它有别于洛阳西园宴集的民间性质。

北宋年间洛阳西园的文酒赏会，因为龙眠居士李公麟、书画名家米芾的绘画记文而闻名于世。西园乃北宋驸马都尉王诜宅第，王诜曾邀集苏轼兄弟、秦观、米芾、李公麟等十余人于家中聚宴，李公麟乘兴作画，绘有《西园雅集图》，米芾则撰《西园雅集图记》。西园雅集后世蜚声中外，人们常常将它与兰亭修禊相提并论。

细察李公麟所画《西园雅集图》，图中文人或挥毫，或吟诗，或抚琴，或打坐，其实并无所谓"奢靡"景象。那么，所谓"过于华则靡"，究竟是指什么呢？

杨维桢真正想要强调的，恐怕只是西园雅集与桃源雅集宾主身份上的差异：北宋洛阳西园主人乃驸马都尉王诜，参与雅集的宾客多有官职；而元季昆山桃源雅集的主人，则是市镇社会的普通市民，宾主皆属混迹市民社会的布衣文人。其中杨维桢虽有进士身份，并曾出任县令、盐场司令，然当时失去官职，正在江浙一带游荡，授学谋生。因此杨维桢所要强调和标榜的，其实是自己及其朋友的"下层平民"身份。

对民间酒宴作如此浓墨重彩的宣扬，目的只有一个，即突出自我的快乐，显示当时正在崛起的民间文人团体，标榜他们生活的无拘无束、随心所欲。在杨维桢、顾瑛等人看来，地位身份的尊贵，难免妨碍"自由"，因此显得奢侈和多余，即所谓"靡"也。所谓"过于华则靡"，其实是对于北宋洛阳西园宾主显贵身份的排斥，并以此突出元代昆山桃源雅集的民间色彩。

那么，当时江浙文人的雅集，具体交往的形式和谈论的话题又是怎样的呢？

雅集的形式多种多样，常见的有喝酒、饮茶、下棋、联句、游山、泛舟、书画欣赏、歌舞观摩。

"酒食"乃交友之媒介，同乡借此缔结联盟，师生以此促进联系，朋友以此加深感情，这在当时的江浙地区已成共识。例如，在杭州任官的金华同乡，每年暮春，必相约至南山，"展谒乡先达故宋兵部侍郎胡公墓，仍即其庙食之所致祭焉。竣事，遂饮于西湖舟中，以叙州里之好"。参与者常常多达四五十人，一起泛舟饮酒，联句赋诗。① 当时文人参与的酒宴往往也十分奢华，昆山袁华曾描述过陪伴

---

① 参见《金华黄先生文集》卷十《南山题名记》、卷一《甲辰清明日陪诸公入西山拜胡侍郎墓回泛舟湖中作》。

铁崖先生饮酒的场面:"鸾刀截肪五鼎烹,紫薇露泻玻璃罌。双蓬飞觞左右行,感君恩重甘结缨。"① 由此可见元季江浙市镇酒宴的排场,即使和晚明时期相比,也并不逊色。

对于酒食的交友作用,戴良还曾引经据典加以总结:"予读《诗》,至《伐木》之篇,于是知古人之于朋友,未尝不假酒食以相乐。"戴良认为,酒食待友,由来已久,尽管看似事小,不值一提,然而朋友情谊的丧失,常常并非出现了什么原则性的矛盾,实在只是因为忽略了酒食待客的作用。所以他强调酒食为"处朋友之要道",并声称"于今惟知具酒食以相乐也"。②

江浙地区的雅集方式和谈论话题,也具有地域差别。相对来说,浙东文人的聚会更为传统文雅一些,不论是交游的方式还是讨论的话题。戴良曾描述刘基、章溢与王秉彝等人的雅集:"或谈性命道德之奥,或论古今人事之得失、民生之利害,或雅歌、投壶、弹棋、击筑以尽其欢忻。"③ 而浙西一般士大夫的习气,与此大不一样,高启曾极为不满地申斥:"近世之士大夫,趋于涂者骈然,议于庐者欢然,莫不恶约而愿盈,迭夸而交诋。"④ 杨维桢也曾指责说:"予尝怪今朋徒有会,所谈不闻嘉言善行,而私议官寺短长、爵禄升降、市井庸流之辈,否则谈谐调谑而已。"⑤

其实,生活于当时的文化氛围之中,不论是高启、杨维桢,还是浙东文人的身上,都已经多多少少沾染有世俗的习气。

高启于元季曾与北郭诸友朝夕相处,自称"或辩理诘义以资其学,或赓歌酬诗以通其志,或鼓琴瑟以宣堙滞之怀,或陈几筵以合宴乐之好"。⑥ 可见"君子之交淡如水"的信条,已被"陈几筵以合宴乐之好"的世俗所代替。杨维桢授学姑苏之时,一月之内曾两次应邀泛舟石湖,作终日游,事后还撰文与白居易相比拟,甚至认为自己比白氏更为快乐,因为自己是自由身。他说:"白乐天守于苏州,一月一游,至连五日夜邀游不以为过。以乐天之官守,不为文法窘束而肆志山水之乐如此,矧无窘于文法者乎!"⑦

不受传统礼法约束,即"无窘于文法"的江浙文人,怎能不作出种种创新出格

---

① 《耕学斋诗集》卷二《春夜乐·次铁崖先生韵》。
② 参见《九灵山房集》卷二十一《书画舫宴集诗序》。按:戴良此文作于明洪武二年(1369),然所论显然仍属元代思想文化范畴。
③ 《九灵山房集》卷五《乐善堂记》。
④ 《凫藻集》卷三《送虚白上人序》。
⑤ 《珊瑚木难》卷七《友闻录序》。
⑥ 《凫藻集》卷二《送唐处敬序》。
⑦ 《游志续编·游石湖记》。

的举动呢?当时江浙一带(尤其浙西城镇)市民和文人士大夫的宴集或游玩,常常夹杂女客,甚至由女主人作东,宴请男女宾客,并且认为必须这样才足以尽兴:"世俗之为宴集,大率以声色为盛礼,故女乐不具,则主客莫不黯然而无欢。及夫觞酌既繁,性情交荡,男女混杂,谑浪亵侮,百不一顾……而世方以是为能放旷豁达,以尽主客之情。"①如此追求"放旷豁达"的生活方式,常常促成了思想行为上的放纵。

总之,人心已经不古,"慎言行""谨交往""不事奔竞""男女有别"等历来不容置疑的处世原则,江浙文人已经不再遵守。文人相聚,或逞才炫技,或请托攀缘,或滑稽搞笑,或自诩自夸,或热衷搜集趣闻轶事,或喜欢传播小道新闻,而这一切大多是市镇社会的所谓"恶习"。然而其中孕育有文化和文学的某些新鲜动向,则是不容忽视的。

三、与串联、雅集相关的文学思想、文艺创新和出版方式

与热衷串联雅集有关,文学常常成为交际的媒介或自我表现的工具,因此,"以文章为戏玩"的创作思想,在江浙一带颇为流行,而且这样的创作,涉及各种艺术体裁。

《录鬼簿》的作者、钱塘人士钟嗣成认为,以"戏玩"态度写作元曲的作家,十分值得关注:"若以读书万卷,作三场文,占夺巍科,首登甲第者,世不乏人。其或甘心岩壑、乐道守志者,亦多有之。但于学问之余,事务之暇,心机灵变,世法通疏,移宫换羽,搜奇索怪,而以文章为戏玩者,诚绝无而仅有者也。"②也就是说,"以文章为戏玩"的元曲作家,其价值远远胜过饱读诗书的科举状元和安贫乐道的隐逸之士,因为这样的人物以前没有出现过,因此钟嗣成在《录鬼簿》中辟有专章记述这一类戏曲作家。值得注意的是,《录鬼簿》此节所录共计十一人,其中注明身份经历的八人,此八人皆与江浙有关,或为江浙人士,或为徙居江浙的移民文人。

戏曲之外,江浙文人认为诗歌也可以而且应该是"玩笑"的产物。杨维祯在为其朋友贡师泰《玩斋诗集》撰序的时候,抓住"玩"字大做文章。杨维祯认为,由

---

① 《诚意伯文集》卷五《牡丹会诗序》。
② 《录鬼簿》"已死才人不相知者"条附注。

于韩愈"诗穷而后工"思想的误导,使得历代诗人"极诸思虑""专攻""精治",丧失了轻松的心态,以至作品缺乏情性,失去自然,失去了《三百篇》自然谣音的性质。那么,在他看来,以"玩"的心态写诗,正是恢复《诗经》自然风格的绝好途径。

散文方面,效仿韩愈《毛颖传》的作品不胜枚举,钱、盐、酒、萝卜、乐器,都有名家为之作传。绘画则流行"聊以写胸中逸兴"的墨戏,书画题跋风趣幽默,篆刻印章也不乏滑稽的内容和风格。幽默滑稽的艺术家当时倍受欢迎,如以风趣著称的潘纯、一笑居士张昱等,常常是各地名人大户邀请的贵宾。总之,元季江浙的文坛,自娱自乐的风气颇为盛行,随之而来的,当然是活跃的文艺思想和艺术创新。

主张写"情"写"心",主张"吟咏性情",其实也是元季江浙众多文人一致的文学主张。他们指出"古之诗多出于民之心,后之诗多出于士之笔",认为"山讴水谣,童儿女妇之倡答",是真情的流露,而学人士子往往"以诗为情",弄虚作假,所以不如百姓的歌谣真切。①

正是基于这样的认识,他们热衷采用民间歌谣形式,创作了数以百计的《西湖竹枝词》《吴下柳枝歌》,他们的诗歌里甚至还掺进了民间说唱的歌词。例如《铁崖逸编注》卷一《懊侬词》曰:"四座且勿哄,听妾歌懊侬。"也正是基于这样的认识,他们热情辅导提携妇女诗人,《西湖竹枝词》和《吴下柳枝歌》里,都留下了当时女子的作品;钱塘佳人曹妙清和姑苏才女郑允端的诗集中,都有当时著名文人热情洋溢的序文。

如果说普通女子参与文学创作,体现了时代的进步,那么元季江浙妇女文学的一度兴盛,更是蕴含有时代和地域的因素。蒙古贵族妇女的家庭地位相对较高,势必对汉族妇女有所影响;元季江浙地区妇女的生活较为开放,可以和男子一起饮酒赋诗,可以参与文人士大夫的雅集,因此也刺激了她们诗文创作的热情。她们在诗歌里表述对生活、对爱情的憧憬,往往不加掩饰,感情真诚。郑允端在其诗集自序中说,她不满于"近世妇人女子作诗无感发惩创之义,率皆嘲咏风月、纤艳委靡、流连光景"的俗套,决心铲除旧习,反其道而行之。于是她的诗歌,强调抒发真情实感。例如其《吴人嫁女辞》一诗,就针对寻常百姓喜好与权贵人家联姻的社会思想,予以批评。郑允端认为:对于攀附权贵的女子来说,富贵只能是一时的夸耀,并不可靠;真正幸福美满的家庭生活,其实常常为白头偕老的贫贱夫妻所获得。诗中说:"种花莫种官路旁,嫁女莫嫁诸侯王。种花官路人

---

① 参见钱鼐《大雅集序》、黄溍《题山房集》。

取将,嫁女王侯不久长。花落色衰情变更,离鸾破镜终分张。不如嫁与田舍郎,白首相看不下堂。"①因为嫁给诸侯王,只是为家庭、为父母增光;而嫁与田舍郎,则是为自己、为将来着想。其中蕴含的,实际上是当时贵族妇女谋求自我幸福、主宰自己命运的企盼。

人们常说,明代文人喜欢标榜本朝的文学成就,显得自信而又狂妄。这样的现象,元代其实也不少。

元末孔齐曾将本朝的散曲与汉代文章、唐代律诗、宋朝理学相提并论,认为足以代表一代文学。②倪瓒盛赞王蒙的绘画,称为五百年来第一人。杨维桢则认为尽管本朝古文逊于唐、宋,诗歌则胜之,他说:"我朝古文殊未迈韩、柳、欧、曾、苏、王,而诗则过之。郝、元初变,未拔于宋;范、杨再变,未几于唐;至延祐、泰定之际,虞、揭、马、宋诸公者作,然后极其所挚,下顾大历与元祐,上逾六朝而薄风雅,吁,亦盛矣!"③如此立论,其实也是在为鼓吹元末诗歌(即以自己为代表的铁崖诗歌)作铺垫。

因为充满自信,所以元季江浙文人必然重视本朝的诗文成就,必然注重搜集展示布衣文人的文学成果。杨维桢的《西湖竹枝词》,顾瑛的《草堂雅集》,都是这类性质的诗歌选集。除此之外,福建蒋易于元统年间开始搜集本朝诗人诗作,他历时十余年辑成的《皇元风雅》,已经注意到江浙布衣文人的作品,而元季天台赖良采编《大雅集》,目的就只是为了宣传江浙布衣文人的诗作。当时赖良客居云间,讲学为生,本来打算搜集并刊行杨维桢的后期诗作,杨维桢不同意,还告诫赖良说:"东南诗人隐而未白者不少也,吾诗不必传,请传隐而未白者。"④主动放弃扬名机会而鼓动赖良宣传他人,其实体现了杨维桢一贯的宗旨,即显示东南布衣文人的群体成绩。《大雅集》收录的诗人共计144人,可以说大致囊括了元季江浙地区有一定知名度的布衣诗人。杨维桢不但为诗集取名、作序,还为入选诗歌撰写评点。

我们现在看到的《大雅集》是八卷本,其中附有杨维桢评语的诗歌很少,但这并非《大雅集》最初的面貌。《大雅集》有序文三篇,首篇序文是杨维桢至正二十一年(1361)立秋日所撰,称诗集载"(作者)凡若干人,诗凡若干首",赞助人为松江士大夫谢履斋。未言卷数。次年春天,钱鼐撰第二序,谓"铁崖先生批评而序

---

① 《元诗选》壬集《贞懿郑氏允端》。
② 参见《至正直记》卷三。
③ 《玩斋集》卷首杨维桢《贡尚书玩斋诗集序》。
④ 详见杨维桢《大雅集叙》。

之,命篇曰《大雅集》,而友人卢仲庄氏手为之镂梓。既版行,学者莫不购之以为轨式焉"。亦未言卷数,然诗集分明已经出版。席帽山人王逢撰第三序,未署撰期,序中称:"(赖良)类为八卷,名曰《大雅集》,会稽铁崖杨公首叙,且锓且传,会兵变止。今年善卿(赖良字)拟毕初志,适有好义之士协成厥美,诣予征序后。"序文最后还特地说明,"义士"(即赞助人)为松江陆德昭和俞伯刚。由此可见,《大雅集》能够出版,依靠的是当地富户的财力支持,其本来形式很可能类似后世的活页诗选,不断搜集,不断扩充,不定期地募捐,不定期地结集刊版,即所谓"且锓且传"。至于最终编订为八卷,则是在明初(诗集中确实有少量明初作品)。所以至正二十一年前后杨维桢为之撰写评语的诗歌,只占八卷本诗集的很少一部分。

由此可见,当时布衣文人作品的传播,必须借助市镇社会的力量,《大雅集》就是典型的例子。其实杨维桢《铁崖先生古乐府》的出版,也曾依赖于顾瑛。反过来,市民商人常常也要求助于文人,正如昆山郭翼所说,"(昆山)斋馆之铭,冢墓之碣,一言一咏,皆名流朝士聚精会神"而作。① 除此之外,当时的文人还直接为市民的商业活动服务,元季江浙文人的诗文集中,就有不少类似今天广告宣传的作品。

江浙文人的串联交流,还促进了杂记、杂著类作品的编撰。杨瑀《山居新话》、陶宗仪《南村辍耕录》《说郛》,后世影响都不小。其中《南村辍耕录》三十卷,主要搜集本朝趣闻轶事;《说郛》一百卷,则杂取经史传记、百氏杂说之书凡二千余家,撰成数万条。杨维桢于《说郛》序文中指出,作为杂著的《说郛》功效多样,诸如"开所闻""扩所见""博古物""核奇字""索异事""究谚谈",尤可注意的是,杨维桢提到它还有"资谑浪调笑"之功能。"谑浪调笑",正是元代社会风尚,也是当时江浙文人雅集的话题之一,尽管杨维桢曾经对此颇有微词,②但其实他也已经习惯并接受了这样的社会现实。

书画篆刻方面,在元代也有极大的创新和变化。元代的文人书画,内容丰富,形式多样,可谓前无古人。与此相关,越来越多的文人和市民开始关心书画的收藏和鉴赏。所以创作或欣赏书画,也是江浙文人雅集的主要形式,各种别出心裁、独抒心杼的题跋,不仅可以出自书画家自己的手,也可以是欣赏者的心得或感悟。这种诗文与书画结合的形式在元代江浙地区大量出现,与当时文人雅集的流行大有关联,明清时期的书画著录著作,记录有元代江浙文人的大量书画

---

① 参见《林外野言·与顾仲瑛书》。
② 参见上引《友闻录序》。

题跋,就是明证。此外,文人篆刻开始注重风格的自我表现,各种成语、俗语、诙谐内容的闲章流行,也与当时文人喜好交流有关。

元季江浙诗坛流行李贺诗体和古乐府体,因为它们比较适合当时城镇社会生活的需要。张雨曾这样评价杨维桢的诗歌风格:"上法汉、魏而出入于少陵、二李之间,故其所作古乐府辞,隐然有旷世金石声,人之望而畏者。又时出龙鬼蛇神以眩荡一世之耳目,斯亦奇矣!"①顾瑛也曾这样评述徙居昆山的诗人文质:"居吴之娄江,有诗名。好为长吉体,酒酣长歌,声若金石。游京师,为朝贵所知。每过草堂,必谈笑累日。所录皆口诵云。"②总之,"酒酣长歌,声若金石",力求脱口而出,注重气势和效果,是其诗歌共同特点,这也正是当时江浙文人在酒宴等公众场合即席抒情、耸动视听的需要。

元朝灭亡之后,由于朱元璋一系列遏制工商业的措施,以及对东南地区的重点盘剥,明初江浙的城镇经济一度萧条,当地文人的串联交游活动,自然也不可能一如既往地继续。高启对此曾倍感凄凉地叹道:"及归自京师,屏居松江之渚,书籍散落,宾客不至,闭门默坐之余,无以自遣。"③

直至明代中期,随着农业、手工业的复苏和发展,工商经济逐渐恢复,并且迅速兴旺,布衣文人得以在城镇中获得安身立命和发挥艺术才智的场所,日益便利的交通更为文人的交流提供了方便,下层文人于是重新登上历史舞台,活动日趋活跃,思想更加开放。在"台阁体"之后,"前七子""吴中四才子"等下层文人集团相继崛起,类似于玉山草堂雅集的文人聚会活动更为频繁多样,文学重心的下移遂成为不可逆转的趋势,上述元代江浙地区的某些文化特征和文学现象,例如串联结派、标榜当代、自信自诩、文商结合等,也重新出现,并且有过之而无不及。历史的发展仿佛绕了一个弯子后又回到原地,继续但又发展着元末的局面。因此,以"吴中四才子"为代表的明代吴地文人,对杨维桢、顾瑛、倪瓒、高启等元代文人表现出异乎寻常的热情,并不是偶然的。

(原载《中华文史论丛》第 80 辑,上海古籍出版社 2005 年 8 月版。此次提交《上海大学文学院 40 周年纪念文集》,略作修改。2018 年 4 月 12 日)

---

① 《铁崖先生古乐府》卷首《铁崖先生古乐府叙》。
② 《草堂雅集》卷十一《文质》。
③ 《凫藻集》卷三《姑苏杂咏序》。

论陈曾寿与晚清民国旧体诗坛

张寅彭

张寅彭,1950年7月生,上海人。1982年毕业于上海师范大学,获文学学士学位。曾任教于上海教育学院。现为上海大学文学院教授、文献学学科带头人;曾任该院中文系主任、清民诗文研究中心主任。主要研究领域为中国诗学、清代诗学、民国旧体诗学及日本汉诗学。著有《新订清人诗学书目》《中国诗学专著读本》等著作,编辑有《梧门诗话合校》《越缦堂日记说诗全编》及大型断代诗学丛书《民国诗话丛编》《清诗话三编》等图书,译有《唐代文艺论》(日本冈村繁原著);在《文学遗产》《复旦学报》等刊物发表学术论文数十篇;现正主持国家社科基金重大项目"清诗话全编"。曾在香港中文大学、台湾中山大学、日本新潟大学等校任客座教授、客座研究员。

多年前,在整理和编辑民国诗话丛书时,即感觉碰触到了一个规模和成就都不在宋诗之下的旧体诗人群体("旧体"相对于其时已有的五四新诗体而言)。由于民国时间不长,这一批诗人都由前清来,兼跨清、民两朝,加之民国后此道又绝,故在随后的诵读和研究中,即与师友同道切磋、酝酿,提出了"清民诗"这一诗史的新概念[①],然未遑深论。此次编校陈苍虬诗集,除了偏嗜的个人因素之外,亦有继续探索这个议题的思考所在。

一

苍虬阁主人陈曾寿(1878—1949),字仁先,湖北蕲水人。光绪二十九年癸卯进士,官至广东道监察御史。入民国后不仕,奉母卜居杭州南湖。民国六年张勋

---

① 参拙撰《点将录与晚清民国旧体诗坛》《钱钢文集序》等文。

复辟,授学部右侍郎,事败旋归。十四年应溥仪召至天津行在,又从至长春,任后师,及管陵园事。三十一年南归,遂不复出关。三十八年卒于上海。其家藏有元吴镇《苍虬图》,极喜摹写,因以名所居,并以名其集。其号尚有耐寂、复志、焦庵等,俱见心迹,终以"苍虬"一号最为人知。

我之爱读苍虬阁诗,主要是为诗中透出的那一腔忠愤之情,极真挚而又缠绵之致,每觉不同于他家而感动不已。这当然不只是我个人的体验,前贤早有人指出过了,如陈三立云:"沉哀入骨,而出以深微澹远,遂成孤诣。"(《苍虬阁诗抄题识》)郑孝胥云:"哀乐过人,加以刻意。"(陈衍《石遗室诗话》卷二十五引)陈宝琛题其集云:"九京遗恨君能说,等闲花木有遗哀。"汪国垣云:"忠悃之怀,写以深语,深醇悱恻,辄移人情。"(《光宣诗坛点将录》)都注意到了其情深挚、其词刻意的特点。散原更自叹弗如:

　　余与太夷所得诗,激急抗烈,指斥无留遗。仁先悲愤与之同,乃中极沉郁,而澹远温邃,自掩其迹。尝论古昔丁乱亡之作者,无拔刀亡命之气,惟陶潜、韩偓,次之元好问。仁先格异,而意度差相比,所谓志深而味隐者耶?嗟乎!比世有仁先,遂使余与太夷之诗,或皆不免为伧父。则仁先之宜有不可及,并可于语言文字之外落落得之矣。(《苍虬阁诗集序》)

得此一评,苍虬阁诗遂真遗世独立矣。当然,此评或有不尽认同者,如胡先骕谓苍虬何尝没有激烈的诗①,而陈、郑诗又何尝不蕴藉。这自然都有其道理,容下文再议,但对于揭示苍虬诗独家之特点和独至的高度,散原此识是无人可比的。由于置己于内,褒贬之余,用语亦极有分际。

关于陈曾寿其人之情深拳拳,陈曾则以胞泽之谊,讲得最为具体亲切。其言一则云:"兄之天性忠爱悱恻,又喜交游谈燕之乐,沉酣日夜而不厌。所至之处,宾客满座,皆引以为相契,而无逆虞傲物之心。"一则云:"所得俸钱,尽以散之昆弟亲友,而不为己毫发计留也……于兄弟子侄亲戚,则友慈之意,老而弥笃;于朋友故旧,则情益真切而深厚。"一则又云:"兄遇事直情径行,无所顾虑,或亦不免为人所忌嫉。盖其贞心姱节,始终不贰。其于居朝为官,趋利避害,巧于迎合,而擅于倾轧,本非其所长,徒以忠爱之固结,依恋而不忍去。虽以事机之丛脞艰难,辞章屡进,而上之知兄最深,终不听其去也。"(俱见《苍虬阁诗序》)巨细靡遗,确

---

① 胡先骕《评陈仁先苍虬阁诗存》,原载《学衡》第25期。参见本书附录。

是外人难以尽言的。

其中最关乎苍虬性情之大者,自然是他与溥仪保持的那一份前后如一的君臣关系了。这里不妨再稍稍详论之。溥仪一生身份大开大阖,陈曾寿与之相随得宜,初不违本性而终亦无违青史名节,这是极其不易的。这一点,如能与陈三立、陈宝琛、郑孝胥诸人之相关行事比较论之,或更能见出苍虬其人独秉的性情。

如所周知,清、民易代的性质迥不同于此前的任何一次改朝换代,除了"易代"这一点相同之外,"易族"之事前亦有之,而以共和制代君主制,则是三千年历史从未有过的大变局。作为这个变局中的首当其冲者——末代皇帝溥仪,其后又经历了紫禁城、天津张园、静园时期的逊帝,伪"满洲国"皇帝等身份。从1911年辛亥之变,直至1945年伪满覆灭,他竟还拥有长达30余年或真或幻的君主生命,这在历代废帝中也是绝无仅有的。

面对这样一位昔日君主的存在,我们所要论及的四位诗人无一例外,或在观念上,或在感情上,或在行动上,都把他当作了不二的主上,所谓"君为李煜,亦期之以刘秀"①也。在极端困难的情况下,守住了传统伦常"不事二主"的底线。但四人之"守"的分际是大不相同的,因而智愚立判,甚至有忠奸之分。其中陈三立的情形已为人所熟知,他因为戊戌变法失败和其父的结局,从光绪末年起即避居不出,与宣统及民国后各种身份的溥仪并无直接的干系。但他在民国后的绝不出仕,虽未必即是对于前朝之愚忠,传统士大夫操守的坚持却也是无可怀疑的,因而在客观上和历史定位上,即意味着始终未曾背弃与大清的君臣关系②。最后在国难中不屈而死。他的后半生坚持忍作所谓"神州袖手人",这一方面维护了自己的元初身份而忠孝两全,一方面又与晚清和民初的浊政保持着距离,类似现代政治在野的身份,最为适当,表现出义宁陈氏一贯秉有的特识,因此受到当时人士普遍的推戴,现代人一般也无异议。

其他三位则都与溥仪始终保持着直接的、密切的关系。陈宝琛自宣统登位起即复出,充任帝傅,此后在紫禁城时期,乃至天津张园、静园时期,他都一秉臣节,忠心不二。而在溥仪离津要去东北谋立伪政之际,他却做出了那一场大义凛

---

① 陈寅恪《王观堂先生挽词序》。
② 吴宓《与寅恪书》言散原出处大节:"乃自守为子为臣之本分,故在清末季韬晦不出,与辛亥革命后之作遗民,其志趣节操,乃一贯而行者。故忠于清,不必如郑孝胥;赞成民国,更不必如谭延闿。盖胸襟磊落,自有独来独往之精神寓乎其间。"其说最为允当。

然的诀别，这一点最为后人所称道①。之后伪"满洲国"成立至其逝世的3年时间里，癸庵又曾两度去所谓新京长春谒主，表现出了始终不渝的忠心。两次滞留时间都不短，各在两个月以上，时任国务总理的郑孝胥每次都亲往迎送，过从亦不疏②。

至于郑海藏，本是一位干练之才，参与晚清政治甚是勤勉。入民国后不仕，而在"宣统十六年"（1924）一月、二月应诏入紫禁城，命管内务府③，从此直接辅佐溥仪，直至其末年。他又非一般吏才，于政治实深具用心。如他对于清亡后的政局走向，有一个所谓"三共"的见解，即"共和"将亡于"共产"，共产将亡于（列强）"共管"，然后由溥仪来维持一统④。这个政治见解的谬误自不待言，而他之所以积极参与筹划由日本主导的"满洲国"的建立，并不惜出任伪"满洲国"的第一任国务总理，除了其个人与日本之间的渊源关系外，即在于判断这是他所谓的"共管"趋势的第一步。他走出的这一步，从他旧有的大清之臣的身份，揆诸传统伦理，勉强说得过去的可恕之处是尚非卖主求荣之辈，甚至有所谓"后清"的梦想⑤。这与日本欲吞并东北的图谋自是异辙，所以他最终也并未能见容于日本军部⑥。但为时已晚，其本人连同主上，此时都已陷入万劫不复的背弃祖宗社稷的原罪之中了。

陈曾寿与溥仪之间的关系，比之上述3位，则又是一番情形，君臣关系更多地带上了私交的色彩，显得单纯却又细致得多，以至于溥仪独对他说出了"患难

---

① 汪国垣《点将录》："癸庵太傅，高风亮节，士林楷模。当溥仪被挟至津门，癸庵伏地陈七不可，且言：上必去，臣亦不能相从矣。痛哭而返。"又陈曾寿《将之大连留别癸庵年丈》："傅德保身廿年事，临歧郑重更沾衣。"（《苍虬阁诗》卷八）亦指此事。

② 见《郑孝胥日记》。两次的具体时间是1932年10月10日至12月12日，1933年11月11日至次年1月29日。

③ 此前与溥仪未曾谋面，参《郑孝胥日记》。溥仪《我的前半生》谓与郑孝胥的第一次见面在民国十二年夏天，当系记忆之误。

④ 参《郑孝胥日记》。1925年11月16日日记："共和生子曰共产，共产生子曰共管。共氏三世，皆短折。共氏遂亡，皇清复昌。"1927年1月26日日记："共产灭共和，共管灭共产，余言之数年，今将验矣。""盖自辛亥以来，列国助袁世凯而败，助段祺瑞而败，欲助吴佩孚、张作霖而皆将败。南方既为俄人所蛊，北方亦渐以排外为能。将成共管之局，谁能止之乎？"1927年6月10日日记录天津日日新闻载《英人提倡共管中国》一文。1931年10月7日日记："吾意共和、共产之后将入共管，而不能成者，赖有此一人（彭按：指溥仪）耳。"又溥仪《我的前半生》中《天津的行在·郑孝胥的理想》一节，作"大清亡于共和，共和将亡于共产，共产则必然亡于共管"，"大清亡于共和"与郑氏原意完全相反。

⑤ 郑孝胥《九日文教部登高》："雪后重阳夕照明，高台纵目俯神京。平原已觉山川伏，投老翻教岁月轻。燕市再游非浪语，异乡久客独关情。西南豪杰休相厄，会遣遗民见后清。"见《海藏楼诗》卷十二。此诗作于1933年，时任伪满总理。又1935年3月7日日记挽陈宝琛联云："几番出塞邕灰心，辽沈先归，须臾无死；未睹回銮休瞑目，曼殊再起，魂魄犹思。"与其说癸庵，不如说是在表白自己。

⑥ 郑孝胥于1935年即被革去总理大臣一职，并不许其迁居旧京，3年后死于长春。

君臣犹兄弟也"这般肺腑之言①,诚为千古所无。像苍虬这样一位性情中人物,在政治上自然是拿不出多少实际作为的,清季如此,清亡后更是如此。他的态度和表现比较单纯,甚至是最简单的,即惟对溥仪抱持君臣之义这一个念头,对当时其他的政军各方则绝无与焉②。故张勋复辟,即奔赴旧京上任,事败后又不顾危险,"每日至南池子忠武家共患难,及忠武避之荷兰使馆,乃离去"③。民国十三年溥仪被冯玉祥军攆出北京,出亡天津,他又急趋行在问安;隔数年又随扈长春,不计成败,亦无避嫌之念,君臣之间甚为默契自在,与陈宝琛的正式和沉重又自不同。尤其是溥仪在天津到长春时期,苍虬所有的行为和所上的奏折,无非是劝谏皇上慎重,不要轻易离津,不要作傀儡,而要有"行政用人权"之类,虽不切实用之至,却一秉本性④。对于辛亥后溥仪的两次"复位",苍虬明确地赞成张勋复辟那一次,而不接受满洲国康德皇帝那一次。有诗为证:

> 同梦未甘成已背,销魂难再是丁年。分明前剧非后剧,苦语何由诉九泉。(《丁丑五月十三日》)

"丁年"即指丁巳年(1917),该年农历五月十三日张勋上奏正式宣布复辟,苍虬即于20年后的丁丑年此日,作诗纪念之。时"满洲国"闹剧方炽,苍虬尚身在事中,而已能作局外之评,这实是其一贯的立场。虽然赞成丁巳复辟也高明不到哪里去,但那毕竟是国内之事,不涉外族。所以"满洲国"成立,苍虬所任止于后师,及管陵寝、教授宫中近支子弟文学之类,均所谓溥仪之"家务事",而不受任何实职。这都不是偶然的和被动之举,是与溥仪交感默契的结果⑤。他在伪满时期的心情,有一诗表达得较为准确:"事仇难苟同,衔恩敢独异?坐视良不忍,轻去惭大义。茫茫天壤宽,我行独无地。"(《题李木公肥遁庐图》)可见在心思、行事

---

① 见《辛未十二月至旅顺行在所,上为儗小楼三楹,并购铁床一,长方桌二,椅四,饭碗、菜碗、小碟、羹匙、竹箸各四,茶壶一,茶杯四,水盂二,白铁镜二,炒勺一,小铁勺二,乃至盥漱之具,罔弗备,皆上亲过目。次日入谢,谕曰:患难君臣犹兄弟也,其无谢。此千古臣子受恩所未有者。敬谨陈之一室,以示子孙,勿忘报称。今岁壬申秋八月,立之、君任、勉甫聚晤室中,每至夜分。因为之图,并纪以诗》。载诗集卷八。
② 前清遗老出仕民国者甚多。民国历届总统、总理中,以徐世昌对前清人士最具感召力,连周树模、左绍佐之类笃情者均受其招揽而出仕。惟苍虬"以徐为袁世凯党,不屑依附其门"。(陈曾则《苍虬兄家传》)
③ 参陈曾则《苍虬兄家传》。
④ 溥仪后在《我的前半生》中说陈曾寿建言"最要者魁柄必操自上",是为了自己日后能做官,当非由衷之言。书中此类情形甚多,恐不能当信史读。
⑤ 参陈曾寿、陈曾则《局中局外人记》(载全国政协编《文史资料选辑》第十九辑),溥仪《我的前半生》。

和政治操守上，他与郑孝胥是有实质之区别的，与陈宝琛相比也并不逊色，反而显得不拘形迹。后世评价，不可不明察此一分际，否则不免太辜负于历史和古人了①。

总之，苍虬是四人中最为率性和最不擅长政治的。"欢娱朝野隔生事，何论风节垂高型。酒酣不忍叹家国，但说同辈多飘零。"（《子修丈约同蒿庵散原游西溪饭于交芦庵》）他这种故国巨恸，他对溥仪那一份"深恩聊忍死，绝遇只伤神"（《本性》）的感情，其基本面应该都以感性成分为主，政治的属性十分薄弱。所以苍虬虽长期在溥仪身边，却并不能发挥什么实际的作用。陈祖壬《墓志铭》"将谓无位，股肱左右。将谓得君，靡所措手"数语，颇得其微妙。

认真说来，陈曾寿的政治理想其实是以张之洞为最高标准的，他将张文襄比作范文正："吾生犹及范希文，画牍忧时每夜分"；"长沙久镇谁能替，元佑重来日已曛"；"辛苦与人家国事，调停术尽欲何云"。（《书广雅诗集后》）"事大谋能定，机沉见若迟。济时新贯旧，沃主孝兼慈。"（《张文襄公挽诗》二首之二）张文襄之后就无人了。他的这个选择，与陈三立之子、深具历史洞察力的二十世纪史学大家陈寅恪竟不谋而合②，颇能说明其政治思想的实质。

二

像苍虬这样用情专一的性格，不适合做政治家，却成就了一个好的诗人。他在清季民初诗坛的位置是相当显赫的，每有人将之与陈三立、郑孝胥鼎足而三③，或与陈三立、陈宝琛合称"三陈"④。这些大的定位，几十年之后回过头来重新审视，愈见其精审。

中国传统诗歌的创作和评价，极重人格的高度，诗品即人品，人、诗合一，并不将之单纯视为只是一个诗艺技术的问题，所以从诗中读出的，首先应该是诗人

---

① 钱仲联《近百年诗坛点将录》挞伐云："汪国垣《光宣诗坛点将录》乃谓其'忠悃之怀，写以深语'，不知忠于谁家？汪并以坚持民族气节之陈宝琛、陈三立与之作不伦之拟，谓'惟君鼎足'，是欲以熏莸同器也。"此评过苛，未能细察苍虬之苦心、细辨苍虬行止之分际也。

② 陈寅恪《冯友兰中国哲学史下册审查报告》："寅恪平生为不古不今之学，思想囿于咸丰、同治之世，议论近乎湘乡、南皮之间。（下略）"《金明馆丛稿二编》又苍虬《咏怀》十首之九："早取新法新，晚同迁叟迁"，亦曾为寅恪先生取以明志："余少喜临川新法之新，而老同涑水迁叟之迁。盖验以人心之厚薄，民生之荣悴，则知五十年来，如车轮之逆转，似有合于所谓退化论之说者。是以论学论治，迥异时流，而迫于事势，噤不得发。"（《读吴其昌撰梁启超传书后》《寒柳堂集》）

③ 如《梦苕庵诗话》："陈仁先曾寿《苍虬阁诗》，为陈、郑后一名家。"

④ 如汪辟疆《点将录》陈曾寿赞语："抗手诗雄只二陈。"

本身。中国诗文评论的这一基本性质,早在先秦"诗言志"的原则中就被确立下来了。《毛诗》之后,宋人塑造成功老杜和陶渊明两个至高形象,继续赋予这一古老原则以新的生命力。此举实是宋人当时对于古义的一次改造运用工程,如同《毛诗》一样,其范围也并不限于诗学,而是全方位的。其后陶、杜两个形象,即作为《诗经》形象的延续,持续充任了明、清及民国时期诗学的内核。苍虬诗在清、民之际诗坛所获得的隆誉,自然不会外于此一历史现象,他的诗品与其人品,也正是高度统一的。

苍虬自称主要学黄、陈,学李义山,别人也这样评论他,都是不错的①。但我以为,苍虬诗中最容易读出的,实际上是极其浓重的陶渊明的色彩②。这不仅有其直接的表白为证,如"彭泽招我魂"(《至邻圃视寄养菊花已出蓓蕾喜赋》),"凄其望彭泽"(《述菊》),"想见陶隐居,拥衣但高眠"(《天宁寺听松》)等;也不仅在于他继续醉心于营造"菊"这个由陶渊明首先申请了"专利"的意象,如"菊固不易知,知菊良不易"(《洗心阁中菊花开时复园来住一月将别为诗四首》之二),"两三黄菊义熙花"(《朔风》),"一畦寒守义熙花"(《以旧京菊种移至海上寄养邻圃》)等;也不仅在于他亦爱作五古,遣词大有直朴之风(详下);而是他的诗所表现出来的整个生活处境、立身原则和思想趣味,始终都与陶渊明十分相似。集中如《咏怀》十首、《述菊》六首、《茗雪与觉先弟先后寄菊数十种日涉小园聊复成咏》六首、《三台山山居杂诗》八首、《别西湖六年矣忆幽居之趣率成四首》等组诗,气息最与陶近,几乎就是渊明《饮酒》《读山海经》诸诗的后代亲嗣。

辛亥国变时,苍虬33岁,正值人生成熟的开始之际。像他这样一位笃情于前朝的士子,此时实际上就已经自觉地被传统伦理守则规定下了余生之路径了。这是他的生活处境、思想原则和趣味能够与陶渊明相近的根本原因。早在辛亥次年,他已把自己安顿在陶渊明的情绪和生活方式中了。如作于此年的《咏怀》十首③,其二云:

---

① 苍虬师承甚广,如他自云:"要自黄严入韩豪,更参李婉与王遒。"(《和左笏卿丈并简泊园丈》诗集卷一)其挚友陈祖壬亦云:"侍郎之诗,出入玉溪、冬郎、荆公、山谷、后山诸家,以上窥陶杜。"(《苍虬阁诗序》)他家之评如:"《苍虬阁诗》独能以玉溪之神,兼韩黄之骨,遂觉异彩飞扬。"(《梦苕庵诗话》)但似以学黄为基调:"学诗作黄语"(《读山谷"忍持芭蕉身,多负牛羊债"诗句有所感,用其韵为十诗》之十)、"苦吟漫追双井黄"(《景文诚公人直云云》)。

② 前人亦略有指出其宗陶者,如石遗"以韩黄之笔,写杜之心思"(《石遗室诗话》);海藏"哀乐过人,加以刻意。陶杜哀乐,时复过人,韩黄则刻意矣"(转引自《石遗室诗话》);陈祖壬"上窥陶杜"(《苍虬阁诗序》)等。

③ 此诗次于卷二之首,下有《壬子二月同恪士梅庵至西湖寓刘氏花园》。但《咏怀》当非作于壬子二月前,盖诗中实写之景与情,涵盖春、夏、秋三季,题下又特别注明"壬子",而不及月份。似作于年末,或为年内之作而编定于年末。苍虬或视其能总括辛亥次年之全年的生活及心情,故取以冠首。

> 翳翳园中桑,过夏无人采。夕阳黯平芜,轻篁将何待。春阳二三月,游女如云伙。苔花上鸳机,毛羽生光彩。愿君勿缲丝,丝胶固难解。质灭会有时,性结终不改。

此诗以园中过期无人采撷的桑起兴,但最后却说还是不采为好,因为尽管你把它缲丝、织成布,仍然是枉费心机,其质灭而性仍不会改的,取喻极为深致。来自农家生活的物像,以及淡而实浓的黍离之忧,这两个陶诗的基本因子,都已经齐备了。其他九首中如"春郊蔼微雨,韦侯诗句中。菜花灿新黄,杨柳碧丛丛"(之三),"众鸟何啁啾,相群非一朝。所托非恶阴,翔集亦相调"(之七),"早取新法新,晚同迁叟迁。毁既有不辞,誉亦有不虞"(之九)等,都是与陶诗的风格和渊明的人格相近的句子。虽然点出的是韦应物的名字,但韦也正是一位"其诗效陶,其人亦陶"①者。而第六首中又可见出陶诗的另一个基本因子:

> 晓来微雨过,木润园气清。新绿低柔枝,好鸟时一鸣。众生欣适候,盎然生机盈。岂忘飘摇期,媚兹旦暮情。得时暂亦足,漃然感吾生。

对初夏园中的生机既表欣喜,又欲罢不能地以人事之立场苛责一番。但值得注意的是,最终还是对这种"得时暂亦足"的凡庶之企求释出了恕词。这里婉曲表达出来的对于庶民生活的真诚的向往之情,正是陶诗、也是苍虬诗感动人的基本因素。

此时苍虬还未及在杭州营建自己的园子,此次所吟,或是借寓于西湖边的刘氏花园,而已触景生情若此。其后数年,他奉母卜居南湖,自此有了一块栖身之地②。这是他日后能够与民国政治区隔、自在适性地退守于他之"陶"式生活的基本物质条件。此后我们在苍虬的诗中,经常可以看到这个他托身其中的湖边小园。他在这里读书("古人有奇趣,寒夜起读书。我庐虽不广,俯仰自有余。"《别西湖六年矣忆幽居之趣率成四首》)、种菊("种菊无百本,朝夕涉小园。"《苕雪与觉先弟先后寄菊数十种日涉小园聊复成咏》六首之二)、写诗、作画、奉养老母、接待朋友("夜色满柴门,二人自成世。"《十八夜同李道人野次看月》)、亲近自然("盈室芝兰为世瑞,小园雨露得天均。"《湖居与苏庵结邻次苏庵韵》)。及《大雷雨

---

① 王尧衢《古唐诗合解》。
② 参陈三立《南湖寿母图记》,见《散原精舍文集》卷七。

坐湖庐同愔仲作》《湖庐听雨》《湖夜》等作)、向人生发问(《秋怀三首》),铸就了他一生的基本成色。民国十一、十二年以后,他长年在外,然归来必由湖庐起兴感怀(《岁除返湖庐》《四月返湖庐》《十月返湖庐》等)。十九年后更远赴天津、长春,小园遂不复得归矣。但仍梦魂牵萦,《别西湖六年矣忆幽居之趣率成四首》一诗,对当年"陶"园的生活作了全面的回忆:

  幽居足良夜,月出东峰隅。灭烛坐空明,静极罢琴书。山雨洒一阵,清逼瀹茗余。几榻入微凉,荷气流空虚。湖光荧暗壁,叶叶风卷舒。何人梦来此?应诧仙人居。
  山居起我早,晓色犹朦胧。漱齿下阶立,蕉竹清露浓。白云褥低空,上承翠玉峰。氤氲蕴奇彩,俨若挂屏风。山居虽云久,奇景偶一逢。仁兴若有悟,隔水闻清钟。
  意行沿涧曲,湿屦芳露盈。忽然微风至,奇香不可名。探寻遍高下,众绿掩一茎。长蔓小白花,灿灿缀玉英。馨烈夺兰蕙,娟然发幽情。相逢不相识,一见真目成。誓将表孤隐,图检《离骚》经。
  古人有奇趣,寒夜起读书。我庐虽不广,俯仰自有余。涤虑入秋清,涉想含春愉。生物观气象,弥满忘寒儒。素心期未来,沉吟定何如?

这时他身虽已在"满洲国",心却仍留在湖庐的幽居生活,而且还天真地"素心期未来",真够得上是一位陶渊明乐与相游的"素心人"了。这是不是可以说他"大隐"隐于"满洲"呢?

  苍虬早年即"暂荣悟常寂,爱此萧境闲"(《游天宁寺同左笏卿丈作》),故其本性如此。这情形也与渊明的"少无适俗韵,性本爱丘山"相近。他们又同嗜菊花。苍虬之爱菊,当时即名声在外①。他略与渊明不同的是爱菊而不善饮:"一秋无杂言,花事徒津津。怀归不得归,贫仕只益贫。得意疏篱间,味比杯中醇。"(《种菊同菭雪治芗作》七首之一)似更专注于菊。他的爱菊之行径亦复丰富多彩,如移种、择地寄养等(《以旧京菊种移至海上寄养邻圃》《至邻圃视寄养菊花已出蓓蕾喜赋》《以京师菊种寄养苏堪园中托之以诗》),还有如"印以玻璃板,花样难具

---

① 如陈衍云:"今人之爱菊者,殆莫如陈仁先。仁先菊诗佳者至多。""仁先数以菊诗见投,余不能和。乃勉作一首,可当仁先小传读。云:'渊明菊传神,仁先菊写真。非吾誉仁先,爱菊逾古人。非惟追古人,爱菊逾其身。栽菊数百本,百本绝等伦。渊明傥见之,后生畏且亲。'"(《石遗室诗话》卷二十四)郑孝胥亦云:"君能轻世事,正赖有菊癖。菊亦何负君,何云耐岑寂。"(《陈仁先种菊图》,见《海藏楼诗》卷八)

陈。沃以芝麻油,驻颜冬复春。形以五言诗,形神岁生新"①,"看君留菊影,画手远不逮"②种种名堂举动。有一次病中的梦境,把他对菊花的深情表现得极为淋漓:

> 仲冬廿三夜,霜重气惨凄。小极拥衾卧,入梦初不知。手画寒菊卷,枝叶纷离披。揽之不可尽,俄化龙蹳跽。回旋昵我旁,意若相护持。是时寒嗽作,痰汩汩若糜。时时唾之盂,若以印印泥。泥印满图卷,携之踏荒蹊。(下略)(《纪梦》)

此诗甚奇。画中的"菊"由绘物幻化为实物,又由植物进化为动物,再变为呵护病中的他之家庭一员;而他则由"痰"的幻为种菊之泥、绘菊之印泥,也将自己与菊水乳交融起来。如此绝妙地表现出潜意识中与菊的亲密关系,同时又兼写出了一次绘画过程的完成,不由人不叫绝。"嗽痰"的运用,简直已与二十世纪初西方现代派的艺术手法同步了。他既对菊有如此超乎寻常的感觉,所以才会写得出曾经经历的如下一次与菊的邂逅:

> (前略)解鞍荒店小,回视白日没。苍天何肺肝,露下白草歇。披衣梦不成,颠倒一孤月。下阶逢此花,骚魂惊醉兀。相遇定何心,霜底一枝活。欲采不得遗,惆怅至明发。(下略)(《次韵节庵师高碑店菊花》)

直把一株不起眼的小菊花,视同一位不期而遇的恋人了。

苍虬确实与渊明一样,是视菊花为同志的。"菊固不易知,知菊良不易。相赏必至精,爱极反成狷。"(《洗心阁中菊花开时复园来住一月将别为诗四首》)所以他不仅知赏其花态:"春花态多方,维菊实兼之。"(《种菊同苕雪治芟作》七首之五)"风露在天根在地,慰眼何时仍好秋。"(《徐园看菊已残萎矣同莘老作》)而且通之以抽象之精神:"但解菊中趣,虚白原芬芳。"(同上之三)"冷冷沁心骨,非我衣裳单。"(《苕雪与觉先弟先后寄菊数十种日涉小园聊复成咏》之二)而彼乃秋

---

① 如陈衍云:"今人之爱菊者,殆莫如陈仁先。仁先菊诗佳者至多。""仁先数以菊诗见投,余不能和。乃勉作一首,可当仁先小传读。云:'渊明菊传神,仁先菊写真。非吾誉仁先,爱菊逾古人。非惟逾古人,爱菊逾其身。栽菊数百本,百本绝等伦。渊明傥见之,后生畏且亲。'"(《石遗室诗话》卷二十四)郑孝胥亦云:"君能轻世事,正赖有菊癖。菊亦何负君,何云耐岑寂。"(《陈仁先种菊图》,见《海藏楼诗》卷八)

② 郑孝胥《陈仁先种菊图》,见《海藏楼诗》卷八。

花,我亦为秋士,故可相托:"残灯守菊影,寤寐同寒宵。"(《苕雪与觉先弟先后寄菊数十种日涉小园聊复成咏》之一)"资生日以薄,托命余秋花。"(同上之五)他甚至径直命名菊花为"义熙花"。毫无疑问,在咏菊的场合,苍虬较之渊明,显然并不蕴藉,他不能自已地将渊明潜藏的激越之志予以外化了。

苍虬诗情浓而露的一面,在他的七律之作中表现得最为明显。如《八月十一日生日偶作》一诗:

> 早忘自念犹伤逝,难洗余哀那入禅。味简多生宁有债,把诗过日岂非天。僵蝉咽断繁霜后,瘦菊魂断细雨前。一念嵯峨妨学道,傥看射虎未残年。

再艰难也终究不能忘情人世、弃守志节,情浓词艳,则又露出义山之相了。一首《泪》诗,
题径副"拟义山":

> 万幻犹余泪是真,轻弹能湿大千尘。不辞见骨酬天地,信有吞声到鬼神。文叔同仇惟素枕,冬郎知己剩红巾。桃花如血春如海,梦里西台不见人。"

集中此类浓墨重彩的诗并不少见,如《落花十首》等。王乃征曾讥苍虬诗"枯",苍虬有诗作答①。其实"沉冥亦有秋,冷士岂枯槁"(《种菊同苕雪治芗作》七首之二诗集卷一),其人其诗,不仅似"枯"实"腴",更有浓艳如义山之风者。上述菊花意象的由渊明之淡而转浓,即是显例。"无泪人间甚滋味,梦亲地下尚婴儿"(《雨中夜起,时寥志二弟自上海来,强志三弟、询先七弟自天津来,同住农先六弟寓中》);"惜春惜别终难惜,归北归南未是归"(《次君任韵》);"薄酒未消年事换,笑予非醉亦非醒"(《次韵憎仲除夕》)。其情之真、之烈,夫复何疑?王病山之评,显然不确②。

《苍虬阁诗》虽各体皆备,然以五古、七律所作最伙,集中亦以此两体之作最

---

① 《王病山先生见予近诗微惜其枯实中予痼因成此作》:"复复孤行不自疑,悠悠轻负百年期。波臣何计逝东海,蜩甲犹然留故枝。孤月此心心蚀后,倾河比泪泪干时。寒岩枯木成滋味,聊感先生圣得知。"(《诗集》卷八)

② 钱仲联《梦苕庵诗话》谓苍虬诗"异彩飞扬",是"以玉溪之神,兼韩黄之骨"而成的,颇能体认苍虬诗近义山的特点。

具情韵。

大抵五古近陶，七律则近义山。而绝句最少。

苍虬用心追慕的古贤人，与陶渊明差不多同等的另一位是黄山谷。而且极可注意的是，他的学黄同样以人品和诗品并重："学诗作黄语，学道执黄戒。"（《读山谷"忍持芭蕉身，多负牛羊债"云云》之十）山谷学陶、学杜，比苏轼更全面地代表了宋诗的祈向。宋人诗学崇杜、崇陶，首先塑造的即是陶、杜的人格。山谷的诗学是极重人格的，但一般都把兴趣放在他的技法之"奇"上①。直到咸同间曾国藩出，力主"艺通于道"，"宗涪公"②，才论定山谷诗重首人格的实质。后再得一陈三立，清诗学宋遂臻致完成③。清诗亦借此而超越了学唐的明诗，而再创了一个高峰。这是宋以来诗史的大势。

苍虬的诗学趣尚是合乎这一大趋势的，他毫不迟疑地说："予诗学山谷"、"天下无双双井诗。"（《予诗学山谷画师子久，两事皆不成，戏成此诗》）"苦吟漫追双井黄，正坐车声绕羊肠。"（《景文诚公入值行园云云》）"我读两翁诗，魂梦辄飞绕。"（《廿一夜梦作似翻后山诗意》）两翁指山谷、后山。他心中也几乎无时不有山谷，如云：

　　山谷学道持戒律，晚苦头眩初破戒。我生偷妄百不逮，一事差甚惟忧勤。横机修罗剧刀剑，始知脆弱芭蕉身。廿年蔬园牛践履，多生负债潜悲辛。晨秋居士濡响我，肥甘数致沾枯唇。区区宁非口腹累，妄托滋益饕羞珍。时来即行逢便吃，绯衣造诣非等伦。生天成佛岂予份，一身为荐差无嗔。宛转君勿薄鸡鹜，见用于世皆深仁。我愿将身化千亿，往饫来世幽忧民。（《谢陟甫馈蒸鸭》）

---

① 张戒《岁寒堂诗话》虽肯定山谷学杜，然又谓其与杜不可同日而语，所谓"鲁直虽不多说妇人，然其韵度矜持，冶容太甚，读之足以荡人心魄，此正所谓邪思也"云云，乃是单从技法层面评论山谷，遂竟与黄诗之品格南辕北辙。《沧浪诗话》"近代诸公乃作奇特解会，遂以文字为诗，以才学为诗，以议论为诗"，"其作多务使事，不问兴致，用字必有来历，押韵必有出处"云云，亦单从技法层面论苏黄，遂亦不能得其要领。

② 参道光二十二年十一月十八日日记。《题彭宣坞诗集后即送其南归》二首之二，《诗集》卷三。

③ 李之鼎《宜秋馆诗话》："予谓近世论诗宗黄，倡之者湘乡曾公，大之者伯严也。"汪辟疆《点将录》陈三立赞语："双井风流谁得似，西江一脉此传薪。"最为有识。关于散原诗学山谷的问题，或惑于其自言"我四十岁前于涪翁、后山诗且未尝有一日之雅"（《辰子说林》）。然此处提出"四十岁"作为划分，极可注意。其实岂不正说明散原自谓四十后乃用力于山谷乎？而如与海藏《散原精舍诗序》所谓"伯严之作至辛丑以后犹有不可一世之概"说、与《散原精舍诗》编自辛丑年起等合观，则散原四十后诗始大成，正得力于用功山谷也。故海藏序不必下转语，汪辟疆《近代诗派与地域》亦不必曲为之说而辞费也。

朋友送来蒸鸭,他为"饕羞珍"而竟须从山谷老人找理由,虽不无戏谑的成分,但基本的态度却绝对是恳切的。正是这种正大至诚的立场,加上戏谑手法的调剂,才使得议论和愿望不嫌迂阔,而全诗遂得以成立。这也正得山谷诗正大人格为基础、奇谑为手法的精髓。

苍虬当然也精研技法,这自是学山谷的题中应有之义。对此他也颇为自负:"半生知句法,一梦遇骚魂。"(《岁晚》)但终究还是句法可知、诗魂难遇啊。

除了山谷,他广泛地学习宋人:"深吸西江得我师,二陈郁郁各嶔崎。玉成古有寒无价,行意今余笔可持。乱世峥嵘元不负,多才潦倒便能奇。"(《梅泉五十初度,有诗及后山、简斋,自抒身世之感属和》)"我拾后山余,君痼简斋深。"(《觚庵先生挽诗四首之二》)"感逝尧臣酷,伤离师道工。"(《公渚悼亡索诗》)当然,学众家与学山谷的程度是不同的,如他对陈后山,即稍有微词。

总之,苍虬之诗,我以为主要是揉融渊明、义山和山谷三家神形,再运以自家气质色彩的产物。至于诸家诗评中提及的其他诗学渊源,则都不过只是过渡的和枝节的因素而已。

三

苍虬性喜交游,待人又极诚恳,而略无心机,故其朋友甚多。从如下一些诗题即可看出当年他的朋友之盛:"九日同俞觚庵、其侄伯刚、朱棣卿、马卓群、陆澍斋、徐肖研、许姬传、七伯父、觉先弟、儿子邦荣、邦直共十二人,携酒肴至龙井登高""秋日同惜仲、剑丞、病山、强村、勉甫游西溪,访交芦庵、秋雪庵,遇雨。归作西溪泛雨图,题四绝句""重九邀弢庵太傅、定园少保、苏堪、惜仲、子申、君任及强志弟集苍虬阁""东坡生日,约治芗、茗雪、嵩儒、鲤门、曼多酒集。鲤门诗先成。以公在儋耳,时岁为戊寅,今历十五甲子矣"等。像这类友集,数十年中不知凡几。诸人中以胡惜仲(嗣瑗)、徐茗雪(思允)、傅治芗(岳棻)、周立之(学渊)、谢复园(凤孙)、陈君任(祖壬)、袁伯夔(思亮)、周梅泉(达)等,交情最深。这一批前朝过来之人,当年既不屑与共和政治为伍,于是镇日流连于诗酒文会,杨昀谷赠散原诗所谓"四海无家对影孤,余生犹幸有江湖",这"诗人的江湖"(非江湖诗人),便是他们"无负相期看晚节"(《茗雪六十初度》)的主要寄托之所了。这种"孤愤"之感和以诗为"业"的生活,实是民国旧体诗能够蔚然形成一个新高潮的基本条件。

陈曾寿在晚清民国旧体诗人中年辈稍晚。此一辈中出色者有诸贞壮、周达、李拔可、夏剑丞等,但截然应以苍虬为翘楚。不过苍虬在民国旧体诗坛的成就和地位,又并非仅优于同辈人,而仍是在与散原辈的通评中确立的。如上述散原"比世有仁先,遂使余与太夷之诗或皆不免为伧父"数语,虽有许苍虬为替人的长辈之口吻在,却是视两辈为一体的。海藏也曾有一诗道及3人:

  倚楼三士送残年,有酒无肴雪满天。薄醉愈知寒有味,放言自觉道弥坚。收身遗子虽人外,历劫沈霾奈死前。便欲将君比松竹,离披相对转苍然。(《十二月廿四日伯严仁先冒雪见访》)①

此诗作于稍早之民国三年,虽非直接评诗,但海藏眼识颇高,不是轻易许人者,故此处划"三士""比松竹"等语,似非闲笔,更已隐合后来3人关系之大处②,亦合于民国旧体诗坛关于三家地位的评价。

民国旧体诗的评家,自然首推陈石遗,这是毋庸置疑的。但石遗本人的诗却作得不算好③。而陈散原和郑海藏两位当时诗坛"不三"的领袖人物,诗识亦极高,甚至比石遗更高。比如上述散原评苍虬之语,以及海藏评散原之语④,都是石遗识力所不能到者。海藏批评张香涛只能欣赏"清切"之作,而石遗对散原的认识,也只到"清切"的程度,所谓"文从字顺"而已⑤。石遗对散原之诗,始终语带保留,不如海藏从一开始即截然推许为至高。海藏宣统元年(1909)序散原诗,阐述诗之不限于"清切"之理,特谓:"微伯严,孰足以语此?"惺惺相惜之意,竟不容作第三人想,极合两人之诗实及身份。海藏本人之诗,或近于"清"⑥,而并不同于散原,则他的能识散原,乃由其真识力也⑦。

苍虬与年长辈诗人的交往,较多者有陈散原、郑海藏、陈弢庵、梁节庵、李梅庵和俞觚庵等人。他与梅庵和觚庵,以性近和居住之近,杭州湖居时期过从尤密。但节庵、梅庵和觚庵享寿都不长,弢庵则性缓,故老辈诗人中,苍虬实与散

---

① 《海藏楼诗》卷九。
② 海藏暮年作有《怀伯严》一诗,对散原始终如一;与苍虬亦诗酒往还至去世之年。散原、苍虬(及弢庵)对郑氏借外族之力谋复辟均不表赞成,但散原对此未发一辞,弢庵、苍虬虽屡有峻辞,但亦未与之断交,盖海藏终未背旧主也。此乃海藏之分际,亦为诸人之分际。
③ 石遗诗评高而诗不甚高的分际,汪辟疆《点将录》的处理颇为有识,而石遗不能自知。石遗曾以钟嵘不会作诗而极诋其《诗品》。石遗固能论者,但若依其说,岂诗不甚好,诗评亦不能高乎?
④ 海藏为《散原精舍诗》所作的两篇诗序,陈义皆极高,而合于散原诗之实际。
⑤ 《石遗室诗话》卷十四:"余旧论伯严诗,避俗避熟,力求生涩,而佳处仍在文从字顺处。"
⑥ 窃以为海藏诗,以杨钟羲"清刚其气爽"一语(《硕果亭诗序》),评之最切。
⑦ 当时扬海藏而抑散原者固不止石遗一家,如沈其光《瓶粟斋诗话》等,故更可知海藏识力之老辣。海藏曾戏言"平生纵眼殊有力"(《题西厅新作二窗》),洵非虚语。

原、海藏过从最久,亦最密。民国二年即有诗赠散原,次年又与同游焦山,直至民国二十三、二十四年,及散原去世的二十六年,时苍虬在长春,仍数度或以事、或专程去旧京访散原,前后二十余年,风谊不断。与海藏亦从国变之后即开始交往,海藏的最后几年,以两人都在长春,诗酒酬唱自更方便,海藏所谓"新京残客能相见,唤起同光百感来"①,而未尝以政见的不合中辍。这种种分际的把握,最是不易。交谊始末,苍虬都有诗为纪。二老逝后,苍虬更都有纪梦诗追忆,足见其情谊之笃。

苍虬当日与诗坛两位顶尖人物的这种长期交往,除了性喜交游使然外,为提高诗艺、诗境方面的考虑应该也是存在的。他曾屡次指出陈师道、江湜等古今诗人在这方面的缺憾:"后山自苏黄后,所与游者多悉平流,故其酬唱不能如苏黄之胜。(江)弢叔所交,亦未能无所憾也。"(《书江弢叔诗后》自注。)苍虬既有此自觉的意识,而散原、海藏又皆特立独行之有识者,故苍虬的乐与之游,也表现出他的知人之识见。

当然,苍虬之与二家的相契程度,显然也并不相等,甚至大不相等。散原在他心目中是仰之弥高而又接之弥亲的一位蔼蔼长者,故必称之"散叟""散原老人"。诗中留下的形象始终是高大的:"百年容继见,一代数公存"(《赠散原先生》),"每念散原叟,奋飞无羽翰"(《寿散原先生八十生日四首》),"一老常存冰雪颜,松风好梦莫教还"(《旧京访散原老人,立之自山中来会》),"硕果存义宁,至宝备珍惜"(《小极音哑感赋四首》之三)。在散老面前的感觉是由衷的服膺:"无成真负远离别,得见初怜有语言。不学早衰虚志事,沉灰犹藉辨香温。"(《八月余送亡室柩至旧京,获见散原先生,年八十有二,别六年所矣。感赋一首呈散原先生》)对海藏则不然,基本持一种平交的态度。"平生郑重九,还记我东坡。"(《闻苏堪作东坡生日,戏赠一诗》)"海藏诗老能驻颜,韵胜于公有深契。"(《东坡生日酒间苏堪诵寒食雨及苍梧道中寄子由诗,声情激壮,为作此诗》)"还记""驻颜"云云,口吻中不无戏谑调侃之意。可见苍虬意识中的两人关系并无前、后辈之分,然亦不隔②。苍虬独尊散原,说明他不论友古人还是友今人,一贯秉持的仍是首重人品大节的原则。

苍虬从游既久,诗亦卓然不为二家所缚,而能自树立。苍虬阁的朴而兼艳的诗风,既不同于散原精舍的奥博,也不同于海藏楼的清劲。这里不妨以海藏和苍

---

① 海藏《与陈仁先傅治芗徐愈斋会饮》,作于民国二十五年,见《海藏楼诗集》卷十三。
② 海藏凤喜夜起。苍虬亦然,如有《余喜夜坐,每窗纸见微白始就枕,盖廿年以来矣。感赋一首》等诗。然与海藏之意趣不同,亦一比较之题。此处不赘。

虬的菊诗作一比较。海藏咏菊,也写得好:

爱菊爱其淡,菊类晚愈奇。岂能遂不爱,臭味殊差池。秋花复当令,佳种忍弃遗。恨不起渊明,穷究花之姿。颇疑东篱意,匪逐世情移。尚淡不尚奇,此理将语谁?

众芳竞媚世,菊乃傲者徒。穷秋风雨中,闭门足自娱。诗人有寒骨,气类惟饿夫。周粟诚不义,餐英追三闾。千秋屈与陶,知己良有余。对菊怀二子,悲吟意如何?①

"淡""奇"之乖合,意稍有跌宕,但基本上如转圜,词则更是一气而下,所以虽处在"穷秋风雨中",读来仍能感到诗风的疏朗和作者心思的平实。

而苍虬的菊诗则回环往复,意态大不一样。试看其五古组诗《种菊同苕雪治芗作》七首,第一首写种菊的乐趣:"一秋无杂言,花事徒津津","得意疏篱间,味比杯中醇"。第二首写与菊同志:"沉冥亦有秋,冷士岂枯槁","真意不相违,弃捐何足道"。第三首写古来爱菊的同道:"灵均赋秋菊""淡磊渊明诗","但解菊中趣,虚白原芳菲"。第四首写心志难遂,幸有菊温,又由菊大悟物理,执着而又能通脱。全首竟不能句摘,兹全录如下:

皇天赋我知,平居动心魂。寒灰一念在,耿耿不能髡。朝北暮天池,何物为鹏鹍。故园一篱秋,夜梦常温温。物候万不齐,何由讯寒暄。琤然一叶脱,若减廖天痕。归墟不早计,感此大化奔。安能荷鸦嘴,退息南山根。

第五首写菊态之妙,写得意象万千而又扑朔迷离,而犹自憾未能道尽,诚真深爱菊者。此首竟又不能句摘,兹再全录如下:

春花态多方,维菊实兼之。吐纳九秋精,变化绝思维。衣白与衣黄,洒落天人姿。入道初洗红,连娟青蛾眉。缤纷天女花,微笑难通辞。亦现庄严身,狮象千威仪。颇疑造物巧,意欲穷般倕。得非骚赋魂,抟化为此奇。世人立名字,与俗同妍媸。心省不能言,此妙无人知。

---

① 《爱菊二首示陈仁先》,见《海藏楼诗集》卷八。

第六首写菊竟相伴入严冬,而此时"有弟尺书来,计程发龙江",遂与衰菊一起株守季弟的到来:"孤芳此相待,伫听幽径跫。"末首写菊终于被严寒夺去了性命:"凝阴齐忧端,六合同凛冽。冰锋入瓶樽,却此霜下杰。"但并无伤感自责,反而大义凛然:"岂关护养殊,尽性为奇节。"此处略一敛情,结句遂得放声大哭:"号木晚未休,催年亦何切!"是摧菊之年,亦是催诗人之寿也。此结极收悲透纸背的效果,而诗人的醇情尽现,故能以其力度结住全诗。七首遍搜心绪,用尽色彩,写菊花,写自己,写得尽态极妍,而读来也真令人莫辨何为菊花、何为诗人了。

此诗大抵可以代表苍虬的诗风,即我所谓直朴而兼绚烂的特色。盖海藏诗秋则秋矣,苍虬诗则秋中有春,甚至有冬,最终乃竟是夏的炽热!直朴的辞语而能结缔成斑斓的意象,郁勃的情怀而终能归于平淡自然之理趣,此即苍虬诗的"蕴籍"之妙也。散原"比世有仁先,遂使余与太夷之诗或皆不免为伧父"一评,即深得苍虬此妙。本来散原奇奥的诗风,与苍虬也可一比,故细绎之下,"伧父"云云,其义实多立在海藏诗风之平实一端。当然,散原此评绝无高下之意,这是不言自明的①。

至于苍虬与散原、陈宝琛合称"三陈"者,则更多的是着眼于三人性皆忠挚这一共同点上的,即汪辟疆《光宣诗坛点将录》指出的"忠悃之情"也。三陈之说也以汪辟疆《点将录》为最妙。汪《录》陈曾寿赞语"抗手诗雄只二陈",分别以天魁星、天机星、天英星点傅三人,在表出他们的枢要地位之外,宋江、吴用、花荣三人生死与共、投分最深的情缘,也是基本的隐喻之义,甚合三陈关系。但若就诗风言,则弢庵诗不仅与散原的奥博、海藏的清爽不同,也不同于苍虬的蕴藉,直已到几无火气的"温柔敦厚"之境地了。

总而言之,不论是三家还是四家,苍虬之诗皆能以其特色卓立其中,这确是无可置疑的史实。

四

陈曾寿去世于1949年。如果按照流行的文学史划分法,他虽差一点而未能划进"当代",却确然应是"现代"史上的人物。这样,就把散原、苍虬等诗人为代

---

① 胡先骕曾论三家之高下云:"综而论之,苍虬阁诗才气似未及散原精舍与海藏楼,而以精严胜,与二家略有韩、柳之比。近代诗人意境功力可与之匹者,殆不多觏。然作者正当年富力强之候,进境当未有艾。……则他日所谓桂冠诗人者,殆舍仁先莫属也。"(《评陈仁先苍虬阁诗存》,载《学衡》第二十五期。)此评虽稍早,却仍能合于三家之始末,洵为确评。

表的晚清民国旧体诗派,带进了现代文学史研究的视域之中。而如前所述,这是一批全面坚持传统文化价值观的人物,在共和政体之下而不背弃前朝旧主,在现代都市之中而不疏离田园山水生活,其诗文书画创作更谨守唐宋以来陈法,不仅不入"五四"新文学运动之潮流,与同时梁启超、黄遵宪、林纾、严复等倡导的"诗界革命""文界革命"等,亦大异其趣。苍虬等人所创作的这一批诗文作品,"家法"最为纯正,实是古代文学史最后的嫡传,是真正意义上的"现代的古代文学"。

然而,这一批距今最近的货真价实的"古代文学"作品,却甚至比唐宋文学还要令我们感到陌生。这是一个巨大的时代的误会。其实即以苍虬的作品而言,由于它是"今人"以"古义"作成的"人""文"一体之物,是不需要所谓"转换"即达成的古今一体之物,故今日诵读,竟既无读唐诗时的古今之距离,亦无读新诗时的中西之隔陌,若能超越其中涉及的具体政治历史事件,即会从文字到情感,油然而生一份乐与亲近的认同感。此义从上文言及的以湖居生活和志菊题材为主的诗篇,已可略窥一斑,而这也是苍虬全部诗篇共有的特点。

《苍虬阁诗集》从诗人28岁之乙巳(1905)年开始录诗,逐年编排,迄于63岁之庚辰(1940)上半年。《续集》接着从庚辰十月起,至己丑(1949)三月止,收录诗人最后10年间的作品。全部12卷,可谓审美而又现实地反映了诗人的一生。他另有《旧月簃词》一卷。

像苍虬这样一位政治理想与社会历史主流趋势相违的人,他的生活方式,他的现实情怀,却又绝对不是负面的。如作于56岁时的两首无题诗,这样来概括他晚年的生活内容和思想情感:

至味惟蔬食,相亲只苦茶。温经略上口,习字偶涂鸦。有梦依萧寺,无情到菊花。未能佛弟子,且近僧生涯。(《至味》)

摇落不须惊,寒山有旧盟。还将无限意,轻徇有涯生。伴坐琴书静,开窗雪月莹。向来知我者,孤枕最分明。(《摇落》)

对于现代的读者来说,这两首诗似能立刻就吸引和打动我们。盖诗所反映的,是一种何其雅洁静谧的日常生活方式啊。其中的"梦"境和以焦山寺为主的"萧寺",是苍虬诗中出现频率与"菊"同样多的另外两个主要意象。但正如他所说,他虽友佛,却并不是佛弟子。他信奉儒家。他以简朴的、侧重个人精神内容的生活方式,来克服和超越现实生活中遭逢到的矛盾冲突激烈的巨大困境,所谓疏食、温经习字、琴棋书画等，正是传统士大夫持以生活的常态内容。所以对于已经进入 21 世纪的中国知识分子而言，虽然久违而仍很容易感觉亲切。

这种雅洁的传统生活方式的实质是安于孤寂。苍虬对于这种孤寂之感十分敏感，也极能体会："向来知我者，孤枕最分明。"《诗集》中此类安于孤寂生活的吟唱很多，也往往唱得很好。如：

生事寒灯在，孤明悄悄心。耽书知老至，爱夜得秋深。愿灭香仍炷，声甘叶尚吟。百年拼寂寞，一念自萧森。（《冬夜杂述》之一）

心远嚣尘隔，天游斗室宽。学书参静理，作画避忧端。排遣非无术，沉冥有未安。戎戎涸夷市，差胜堕屺坛。（同上之二）

天涯摇落本相关，漫借霜华发醉颜。酒罢几番闻夜雨，妆成容易换寒山。抱残碧树蝉同尽，望断平沙雁不回。多谢故人书远忆，狮窝锦幪梦跻攀。自注：立之适寄香水狮子窝红茶。（《落叶二首用前咏落叶韵》之一）

寄远缄红尚有情，矜秋爱晚似前生。任教温室全灵寿，从此寒林属李成。岁末观山人独立，夜长敲户梦频惊。风轩扫尽秋何寄，伫待空枝偃雪声。（同上之二）

孤独和寂寞其实是人生的本质。中国古人及诗歌早就关注和唱出了这一点，儒家并早已将之视为因应人生矛盾冲突实际困境的原则和策略。《论语》第一篇第一章开宗明义，所谓"人不知而不愠，不亦君子乎"，就举重若轻地揭示出了这一人生的境界①。这是把开启和运作人生的钥匙留在自己手中的最根本的解决之道。当然，这主要是一个实践的问题。后世士大夫大抵即循夫子此道，以自安、自励、自守、自得之乐，来化解自身的孤寂。而"孤寂"也借由孔子的这一诠释，从很早起就在中国人的人生哲学中，由消极之境转化为了积极之境。其中的分际主要在于"孤寂"绝非死寂，孤寂而能自处的根源，实有一颗活心在。苍虬之诗极有力度地表达了这一点。所以孤寂中的他仍会按捺不住地表白："愿灭香仍炷"，"排遣非无术，沉冥有未安"；有时情绪还似乎就要失控了："与世有情如宿

---

① 《论语》论仁论智，始终以"己"为出发点和归宿，如"克己复礼为仁"，"夫仁者，己欲立而立人，己欲达而达人"，"不患莫己知，求为可知也"，"君子病无能焉，不病人之不己知"，"君子求诸己，小人求诸人"，"己所不欲，勿施于人"，确立了根本。

负,此身自救尚无方。"(《龙钟》续集卷上)①但这显然不是牢骚,不是躁动,而是静谧底下的一份郁勃之情。或者反过来说,正是这一份基于理想坚持的郁勃之情,才使得苍虬的孤寂情怀及其生活方式,真正能够达成。这是相反相成的道理。苍虬及陈散原等人,都是以哀乐过人的性情而能守住孤寂之生活者,发而为诗,遂极蕴藉。

苍虬大隐这一幅距今最近一版的陶渊明式的生活图,较之王孟、韦柳、白居易、苏东坡等学陶的历史版本,是现代之人的实践成果,最接近于今人实行的社会现实条件。现代社会虽然化孤解忧器具药物发达,但人心的孤寂处境依旧。这个困境是永恒的。甚至由于知识的普及,这个人生困境较之古代更为深入和普遍化了。现代人的这种孤寂和痛苦之感,不像肉体的困顿那样,是不可能靠外力去"救济"的,主要仍应依靠"自救"。诵读《苍虬阁诗》,竟还不失为一帖疗救的方剂呢。这是十分耐人寻味的。

苍虬在64岁时所作的五古组诗《年来了无诗兴,不成一字。夜读东坡海外诗若有所会,率成四首》,对自己的人生做出了一次更具美学性质的回顾和总结:

灰忍迫老衰,奇穷一字悭。夜读过岭集,诗意忽我还。问诗在何所,百端了无关。非内亦非外,亦不在中间。越女论剑术,破秘只一言。忽然而得之,绝境安所传。

平生学为诗,辛勤径难开。中间一转关,乃自焦山回。闺阁失软暖,初未昧去来。残照此江山,霜钟入江雷。此境永不灭,不记人世推。

德山事龙潭,积久无所得。一夕侍师坐,告退阻径黑。师为具火捻,欣喜遽来接。愕然出不意,到手忽吹灭。惊悟乃下拜,初获善知识。至此行天下,不疑老僧舌。我于禅机锋,如以水投石。惟此一公案,懔懔箭锋直。

至持非以手,至行非以走。如何吾儒事,冰渊全所受?逍遥意悲凉,行歌伤孔叟。出为一大事,宁复期速朽。患身属有私,践形庶无负。何能时去来,由我屈伸肘?(续集卷上)

于诗学是得其全谛,于人生则是以佛之一谛,质疑于一向赖之生存的儒学。当然,他的质疑并非怀疑,而实是出于一种更为深沉的挚爱和理解,即借助于佛

---

① 苍虬《书梁文忠公遗诗后》小注记梁鼎芬"易篑前谓曾寿曰:人心死尽,我辈心不可死尽,一分算一分。声细如丝"。最可见出此类孤寂之"心"的活力。

学之义谛,来体认儒学理想主义的悲剧性质,亦即求真求善求美的积极人生态度之几近恒定的悲剧过程和结局。这又何尝不是表明他对于人生真谛的彻悟呢。这个认识虽非奥秘,但由于是出自苍虬一生的亲力亲为,又发而为诗,因此便极具打动人的力量。而此诗之文字的浑成无碍,也与诗意所表达的彻悟程度相般配,自然也早已不是上述所谓师承的某家某派能够缚得住的了。

《苍虬阁诗》审美地表现了这一场人生探求努力的至诚至艰的全过程。这里面有一个悖论存在,即一方面陈曾寿的政治立场在现实层面上基本表现为谬误,而另一方面,这位诗人倾其一生艰难备尝地实践和坚守自己的政治信条,又有其传统伦理操守上的理由及正当性(忠诚)①。当这种伦理操守的正当坚持不能不必然地落致现实政治谬误的结局时,悲剧性便迸发出来了。此种坚持的诚意越足,则悲剧的程度也越高。而此时如果加入艺术的因素,则上述悲剧性格便有可能超越其现实性而升华为美感。

具体来说,如"忠君"这个观念,是中国传统政治维系社会运作和秩序的核心价值之一,是传统社会臣民的一项基本的义务,自然有其正当性。但在1911年共和制取代帝制以后,随着"君主"和"臣民"关系的不复存在,"忠君"这个观念在政治上的正当性自然也就终止了。就连一些至今保持了君主制的现代国家,臣民和君主的关系也早已经由"立宪"这个现代政治的基本程序而在根本上改变了性质。这已是现代政治的常识了。所以民国旧体诗人在这个现代常识标准的衡量之下,政治上大都是不合格的。但另一方面,他们继续拥戴逊帝溥仪,这种在逆势中坚守旧规范的悲剧,表现在生活中和艺术中,又生成其伦理上的"善"和美学上的"美"的属性,却也是不容否定的。这是政治之与"文化"中的其他范畴如伦理、美学等取向不一致的规律之表现,这也已是现代文明的常识了。在政治、伦理和美学等的不一致之间,是不能简单地是此非彼的。因为民国旧体诗人的人品之"善"和诗品之"美",正是由其"忠君"的政治立场和现代政治的冲突派生出来的。从传统标准而言,他们的旧政治立场反倒与他们的伦理之"善"、诗文之"美"是和谐统一的。这样,在20世纪上半期的中国,主要由他们完成了一个"现代的古代文学"的奇观。

这就是为什么我们在接受到苍虬诗之美的魅力之际,会无视、无感于其中几

---

① 中国儒家总结和提倡的"三纲六纪",实际上全面地涉及了人伦的各种关系。君臣、父子、夫妻、兄弟、朋友各种关系,各自都约定着对于对方的一份责任。这种约定最不同于现代法律的地方,在于其运行和维系的基础,很大程度上依赖于"德"和"情"的个体修养。这是个人行为守则最后的也是最高的根据所在。甚至时至今日之中国,这个纲纪守则的"形上"之义仍然适用,但"形下"之义则需要改造和调整。

乎无处不隐然存在的现实政治之谬误的原因。其他如《散原精舍诗》《沧趣楼诗》，乃至于《海藏楼诗》艺术魅力的发生，莫不缘此。这是一批现代最后存在的古典理想主义诗人。民国旧体诗坛的其他诗派，在古典理想的纯度上，反而都是有所不及的①。

五

此次《苍虬阁诗集》的编校，虽由我定题，校点之役则主要由同事王培军博士担任。培军兄深于诗功，于民国旧体诗坛用力尤勤。所著《光宣诗坛点将录笺证》，广征博引，实乃民国旧体诗学及掌故之渊薮。故他于《苍虬阁诗集》之校点，可谓驾轻就熟。

《苍虬阁诗集》的版本，以民国二十九年刻本为最善，此次校点，即以此本为底本，校以蒋国榜刊《苍虬阁诗存》本、陈三立批《苍虬阁诗钞》本（即《苍虬夜课》）、巾箱本（即九卷本）、陈衍编《近代诗钞》《采风录》（单行本，辑自《国闻周报》）及《青鹤》《庸言》《同声》杂志等所载者。《苍虬阁诗续集》仅有民国三十八年铅印本一版，即据为底本，校以陈衍编《近代诗钞》《采风录》及《青鹤》《庸言》《同声》杂志等所载者。《旧月簃词》校以蒋国榜刻本、朱祖谋《沧海遗音集》本及《采风录》《青鹤》《同声》等所载者。各本偶有为底本失载者，则辑为附录。各本之序跋题词，按本丛书之体例，一律置于书后。其他如苍虬之传记材料、他家之评论文字等，亦多方搜集，又请苍虬后人陈邦炎先生撰写了年谱简编，一并附于书末。

年来忙于琐务，完全没有读诗的环境和心境，致使此集的研读编校，时断时续，加之囿于闻见学识，故疏失之处，自知不免，尚祈方家匡正，并向督责甚力的聂世美先生致以谢意。

戊子芒种前一日张寅彭识于沪西之默墨斋
（原载张寅彭、王培军点校之《苍虬阁诗集》前言，上海古籍出版社 2009 年出版）

---

① 故汪辟疆《光宣诗坛点将录》以这一派诗人作为晚清民国旧体诗坛的核心，最为有识。

钟嵘《诗品》评陆机"不贵绮错"文献考辨

蔡锦芳

蔡锦芳,女,1965年生,江苏扬州人。2003年4月毕业于浙江大学古籍所,获文学博士学位。2003年8月由四川师大文学院调入上海大学文学院工作。主要研究领域为唐代文学文献、清代文学文献。主讲课程有"中国古典文献学""中国古代文学史""中国文学批评史""杜诗精读"(以上本科国生课程)及"清代文学文献学"(研究生课程)等。出版有《戴震生平与作品考论》《杜诗版本及作品研究》《杜诗学史与地域文化》(以上专著)以及《杭世骏集》(整理点校)等图书;在《文史》《文献》《国学研究》(北大)、《孔孟学报》(台湾)等刊物发表学术论文近50篇。为国家社科基金重大项目"清诗话全编"子项目"清地域诗话合辑"负责人。

钟嵘《诗品》卷上评陆机云:"其源出于陈思。才高词赡,举体华美,气少于公干,文劣于仲宣,尚规矩,不贵绮错,有伤直致之奇。然其咀嚼英华,厌饫膏泽,文章之渊泉也。张公叹其大才,信矣。"对于其中的"尚规矩,不贵绮错,有伤直致之奇"一句该怎么理解,历来注家多有争议,尤其是"不贵绮错"一词,更是令学者们颇费思量。如周振甫《诗品译注》译为:"看重规矩,不看重绮丽交错,有损害直接安排的技巧。"①赵仲邑《钟嵘诗品译注》译为:"他的诗崇尚规矩,不以绮文交错为贵,有伤直抒胸臆的奇致。"②萧华荣《诗品注译》译为:"崇尚古诗的法度规范,而不重视错综变化,损伤了作品的直率自然之美。"③然而,结合陆机五言诗写作的实际情况来看,说他"不贵绮错",似乎是不能令人信服的。所以,对于这样的一些解释,韩国学者车柱环提出了自己的看法。其《诗品校证》云:

---

① 周振甫.诗品译注.北京:中华书局,2002:43.
② 赵仲邑.钟嵘诗品译注.南宁:广西人民出版社,1987:26.
③ 周伟民、萧华荣.文赋诗品注译.郑州:中州古籍出版社,1985:88.

按:"不"字,盖浅人妄加。考今所传陆机诗,皆"尚规矩,贵绮错"之作。前贤评其诗,最早而较著者如《文心雕龙·镕裁篇》有云:"士衡才优而缀词尤繁。"《才略篇》有云:"陆机才欲窥深,词务索广,故思能入巧,而不制繁。"《宋书·谢灵运传论》有云:"降及元康,潘、陆特秀,缛旨星稠,繁文绮合。"咸与"尚规矩,贵绮错"之说相符。此文上言"举体华美",下言"咀嚼英华,厌饫膏泽",并与"贵绮错"相应。且"尚规矩,贵绮错"乃"有伤直致之奇"。"不贵绮错"则无伤于直致之奇矣。又按:"中品"谓颜延之诗出于陆机,评语有云"体裁绮密",与此"贵绮错"相应。又云"动无虚散,一句一字皆致意焉",与此"尚规矩"相应,亦可证此文"贵绮错"上本无"不"字。又引汤惠休云"颜如错彩镂金",倘陆机"不贵绮错",颜之诗体其源尚得出于陆机耶?据"中品"鲍照诗评语有云"贵尚巧似,不避危仄,颇伤清雅之调"与此句法相似,此文之有"不"字,或者浅人据彼文所加也。

对于车柱环的观点,也有学者提出了质疑。杨祖聿《诗品校注》云:

车氏以为"不"字为浅人妄加,宜删,非是……(车氏)误"绮错"乃华丽绮密之意也。盖"绮错",交错也。《后汉书·班固传·西都赋》:"周卢(庐)千列,徼道绮错。"注:"绮错,交错也。"《文选》何晏《景福殿赋》:"绮错鳞比。"注:"错杂如鳞之相比次也。"……今传各本但作"不贵绮错"。车氏无可靠之版本而遽言"浅人妄加",非所敢轻许也。[①]

笔者以为,此处所以有"不"字,不是由于妄加,而是由于误读、误抄或误刻。因为"矩"字,古代亦可写作"榘",古人因喜好习惯不同可选择使用。宋人刻书时,此两字仍可自由选用,故有时同一部书中这两种写法同时出现,并不划一。如《四部丛刊》所收《楚辞》,是上海涵芬楼借江南图书馆藏明翻宋本影印的,《楚辞》中正文共出现六次"规矩(榘)",除卷第一《离骚》篇"固时俗之工巧兮,偭规矩而改错"写成"矩"外,其余五处都写作"榘"。它们是:卷第八宋玉《九辩》"何时俗之工巧兮,灭规榘而改凿";卷第十三东方朔《七谏·初放》"灭规榘而不用兮,背绳墨之正方";又《七谏·哀命》"固时俗之工巧兮,灭规榘而改错";卷十四严忌《哀时命》"握剞劂而不用兮,操规榘而无所施";卷十六刘向《九叹·愍命》"播规

---

① 杨祖聿及上引车柱环观点,均据:曹旭.诗品集注.上海:上海古籍出版社,1994:138.

榘以背度兮,错权衡而任意"。又"矩(榘)矱"一词,在该书中出现过三次,也有两次写作"榘",一次写作"矩"。它们分别见于:卷一《离骚》"曰勉升降以上下兮,求榘矱之所同";卷十三东方朔《七谏·哀命》"不量凿而正枘兮,恐榘矱之不同";卷十四严忌《哀时命》"上同凿枘于伏羲兮,下合矩矱于虞唐"。其他宋刻本中,也有类似的情况。如《淮南子》,《四部丛刊》中所收,为涵芬楼景印刘泖生影写北宋本,书中"矩"与"榘"亦同时出现,卷十三《氾论训》"有本主于中而以知榘矱之所周者也"句中,写作"榘";卷十四《诠言训》"员之中规方之中矩"句中,则写作"矩"。又如《鹤山先生大全文集》,《四部丛刊》所收,为涵芬楼借乌程刘氏嘉业堂藏宋刊本景印,书中"矩"与"榘"亦同时使用,卷八十二《永康军通判杜君墓志铭》"吾舅威州府君教子有榘度"句中,写作"榘";卷八十二《雒县丞章公墓志铭》"引笔书纸,或为人称诵,然不必尽协古人榘矱也"句中,也写作"榘";而卷五十七《游景仁侣弘毅堂铭》"先民有言,弘而不毅,则无规矩而难立"句中,则写作"矩"。

更有甚者,在宋本中,有时在同一段中,也会出现"矩"的两种写法。如《四部丛刊》影印日本岩崎氏静嘉堂藏北宋刊本《说文解字》,卷五上"工"字:"巧饰也,象人有规榘也,与巫同意,凡工之属皆从工。"接下来,"徐锴曰:为巧必遵规矩法度,然后为工,否则目巧也。巫事无形,失在于诡,亦当遵规榘,故曰与巫同意。古红切。"(下划线为笔者代加)说明宋初时"矩"与"榘"的确是可以替代混用的。

其实,不只是宋本中有"矩"与"榘"通用混用的情况,元明刻本中也同样存在。元刊本《金华黄先生文集》(收入《四部丛刊》)中,"矩(榘)度"一词两次使用,一次写作"榘",一次写作"矩"。分别见于卷十九《谢乡试主司徐照磨启》"加以文非故习,荡无榘度之可稽";卷二十六《翰林侍讲学士中奉大夫制诰同修国史同知经筵事追封豫章郡公谥文安揭公神道碑》"发为文辞,咸中矩度"。又明正德刊本《西山先生真文忠公文集》(收入《四部丛刊》)中,"矩(榘)度"一词,三次使用,一次写作"矩",两次写作"榘"。分别见于:卷十九《皇伯奉国军节度使开府仪同三司充万寿观使嗣秀王师揆可特授少保加食邑食封制》"而能恪守宫庭,动循矩度";卷二十七《清源文集序》"盖凡前修故老德行学术之可师者,皆其榘度也";卷四十五《少保成国赵正惠公墓志铭》"燕居家庭未尝厉色辞,而榘度整整"。又如明成化刊本《圭斋文集》(收入《四部丛刊》)中,"矩(榘)矱"一词五次使用,有三次写作"榘",两次写作"矩"。分别见于:卷七《彭氏族谱序》"资兼文武,继自今为子孙榘矱";卷八《萧同可诗序》"向时二家所守矩矱,则有不施用于今者矣";卷九《元赠效忠宣力功臣太傅开府仪同三司上柱国追封赵国公谥忠靖马合马沙碑》"榘矱相寻,云来是仿";卷十《元赠应奉翰林文字从仕郎安成刘聘君墓碑铭》"长短大小,咸中矩矱";卷十《元故隐士庐陵刘桂隐先生墓碑铭》"榘矱哲匠,达于宗工"。应该说,元明刻本中这种现象的存在,可能就是宋刻本中相关现象的延续或影响。

既然宋代刻本中曾经出现过这么多"矩"与"榘"通用混用或以"矩"代"榘"的情况,那么《诗品》中的"矩"字就很有可能以前也是写作"榘"字的,是后人在转抄的过程中,或由抄本向刻本过渡的过程中,由于疏忽而将字形较长的"榘"字看成了"矩"和"不"两个字。

我们再来看一下,"尚规榘,贵绮错,有伤直致之奇",是不是更符合陆机创作的实际情况？在这里,有必要对"绮错""直致"两词的含义作一个更准确的解释。我们先看"直致"一词的含义。唐殷璠《河岳英灵集序》云:"至如曹、刘,诗多直致,语少切对。"(《四部丛刊》本)唐顾云《投西边节度使启》云:"尽披肝膈,布在牋毫,事逼丹诚,言多直致。"宋朱熹《楚辞集注·九章序》云:"今考其辞,大抵多直致,无润色。"(《四库全书》本)元刘壎《隐居通议·诗歌一》云:"此诗虽若直致,然情思深婉,怨而不露。"清黄宗羲《南雷庚戌集自序》云:"夫明文自宋(宋濂)方(方孝孺)以后,直致而少曲折,奄奄无气,日流浮浅,盖已不容不变。"①由此看来,"直致"一词的含义基本可概括为：直接表达(思想感情),少润色,少切对,少曲折深婉。殷璠认为,曹植、刘桢的诗歌便多具有此特点。既然钟嵘认为陆机的诗歌源出于曹植,但又"有伤直致之奇",那么就说明陆机与曹植相比,不太喜欢直接表达思想情感,多润色,多切对,多深曲。

而在钟嵘看来,陆机"有伤直致之奇",是因为他"尚规矩,贵绮错"造成的。"绮错"一词,《汉语大辞典》列有两个义项：1. 谓如绮纹之交错。引《后汉书·班固传上》："周庐千列,徼道绮错。"注："绮错,交错也。"2. 形容文辞雕饰华丽。引南朝梁钟嵘《诗品》卷上："陆机……"《新唐书·上官仪传》："仪工诗,其词绮错婉媚。"黄宗羲《谢莘野诗序》："莘野之诗,叙丧乱而凄戾,逢公燕而绮错,能备五声者也。"我们认为,钟嵘评陆机"贵绮错",实际上这两方面的含义都包括在内了：既指陆机诗歌语言雕饰华丽,又指陆机诗歌多俳偶,如绮纹之交错。正如明许学夷《诗源辨体》卷五云："士衡乐府五言,体制声调,与子建相类,而俳偶雕刻,愈失其体。"②而陆机多华词,多俳偶,又是和他的好深曲分不开的。《文心雕龙·才略》云："陆机才欲窥深,辞务索广,故思能入巧,而不制繁。"陆机这样多润色、多

---

① 顾、刘、黄三家文字,引自：汉语大词典：第1册.上海：上海辞书出版社,1986：860.
② 许学夷著,杜维沫校点.诗源辨体.北京：人民文学出版社,1987.

切对、多深曲的结果,即"有伤直致之奇"。这样一来,钟嵘的评说也可以前后对应贯通了。以前的解说家,由于相信"不"字的存在即为合理,所以做出了一些牵强附会的解说,现在看来都是失之偏颇的。其实,从钟嵘行文喜用骈俪句式的习惯来看,这里也不应该有"不",包括评陆机文中的"才高词赡,举体华美""气少于公幹,文劣于仲宣""咀嚼英华,厌饫膏泽"等,都是比较规范的骈俪句式,"尚规矩,贵绮错"也应该与它们一致。如作"不贵绮错",文气上则显得有欠贯通。

总之,钟嵘对陆机的评说,只能是"贵绮错",而不可能是"不贵绮错","不"字的产生,是由于《诗品》在传抄传刻过程中,抄工或刻工对"尚规榘"之"榘"字的误抄或误刻所致。

(原载《文献》2008年第2期)

《文宗阁杂记》非汪中著作考

王培军

王培军,1972年生,安徽枞阳人。2006年毕业于华东师范大学,获文学博士学位,入上海大学文学院工作至今。曾在复旦大学历史系做博士后研究工作。著有《光宣诗坛点将录笺证》《钱边缀琐》,整理有《校辑近代诗话九种》《校辑民权素诗话廿一种》《苍虬阁诗集》等古籍著作。

一

《文宗阁杂记》一书,署汪中著,收入《清代稿本百种汇刊》,为子部第57种,台湾文海出版社1974年影印本。2005年,学者又据《汇刊》本点校,收入《新编汪中集》①。《文宗阁杂记》的传世刊本,仅此2种。其书的来历,略见于《杂记》的"筠厂题识":

> "丁酉立春后三日,携遂新二弟同游西湖,便道春申,购得曹秋舫紫云砚。到杭,连日阴雨绵绵,闷坐定轩斋中,偶见此稿,读之,忘去阴雨与游杭之行矣。是夜定轩醉归,笑问定轩:'兹书肯让否?'答曰:'可。紫云可换耳。'紫云,余时不能忘;见此稿,可云刻不能忘矣。只得舍彼就此矣。筠厂自记于杭。"②

按,丁酉为光绪二十三年(1897),"筠厂题识"如可信,则此书的发现,是在晚

---

① 见:田汉云点校.新编汪中集.扬州:广陵书社,2005:267—346. 又,台湾"中研院"中国文哲研究所筹备处2000年出版《汪中集》,王清信、叶纯芳点校,则只收诗文,不收著作。
② 见《文宗阁杂记》213—214页,《清代稿本百种汇刊》本。后文凡引《杂记》,皆据此本,不另注。按,《新编汪中集》本识读、点校之误,触目皆是,故不据。

清之际。据汪喜孙《容甫先生年谱》，汪中在乾隆五十五年(1790)庚戌，为毕沅等人所荐，主持镇江文宗阁《四库全书》的校勘工作，历时两载①，则其著成此书，亦必在此期间(1790—1792)。故其书之成，与筠厂的"题识"，相距已经百年，而至1974年影印时，又过了近80年，考虑到汪中的著作本少，其手泽吉光片羽，皆为人所宝爱，则此书孤行于世，逃过人间诸劫，而越三甲子，犹复见于天下，不可不谓为一大幸事。

《清代稿本百种汇刊》于此书之前，有题注一行："文宗阁杂记三卷，清汪中撰，稿本，行书"；又附一提要云：

> 中字容甫，江都人，乾隆拔贡生，为文以汉魏为则，不取韩欧。陆芝跋此书云："(容甫)爱读书，无钱购置，尝入书肆，随读随能记之。"其勤奋如此。晚年校书于镇江之文宗阁，此编即纂其校书所得也。书分三卷，无卷目，大抵一事一条，经史诸子百家，无不涉及，随阅随记，不以类分。每事著其所出，论说则每参以当时事，是不惟可考古事，亦可知当时轶闻也。容甫所著《大戴礼记正误》《春秋述议》《述学》、诗文集等并已刊刻传世，此编则未获镂版，弥足珍贵。书中有缪艺风等诸家题记。

其后学人论及此书，皆据此说，视为汪中的著作。如徐德明《清人学术笔记提要》云：

> 《文宗阁杂记》三卷，为汪中晚年于镇江之文宗阁校《四库全书》时所撰，即其校书所得。大抵一事一条，经史诸子百家，均有涉及，随阅随记，不以类分。每事著其所出，论说则每参时事，故是书不仅可考古史古事，亦可知当时轶闻。如卷一唐张九龄谏止凉州刺史牛仙客为尚书，因其目不识书，观九龄集中《赠泾州刺史牛公碑》足以为证。又论汉上官桀、金日磾皆以养马受知，武帝之取人可谓明而不遗矣。又今世所行《金刚经》，用姚秦鸠摩罗什所译，其四句偈它本颇有不同者。卷二《通鉴纲目》乃朱熹门人赵师渊奉师命纂录，而师渊颇有割截，如陈平本传节去数字，便绝无意味。记周世宗逸事甚详。卷三多钞录成文，但录庆元党禁之事，极为详备；记韩侂胄穷奢极侈，

---

① 秦更年等辑《重印江都汪氏丛书》本。后凡引此《丛书》本，皆省作"汪氏丛书"；又凡引及《容甫先生年谱》，皆据此本，不另注。

骇人听闻。均足资参考。①

此所云云,大抵即本《汇刊》的提要,而又更举 7 例以实之②。而据笔者的考证,《文宗阁杂记》实为一杂抄册子,决不可视为"著作",亦绝非汪中所撰。《汇刊》收入此书,自属失考,提要所云"论说则每参以当时事,是不惟可考古事,亦可知当时轶闻",尤为荒谬之语,盖撰写提要者,未尝一细读其书,直想当然之乱道耳。今为逐条查考,于其中的每条文字,皆检出其出处,并与原书对勘,为质证如后。

二

《文宗阁杂记》共三卷,第一卷107条,第二卷(原本作"续编卷上")52条,第三卷(原本作"续编卷下")13条,合计之共 172 条。考此 172 条笔记,无一条不是从他书抄来,而又无一字的发明。其所抄之书,共 11 种,其目为:洪迈《容斋随笔》、邵晋涵辑《旧五代史》、陆游《入蜀记》、朱翌《猗觉寮杂记》、叶绍翁《四朝闻见录》、李日华《六研斋笔记》《紫桃轩杂缀》、孙承泽《闲者轩帖考》、郭宗昌《金石史》及陆陇其《三鱼堂外集》、游艺《天经或问》。其各条文字,虽间有节去若干字的,但在抄录之外,并无只字按语,则是毫无例外的。且各条之间,也无明确的关联、宗旨。据此以观,其非学人的著述,可说彰明较著,毋庸多辩。

为见出其书性质,兹据《文宗阁杂记》,查检各条的出处,而详注之,列为表格。所抄如有删节,或其他改异之类,并记为"附注"。各条的小题,原稿本无,为《新编汪中集》本所加,今取为标目,不复更拟,为省事耳。又考证此事,与《四库全书》最有关系,所以取校之书,即据《四库全书》本。

第一卷(107 条):

序号	小题	出处	附注
1	陈抟	明李日华《六研斋笔记》二笔卷四③。	此条小题"陈抟"原有。《杂记》中除第二卷第 1 条及此条外,其他 170 条,皆无小题。

---

① 徐德明.清人学术笔记提要.北京:学苑出版社,2004:93—95.
② 按,其所举的七例,皆出前人书中,并非汪中文字,详见后表。
③ 据:景印文渊阁四库全书:第 867 册·子部 173.台北:台湾商务印书馆,1986.以下省作"四库全书本"。

续 表

序号	小题	出处	附注
2	王重阳	明李日华《六研斋笔记》二笔卷四。	
3	澄心	同上。	《新编汪中集》本误将此条与上条合为一条。此条的小题为新拟。
4	白麟	同上,三笔卷四。	
5	八月端午	宋洪迈《容斋随笔》卷一①。	
6	罗处士志	同上。	
7	黄鲁直诗	同上。	
8	敕勒歌	同上。	此条"按古乐府"句前,节去57字,末又节去41字。
9	白乐天新居诗	同上。	
10	白用杜句	同上。	
11	唐重牡丹	同上,卷二。	此条原360字,仅节抄38字,次序亦倒。
12	长歌之哀	同上。	
13	隔是	同上。	
14	李太白	同上,卷三。	
15	蔡君谟帖	同上。	此条后半节去92字。
16	张九龄作牛公碑	同上。	
17	十年为一秩	同上,卷一。	
18	李颀诗	同上,卷四。	
19	为文矜夸过实	同上。	
20	冉有问卫君	同上,卷三。	
21	贤父兄子弟	同上。	
22	汉唐八相	同上,卷五。	
23	上官桀	同上。	
24	金日䃅	同上。	
25	汉武赏功明白	同上。	
26	字省文	同上。	
27	负剑辟咡	同上。	

① 据《四库全书》本,第851册,子部157。

续表

序号	小题	出处	附注
28	名世英宰	宋洪迈《容斋随笔》卷七。	
29	唐诗戏语	同上,卷十一。	
30	唐诗人有名不显者	同上,卷十五。	此条原文199字,此仅节抄50字。
31	呼君为尔汝	同上。	
32	世事不可料	同上。	
33	蔡君谟帖语	同上。	
34	二士共谈	同上。	
35	张子韶祭文	同上。	
36	京师老吏	同上。	
37	王安石弃地	同上,五笔卷一。	此条末节去44字。
38	双生以前为兄	同上。	此条开头节去"续笔已书公羊传注"8字。
39	唐曹因墓碑	同上,五笔卷二。	此条末节去43字。
40	八种经典	同上,五笔卷八。	
41	畏人索报书	同上,五笔卷九。	
42	欧公送慧勤诗	同上。	此条末节去23字。
43	盛衰不可常	同上,五笔卷七。	此条后半节去333字。
44	一二三与壹贰叁同	同上,五笔卷九。	此条末节去111字。
45	端午帖子词	同上。	
46	绝句诗不贯穿	同上,五笔卷十。	
47	唐藩镇幕府	同上,续笔卷一。	
48	李卫公帖	同上。	
49	汤武之事	同上,续笔卷二。	
50	义理之说无穷	同上。	
51	二传误后世	同上。	
52	燕说	同上,续笔卷三。	
53	诗文当句对	同上。	
54	盗贼怨官吏	同上,续笔卷五。	
55	后妃命数	同上。	

续表

序号	小题	出处	附注
56	纪年兆祥	宋洪迈《容斋随笔》,续笔卷十三。	
57	州县牌额	同上,续笔卷十四。	
58	刘贲下第	同上,续笔卷十六。	此条开头节去97字,末又节去17字。
59	天生偶对	同上,续笔卷十二。	
60	文字润笔	同上,续笔卷六。	
61	冗滥除官	同上,三笔卷七。	
62	冯道王溥	同上,三笔卷九。	
63	周玄豹相	同上。	
64	朱崖迁客	同上,三笔卷一。	
65	唐昭宗恤录儒士	同上,三笔卷七。	此条后半节去221字。
66	五俗字	同上,三笔卷十三。	
67	瞬息须臾	同上,三笔卷十四。	
68	蔡君谟书碑	同上,三笔卷十六。	
69	梁壮元八十二岁	同上,四笔卷十四。	
70	二朱诗词	同上,四笔卷十三。	
71	窦叔向诗不存	同上,四笔卷六。	
72	用柰花事	同上。	
73	东坡作碑铭	同上。	此条节去3字。
74	西太一宫六言	同上,四笔卷七。	
75	文字书简谨日	同上,四笔卷九。	
76	吏部循资格	同上,四笔卷十。	
77	青莲居士	同上。	
78	金刚经四句偈	同上,四笔卷十三。	
79	四莲花之名	同上。	
80	黑法白法	同上。	
81	多心经偈	同上。	
82	天宫宝树	同上。	
83	白分黑分	同上。	
84	月双闰双	同上。	
85	逾缮那一由旬	同上。	

续 表

序号	小题	出处	附注
86	七级微尘	宋洪迈《容斋随笔》,四笔卷十三。	
87	鬼谷子书	同上,四笔卷二。	
88	李太白怖州佐	同上,四笔卷三。	
89	老杜寒山诗	同上,四笔卷四。	
90	具圆复诗	同上,三笔卷十二。	此条节去118字。
91	政和宫室	同上,三笔卷十三。	
92	赵德甫金石录	同上,四笔卷五。	
93	蓍龟卜筮	同上,续笔卷八。	此条抄前241字,后段节去435字。
94	作诗旨意	同上,五笔卷四。	此条原文529字,节抄中间108字。
95	吴激小词	同上,卷十三。	
96	人君寿考	同上,卷八。	
97	亲王与从官往还	同上,卷三。	
98	容斋五笔序		序为谢三宾撰,见明马元调刻本,《四库全书》本无此序。
99	冯道诗	《旧五代史》卷一二六《冯道传》小字注①;又"送卢质"句,见同书卷九三《卢质传》。	
100	冯道修夫子庙	同上,卷一二六《冯道传》小字注。	
101	杨凝式题壁	同上,卷一百二十八《杨凝式传》小字注。	
102	康澄论政	见《旧五代史》卷四十三《唐明宗本纪》。	
103	李涛纳命	同上,卷九十八《张彦泽传》小字注。	
104	桑维翰责张彦泽	同上,卷八十九《桑维翰传》小字注引《五代史补》。	《五代史补》为陶岳撰,收入《四库全书》。
105	契丹册立晋王文	同上,卷七十五《晋高祖本纪》。	

① 据《四库全书》本,第277—278册,史部35—36。

续 表

序号	小题	出处	附注
106	壶关谶书	见《旧五代史》卷七十五《晋高祖本纪》；又按语一节，见卷八十《晋高祖本纪》小字注引《五代史阙文》。	《五代史阙文》为王禹偁撰，亦收入《四库全书》。
107	唐末谶语	同上，卷一百《汉高祖本纪》小字注引《五代史补》。	

第二卷（续编卷上，52 条）：

序号	小题	出处	附注
1	赵师渊	李日华《六研斋笔记》二笔卷二。	此条小题亦原有。
2	唐人极重润笔	同上。	
3	老君五千文	李日华《紫桃轩杂缀》卷二①。	《紫桃轩杂缀》《又缀》，皆未收入《四库全书》。
4	名迹真伪难定	同上。	
5	议论与实诣	同上。	
6	散卓笔	同上。	卓字点校者误识为皁，今改。
7	禅智寺侧之井	《紫桃轩又缀》卷三。	
8	尸素之畜	同上，卷一。	
9	裴勋呼父为郎	同上。	此条节去一句。
10	象畏虎	同上。	
11	邵康节居洛	同上。	
12	金醴玉浆	《紫桃轩杂缀》卷一。	
13	偶得诗句	同上。	
14	学书之法	同上。	
15	伪物亦有不可磨灭	《紫桃轩又缀》卷一。	
16	吉凶修短系于结胎	同上，卷二。	
17	季嵩看琼花	同上，卷一。	

① 据：四库全书存目丛书·子部第 108 册．济南：齐鲁书社，1995．《紫桃轩又缀》同。

续表

序号	小题	出处	附注
18	杨光远叛	《旧五代史》卷九十七《杨光远传》小字注引《五代史补》。	
19	湘阴公轶事	同上，卷一百五《宗室列传二》。	
20	周世宗诏书	同上，卷一百十五《周世宗本纪》。	
21	周世宗赐李景书	同上，卷一百十六《周世宗本纪》。	
22	世宗问卜	同上，卷一百十九《周世宗本纪》小字注引《五代史补》。	
23	世宗诏陈抟	同上，卷一百十九《周世宗本纪》小字注引《五代史补》。	
24	世宗问相于张昭远	同上。	此条所录，紧接上条之后。
25	世宗问王朴云祚	同上。	此条所录，亦紧接上条后。
26	世宗上病龙台	同上。	此条所录，亦紧接上条后。
27	宋齐丘投姚洞天	同上，卷一百三十四《李景传》小字注引《五代史补》。	
28	罗绍威诗	同上，卷十四《罗绍威传》。	
29	郑准作归姓表	同上，卷十七《成汭传》小字注引《五代史补》。	
30	敬翔裨赞	同上，卷十八《敬翔传》及《传》小字注引《五代史补》。	"翔好读书"一节，为节抄。
31	李克用报王建书	同上，卷二十六《武皇纪下》。	报书文字同，书前面的述事，有节略。
32	李袭吉书	同上，卷六十《李袭吉传》。	
33	安重荣叛	同上，见卷九十八《安重荣传》小注引《五代史补》。	
34	钟阜山	陆游《入蜀记》卷一①，乾道六年七月五日。	

---

① 据《四库全书》本，第 460 册，史部 218。

续表

序号	小题	出处	附注
35	见秦伯和	陆游《入蜀记》卷一,乾道六年七月六日、七日。	
36	过慈姥矶	同上,七月十一日。	
37	长年三老	同上,卷三、九月四日。	此条为节抄。
38	招头王百一	同上,卷四、九月二十八日。	
39	峡州印文用字	同上,卷四、十月六日。	
40	唐人重端砚	宋朱翌《猗觉寮杂记》卷上①。	
41	玉汝为名	同上。	
42	竹根稚子	同上。	
43	美丈夫比花	同上。	
44	蘸甲	同上。	
45	文章之功	同上。	
46	韩笔之妙	同上。	
47	房融诗	同上。	
48	体物命意功夫	同上。	
49	禊帖	孙承泽《闲者轩帖考》"禊帖"条②。	此书入"四库存目"。
50	周岐阳石古文	明郭宗昌《金石史》卷一③。	
51	恃法不如恃德	陆陇其《三鱼堂外集》卷二《殿试策(庚戌科)》④。	"议教"前,脱"议法不如"四字。
52	吉凶与祸福	游艺《天经或问》前集卷四⑤。	

第三卷(续编卷下,13条):

---

① 据《四库全书》本,第850册,子部156。
② 据:四库全书存目丛书·史部第278册。济南:齐鲁书社,1996.
③ 据《四库全书》本,第683册,史部441。
④ 据《四库全书》本,第1325册,集部264。
⑤ 据《四库全书》本,第793册,子部99。

序号	小题	出处	附注
1	汉韩明府叔节修孔庙礼器碑	郭宗昌《金石史》卷一。	
2	汉景君铭	同上。	
3	汉曹景完碑	同上。	
4	吴天发碑	同上。	
5	魏受禅碑	同上。	
6	后魏鲁郡太守张君颂	同上。	
7	唐道因禅师碑	同上,卷二。	
8	唐王清源忠嗣碑	同上。	
9	唐景龙观钟铭	同上。	
10	唐柳尚书公绰武侯祠碑	同上。	
11	唐圭峰禅师碑	同上。	
12	庆元党	见宋叶绍翁《四朝闻见录》卷四①。	
13	阅古南园	同上,卷五。	

三

通览上表,《文宗阁杂记》之非"著作",可说无可疑了。而《杂记》之非汪中手稿,亦试证之。

汪中的生平著述,《述学》《汪容甫遗诗》外,不过六七种,多有刻本行世②;其佚而不存、著而未成及所辑之书,也有若干种,可见其子喜孙所撰的《容甫先生年谱》《汪氏学行记》③。民国十四年(1925),陈乃乾、秦更年等学者,又蒐讨汪氏父

---

① 据《四库全书》本,第1039册,子部345。
② 据《汪氏丛书》,共6种,其目为:《广陵通典》10卷,《大戴礼记正误》1卷,《经义知新记》1卷(以上《学海堂经解》本),《春秋列国官名异同考》1卷(《蛰园丛书》本),《国语校文》1卷(《灵鹣阁丛书》本),《旧学蓄疑》1卷(《木犀轩丛书》本)。此外又有《策略搜闻》1卷,当时有刻本,今存陈寿祺抄本。
③ 《汪氏丛书》本。其目为:《金陵地图考》(未成),《小学》(未成),《说文求端》(未成),《尚书考异》《仪礼正讹》《大戴礼记补注》《尔雅补注》《秦蚕食六国地表》《春秋后传》《三礼注疏记要》(纂录),《孟子章指》(佚),《问礼堂书目》《宋世系表》(未成),《㯽畯文钞》(诗文集),《彊识录》(文集),《喜诵》(选辑)、《伤心集》(选辑)。参观秦更年《重印江都汪氏丛书序》。

子两代的著作,刊为《重印江都汪氏丛书》①。此外,顾颉刚在1916年撰写《清代著述考》,也于汪中所著之书,有所考述②。凡此,皆未见语及《文宗阁杂记》。是此书之出,可谓"来历不明"。

《文宗阁杂记》第一卷的陆芝跋,末署时间为"嘉庆二十三年(1818)戊寅岁仲冬月",其距汪中之卒(汪中卒于1794年),已历二纪,而汪中之子喜孙,此时已33岁,且在前此十一年即嘉庆十二年(1807)中举,可云早已成人,不但能读父书,又多方搜辑其父的残简遗篇,不遗余力,若世间真有此书,喜孙自必百计访之,纵不能访获,刊以问世,也决不致略无知闻。就算喜孙本人无所知闻,喜孙的友朋交游及父执之中,岂尽皆耳目闭塞,无一知之者?喜孙于道光十八年(1838)在杭州举行纪念汪中之祭,并邀包世臣为作《梁园大招图》③,其事在当日的学林,可谓大事声张,并世学人,知之者必夥。所以,退一步言之,就算喜孙及其父子的友朋于天壤之间尚有此书,并皆略不之知,而为此书作跋的"陆芝",既能于汪中生卒年,言之而无差(详下引),则其于当代学人,必不致无往还。如此,则喜孙竭力访求父书之事,其人亦不应无所风闻;而其跋云:

> 江都汪容甫先生,负经济才,在浙著书甚富。文以汉魏为则。平生最钦佩顾炎武。孝行闻于乡里。家贫,有高节,爱读书,无钱购置,尝入书肆,随读随能记之。乾隆九年生,五十九年卒。嘉庆二十三年戊寅岁仲冬月,平泉陆芝拜撰。④

此跋凡百字,细玩之,语气之间,大似此书都不足珍,得书的经过,并漠然置之,而无一语之及。此真大出乎常情之外。而较诸当时的学人,皆珍视汪氏之书,如陈寿祺在其生时,即手抄《策略謏闻》,加以识跋,述其缘起,并致钦仰⑤,尤为不可解之事。

---

① 陈乃乾《重印江都汪氏丛书目录序》:"右江都汪氏父子所著书,都十有三种,盖取汪氏家刻及各丛书本,汇集刊传者也。吾友尹硕公(炎武)、秦曼青(更年)服膺汪氏之学,倡为此议,余与泾县胡朴安(韫玉)、金山高吹万(燮)、君定(基)、姚石子(光)、乌程王建民(懋)、秀水金颂清(兴祥)和之,醵赀以畀民。"
② 顾颉刚. 清代著述考:第1册. 北京:中华书局,2011:252—255.
③ 王翼凤《舍是集》卷七《为孟慈农部题〈梁园大招图〉》题下小注:"江都儒林汪容甫先生没于西湖梁氏葛岭园,道光戊戌中秋,哲嗣孟慈在杭集先生旧游,设位馈食,绘图者,为安吴包慎伯先生。"(清代诗文集汇编:第610册. 上海:上海古籍出版社,2010:570.)
④ 见《文宗阁杂记》1页。
⑤ 陈寿祺(1771—1834)为嘉庆四年(1799)进士,少汪中26岁,而长汪喜孙15岁。《策略謏闻》在当时有刻本,已佚;陈寿祺抄《謏闻》,在乾隆五十一年(1786)。《策略謏闻》今收入:新编汪中集. 扬州:广陵书社,2005:227—265.

不宁唯是,据陆芝、筠厂等的题识,推测其时其事,则《杂记》一书,应经过数人的递藏,而检视全书,从首至尾,并无一图书印记。无图书印记,则藏者的名号、生平,亦无由索考。此真所谓"羚羊挂角",大有扫尘灭迹之意,揆之藏书家的通例,决不如是。

《杂记》的第二卷题识者为缪荃孙,其语云:

  扬子江头话月明,秋深常自独高吟。生平爱说前朝事,西子湖旁著古今。小字注:"先生暮年曾寄寓西湖僧舍。"
  金石文章有别区,遗编珍重胜遗珠。最怜杨柳年年碧,肠断西山梦有无。小字注:"所撰《黄鹤楼记》,争诵者甚夥。"
  己亥冬仲,筠盦大兄出视大儒手著,读之,所为名无虚有耳。后世慧眼者定应珍重视之。江阴缪荃孙拜题于钟山讲舍。①

按,在缪荃孙识语中,有"筠盦大兄"云云,是筠厂为伯氏,而筠厂的题识,又云"遂新二弟",其文字之间,似亦颇相扣合,而检《艺风老人日记》,则缪荃孙相与过从之人,却并无一人号筠厂、也并无一人名(或字)遂新的。又己亥为光绪二十五年(1899),冬仲为十一月,此年此月的《艺风日记》,亦并无一语及于此事、此书,亦并无一字及于汪容甫的。简言之,在《艺风老人日记》通部书中,竟渺无此事的影子。此外,缪氏所题的二绝句,也不见于缪氏《诗集》。此岂非咄咄怪事。近人谈及古书的作伪,花样繁多,临仿名人之跋,亦其中之一②。此稿中的缪荃孙题诗,或不能免此。

《文宗阁杂记》的字为行书,又被目为稿本,收入《稿本汇刊》,而取今存于世的汪中手札③,加以比观,又大不类。据《容甫先生年谱》乾隆五十二年(1787)云:"是时先君已病偏废,故行间斜上,不复如盛年所书。"《年谱》乾隆五十八年(1793)四月又引汪中《与谢墉书》云:"某衰病日增,近则右手不仁,已成偏中之势。"而《杂记》的字迹,若出汪中之手,则必在1790—1792年间,其字虽大抵行草,而行间殊整,略无夭斜。是从字迹书法论之,又不合如是。

---

  ① 《文宗阁杂记》137—138页。
  ② 参见:黄裳.古书的作伪//榆下说书.北京:生活·读书·新知三联书店,1998:6—10.
  ③ 罗振玉辑《昭代经师手简》中,收汪中手札1通,行书。又傅增湘藏《汪容甫先生手札》,亦收7通,笔者未见。

凡此种种,借汪中本人语,真可云"群疑满腹"①,无以为解。而尤足证《杂记》必不出汪中手的,是在开卷的书名之下,赫然有"江都汪中容甫著"7字。7字的笔迹,与正文无二致,若正文为汪中之稿,则此所署的7字,亦必出汪中之手。7字若不出汪中手,则正文之稿,亦必非汪中之所为。此二事"一而二、二而一",一真俱真,一假俱假。如所周知,汪中为清代极通博的学人,何者为"著作",何者为"抄纂",岂不知分别?又岂能"以抄书为著作"?所以以汪中的为人,若抄此3卷之稿,必不署此7字;若署此7字,则此3卷之稿,必为其读书心得,而非乱抄前人之书。而据前之表,《文宗阁杂记》确为"抄书",即确为"非著作""非读书心得",亦即《文宗阁杂记》的作者实为"以抄书为著作",此与汪中的生平为人,方圆凿枘,格不相入。所以,《文宗阁杂记》的作者,必不能为汪中。易言之,《文宗阁杂记》只要不是"著作",其作者就绝非"汪中"。亦即:只要证得此书之为"非著作",则其非汪中手笔,也就可以推知。而前文固已证得《杂记》为"抄书",不是"著作",所以《杂记》之非汪中手稿,亦可以无疑了。

四

《文宗阁杂记》既非"著作",又非汪中的稿本,证据明确,已如前述,本文至此,似也可以无事再辩,了结此案了。但细思此事,另有一种可能,即:此书或本为汪中的笔记,本无"汪中、著"等字,亦即此书或为他人的过录之本,"江都汪中容甫著"7字,亦为他人之所加,与汪中本无关。简言之,即是:此书或为汪中的笔记的抄本。此亦不可不加讨论。

一般而言,凡学人的过录本,往往有题跋,以记其缘起、时间,或加以评论。如前所及的陈寿祺抄本《策略謏闻》,其书原为乾隆三十三年(1768)刻本,至乾隆五十一年(1786),为15岁的陈寿祺所获见,手抄一本,并加题识云:"维扬徐季昆兄,每与余言,汪公天才绝世,博涉群书,过目成诵。自幼即著述等身。有校定《三礼》《尔雅》,手批《三国志》《月令详注》,兼及医科、地学等书。丁酉选拔后,遨游名卿巨儒间,高谈雄辩,无能出其右者。是编虽仅30篇,而叙事简当,笔力矫拔。读其书,可以想见其学问之闳深,性情之豪放,非可以寻常策学观也。因就季兄处借录之。录竟,识其大概如此。丙午嘉平望日,左海识。"②据此,15岁的

---

① 见:致刘端临书(五)//新编汪中集.扬州:广陵书社,2005:438.)。汪中颇喜用此类语,又如《上竹君先生书》:"群疑众难,就正末由。"(同前,427页)
② 见:新编汪中集.扬州:广陵书社,2005:227.

陈寿祺，就已知汪中的盛名，其时汪中尚在世，年43岁，而名已如此，则其在下世后，一二十年间，其为一代名儒之名，必已大致论定，而辐射更远。如此，汪中的遗墨遗书，也必更为人珍视。《文宗阁杂记》若为他人的过抄本，必有跋语识之；连篇题跋也不写的，又岂是好事之人，抄此3卷笔记？此其疑一。

又汪中的读书札记，确知为其撰作的，今有2种，一为《旧学蓄疑》，一为《经义知新记》，二书之中，皆有汪中按语。《经义知新记》为专读经书的札记，一卷，其中用"按"37次、"案"1次、"今按"2次，又用"中按"14次、"中谓"3次、"又按"2次①。《旧学蓄疑》则为汪中读子史及杂书的札记，亦一卷，其中用"按"15次、"案"6次，又用"中按"2次、"中读"1次，又"今检"1次、"据此"2次；此外，还记有备考之语，如"记查《文选注·景福殿赋》"，"记入《唐韵正》'牙'字下"，"记考《一切经音义》"，"记查《周易大义》"②，等等。凡此之类，《文宗阁杂记》中皆无有。此其疑二。

据所抄之书言，则《文宗阁杂记》的第一卷107条，独于洪迈的《容斋随笔》，连篇累牍，抄录了93条之多，占整卷书篇幅的87％、十之九。其余下的14条，则为：4条出于《六研斋笔记》，9条出于《旧五代史》。通一卷之书所抄，不过3书。这也是不易解释的。就算是普通学人，如此的抄法，也是大可笑的，何况博极群书、为乾嘉第一流学人的汪中？此其疑三。

又全部的《文宗阁杂记》三卷中所抄之书，类别为：子部杂家类3种、杂家类存目1种、小说家1种、天文算法类1种、史部正史类1种、传记类1种、目录类1种、目录类存目1种、集部别集类1种。这与汪中的为学兴趣，亦不相合。此其疑四。

《杂记》通书既无一按语，则其抄此三卷172条乱杂的文字，目的何在？其为了消磨光阴乎，抑为了备忘乎？若云"消磨光阴"，以汪中治学之精勤，惜时惜力，必不为此；若云"备忘"，则此皆习见之书，易得之本，以汪中记诵之丑博，又安用此为？汪中的《与朱武曹书》劈头云："曾子有言：'往而不返者，年也。'"又云："《传》曰：'民生在勤，勤则不匮。'《荀卿子》曰：'锲而舍之，朽木不折；锲而不舍，金石可镂。'盛年不再，日力可惜，愿足下之循序而持久尔。"③其于友朋之间，既为此"劝学"语，其在于己，又岂肯枉抛精力？在《与秦丈西岩书》中，汪中自述又云："某……有志于古人立言之道，盖挫折既多，名心转炽，不欲使此身为速朽之

---

① 据《汪氏丛书》本。
② 同上。
③ 见：李金松校笺. 述学校笺. 北京：中华书局，2014：760—761. 朱武曹指朱彬。

物也。"①此真可谓"心事毕见"。所以,他于"近日声名颇胜于昔"②,颇为在意,也就可以理解了。又刘台拱《容甫先生遗诗题辞》云:"(容甫)早岁喜为诗,三十以后绝不复作,旧稿多散失。"③此语自可信。汪中的《上竹君先生书》:"《寻珊竹公墓诗》一卷呈上,中久不亲丹铅,数年不复作诗。"④又《题机声灯影图》题下小注云:"中年多病,久不作诗。比至居忧,此事遂绝。某出此卷索题,有伤其事,聊作数章,以当一哭。孤子汪中记。乾隆五十三年十二月。"⑤在在可以印证。如此之人,专力治经之后,连作诗都废弃了,何有此意兴,抄闲书而"空度日"?并且,汪中为家计所迫,亦绝无此多暇,"即有此心,亦无此力"。友人刘台拱劝他勒定文字,他自叹云:"所谕纠集文字,中亦素有此心,然中之志,乃在《述学》一书,文艺又其末也。苦不得人抄写,闷闷。"⑥自己的文字,尚无力请人代抄,又何至枉抛日力,抄其他的杂书? 此其疑五。

五

不过,以上俱是从"书外"推说,或不能最后作数;从《杂记》"书内"观之,则所抄的各条,肤浅之语,不一而足,又与汪中的学术,了不相涉,特别是有几条,甚至与汪中的生平持说,大相乖迕矛盾。这真是无以为辩的了。以下为逐条疏证之。

一、《文宗阁杂记》第一卷所抄《容斋随笔》卷五"字省文"条:

今人作字省文,以"禮"为"礼",以"處"为"处",以"與"为"与"。凡章奏及程文书册之类不敢用,然其实皆《说文》本字也。许叔重释"礼"字云:"古文。""处"字云:"止,得几而止。或从處。""与"字云:"赐予也。与、與同。"然则当以省文者为正。⑦

---

① 见《容甫先生年谱》乾隆三十三年引。《年谱》乾隆三十六年又引郑虎文《与朱学使筠书》云:"汪生盖笃学,薄浮名而期不朽者也。"
② 语见:致刘端临书(四)//新编汪中集.扬州:广陵书社,2005:436.
③ 见《容甫先生遗诗》卷首(《汪氏丛书》本)。
④ 见:李金松校笺.述学校笺.北京:中华书局,2014:734.
⑤ 见《容甫先生遗诗》卷五(《汪氏丛书》本)。所云"某出此卷",指洪亮吉。汪中不喜洪,其《致刘端临书》五云:"阳湖有洪礼吉者,妄人也,倘得交于足下,幸勿为其所欺可耳。"(《新编汪中集》438页)礼吉,洪亮吉的初名。又《容甫先生年谱》乾隆五十一年云:"先君于乡前辈称之不置口,虽所学不同,持论不必尽合,固未尝如洪编修亮吉所述,诋鱼门、子田为不通也。"亦可参。
⑥ 见:新编汪中集.扬州:广陵书社,2005:436.
⑦ 见《文宗阁杂记》20页。按,此条在《容斋随笔》卷五,"止"作"止也"。

按，此条中的3个字，是见于《说文解字》的，在汪中必早熟记，固不必从《容斋随笔》稗贩抄之。《说文解字》在宋代的学者，不见得大家都读，所以洪迈以为可记，而在汪中的时代，《说文解字》是学者的必读书，汪中本人于《说文解字》，更是研究有素，且著有专文、专书；《容甫先生年谱》乾隆五十六年云："先君亦治《说文》，著《说文求端》，未成。先君譔《玎文正》驳《说文解字》。段先生注《说文》用此说。"《年谱》又引谢墉与汪中书云："数年来有校订《说文》之役，前曾以数字问难于抱经，尚未有以开我。足下卓识过人，幸有以示之。"汪中为答谢墉疑，后作了《释童》，收入《述学》①。谢墉问卢文弨不能解决的问题，转来问汪中，便得了解决。由是可知，汪中的小学造诣，在当时是一流的。对于《尔雅》，汪中亦用过很大功夫。汪喜孙《先君家传(集语)》云："其治《尔雅》之学，有《尔雅》校本，较邵学士《正义》多43条，郝兰皋《尔雅义疏》采之。"②又《先君学行记》云："治小学，于形声、假借，考辨最深，详《尔雅》校本及《知新记》。"③另外他的《经义知新记》，也是"多古字古义"④。他又拟撰《小学》，"依《尔雅》篇目，分别部居"⑤。卢文弨《抱经堂文集》卷十九《答汪容甫中书》云："闻近著《小学》，一本古训，补《苍》之亡，作《雅》之翼，拭目以期蚤睹也。"⑥凡此皆可见其功力。汪中之能识难字，就是在乾嘉学者中，也是非常特出的，有一件事，可以替他说明。钱大昕《潜研堂文集》卷三十三《答孙渊如书》云："仆前跋《杨大眼造像记》，未详'依衣'字，足下谓'震依衣'即'振旅'之异文，敬闻命矣。顷见江都汪容甫，亦如足下之言。即当刊正，以志不忘。"⑦又卢文弨《答钱辛楣詹事书》云："《杨大眼造像记》中'依依'字，江都汪容甫以为即'旅'字，以字形审之，良然。"⑧卢文弨、钱大昕都不识的字，汪中却识得出；《容斋随笔》的那几个字，又何须记入"笔记"？

二、《杂记》又抄《容斋随笔》卷五"负剑辟咡"条：

---

① 亦见《年谱》乾隆五十六年。《释童》见《述学校笺》116—117页，末云："此篇答举主谢侍郎作。"
② 见汪喜孙《孤儿编》卷二(《汪氏丛书》本)。参观《先君学行记》："先君校《尔雅》郭注跋云：'柔兆涒滩壮月，以《经典释文》《开成石经》校上。《释文》多古文奇字，尚存汉以后诸儒之旧观，至《石经》始尽改同今字。盖自明皇改《洪范》，升《月令》，更《丧服》，变古乱常之后，遂成俗学不可反。'谨按：此跋为先君初校时所题，后更出入群籍，引据经注异文，以志古本同异，所校多出邵《疏》之外者凡四十三条，且有邵《疏》本讹文脱字，藉以诒正者。具稿在邵《疏》后一年，追后邮书行，先君遂尽弃其学。"(《孤儿编》卷二)
③ 见《孤儿编》卷二(《汪氏丛书》本)。
④ 见《容甫先生年谱》乾隆三十八年。
⑤ 见《容甫先生年谱》乾隆四十一年。
⑥ 王文锦，点校.抱经堂文集.北京：中华书局，1990：269.
⑦ 吕友仁，校点.潜研堂集：上册.上海：上海古籍出版社，2009：602.
⑧ 王文锦，点校.抱经堂文集.北京：中华书局，1990：265.据《杨大眼造像记》拓本，"依依"当为"依衣"，《抱经堂文集》刻本亦误。

《曲礼》记童子事曰:"负剑辟咡诏之。"郑氏注云:"负,谓置之于背;剑,谓挟之于旁。辟咡诏之,谓倾头与语。口旁曰咡。"欧阳公作其父《泷冈阡表》云:"回顾乳者剑汝而立于旁。"正用此义。今庐陵石刻存,衢州所刊《六一集》,已得其真,或者不晓,遂易"剑"为"抱",可叹也。①

按,汪中为学,于《三礼》是下了极大力气的,《曲礼》这句及郑注,自烂熟于心了。《容甫先生年谱》乾隆四十一年云:"是卷于《尚书》《毛诗》《三礼》……多所发明。"又乾隆四十四年云:"是时所录,于《礼记》《说文》多所发明。"汪中25岁自述云:"某始时止习辞章之学,数年以来,略见涯涘。《三礼》《毛诗》,以次研贯。"②乾隆四十四年(1779),汪中为36岁,从25岁起,其于读《三礼》,亦已历10年,其功力为如何,可不难想见。包世臣《艺舟双楫》卷三《书述学六卷后》记其事云:"世人皆称容甫过目成诵,而使酒不守绳尺。贵生母,容甫亲妹也,尝语予曰:'先兄每日出谋口食,夜则炳烛读《三礼》四十行,四十遍乃熟。'"③包世臣之意,固是为了贬低汪中,但说他在少时,就用功读《三礼》,则也当是可信的。又汪喜孙《先君学行记》云:"先君精研《三礼》,游歙,主汪梧凤家,得见戴君未见之书,私淑戴君绪论,所学益进。钱少詹事赠先君楹帖有云:'学古通周礼。'卢学士《抱经堂集·书仪礼后》云:'容甫语余,尝见宋本《仪礼》郑氏注与今本异同,予因假其传录者以归,实与贾疏先后次序不同,当是贾氏未疏之前所传本不一。'又与先君书云:'承示《仪礼》逸注,惜相隔百里而遥,不能朝夕见,以策我之颓堕。'是与卢学士讲《三礼》之学一也。王侍郎尝述其少时,见先君与李先生惇论明堂制度,议论不相下;是与李先生讲《三礼》之学二也。与程先生书云:'《明堂通释》,亦著成书一卷。'据此,知《明堂通释》别为一书,后乃附《述学》。尝与友人述《通艺录》'九谷'、'沟洫'诸篇及当阿等制,缕析其所学,深入细微,手画口述,神采飞逸,喜孙尝闻诸父友云。又先君尝致书刘先生云:'去年交程举人瑶田与金殿撰,于戴君之学,可云具体。'谨按,先君校《丧服传》多用戴、金二君说。刘先生亦治《三礼》,先君辨贞女引其说,又与先生书尝论'壹戎殷'之义。是与程先生、刘先生及金君讲《三礼》之学也。"④其与时人切磋《三礼》,可见一斑。在《经义知新记》中,又有训解《曲礼》的四、五条。功力既如此,又何必借途《容斋随笔》,来记

---

① 见《文宗阁杂记》21页。
② 见《容甫先生年谱》乾隆三十三年引汪中《与秦西岩书》。
③ 李星点校.包世臣全集·中衢一勺,艺舟双楫.合肥:黄山书社,1993:314—315.
④ 见《孤儿编》卷二(《汪氏丛书》本)。

《曲礼》的这个"剑"字？若说是因欧集刻错此字，闹了笑枋，那也是宋人所为，既经洪迈指出，也就够了；年近50的汪中，又不是无知学童，逐字而抄此，有什么意味？倒是为汪中文章作过注的近人古直，在注释黄遵宪《拜曾祖母李太夫人墓》中的"剑儿大父傍"一句时，不知"剑"字是用了《曲礼》及欧文的故典，疑为"敛"字之误，而引得时人"笑而至矧"①；不过，那却不是汪中所能负责的了。

三、《杂记》中尤为乖迕的，则是从陆陇其《三鱼堂外集》抄的一节"道学家言"：

> 使唐虞三代不能先正人心，则其法之弊，亦与后世等耳。法宽而弊可生于宽之中，法严而弊即伏于严之内。法无定，而人得因其无定者以为奸；法有定，而人即因其有定者以滋弊。虽有圣人，岂能善其后哉。然则治天下之道，从可知矣。未有法不立而能治者也，未有人心不正而能行法者也。是故恃法不如恃德，议法不如议教，德教立则人心正，人心正则法无不行矣。②

四、又有从游艺《天经或问》卷四"占候"所抄的：

> 夫吉凶则致祸福，而不可以祸福即吉凶也。如其顺理心安，则福固吉，祸亦吉也。理不顺，心不安，则为祸固凶，福亦凶也。盖祸福不能自免，而理则至定，此心所以顺之也。③

按，此二节，皆属道地的道学家的"席上腐谈"。陆陇其的为学，必是汪中所不喜的，此处所抄的几句，"也是个老生常谈"（语见《儒林外史》）。游艺之语，也不过《孟子》所云："莫非命也，顺受其正⋯⋯尽其道而死者，正命也。"④或宋人张载《西铭》所云："富贵福泽，将以厚吾之生也；贫贱忧戚，庸玉汝于成也？存，吾顺

---

① 曹聚仁《〈人境庐诗草〉笺注》："那位最顽固、自负又很高的中山大学教授古直（层冰）的《诗笺》三卷，对那首最传诵的《拜曾祖母李太夫人墓》诗的'剑儿大父傍'，说'剑'乃'敛'字之误。他连欧阳修《泷冈阡表》的'剑汝而立于旁'句都不曾读过，可见浅陋的很。"见：曹聚仁．曹聚仁书话．北京：北京出版社，1998：90．古直注汪文的书，为《汪容甫文笺》。
② 见《文宗阁杂记》207页。"议法不如"四字原脱去，据《四库全书》本补。
③ 见《文宗阁杂记》207—208页。
④ 见《孟子·尽心上》。朱熹《孟子集注》："人物之生，吉凶祸福，皆天所命。然惟莫之致而至者，乃为正命。故君子修身以俟之，所以顺受乎此也。"（上海古籍出版社1987年版，101页）可参观《朱子语类》卷六十："若出门吉凶祸福皆不可知，但有正不正。自家只顺受他正底，自家身分无过，恁地死了，便是正命。若立岩墙之下，与桎梏而死，便不是正命。"（中华书局1986年版，王星贤点校，1429页）

事;没,吾宁也。"①此在汪中,气味都是不近的。《天经或问》在《四库全书》中,为天文算法类书,汪中于天算之学,是本有兴趣的②,而《天经或问》一书,说起来并非天算,而是:"是书凡前后二集。后集多支离汗漫之谈,此集于天道之运行,皆设为问答,一一推其所以然,颇有理致。"③对于此等书,若据汪中的为人,是肯定无兴趣的;就算偶然去看了,看过也就算了,又何必手抄?又何必他皆不抄,而只抄几句"腐语"?这是大不然的事。

汪中的平生为学,为实证之学,他的讨厌道学家,也是出了名的④;真所谓"汉宋之学,如同水火"。汪中厌薄讲学家,所发表的议论,今见于文字的,犹在在而是;其《讲学释义》云:"孔子适宋,与弟子习礼大树下;鲁诸儒讲《礼·乡饮》《大射》于孔子冢,皆讲学也。礼乐不可斯须去身,故孔子忧学之不讲。后世群居终日,高谈性命,而谓之讲学,吾未之前闻也。"⑤他的知交刘台拱,是服膺宋学的,他在与其书中云:"李颙《传心录》一册奉上,颙师心不学,邪说诬民,当日翰音登天,至于见礼万乘,今观其所言,则亦粪土之余,不待廓清摧陷矣。"⑥可云"直言不讳",无愧"畏友"。又与刘的另一书云:"李君(按指成裕)相见时,每以足下笃信宋人之说为恨。君子之学如蜕然,幡然迁之,未审比来进德修业,亦尝发瘤于心否?"⑦也是率直说出了。又其《大学平义》云:

> 《大学》其文,平正无疵,与《坊记》《表记》《缁衣》伯仲,为七十子后学者所记,于孔氏为支流余裔。师师相传,不言出自曾子,视《曾子问》《曾子立事》诸篇,非其伦也。宋世禅学盛行,士君子入之既深,遂以被诸孔子。是故求之经典,惟《大学》之"格物致知",可与傅合,而未能畅其旨也。一以为误,一以为缺,举平日之所心得者,著之于书,以为本义固然。然后欲俯则俯,欲仰则仰,而莫之违矣。习非胜是,一国皆狂,即有特识之士,发瘤于心,

---

① 章锡琛点校.张载集.北京:中华书局,1978:62—63.按,《西铭》之文,本载吕祖谦《皇朝文鉴》卷七十三,在今本的《正蒙》中,为《乾称篇》之部分。
② 汪中《致刘端临书》五:"又《九章算术》,亦乞一本。"(《新编汪中集》438 页)又江藩《国朝汉学师承记》卷七《汪中》:"藩弱冠时,即与君定交,日相过从。尝谓藩曰:'予于学无所不窥,而独不能明《九章》之术。近日患怔忡,一构思则君火动,而头目晕眩矣。子年富力强,何不为此绝学?'以梅氏书见赠。藩知志位卮策,皆君之教也。"钟哲整理.国朝汉学师承记.北京:中华书局,1983:114.
③ 四库全书简明目录·卷11.上海:古典文学出版社,1957.
④ 江藩《国朝汉学师承记》卷七《汪中》:"君性情伉直,不信释老、阴阳、神怪之说,又不喜宋儒性命之学,朱子之外,有举其名者,必痛诋之。"(中华书局点校本,113 页)。
⑤ 见《述学校笺》639—640 页。
⑥ 见《致刘端临书》二(《新编汪中集》433 页)。
⑦ 见《致刘端临书》四(《新编汪中集》436 页)。

止于更定其文，以与之争，则亦不思之过也。诚知其为儒家之绪言，记礼者之通论，孔门设教，初未尝以为至德要道，而使人必出于其途，则无能置其口矣。

标《大学》以为纲，而驱天下从之，此宋以后门户之争，孔氏不然也。宋儒既藉《大学》以行其说，虑其孤立无辅，则牵引《中庸》以配之。然曾子受业于孔门，而子思则其孙也，今以次于《论语》之前，无乃慎乎。盖欲其说先入乎人心，使之合同而化，然后变易孔氏之义而莫之非，所以善用其术，而名分不能顾也。①

这几节话，真是大胆极了，也是论汪中学术思想的人所必引的②；这也难怪翁方纲等人，恨他入骨了③。若说做这样议论的人，去抄陆、游的"庸言"，谁肯相信？从前有人写文章攻击钱锺书，说见到钱在夏天，"脱得赤条条地"（《水浒传》写鲁智深语），坐在自家屋里，大骂经过门前的人，有人加批语驳之："若说这人是钱锺书，那也不是写《管锥编》的钱锺书。"笔者于汪中之事亦云然。

六

汪中的学问，是专治经学、小学及先秦诸子的，于《史记》《汉书》等正史，也用过功夫。《容甫先生年谱》乾隆四十一年云："是卷于《尚书》《毛诗》《三礼》《左氏春秋》《逸周书》及《管子》《墨子》《列子》《荀子》《韩非子》《吕氏春秋》《史记》《汉书》多所发明。"又乾隆四十四年云："是时于《晏子春秋》《新书》《南史》用力最专。"又乾隆四十八年云："是时于《毛诗》《仪礼》《史记》《汉书》《三国志》《南史》《通鉴》《唐书》《吕氏春秋》《说苑》，多所考证。"④据此三条所述，可见其概。而流

---

① 见《述学校笺》487、490 页。
② 参见张舜徽《清代扬州学记》85—90 页、《清儒学记》281—283 页，华中师范大学出版社 2005 年版。
③ 翁方纲的愤恨语，见《复初斋文集》卷十五《书墨子》："有生员汪中者……此则又名教之罪人，又无疑也……今见汪中治《墨子》之言，则当时褫其生员衣顶，固法所宜矣。汪中者，昔尝与予论金石，颇该洽，犹是嗜学士也……不名之曰生员，以当褫革，第称曰墨者汪中，庶得其平也。"（《续修四库全书》第1455 册，493 页）又章学诚的攻击，见《文史通义》外篇一《立言有本》："江都汪容甫……其人聪明有余，而识力不足。"又："汪氏晚年自定《述学》内外之篇，余闻之而未见，然逆知其必无当也。盖其平日谈经论史，灿然可观，甚有出于名才宿学之所不及，而求其宗本，茫然未有所归。故曰聪明有余，识不足也。"《述学驳文》："大抵汪氏之文，聪明有余，真识不足，触隅皆悟，大体茫然。"（章学诚. 章氏遗书. 北京：文物出版社，1985：56，58.）关于汪、章的关系，可参：柴德赓. 章实斋与汪容甫//史学丛考. 北京：中华书局 1982：287—299。
④ 参观汪中《与巡抚毕侍郎书》："中向者于周秦古籍，多所校正。"（《述学校笺》744 页）

俗的笔记小书，则不是其用力之处。《容斋随笔》是宋人笔记中的名著，汪中有兴趣摘录，或是可以理解的，而明人笔记，大多道听途说，辗转稗贩，向不为考据家所重。李日华本人且不以学问称，他的《六研斋笔记》，收入《四库全书》，是因为其中谈论书画，有可取者，《提要》评之云："日华工于书画，故是编所记，论书画者十之八，词旨清隽，其体皆类题跋，盖锦赠玉轴，浏览既久，意与之化，故出笔辄肖之也……大抵工于赏鉴，而疏于考证，人各有能有不能，取其所长可矣。"①碑帖之学，是汪中学术的一个余兴，若说去抄上几条，也不是不可以；只是李日华的《紫桃轩杂缀》，为《四库全书》所不收，《提要》又云：

《紫桃轩杂缀》三卷、《又缀》三卷，明李日华撰。日华有《梅墟先生别录》，已著录。是书《明史·艺文志》不载，书中惟论书画，用其所长，余多剽取古人说部，而隐所自来，殊无足取，不及其《六研斋笔记》远矣。②

《杂记》却抄了它15条，而抄《六研斋笔记》则仅6条，足足多了9条；不仅于此，在所抄的15条里，也只4条是关于书画的，其他多为无聊之谈，"搢绅先生难言之"，一见即可断言是汪中绝无兴趣的。好在文字不长，姑录几条如下，用见其概：

扬州蜀冈上禅智寺侧，有井，味极甘冽，与蜀江通。有老僧洗钵江中，失之，从井浮出。为禅智寺僧所得，置佛前。后数年，老僧过而见之，惊曰曰："何缘到此？"脱衲衣赎去。

唐裴勋呼父坦之为十一郎。

象畏鼠，见地有鼠迹，终日不敢动。《海语·物产篇》载：象嗜田禾，经旬数亩立尽。岛夷缚孤豚于深树中，喔喔不绝声。象闻而怖，而引类而遁。昔王咸宁平两广夷人，遇象战，因觅小豚数千，纵之，象果披靡。人以为豚类鼠，不知其声固象所素畏也。

《如皋志》："淳熙中，邑人李嵩年八十，看琼花，无岁不至。年一百九岁而卒。"人有看花福者，又何患入丛之晚耶③。

---

① 见：四库全书总目·卷122. 北京：中华书局，1965：1055.
② 见：四库全书总目·卷128. 北京：中华书局，1965：1103.
③ 见《文宗阁杂记》146页、147页、150页。

《杂记》开卷抄的《六研斋笔记》4条,其中第一、二、三条,亦与此同类:

> 陈希夷,莫知所出。有渔人陈姓者,举网得巨物,裹以紫衣,如肉毬状。携归,溉釜折薪,煮而食之。水将热,俄雷电绕天大震。渔人惧,取出掷地。衣裂,儿生,即抭也。冒渔人姓,故曰陈。
>
> 王重阳未化前十日,谓马丹阳曰:"学道无他,在养气而已。心液下降,肾气上腾,至于脾元,氤氲不散,则丹聚矣。若肝与肺,往来之路也。习静至久,当自知之。"竹懒曰:余读数百卷丹经要语,不越于此。
>
> 澄心如澄水,养气如养婴,气秀则神灵,神灵则气变。①

这实在是毫无意思的。据诸家传状,汪中的为人,是绝不喜此种的。王引之《汪容甫先生行状》云:"(先生)性质直不饰容止,疾当时所为阴阳拘忌、释老、神怪之说,斥之不遗余力。"②又凌廷堪《汪容甫墓志铭》云:"好骂世所祠诸神,如文昌、灵官之属,聆之者辄掩耳疾走,而君益自喜。"③并可以为证。《杂记》又从《紫桃轩杂缀》抄论《老子》条云:

> 老君所授尹喜五千文,以其为藏室柱下史,得见《三坟》古书,大多节录其要语,以为训耳。至汉河上公有《章句》,蜀严遵有《指归》,俱未有《道德经》之名。自唐玄宗既作注释,始改定章句,称《道德经》。凡言道者,类之上卷;言德者,类之下卷。刻石涡口老子庙中。广川董逌《藏书志》考录甚详。盖非老君之旧多矣。有志者,当尽削去诸家傅会与其割截之说,而脉脉自求理解,庶不负此书也。④

按,汪中于先秦子书所下的功夫,已经几十年,又作了专文《老子考异》⑤,力证著道德五千言的老子,为见秦献公的周太史儋,其人生于孔子之后。近人钱穆《先秦诸子系年》征引其说,称之云:"今按汪氏五证,虽未全塙,要为千古卓识,可以破孔子见关出著五千言之老子之传说矣。"⑥《杂缀》一节,又是抄自明人焦竑

---

① 见《文宗阁杂记》3—4页。
② 王引之《王文简公文集》卷四,《续修四库全书》第1409册,403页。
③ 凌廷堪. 校礼堂文集·卷35,王文锦点校. 北京:中华书局,1998:319.
④ 见《文宗阁杂记》143页。
⑤ 见《述学校笺》601—605页。
⑥ 钱穆. 先秦诸子系年. 北京:商务印书馆,2001:235.

的《老子翼》①，为极普通的知识，在汪中又岂不知？况且，《杂缀》此条开口便称"老君"，纯属道教徒的鬼话，汪中见了，不大呼"羯鼓解秽"才怪了。

此外，《杂记》第二卷第 4 条，是从《紫桃轩杂缀》抄论名迹真伪的：

> 秦玺，或以为李斯，或以为程邈。石鼓文，或以为宣王，或以为宇文周……夫赫煊有名之迹，前人尚无定目如此，末学小生，挟楺腹而辄欲程量千古，何可得也？②

按，《述学》中有篇《石鼓文证》③，是专纠孙星衍误从马子卿的石鼓文出于宇文周之说的，连举五证，而摧破其说，可谓至当不移。而此处云"石鼓文，或以为宣王，或以为宇文周"，为"骑墙之语"，不能辨白黑，汪中抄至此处，居然无所雌黄？吾不信也。

《杂记》又抄《紫桃轩杂缀》云：

> 宋严羽卿论诗，姜尧章论书，皆精刻深至，具有卓见。及所自运，顾远出诸名家后，大抵议论与实诣，确然两事。④

按，此与汪中所持之见，亦为矛盾相攻。在《修禊序跋尾》中，汪中语及姜夔，有云："往见宋番阳姜氏《禊帖偏旁考》，心焉笑之，即如此本，正犹青天白日，奴隶皆见，何事取验偏旁，然后知为定武真本？设有作伪者，依姜氏之言而为之，又何以待之？然则牵合于姜氏者，所谓贵耳贱目者也。姜氏固季咸所见善者机也。"⑤"季咸"云云，指《庄子·应帝王》："郑有神巫曰季咸……列子与之见壶子。

---

① 焦竑《老子翼》卷七："广川董迪《藏书志》云：唐玄宗既注《老子》，始改定章句，为《道德经》。凡言道者，类之上卷；言德者，类之下卷。刻石涡口老子庙中。"（中华书局 1985 年版，177 页）按，《紫桃轩杂缀》末条云"癸亥仲秋"，癸亥为天启二年（1623），是其书必刊于此年后，为李日华（1565—1635）晚年之作；《老子翼》焦竑自序署"万历丁亥"，丁亥为 1587 年，其书则为万历间刻本，在此书之前。故知《杂缀》本《老子翼》。董迪《藏书志》已佚，《老子翼》卷七为"附录"，为焦竑所收历代关于老子的资料。又《老子翼》亦收入《四库全书》，为三卷本，附《老子考异》一卷。《四库全书总目》卷一百四十六评之云："是编辑韩非以下解老子者六十四家，而附之竑之《笔乘》，共成六十五家。各采其精语，裒为一书……上下篇各为一卷，附录及《考异》共为一卷，不立道经、德经之名，亦不妄署篇名，体例特为近古。所采诸说，大抵取诸《道藏》，多非世所常行之本。竑之去取，亦特精审。"（中华书局影印本，1243—1244 页）
② 见《文宗阁杂记》143—144 页。
③ 见《述学校笺》260—261 页。
④ 见《文宗阁杂记》145—146 页。
⑤ 见《述学校笺》507 页。

出而谓列子曰：'嘻，子之先生死矣，弗活矣，不以旬数矣！吾见怪焉，见湿灰焉。'列子入，泣涕沾襟以告壶子。壶子曰：'乡吾示之以地文，萌乎不震不正。是殆见吾杜德机也。'"①汪中的意思，显然是说：姜夔论书，不过是小技浅术，未见到真处。此与《杂缀》的推崇，又为冰炭之相反了。

七

《杂记》之非汪中之书，在《杂记》中尤可为其确证的，是第二卷的第 2 条；在《杂记》外的汪中其他著作，则为《策略謏闻》"碑刻篇"所云：

> 此外大观中有《太清楼帖》，绍兴中有国子监本。又有《汝帖》《鼎帖》《星凤楼》《宝晋斋》《墨池堂》《郁冈斋》，皆阁帖之支流余裔。而郑夹漈之《通志·金石略》、六一居士《集古录》、赵德甫之《金石录》、黄伯思之《东观馀论》、洪容斋之《随笔》、陶宗仪之《辍耕录》、杨升庵之《丹铅录》、王弇州之《四部稿》，其所题识鉴别者精矣。②

据《容甫先生年谱》，《策略謏闻》作于乾隆三十三年（1768），可知汪中在 25 岁时，已读过《容斋随笔》。《文宗阁杂记》若为汪中所抄，时间必在乾隆五十五年（1790）后，那时汪中已 47 岁，《杂记》中抄了《容斋随笔》93 条，可云"一阵狂抄"；——难道汪中到了文宗阁，才获读了《容斋随笔》？此必无之事也。"今适越而昔已至"，那是《时间简史》中才会有的。

《杂记》第二卷又从《六研斋笔记》抄论"文人润笔"一节云：

> 唐人极重润笔，韩昌黎以谀墓辇人金帛无算，白乐天与元微之欢好，视兄弟无间，及铭元墓，犹酬以臧获、舆马、绫帛、银案、玉带，价直六七万，则皇甫湜责裴晋公，《福先寺碑》多至九千缣，不为过矣。宋太宗时，凡敕制文字，皆钦定润笔之数，又移檄督之，盖仍唐之习也。③

这一节，实为《杂记》第一卷第 60 条已抄过的《容斋续笔》卷六"文字润笔"条

---

① 郭庆藩.庄子集释.王孝鱼点校.北京：中华书局，2004：297—299.
② 见《新编汪中集》238 页.
③ 见《文宗阁杂记》142 页.

的"隳括"：

> 作文受谢，自晋宋以来有之，至唐始盛。《李邕传》：邕尤长碑颂，中朝衣冠及天下寺观，多赍持金帛，往求其文。前后所制，月数百，受纳馈遗，亦至巨万。时议以为自古鬻文获财，未有如邕者。故杜诗云："干谒满其门，碑版照四裔。丰屋珊瑚钩，骐骥织成罽。紫骝随剑几，义取无虚岁。"又有《送斛斯六官》诗云："故人南郡去，去索作碑钱。本卖文为活，翻令室倒悬。"盖笑之也。韩愈撰《平淮西碑》，宪宗以石本赐韩宏，宏寄绢五百匹；作王用碑，用男寄鞍马并白玉带。刘叉持愈金数斤去，曰："此谀墓中人得耳，不若与刘君为寿。"愈不能止。刘禹锡祭愈文云："公鼎侯碑，志隧表阡，一字之价，辇金如山。"皇甫湜为裴度作《福先寺碑》，度赠以车马缯彩甚厚，湜大怒曰："碑三千字，字三缣，何遇我薄耶。"度笑酬以绢九千匹。穆宗诏萧俛撰成德王士真碑，俛辞曰："王承宗事无可书。又撰进之后，例得贶遗，若黾勉受之，则非平生之志。"帝从其请。文宗时，长安中争为碑志，若市买然。大官卒，其门如市，至有喧竞争致，不由丧家。裴均之子，持万缣诣韦贯之求铭，贯之曰："吾宁饿死，岂忍为此哉？"白居易《修香山寺记》，曰："予与元微之，定交于生死之间，微之将薨，以墓志文见托，既而元氏之老，状其臧获、舆马、绫帛，洎银鞍、玉带之物，价当六七十万，为谢文之赞。予念平生分，赞不当纳，往反再三，讫不得已，回施兹寺。凡此利益功德，应归微之。"柳玭善书，自御史大夫贬泸州刺史，东川节度使顾彦晖请书德政碑，玭曰："若以润笔为赠，即不敢从命。"本朝此风犹存，唯苏坡公于天下未尝铭墓，独铭五人，皆盛德故，谓富韩公、司马温公、赵清献公、范蜀公、张文定公也。此外赵康靖公、滕元发二铭，乃代文定所为者。在翰林日，诏撰同知枢密院赵瞻神道碑，亦辞不作。曾子开与彭器资为执友，彭之亡，曾公作铭，彭之子以金带缣帛为谢，却之至再，曰："此文本以尽朋友之义，若以货见投，非足下所以事父执之道也。"彭子皇惧而止。此帖今藏其家。①

《容斋随笔》的此节考述，长达七八百字，已在前面尽数抄下，此处又何用再抄明人的"缩本"？借汪中本人语，这岂非是"舍右军之真迹，用率更之临本，譬之

---

① 见《文宗阁杂记》66—70页。"用寄鞍马"句，"用"后脱"男"字；"不若刘君"句，"不若"后脱"与"字；并据《四库全书》本补。"大官卒"，"大"原误为"天"字，亦据《四库全书》本改。

叔敖当国，优孟受封；中郎在朝，虎贲接席"（见《修禊帖跋尾》）？至结尾云"宋太宗时，凡敕制文字，皆钦定润笔之数"，又是出于沈括的《梦溪笔谈》：

> 内外制凡草制除官，自给谏待制以上，皆有润笔物。太宗时，立润笔钱数，降诏刻石于舍人院。每除官，则移文督之，在院官下至吏人院驺皆分沾。元丰中，改立官制，内外制皆有添给，罢润笔之物。①

《梦溪笔谈》也不是僻书。在汪中熟读的顾炎武《日知录》，也有一条"作文润笔"云：

> 蔡伯喈集中为时贵碑诔之作甚多，如胡广、陈寔各三碑，桥玄、杨赐、胡硕各二碑，至于袁满来年十五、胡根年七岁，皆为之作碑。自非利其润笔，不至为此。史传以其名重，隐而不言耳。文人受赇，岂独韩退之谀墓金哉。李商隐《记齐鲁二生》曰："刘叉持韩退之金数斤去，曰：'此谀墓中人所得尔，不若与刘君为寿。'愈不能止。今此事载《唐书》。"
> 王楙《野客丛书》曰："作文受谢，非起于晋宋。观陈皇后失宠于汉武帝，别在长门宫，闻司马相如天下工为文，奉黄金百斤为文君取酒，相如因为文，以悟主上，皇后复得幸。此风西汉已然。"（按，陈皇后无复幸之事，此文盖后人拟作，然亦汉人之笔也。）
> 杜甫作《八哀诗》，李邕一篇曰："干谒满其门，碑版照四裔。丰屋珊瑚钩，麒麟织成罽。紫骝随剑几，义取无虚岁。"邕本传："长于碑颂，人奉金帛请其文，前后所受巨万计。"刘禹锡《祭韩愈文》曰："公鼎侯碑，志隧表阡，一字之价，辇金如山。"可谓发露真赃者矣。《侯鲭录》："唐王仲舒为郎中，与马逢友善。每责逢云：'贫不可堪，何不寻碑志相救？'逢笑曰：'适见人家走马呼医，立可待也。'"此虽戏言，当时风俗可见矣。昔扬子云犹不肯受贾人之钱，载之《法言》，而杜乃谓之"义取"，则又不若唐寅之直以为利也。《戒庵漫笔》言："唐子畏有一巨册，自录所作，文簿面题曰'利市'。"今市肆账簿，多题此二字。
> 《新唐书·韦贯之传》言："裴均子持万缣，请撰先铭，答曰：'吾宁饿死，岂能为是？'"今之卖文为活者，可以愧矣。《司空图传》言："隐居中条山，王

---

① 胡道静. 梦溪笔谈校证. 上海：上海人民出版社，2011：102—103.

重荣父子雅重之,数馈遗,弗受。尝为作碑,赠绢数千,图置虞乡,市人得取之,一日尽。"既不有其赠,而受之何居? 不得已也,是又其次也。①

按,汪中为学,本私淑顾炎武,其《与巡抚毕侍郎书》云:"中少日问学,实私淑顾宁人处士。"②在《旧学蓄疑》中,尤多次引及顾炎武,如云"亭林未之及也","记补入《日知录》'原官'条","记补入《日知录》'新唐书'条"③,等等;在《述学》中,又有一篇《六国独燕无后争义》,是专驳《日知录》卷二十二"六国独燕无后"条的④。在与刘台拱书中,又有征引金石文字,为补释顾炎武《金石文字记》卷一解《毛诗·大雅》"不显亦世"句的⑤。无论如何,汪中于顾炎武的著作,必已烂熟在胸,《日知录》中的考证,他又怎会忘了?

在乾隆五十五年(1890),也就是汪中去文宗阁校勘《四库全书》的同一年,同时的阳湖学者赵翼(汪中为扬州人,扬州、阳湖,其地相距不远),"新出炉"了著名的《陔馀丛考》,其书卷三十一"润笔"条,亦稽考此事云:

隋郑译拜爵沛国公,位上柱国,高颎为制,戏曰:"笔干。"答曰:"出典方岳,杖策言归,不得一文,何以润笔?"此"润笔"二字所由昉也。然《北史》袁聿修为信州刺史,有善政,既去官,州人郑播宗等七百人敛缣帛数百疋,托中书侍郎李德林为文,以记功德,诏许之。则又在郑译之前。故洪容斋谓作文受谢,晋宋以来已有之。而王楙《野客丛书》并谓陈皇后失宠于武帝,以黄金百斤奉司马相如,作《长门赋》以悟主,此为润笔之始。

其见于史书及载记者,《唐李邕传》:邕尤长碑颂,中朝衣冠及天下寺观,多赍持金帛往求其文。前后所受馈遗至巨万,时议以为自古鬻文,未有如邕者。故杜甫《八哀诗》李邕一首云:"干谒满其门,碑牓照四裔。丰屋珊瑚钩,骐骥织成罽。紫骝随剑几,义取无虚岁。"《唐书》:李华不甚著书,惟应人墓版传记及州县碑颂,时获金帛。柳公权善书,公卿贶遗巨万。主藏奴盗,其所藏盂盂一簏,滕识如故,奴妄言"巨测",公权笑曰:"银杯羽化矣。"不复诘。惟笔砚自镝秘之。李商隐记刘叉持韩愈金去曰:"此谀墓中人得耳,

---

① 栾保群,吕宗力校点. 日知录集释. 卷19. 上海:上海古籍出版社 2006:1108—1111.
② 见《述学校笺》743 页。
③ 《汪氏丛书》本。
④ 见《述学校笺》653—654 页。
⑤ 见《致刘端临书》四:"顾处士已释'不'为'丕',其'奕世',则中所得也。"(《新编汪中集》435 页)参观《旧学蓄疑》"杂录"。

不如与刘君为寿。"刘禹锡《祭韩愈文》云:"公鼎侯碑,志隧表阡,一字之价,辇金如山。"皇甫湜为裴度作《福先寺碑》,度赠以车马绢彩甚厚,湜大怒曰:"碑三千字,字三缣,何遇我薄耶?"度笑酬以九千匹。盖唐时风尚已如此。

　　《玉壶清话》:李翰为和凝门生,同为学士。会凝作相,翰草制罢,悉取凝旧阁图书器玩而去,留一诗于榻云:"座主登庸归凤阙,门生批诏立鳌头。玉堂旧阁多珍玩,可作西斋润笔不?"欧阳公请蔡端明书《集古录序》,以鼠须栗尾笔、铜丝笔格、大小龙团茶、惠泉等物为赠,君谟笑其清而不俗;后闻欧得清泉香饼,惜其来迟:"使我润笔少此种物!"王禹玉作《庞颖公神道碑》,其家送金帛外,参以古法书名画三十种,杜荀鹤及第试卷其一也。张孝祥书多景楼扁,公库送银三百星,孝祥却之,但需红罗百匹,于是合诸妓宴会,以红罗遍赏之。张端义《贵耳录》:席大光葬母,乞吴传朋书,预供六千缗为润笔,人言传朋之贫可脱矣,一夕而光死。此又可见宋时士大夫风尚。盖作文受谢,宋时并著为令甲。

　　沈括《笔谈》记太宗立润笔钱数,降诏刻石于金人院,每朝谢日,移文督之。杨大年作寇莱公拜相麻词,有"能断大事,不拘小节",莱公以为"正得我胸中事",例外赠金百两。曰例外,则有常例可知也。蔡忠惠《与欧阳公书》曰:"勋德之家干请朝廷出敕,令襄作书,襄谓近世书写碑志,则有资利,若朝廷之命,则有司存焉,待诏其职也。今与待诏争利,可乎?"亦见待诏书碑受馈之有例也。《祖无择传》:词臣作诰命,许受润笔物。无择与王安石同知制诰,安石辞一家所馈不获,乃置诸院梁上。安石忧去,无择用为公费,安石闻之不悦。翰林学士王寓《谢赐笔札记》云:"宣和七年八月二十一日,一夕草四制。翼日有中使赍赐上所常御笔砚等十三事:紫青石研一,方琴光漆螺甸匣一,宣和殿墨二,斑竹笔一,金华笔格一,涂金镇帋天禄二,涂金研滴虾蟆一,贮黏曲涂金方奁一,镇帋象人二,荐研紫柏床一。"周益公《玉堂杂记》:汤思退草《刘婉仪进位贵妃制》,高宗赐润笔钱几及万缗,赐砚尤奇。以宫禁中事,命之草制,尚有如许恩赐,则臣下例有馈赠,更不待言。唐时虽未必有定制,然韩昌黎撰《平淮西碑》,宪宗以石本赐韩弘,弘寄绢五百匹,昌黎未敢私受,特奏取旨。又作《王用碑》,用男寄鞍马并白玉带,亦特奏取旨。杜牧撰《韦丹江西遗爱碑》,江西观察使许于泉寄彩绢三百匹,亦特奏闻。穆宗诏萧俛撰《成德王士真碑》,俛辞曰:"王承宗事无可书。又撰进后,例得赆遗,若黾勉受之,则非平生之志。"帝从其请。以区区文字馈遗,而辞与受,俱奏请则已,为朝野通行之例,亦可知也。

其有不肯卖文,及虽受馈而仍他施者。裴均之子持万缣,诣韦贯之求铭其父,贯之曰:"吾宁饿死,岂忍为此哉。"白居易《修香山寺记》曰:"予与微之定交于生死之间,微之将薨,以墓志见托。既而元氏之老,状其臧获、舆马、绫帛、银鞍、玉带之物,价当六七十万,为谢文之赠。予念平生分,赠不当纳,往返再三,讫不能得,不得已回施此寺。凡此利益功德,应归微之。"又柳玭善书,顾彦晖请书德政碑,玭曰:"若以润笔为赠,即不敢从命。"《司空图传》:图隐居山中,王重荣父子雅重之,尝因作碑赠绢数千,图置虞乡市,听人取之,一日而尽。《容斋随笔》又记曾子开与彭器资为执友,彭之亡,曾为作铭,其子以金带缣帛为谢,却之至再,曰:"此文本以尽朋友之义,若以货见投,非足下所以事父执之义也。"《东坡集》亦有得润笔钱送与王子立葬亲之事。又元时胡汲仲贫甚,赵子昂为介罗司徒请作其父墓铭,以钞百锭为润笔,汲仲怒曰:"我岂为宦官作墓铭耶?"是日无米,其子以情告,汲仲却愈坚。尝诵其送人诗"薄糜不继袄不暖,饥肠犹作钟球鸣"之句,谓人曰:"此吾秘密藏中休粮方也。"《明史·李东阳传》:东阳谢事后颇清窘,有求碑志者,东阳欲却之,其子曰:"今日宴客,可使食无鲑菜耶?"东阳乃勉为之。亦可见其清节矣。

然利之所在,习俗渐趋于陋。唐文宗时,长安中争为碑志,若市买然。大官卒,其门如市,至有喧竞争致,不由丧家者。《侯鲭录》记王仲舒为郎中,谓马逢曰:"贫不可堪,何不寻碑志相救?"逢笑曰:"适见人家走马呼医,可立待也。"又明唐子畏有巨册一帙,自录所作文簿,而题曰"利市",事见《戒庵漫笔》。此皆急于售文之陋也。杜少陵《送斛斯六官》诗:"故人南郡去,去索作碑钱。本卖文为活,翻令室倒悬。"又欧公《归田录》记馆阁撰文例有润笔,及其后也,遂有不依时送而遣人督索者。此又乞文吝馈者之陋也。①

这一篇较之《容斋随笔》《日知录》,引据又更为详赡,这也是缘于本之二书而作,所谓"有如积薪,后来居上",无足多说。其所引如唐人李邕、柳玭、皇甫湜、白居易、萧俛、韩愈三事及杜甫二诗,又宋人蔡襄、曾肇之事,皆本之《容斋随笔》;所引司空图事及《侯鲭录》《野客丛书》《戒庵漫笔》等,则已见《日知录》。据此看来,若《文宗阁杂记》真为汪中所抄,则汪中的记忆力、学术的判断力,差不多丧失殆尽了,前面才抄的东西,居然就无印象,又再抄一遍它的"缩写本"——明人的那

---

① 曹光甫校点.陔馀丛考:下册.上海:上海古籍出版社,2011:603—606.

么谫陋的笔记,他也看得上眼? 并且,连夙所尊崇的顾炎武的著作,也付之忘乡,一点儿想不起来了,这又不必说同时学者的更其详博的蒐辑,也是暗无所知,隔膜得如上阳白头宫女,"不知天地间别有元和新样者在"(陈寅恪语)。无论如何,这是让人不能相信的。所以,《杂记》之绝非汪中之书,亦"正犹青天白日,奴隶皆见",无待再辩了。

然则此书之撰,竟出谁之手? 据其卷上抄《金石录后序》不避两"虏"字①,又据其抄撮的"乱杂而无章",笔者"大胆假设",此书十之七八,为近代的书贾所为。叶昌炽《缘督庐日记》记杨守敬事云:"星吾(按,守敬字)之诡谲绝顶,目录之学亦绝顶,其宋本《藏经》改易目录,售于宋军门德鸿,既为一衲子道破,复作罢论。其所居宜都城砖甚古,皆刻字,携之东瀛,善贾而沽。"②可知近代造作伪书的,也有学者参与其间,目的无非是"捣鬼赚钱";《文宗阁杂记》的作伪,或不至于此,因为其间的破绽,在在而有,尚未能"裁缝灭尽针线迹"也。

---

① 见《文宗阁杂记》111页、113页。《四库全书》本《容斋随笔》此二"虏"字,俱已改作"金"。可见撰《杂记》者,所据之本,并非《四库全书》。

② 王立民校点. 缘督庐日记:第1册. 长春:吉林文史出版社,2011:425.

《诗》学：调整与贯彻
——从清代前中期《诗经》学到张惠言词论

刘 奕

刘奕,1978年生,四川乐山人。2001年毕业于山东大学中文系,获文学学士学位;2004年毕业于山东大学文史哲研究院(今儒学高等研究院),获文学硕士学位;2007年毕业于复旦大学中国古代文学研究中心,获文学博士学位,同年入上海大学文学院工作。现为上海大学文学院副教授。主要研究领域为清代文学、六朝文学。主讲课程有"中国古代文学史""陶渊明研究""《论语》精读""《论语》与儒家文化""魏晋南北朝诗歌导读""《毛诗正义》读书会""大学语文"等。出版有专著《乾嘉经学家文学思想研究》(上海古籍出版社,2012年)及古籍整理著作《王文治诗文集》(人民文学出版社,2014年),另完成清代乾隆朝诗话整理作品近600万字,上海古籍出版社即将出版;在海内外学术刊物发表论文30余篇;曾承担国家社科基金后期资助项目1项,为国家社科基金重大项目"清诗话全编"的子项目"乾隆朝诗话整理"负责人。担任陶渊明研究学会(筹)理事、韩国中文学会编辑委员。

词者,盖出于唐之诗人,采乐府之音,以制新律,因系其词,故曰词。传曰:"意内而言外者谓之词。"其缘情造耑,兴于微言,以相感动,极命风谣里巷男女哀乐,以道贤人君子幽约怨悱不能自言之情,低徊要眇以喻其致,盖《诗》之比兴,变风之义,骚人之歌,则近之矣。然以其文小,其声哀,放者为之,或淫荡靡曼,杂以昌狂俳优;然要其至者,莫不恻隐盱愉,感物而发,触类条鬯,各有所归,不徒彫琢曼饰而已……今第录此篇,都为二卷,义有幽隐,并为指发,庶几塞其下流,导其渊源,无使风雅之士惩乎鄙俗之音,不敢与诗赋之流同类而讽诵之也。

237

上引文字,是张惠言有名的《词选序》。对这篇常州词学的开山纲领,学者们从词学本位的立场出发,并结合张氏词作与《词选》进行了颇为全面深入的论析。对前人已有的研究成果,我们无须过多重复。而对张氏词论的来源,则还有待发之覆,这正是本文用力之处。张惠言词学,除了受其《易》学研究的影响之外,最大的特色在于尊词体,赋予了词"意内言外"、比兴寄托的诗学品格。故有学者早已明确指出"张惠言词学理论的基础是传统的儒家诗教"。① 如果我们移步诗学本位的立场,则张惠言所做的是重新划定了诗国的疆域,将"诗"的身份特征明确赋予了早已案头化、诗化了的词,并借此"驯化"词体、"规范"词的创作。如果我们再转换到经学本位的立场上,则经学家张惠言不过是以六艺赅摄文学,其文论、赋论、词论都是本原于经学,以求经学之用贯穿本末。本此,本文试图对清代前中期《诗经》学发展中的某些问题略作梳理,借此进一步审视张惠言词学的时代特性,庶几不悖知人论世之旨。

一

对宋、明学术既继承又反动,这是清代学术的双调重奏,《诗经》学也不例外。清代《诗经》学的大势是由朱熹《诗集传》回到汉代毛、郑之学。《诗经》的音韵、训诂、名物,自然是清代学人最用力,成就最著之处;此外,对于诗旨,也就是《毛诗小序》的态度,清人也大不同于朱熹。《小序》之争中,是否存在"淫诗"又是关键所在,而这关系到对于比兴寄托这一诗学基本原则的不同理解。

关于《诗序》作者,古人众说纷纭莫衷一是。郑玄以为《大序》子夏作,《小序》子夏、毛公合作。后来学者虽然对于《小序》作者还有子夏作、诗人自作、国史旧文、孔子及弟子作等各种看法,但对《小序》都是比较遵信的。直到南宋郑樵(1104—1162)作《诗辨妄》,倡言《小序》为村野妄人所作,最不可信。朱熹晚年改定《诗集传》时,就采信了郑樵的说法,甚至说"《诗小序》全不可信"。② 《诗大序》

---

① 方智范,邓乔彬,周圣伟,高建中.中国古典词学理论史:修订版.华东师范大学出版社,2005:256.而谢桃坊先生虽然批评说:"张惠言完全无视词体音乐性与娱乐性的特点,似乎它与儒家理解的《国风》性质相一致了,因而以为它必然可以实现儒家政治教化的作用。"又,"张惠言从儒家政治教化观点来理解词体的特性,以经今文学派的研究方法来论词,完全失落了词体的本位。"(谢桃坊.中国词学史:修订本.成都:四川人民出版社,2002:304,310.)虽然是批判的态度,但也同样从反面指出了张惠言词学的这一特点。但一般学者仍然站在词学本位的立场,认为是词学借用了诗学话语,比如陈水云先生就说:"在尊体的理论背景下,清初词学还大量地借用诗学话语,试图打通诗学与词学的界域,这样的话语比较典型的是'比兴寄托'。"(《清代词学发展史论》69 页)因此,他们对张惠言词学的渊源,便不免未达一间。

② 朱子语类·卷 80.北京:中华书局,1994:2074.

说"变风"之诗都是"发乎情、止乎礼义","吟咏情性,以风其上"的;而《小序》也将《风》诗都解作美刺之诗,将寄托比兴的原则完全贯彻其中。朱熹既不信《诗序》,他认为"变风"诗有很多只是古人咏唱一己之哀乐,"只缘序者立例,篇篇要作美刺说,将诗人意思尽穿凿坏了"。① 据此,他提出了"淫诗"说,认为"变风,又多是淫乱之诗""《郑》、《卫诗》多是淫奔之诗",②即存在纯粹的情诗,虽然他的态度是鄙夷否定的。朱熹的这一态度的逻辑推衍,很容易导向两条路径。一是对郑、卫淫诗的彻底否定和对纲常的强调,这是迂腐道学家的态度;而文人则不妨因为《诗经》存在"淫诗"而借此表彰那些自然、大胆的艳体情诗和民歌。③

朱熹之后,遵信阐扬朱说最力的是宋代辅广的《诗童子问》和元代刘瑾的《诗传通释》,而"有元一代之说《诗》者,无非朱《传》之笺疏。至延祐行科举法,遂定为功令。"④到了明代,胡广等奉敕编《诗经大全》作为科举定本时,基本是根据刘瑾之书稍加删改而成。可以说,朱熹的学说因为官方认定而笼罩有明一代,或有疑朱者,也大都调和折中于毛、朱之间。但是到了清代,无论官方还是民间学界,态度都在改变。

清初到乾隆朝早期的《诗经》学者,固然在考订、训诂上较前代大有进步,但在态度上多数继承明人,以调合汉宋的居多。钱澄之(1612—1693)《田间诗学》、贺贻孙(1605—1688)《诗触》、阎若璩(1636—1704)《毛朱诗说》、惠周惕《诗说》、严虞惇(1650—1713)《读诗质疑》、姜炳璋《诗序补义》、顾镇(1700—1771)《虞东学诗》等,都是这方面的代表作。早期戴震承续其师江永之见,所作《诗经考》也是汉宋兼采的。另有一些学者,则基本摒弃《诗集传》而尊崇《诗序》和毛传、郑笺,遂形成汉学宗派。明遗民陈启源(?—1689)的《毛诗稽古编》和朱鹤龄(1606—1683)的《诗经通义》就是汉学派中的开山名著,在当时和后世都有很大的影响。⑤ 此外,专宗毛、郑的著作还有一些,但大都成就一般,他们与前一类兼

---

① 朱子语类・卷80.北京:中华书局,1994:2076.
② 朱子语类・卷80.北京:中华书局,2068,2078.关于"淫诗"的篇目,皮锡瑞《经学通论》中认为有24篇,莫砺锋《朱熹文学研究》中则指出共有30篇,存在于《邶》《鄘》《卫》《王》《郑》《齐》《唐》《陈》诸"风"中,尤以《郑风》为集中。
③ 前者的代表是朱熹的三传弟子王柏,他在《诗疑》一书中干脆把自己认定的"淫诗"全部从《诗经》中删除。后者比如明代李梦阳的"真诗"说,其思路有明显受朱熹影响处,前人所论多未及此。更典型的如清代袁枚,他在与沈德潜的书信中为王次回的艳体诗辩护时就说"孔子不删郑、卫之诗,而先生独删次回之诗,不已过乎",甚至在别处书信中直接表示"诗言志,劳人思妇,都可言,《三百篇》不尽学者作也",支撑在其背后的作为常识接受的学理无疑来自朱熹。如果我们因为袁枚常常超脱理法汉宋之外、鄙薄理学家就忽略这一层,便不免为古人所欺。
④ 《四库全书总目・卷16・《诗经大全》提要.北京:中华书局,1965:128.
⑤ 陈启源和朱鹤龄二人是至交好友,在《诗经》研究上有密切的交流。所以这两部书观点互通,常互相引用对方论点以证己说。可以说,他们对《诗经》在基本原则上看法是一致的。

采汉宋的著作一起,就像伏脉潜行,传续、等待着乾嘉汉学大师名著的赫然出现。虽然宗尚有异,但两派学者却有一致的意见,即不认可朱熹的"淫诗"说。朱鹤龄、陈启源驳斥朱熹不遗余力,自不必说。前一派学者固然尊崇朱熹,但如钱澄之说:"朱子《集传》……确不可易矣……至于变风诸作,大半目为淫奔,此皆由郑夹漈误之,吾不敢从。"①范家相说:"是故《桑中》《溱洧》皆刺淫之作,其音胥止乎中声,非淫者所自作也。"②姜炳璋也说:"马贵与谓《三百篇》无淫诗,其说当矣。"③看法如出一辙,都是反对"淫诗"说。清初享有盛名的学者毛奇龄一生专以朱熹为敌,他的《白鹭洲主客说诗》一书的主旨就是驳斥"淫诗"说的,可谓集前人反对理由的大成,代表了清人的主流看法。④ 后人驳论,也大致不出毛书围范。这些学者在探究诗旨时,对所谓的"淫诗"或采用《小序》旧说,或根据比兴、美刺的原则自寻新解,总之不离政教之本。

学界趋向如是,由朝廷颁布的前后两部御纂之书因为凭借政治上巨大的影响力,将清代《诗经》的发展动向展现得更加清晰。由王鸿绪(1645—1723)等奉敕编纂,始事于康熙六十一年(1772),编定于雍正五年(1727)的《钦定诗经传说汇纂》代表了康熙朝的庙堂见解。康熙的统治术极其高明,他以理学宗统自承,将治统与道统集于一手,对于理学宗师朱熹自然推崇备至。本此,《汇纂》一以《诗集传》为宗,倾向很是明显。⑤ 到了乾隆二十年(1755),乾隆皇帝又再次敕撰一部《御纂诗义折中》,"分章多准康成,征事率从《小序》。使孔门大义,上溯渊源;卜氏旧传,远承端绪"。⑥ 从表面上看,这次官方重新解释《诗经》的行为源于乾隆对朱熹解说,尤其是对"淫诗"说的怀疑,但背后却有更深层的原因。乾隆为了超越乃祖留下的巨大阴影,树立自己的权威,所以在文化上别帜统绪,由康熙

---

① 钱澄之撰,朱一清校点《田间诗学·凡例》.合肥:黄山书社,2005:6.
② 范家相《诗渖》卷一《雅郑》,文渊阁《四库全书》册88,604页。
③ 姜炳璋《诗序补义》卷首《纲领》,文渊阁《四库全书》册89,8页。
④ 毛奇龄《白鹭洲主客说诗》,《续修四库全书》第61册据清康熙李塨等刻西河合集本影印,上海古籍出版社,1995年。笔者归纳毛奇龄的意见有如下九条:一、"三百五篇皆可施于礼义",有《史记》的明确记载。二、孔子所谓"郑声淫"是指郑地音乐,不是郑诗。三、"淫诗"是解诗者的解读,不是作诗者的本旨。四、认为"君子""美人"都是托比之词,这是先秦两汉诗歌的通例,并形成了后世传统。五、"淫诗"词句也见于非"淫诗"和其他经传中。六、"淫诗"常被引用于正式的外交场合,"淫诗"说先秦所无。七、汉、唐人都遵信《诗序》,理解汉、唐人著作和行事必须采信旧说。八、"淫诗"说局限于字面理解,不合知人论世之旨。九、《诗序》授受渊源有自,有文献可考,"淫诗"说则是后人的突发奇想。
⑤ 不过为了显示统治者宽大的胸怀,《汇纂》在首列《诗集传》解说后,又"采汉唐以来诸儒讲解训释之与《传》合者存之。其义异而理长者,别为'附录',折中同异,间出己见"(雍正《钦定诗经传说汇纂序》)。虽则抑扬显然,也不失兼容之度。《钦定诗经传说汇纂》,文渊阁《四库全书》册83。
⑥ 《御纂诗义折中》书前提要,文渊阁《四库全书》第84册,5页。

推崇的理学转向汉学,改订《诗经》解释不过是诸多措施之一。① 不论动机如何,《折中》的实际效果却是通过官方权威重新认定了《诗序》和毛《传》、郑《笺》的合法性,而这也恰好与学界潮流合拍。上下两股力量的交汇,推动了《诗经》汉学的兴盛,可以说到了清代中期,朱熹的学说顿失往日风光,备受冷落。② "淫诗"说更是被人彻底抛弃,比兴寄托、诗以言志的诗教观自南宋以来,从未像现在这样笼罩知识界,深入人心。凌廷堪曾抨击同时末流学人鹦鹉学舌、随声附和,说"今天下争言学矣,《易》以辅嗣为异端,《书》以古文为膺作,《毛诗》以淫奔为非,《左氏》以杜注为凿。此唱彼和,一唯百诺",③正可从反面确证这时的思想学术潮流。

在郑玄、孔颖达那里,比兴、美刺、政教是三位一体的,比兴是手段,美刺是功用,政教是最后的目的和终极依据。郑玄给《周礼》"大师……教六诗,曰风,曰赋,曰比,曰兴,曰雅,曰颂"作注:"比,见今之失,不敢斥言,取比类以言之。兴,见今之美,嫌于媚谀,取善事以喻劝之。"孔颖达则解释说:"比……谓刺诗之比也;兴……言美诗之兴也。其实美刺俱有比兴者也。"④即他认为郑玄的话是互文。无论在"正风""变风",还是"正雅""变雅"里,比兴都不是单纯的修辞手段,而是与美刺紧密相联,而美刺的目的是为了"经夫妇,成孝敬,厚人伦,美教化,移风俗",是为了"上以风化下,下以风刺上"。所以《国风》中那些字面上谈情说爱的诗都是以比兴为美刺,诗的真意不在字面,而在字外,也就是"意内言外",这是汉唐人的诗学。

朱熹的看法却大有不同,比兴并不必然指向美刺。《诗集传》"变风"中那些被认定的"淫诗"在朱熹看来只是男女对爱情的悲喜之歌,而无关乎美刺政教,可朱熹指出比兴同样存在于这些诗歌之中。他对比兴的定义是:"本要言其事,而

---

① 乾隆为《折中》写的《序》中宣称:"《传》曰:'众言淆乱折诸圣。'用中者,圣学之大成也",即认为乃祖尚未能用中,自比圣人,其用心可谓昭昭若揭。又,澳门大学邓国光教授在《康熙与乾隆的"皇极"汉、宋义的抉择及其实践——清代帝王经学初探》一文中,通过对康、乾两帝对《尚书》"皇极"义的不同解释,深入地分析了乾隆有心立异以求超越乃祖的政治用意,可参看。见收彭林编:《清代经学与文化》,北京大学出版社,2005年,101—155页。

② 乾嘉时期的汉学家自不用说,就是当时的文士也多宗毛郑而弃朱。如赵文哲,他是沈德潜的得意门生,当时以诗人著称,他的《嫏雅堂经义》阐发诗旨,也专宗《小序》而驳斥朱熹《诗集传》。虽文人之作,考据功少,却也足觇一时风尚。常州普通士人郑光祖生当汉学盛时,其笔记《一斑录》卷二有云:"孔子谓郑声淫,非谓风诗淫,故放其声而不删其诗。朱子注诗多指为淫奔,殊难使人取信。"更代表了这一时期江南一般读书人的意见,尤具说明价值。郑光祖撰,《一斑录》卷二"读书难尽信"条,中国书店据道光二十五年刻本影印,1990年。

③ 凌廷堪《校礼堂文集》卷四《辨学》,33页。

④ 《周礼注疏》卷二十三、《毛诗正义》卷一,阮元《十三经注疏》本,1980年中华书局影印本,796页、271页。

虚用两句钓起,因而接续者,兴也;引物为况者,比也。"①已经没有了"见今之失""见今之美"的政教限制。这样,比兴可以是纯粹的修辞手段。不但如此,在朱熹看来,美刺之刺也与温柔敦厚的诗教相抵触,他说"'温柔敦厚',《诗》之教也。使篇篇皆是讥刺人,安得'温柔敦厚'!"②他之所以宁愿把郑、卫之《风》定为"淫诗"也不愿看作"刺诗",也是为了不违悖温柔敦厚的诗教原则。如此一来,比兴、美刺、政教三位一体的格位却被朱熹不自觉地破坏了。因为"淫诗"的存在,朱熹诗学虽然同样意在推尊诗教的,却在实际上产生了很大的逻辑裂痕,这使他对《诗经》的解说倒更接近于文士的看法。

不但如此,朱熹对比兴的理解实际也是对"意内言外"诗学原则的破坏。他所理解的"兴"根本没有托兴、隐喻的功能,而只是"别借此物,兴起其辞,非必有感见于此物也"。③ 即只是诗歌的发端语,是借物起兴,而非感物而动,与诗歌的内容主旨并无意义上的联系。不是传统诗学中"情—物—情"的比兴模式,而只是单向的"物—情"对应,情则不再回到起兴的物上。法国哲学家、汉学家于连认为因为比兴互陈、托物连类的原则,中国的诗歌中"世界并不对意识构成'对象',而是在相互作用过程中充当意识的对话者",也就是诗人的情志因为世界的参与而呈现。④ 这就是所谓"意内言外"的原则。很显然,如果贯彻朱熹的理解,这一原则便很难实现。可以说无论从政教还是诗学哪方面看,朱熹的"淫诗"说因为破坏其内在浑成的结构而构成对传统最大的挑战。对此,清人是有非常清醒地认识的,程廷祚(1691—1769)就指出:"从晦庵之说,以《国风》之刺诗,斥为讪上,为无礼于君。世之好事者,将援其说以及《小雅》,而并累夫《大雅》。其及《小雅》也,则有国者前有逸而不见,后有贼而弗知;其累《大雅》也,则学《诗》者不知其称世德以垂训,因颂美而进规。而圣人以《诗》立教之旨,于是乎隐矣!"⑤

因此,作为古典传统的继承者,清代学者从一开始就着力修复比兴、美刺、政教三位一体的诗教格位和意内言外的诗学原则。陈启源以为:"凡托兴在是,则或美或刺,皆见于兴中。"⑥毛奇龄指出:"从来君臣、朋友间不相得,则托言以讽

---

① 朱子语类·卷80.北京:中华书局,1994:2067.
② 朱子语类·卷80.北京:中华书局,1994:2065.
③ 朱子语类·卷80.北京:中华书局,1994:2071.
④ 弗朗索瓦·于连.迂回与进入.杜小真,译.北京:生活·读书·新知三联书店,1998:141.于连的《迂回与进入》是从比较文化学和哲学角度研究中国文化迂回特性的一部杰出的著作,其第七、八两章分析中国的诗学,对比兴的理解颇有胜意。
⑤ 程廷祚撰,宋效永点校.青溪文集·卷2·诗论13.合肥:黄山书社,2004:39.
⑥ 陈启源《毛诗稽古编》卷二十五《六义》,文渊阁《四库全书》第85册,697页。

之。《国风》多此体。"①严虞惇则说:"《诗》之兴观群怨,全在于比兴。"②这即是将比兴与美刺、政教相连。更多的学者则用力于重新系联美刺与温柔敦厚。同样是陈启源,他说:"夫《诗》之有美刺,总迫于好善嫉邪、忠君爱国之心而然耳。此非性情,必丑正党恶、视君亲如秦越而后为性情邪?况刺时之诗,大抵是'变风''变雅',伤乱而作也。处污世、事暗君,安得不怨?怨则安得无刺?孔子曰'可以怨',孟子曰'不怨则愈疏',未尝以怨为非也。惟其怨,所以为温柔敦厚也。而朱子大讥之,是贡谀献媚、唯诺取容,斯谓之忠爱,而厉王之监谤、始皇之设诽谤律,足称盛世之良法矣,有是理乎?史迁有言'《诗》三百篇大抵圣贤发愤之作',朱子所见何反出迁下也?既以刺时为不可而悉为淫女之词,夫淫奔之女反贤于忠臣义士耶?"③所强调的是刺者"好善嫉邪、忠君爱国之心",认为这才是性情之正。持汉宋调和论的贺贻孙对刺诗有相似的看法,他说"'变风'虽多讽刺之诗,然皆当时王泽未亡,悯时忧国,忠爱之情不能自已……则风人之作固以蕴藉深厚,初未尝斥言淫者为何人,但使闻之者足以戒而言之者无罪",又"以不刺为刺者,主文而谲谏,言微而旨远,彼之所谓轻浮险薄者,我之所谓温柔敦厚也……微其词,隐其旨,吐而若茹,惜而若恨,惊而若疑,使他人见之闻之不知其为谁,而夫人见之闻之与后类夫人者见之闻之则泚然汗下,跼蹐屏营而不能自容,非温柔敦厚之至,其孰能之哉"。④ 所述观点除了肯定刺者"悯时忧国"之情外,进一步指出刺诗不是恣纵的詈骂,而是婉曲蕴藉的讽谏,故能温柔敦厚,这符合圣人以人情设教的根本原则。而这种效果的获得正是因为美刺主要是通过比兴的手法去实现的。此外学者论述尚繁,观点盖不外此,兹不俱引。由是,比兴、美刺、政教再次紧密无间地联系在一起,汉朝人确立的诗教传统,几乎成为所有清代《诗经》学者的共同标的,这是元、明两代所不能想见的。

当吟咏风物、歌唱爱情的《国风》诗歌重新被全部确认为美刺之诗后,"意内言外"这一原则也再次被强调。试看下面这些论述:

> 夫《诗》之为道,未有直陈其事、直写其意者也。大抵含蓄咏叹,使人得其指于意言之表。⑤

---

① 《白鹭洲主客说诗》,407页。
② 严虞惇《读诗质疑》卷首六,文渊阁《四库全书》册87,88页。
③ 《毛诗稽古编》卷二十五《小序》,695页。
④ 贺贻孙《诗触》卷一《国风论》三、四,《续修四库全书》册61据清咸丰二年敩书楼刻本影印,上海古籍出版社,1995年,489—491页。
⑤ 田间诗学·凡例.合肥:黄山书社,2005:5.

> 诗人兴体，假象于物，寓意良深。①
> 风人之旨，意在言外。②

《诗》都有寓意，都是假象于物、含蓄吟咏的，这就是"意在言外"。自然，这里的"意"都是温柔敦厚的美刺之意。不过，前面已提到，如果按照朱熹对比兴和"淫诗"的解释，那许多诗就不存在字面外的意思，则这一原则的确立便大成问题。所以，对比、兴，尤其是兴的重新解释也势在必行。唐前有影响的看法除了前引郑玄、孔颖达等人外，还有刘勰。《文心雕龙·比兴》篇虽然称"比，附也；兴，起也"，但又说"兴之托喻，婉而成章，其称名也小，取类也大"。③ 虽然看法容有差异，但都是把兴视作喻之一体。④ 正是在后一点上，清人也保持了一致的看法。仍排比有关意见如下：

> 比兴皆喻而体不同。兴者，兴会所至，非即非离，言在此意在彼，其词微，其指远。比者，一正一喻，两相譬况，其词决，其指显。且与赋交错而成文，不若兴语之用以发端，多在章首也。⑤
>
> 毛公传《诗》，独言兴不言比、赋，以兴兼比、赋也。人之心思，必触于物而后兴，即所兴以为比而赋之，故言兴而比赋在其中。⑥
>
> 《诗》之兴观群怨全在于比兴，而比兴之妙，大率于鸟兽草木得之……先儒毛、郑颇多发明，间或失之于凿。至宋儒乃有兴不取义之说。夫兴者，兴也，即物以兴意，意不在物，而兴之之意则在物。⑦
>
> 兴之为义近于风，故风人之作，兴居八九。当其触物起情，连类写状，初无指切，而拟议环生，若近若远之间，其志可观，其言可味也。⑧

本文无力对清代比兴说作全面梳理，只想指出，只有将比兴视作喻体，承认

---

① 《毛诗稽古编》卷二十五《六义》，697 页。
② 《白鹭洲主客说诗》，410 页。
③ 刘勰著，范文澜注. 文心雕龙注. 北京：人民文学出版社，1958：601。
④ 古人对喻体并没有严格的修辞学意义上的理解。他们对兴的认识往往接近于西人的隐喻，不过不是亚里士多德局限在修辞学定义的隐喻，而是 20 世纪学者从认知学、语言学上所理解的隐喻。从这个意义上来说，对兴的理解，汉、唐、清人与 20 世纪西方学者更接近些。只是这个问题太大，只能作另文处理。
⑤ 《毛诗稽古编》卷二十五《六义》，698 页。
⑥ 惠周惕《诗说》卷上，文渊阁《四库全书》册 87，5 页。
⑦ 《读诗质疑》卷首六，88 页。
⑧ 顾镇《虞东学诗》卷首《标兴说》，文渊阁《四库全书》册 89，380 页。

兴不但有发端引起的作用,同时也包含托喻兴寄的功能,意内言外的诗学原则才能成立。而这一原则一旦得到认可,又反过来决定诗歌在解释时被认为使用了托喻的手法。因此,比兴与意内言外同样是相互依存、互为证明的。兴作为喻体被重新定义,而"比兴之妙,大率于鸟兽草木得之",所以,正如前引陈启源所说,"诗人兴体,假象于物,寓意良深",即兴的最大特征就是假物象而寓情志,比类联物而感发寄托。这一特征是从属于意内言外的原则的。

可以说,清代前期100来年的时间里,最主要的学者、最有影响的著作在关于《诗经》"淫诗"、比兴、美刺等问题上都背弃朱熹而回归汉唐诗学传统。比兴、美刺、政教得以重新系联、意内言外和假象寓意的原则为清人所普遍接受,形成共识。到乾嘉汉学诸大师相继进入学界,这些原则都已成为基本信条而无须多费唇舌加以讨论,故而他们把力量集中于训诂、音韵、名物等方面,取得远迈前辈学者的辉煌成绩。像早期的王鸣盛,在早年仍写作《诗序辨》这样的论文,强调"古人作诗必无徒作,必有感于政事后作","皆有悠扬委屈之趣,言外不尽之旨,未有径情直发者"。① 到了嘉、道时期的马瑞辰(1777—1853)、陈奂(1786—1863)在《诗序》问题上已经根本不再与朱熹争论,直接采信《小序》,最可说明问题。唯其如此,以诗教观贯穿诗学并被广泛认同才成为可能。

二

《诗经》既是儒学经典,又是诗学渊泉,当知识界对《诗经》的认识发生重大改变时,必然会影响到诗学理论和诗歌创作。晚明学人已多有留心《小序》的,如陈子龙《诗问略》就多因《小序》而稍变其说,而他的诗学则发挥《诗》旨,重怨刺讽喻之用。其影响透过"西泠十子"在清初延续、演变。清代诗学是与《诗经》学同步发展的,诗学一面建立在对晚明诗学审视、反省和继承的基础之上,一面又受到《诗经》学的影响。如朱鹤龄,作为清初《诗经》学大家,同时又是推崇温、李的晚唐派诗人,他最欣赏李商隐的正是其诗歌中比兴寄托的运用,与其论《诗》之旨正合。此后清人论诗,无论宗旨如何,大都先将诗教挂在嘴上,这足见时代风气。至沈德潜,则以诗教作为格调论的基础,并一再强调兴寄的诗法,与时代潮流相一致。而将比兴与美刺、政教结合以解释后代诗歌,这样的做法要到陈沆《诗比兴笺》而极。陈沆笺释后世诗歌,或揭其美刺之意、作者情志,或比附史实以求诗

---

① 王鸣盛《西庄始存稿》卷三十《诗序辨》。

歌之旨，这是模仿《小序》解《诗》的方法。而且如惠周惕所说"兴比赋合而后成诗，自《三百篇》以至汉唐，其体犹是也"，①这是清代《诗经》学者的共识，而陈沆笺诗的范围也正是从汉至唐，其间传承影响可谓一目了然了。在影响诗歌理论的同时，这一诗学观也逐渐渗透词学之中。

正如众多研究者已经指出的，明末陈子龙已将风骚言情之旨通之于词，清初朱彝尊进一步指出词中儿女之情可通《离骚》、"变雅"之义。更可注意的是王昶，他既是浙派词人，又是沈德潜诗学的传人，同时也和张惠言一样是汉学大家。他认为词其实就是诗之变体，故曾反复表达类似的观点："词，《三百篇》之遗也。"而姜夔、张炎等人"以高贤志士，放迹江湖，其旨远，其词文，托物比兴，因时伤事，即酒食游戏，无不有'黍离''周道'之感。与《诗》异曲而同工，且清婉窈眇，言者无罪，听者落泪"。② 已经将《诗经》比兴之义赋予了词。应该注意，王昶的词多作于早年，而他的词论都发于晚年。此时其经史之学早已大成，他的身份不是文人而是经学大家，不需要像一般文人那样将自己的早期作品依附经典，相反他却是自觉以经学贯穿文学。像他告诫汪中"不审足下之穷经，将取其一知半解、沾沾焉抱残守缺以自珍，而不致之用乎？抑将观千古之常经，变而化之谓之通，推而行之谓之事业乎"，其意见是要以经为根本之学。③ 本此，他赞扬李商隐的诗歌"其文丽，其旨深，其寄托要眇俶诡，而忠义之志悲愤激发而不可掩，目为《离骚》之苗裔，风雅之闰位，岂过誉哉"。④ 同时要求诗歌应该与史同教，有"为恶者惧，为庸众者愧，用以力奋于善"的功用。⑤ 论词，仍是以《诗经》为标准，认为"李太白之'西风残照，汉家陵阙'，《黍离》'行迈'之意也。志和之'桃花流水'，《考槃》《衡门》之旨也。嗣是温岐、韩偓诸人，稍及闺襜，然乐而不淫，怨而不怒，亦犹是《摽梅》《蔓草》之意"，这才是词统之正。⑥ 如果我们单看王氏词论，固然可以说他在尊词体，但如果结合他的经学、诗学论述，则不能不说他是以《诗》之义衡量、解释词之义。需要说明的是，《郑风·野有蔓草》一篇，是朱熹所定"淫诗"之一，王昶称其"乐而不淫，怨而不怒"，所采信的明显是《小序》之说而非《诗集传》。足见时人论诗一以《小序》为准则，已成无须说明之共识，这当然是清代《诗经》学发展的必然结果。

---

① 《诗说》卷上，5页。
② 王昶《姚薿汀词雅序》，《春融堂集》卷四十一。
③ 《与汪容夫书》，《春融堂集》卷三十二。
④ 《书李义山诗后》，《春融堂集》卷四十三。
⑤ 《与顾上舍禄百书》，《春融堂集》卷三十。
⑥ 《国朝词综自序》，《春融堂集》卷四十一。

虽然王昶和张惠言对词的宗主各异,但在贯通《诗》学、主张比兴上却是一脉相承,痕迹宛然的。这一点,仍是经学家看得最清楚。与张惠言同时的著名经学家许宗彦就说:"自周乐亡,一易而为汉之乐章,再易而为魏晋之歌行,三易而为唐之长短句。要皆随音律递变,而作者本旨,无不滥觞楚骚,导源风雅,其趣一也。故览一篇之词,而品质纯驳,学之浅深,如或贡之。命意幽远,用情温厚,上也。辞旨儇薄,冶荡而忘反,醨其性命之理,则大雅君子弗为也。王少寇述庵先生尝言:北宋多北风雨雪之感,南宋多黍离麦秀之悲,所以为高。亡友阳湖张编修皋文为《词选》,亦深明此意。"①王昶论词尊南宋,张惠言深明之意当然不在于此。许氏之意,王、张二氏论词相承之处在于"命意幽远,用情温厚",都能以《诗》之比兴贯通于词。结合前引王昶词说和张惠言《词选序》,当无疑义。②

张、王词论虽然相通,可差异也很明显,这些差异来源于他们对《诗经》、对词以及二者关系的不同认识,最后也导致其各自词学的指归与影响的巨大不同。差异的最表层体现在贯通《诗》、词的理论在王昶、张惠言各自词学中的不同地位,这必然导致其词学面貌上的巨大差异。王昶的词学在根本上仍是朱彝尊、厉鹗重雅正、尊南宋、主咏物的看法。他虽然沟通了诗词,提出了比兴,但并没有贯彻到文学实践中。他选编的《明词综》《国朝词综》,其标准与朱彝尊《词综》一样,甚至更加狭隘。没有实践的支持,其理论难免流于空洞无用。张惠言则不同,他的理论内在是统一的,而理论与其选词、写词的文学实践也是一致的。词学史上,真正将诗学的比兴寄托之法运用词的解释和创作上,张惠言是当之无愧的第一人。对这一点认识不清,难怪有学者会质疑张惠言常州词派的开山地位。

差异的第二点体现在贯通于《诗》的联结点和着眼点上。王昶着眼于历史之源流,张惠言着眼于现实之功能;王昶以乐联结诗与词,张惠言则归结于感物言志。重视诗与乐的结合与乐的政教功能,一直是汉代以来重要的经学传统。王昶正是根本于此,他说"天地之元音,播于乐,著于《诗》",而"词本于《诗》,《诗》合

---

① 许宗彦《莲子居词话序》。吴衡照《莲子居词话》卷首,《续修四库全书》册 1734 据清嘉庆刻本影印。

② 所谓"北风雨雪",当指《邶风·北风》,按其诗有云:"北风其凉,雨雪其雱。"《小序》称其诗为"刺虐也。卫国并为威虐,百姓不亲,莫不携持而去焉",所以"北风雨雪之感"与"黍离麦秀之悲"同样指政治上的比兴寄托。结合许宗彦的前文,显然他理解的此处王昶的"所以为高"是指有寄托的词非小道,并非指南宋词高于北宋词,当属无疑。有先生曾节引"王少寇述庵先生尝言……亦深明此意"一段,解释说:"耐人寻味的是许宗彦提到张惠言与王昶的看法相同,并把以南宋为高的认识编进他的《词选》中,是尊南宋的同调。"(《清代词学》254 页)这样的理解与许氏原意南辕北辙,恐是一时失察。盖清人对王昶的这段论述并无异解,谢章铤在《赌棋山庄词话》卷一中也曾说:"王述庵云:'南宋词多黍离麦秀之悲,北宋词多北风雨雪之感。世以填词为小道,此扣槃扪籥之说。'诚哉是言也。词虽与诗异体,其源则一,漫无寄托,夸多斗靡,无当也。"同样认为王昶重视词的比兴寄托。也可作为对许宗彦观点理解的旁证。

于乐,《三百篇》皆可被之弦歌,《骚》、《辨》而降,汉之郊祀铙歌,无不然者……盛唐后,词调兴焉,北宋遂隶于大晟乐府,由是词复合于乐。"①他的意思,诗与乐结合的形式虽然在不断变化,但二者结合这一基本原则并未改变,从《诗经》到词的发展流变就是一个不同诗体和乐调不断结合的过程。因此,在这一意义上,从诗到词不是断裂而是承续,从历史上看,词与诗都曾经合乐,所以词本于《诗》,词是《诗》之遗。这样的说法有其弱点。首先,《诗经》音乐是清庙之乐,而词乐是唐宋燕乐,这早已为宋人王灼指出,两种音乐的性质差得很远,不能一概而论。其次,无论诗还是词,在清代都早已不能合乐演唱了,以合乐作为词通于《诗经》的首要原因对实际创作缺乏指导意义,对浙派词的衰落没有丝毫的挽救作用。而且如果将王昶的原则贯彻到底,甚至会得出明代《挂枝儿》、清代花部戏曲也是《诗》之遗的结论,试问这样的结论有几个文人学士能接受,其对儒家思想传统、诗教传统的破坏性不言而喻。张惠言则完全抛开了音乐问题不提,他认为词表达的也是"贤人君子幽约怨悱不能自言之情",这就是"诗言志"的原则。而词的"感物而发,触类条鬯,各有所归",正与"《诗》之比兴,变风之义,骚人之歌"相同。经过清代前中期《诗经》学的涤荡,"变风"已经和"淫诗"彻底脱离了关系,重新回到了言志、美刺和政教的怀抱。因此,词与《诗》在诗教传统上直接相遇了,在对现实的切身感受、表达和干预这一层面相通了,而不用寻找音乐这个外在的可以剥离的媒介。这一相遇唤起的是儒学经世的精神,对传统是一种有效的回归。而且也给词带来了诗学兴寄的解释原则和创作手法,对词的实际创作具有明确的指导性,所以才可能开宗立派,影响深远。

　　王昶、张惠言词学的差异,其根本处则导源于二人对《诗经》不同的理解和接受。王昶身处乾隆盛世,他所继承的是强调雅正的盛世诗学,他对《诗经》的理解也是如此。他说:"《周礼·春官》:'大师……教六诗,曰风,曰赋,曰比,曰兴,曰雅,曰颂。'郑君注云:'雅,正也。言今之正者以为后世发。'然风以述治道之遗化,颂以美盛德之形容,则其源固罔弗出于正者,唯出于正,是以直陈之为赋,曲陈之为比与兴,无所之而不宜。诗有六,要归于雅焉,可知矣。"②这是以雅正统摄其他五义。比兴也好、美刺也好,最后都要归于雅正。雅正之说落实到词论上,他所推重的是南宋词人的"社稷沧桑之故,江湖萍梗之意",③感情是"哀时感

---

① 《吴竹桥小湖田乐府序》《姚茝汀词雅序》,《春融堂集》卷四十一。
② 《赵升之婿雅堂诗集序》,《春融堂集》卷三十八。
③ 《琴画楼词钞自序》,《春融堂集》卷四十一。

事""闵周哀郢",表现手法是"缘情赋物"。① 如果是在易代之际,这样的看法就会比较有意义,可在衰病渐侵的"盛世",这一理论倒更像是在逃避现实。况且在情感上过于看重哀感而忽略怨刺等其他情志,在表现手法只强调"缘情赋物",这是对比兴、美刺的偏狭理解,也未免将诗学限于一偏,仍然缺少时代感。其结果是理论的浮薄、狭隘、软弱。浙派后学难逃金应珪"游词"的批评,从王昶这里便能找到病根。

张惠言则不同,他比之王昶年岁稍小,对所处社会的危机有深刻清醒的认识,其社会责任感也要强烈得多。他的词学贯彻《诗》教、《易》学,也就浑厚坚实得多。张氏是虞氏《易》学大家,研究者早已指出其《易》学思想对其词论的影响。汉代《易》学最重象数,张惠言则专取象而弃数。② 他说"夫理者无迹,而象者有依",又"夫《易》广矣,大矣,象无所不具"。③ 因此道在象中,只有"依物取类,贯穿比附",才能"沈深解剥,离根散叶,邕茂条理,遂于大道"。④ 这就是《系辞》中所谓"圣人立象以尽意"的意思。学者都指出这就是"意内言外"的根据所在。但从《周易》的"立象尽意"到词学的"意内言外"究竟是如何过渡,仍待清楚的说明。其实从经学到诗学的过渡,其完成正在于张惠言对《诗经》的解释。前已说明,"意在言外"是清代《诗经》学者重新确立的诗学原则之一,这一原则与比兴美刺说紧密联系,形成清代诗学的基本面貌。张惠言治学重在《易》《礼》,对《诗经》并无专门研究。但身处乾嘉汉学的鼎盛时期,研读汉唐、清人《诗经》学著作是每一个汉学家的基本功,张惠言自然也是如此。况且张氏从皖学大师金榜习治郑玄之学,而以《礼》释《诗》恰是郑玄笺《诗》的一大特色,因此,研究郑之《礼》,必读郑之《诗》,这一点也是毫无疑问的。可见,对于张惠言来说,贯通《诗》、《易》,是水到渠成之事。张氏对《诗》的理解一本于正统:"夫民有感于心,有概于事,有达于性,有郁于情,故有不得已者,而假于言……于是错综其词,回互其理,铿锵其音,以求理其志。其在《六经》则为《诗》。"这是说《诗》都是以言达志,言是错综回互铿锵的,志则蕴于其中。至于《诗》对情志的具体表达方式,张惠言认为不是直抒,而是通过象来传达。他说"言,象也",以训诂而论,"言"没有"象"的意思,张惠言是认为《诗》的"言"都是通过"象"来表达的。而"象必有所寓,其在物之变

---

① 《江宾谷梅鹤词序》,《春融堂集》卷四十一。
② 张惠言说:"汉师之学,谓之言象可,谓之言数不可。象、数并称者,末学之陋也。"《茗柯文编》二编卷上《丁小疋郑氏易注后定序》,60页。
③ 《虞氏易事序》,《茗柯文编》二编卷上,40页。
④ 《周易虞氏易序》,《茗柯文编》二编卷上,38页。

化:天之漻漻,地之嚣嚣;日出月入,一幽一昭;山川之崔蜀杳伏,畏佳林木,振硋豀谷;风云雾霭,霆震寒暑;雨则为雪,霜则为露;生杀之代,新而嬗故;鸟兽与鱼,草木之花,虫走蚁趋;陵变谷易,震动薄蚀;人事老少,生死倾植;礼乐战斗,号令之纪;悲愁劳苦,忠臣孝子;羁士寡妇,愉佚愕骇"。① 宇宙万事万物都是象,则万事万物都可以托喻情志,诗人之意自在言中,自在象中。这样,就将"立象尽意"与"意内言外"汇而通之。张惠言此处关于意、言、象的论述与《文心雕龙·原道》篇非常相似,而刘勰也正是本之《易》学发挥其文道之说的,张惠言则是以同一思路贯通《诗》《易》。②

《诗》意内言外,以象达志,而"象无所不具",所以风、赋、比、兴、雅、颂的六义各得其用,但却不妨有所偏重。张惠言认为"《诗》终三百,文学之统熄",此后能继承诗统的是赋,赋也是"诗之体",其基本的表现手法是"引词表恉,譬物连类"。③ 这明白表示,张惠言心中的《诗》体正是意内言外,比兴寄托的。真正的好词,在张惠言看来,也是"恻隐盱愉,感物而发,触类条鬯,各有所归",这就是"《诗》之比兴,变风之义",当然也同样应该属于诗之体。词与诗的不同在于,诗象广大,无所不包,词则"文小",多是"极命风谣里巷男女哀乐,以道贤人君子幽约怨诽不能自言之情",即对应诗象中的"羁士寡妇,愉佚愕骇",在对象范围上受到限制。而这一限制,也使得词无须考虑雅颂、赞美的问题,兴寄、怨刺成了词的基本特征。如果放在朱熹的《诗》学中,这样理解的词必定被判为"淫词",但在清代主流《诗》学中,这样的诗词与温柔敦厚的诗教非但不相冲突,而且构成有机整体。因此,张惠言才能大胆宣称,这样的词也"各有所归,不徒彫琢曼饰而已",词才能"与诗赋之流同类而讽诵之"。和王昶词论相比,张惠言真正继承了清代《诗经》传统,诗比兴寄托的解释原则、美刺的功能都顺理成章地复制给了词,不但推尊了词体,而且为词的创作和接受开辟了新路,也使词能更有效地关注现实。张惠言被尊为一派初祖,可谓当之无愧。钱锺书先生曾经说:"子夏《诗序》以'哀窈窕'为'思贤才';王逸《离骚章句》谓:《离骚》之文,'依诗取兴,引类譬喻。故善鸟香草以配忠贞,恶禽臭物以托君子,飘风云霓以为小人。'述者之明,既以此说诗。张衡《四愁诗序》云:'郁郁不得志,为《四愁诗》。效屈原以美人为君子,以珍

---

① 《七十家赋钞目录序》,《茗柯文编》初编,18页。
② 有学者,如邱世友先生、谢桃坊先生、马睿先生等,进一步认为"意内言外"之说受今文经学"微言大义"说的影响,则不免托为大言,比附太过。"微言大义"本之《春秋公羊》学,与《诗》《易》实难相通。且"意内言外"重在比物联类,比兴寄托,其本在象;"微言大义"则是一字褒贬,与托兴立象浑不相干。因为张惠言是常州人又治虞氏《易》,就认为他也是今文经学家,不免对清学太过隔膜。
③ 《七十家赋钞目录序》。

宝为仁义。'作者之圣,复以此成诗。风气既开,囿人难拔。香艳之篇什,淆于美刺之史论。吾州张氏兄弟《词选》,阐'意内言外'之旨,推'文微事著'之原,比傅景物,推求寄托,'比兴'之说,至是得大归宿。"① 他将张氏词学视作诗学史上寄托比兴说的结穴,同时也肯定了张氏词学的渊源就是汉人《诗经》学。正因为张惠言在前人基础上,将《诗》学原则透彻地贯彻到词学上,他才当得其寄托比兴说的收束之功。谢章铤曾经批评张惠言"夫'意内言外',何文不然,不能专属之长短句"。② 前半句不错,后半句却是无的放矢,张惠言的词学正是从《易》《诗》之学中导出,何尝"专属之长短句"? 这种批评是未能贯通张氏之学所致,颇足为戒。其实张惠言词的弊端正在于他以"意内言外"的诗学解词而不知变通。看他在《词选》中所作的笺评之语,时时欲比附史实,解韦庄词为相蜀后寄意之作,解欧阳修词为庆历新政失败后之刺时之作等,不一而足,其病恰是中《毛诗小序》之毒太深,时时欲拟《小序》,无怪王国维"固哉"之讥。而这一弊病又可从反面证明张惠言词学导源于《诗经》之学。

  本文对张惠言以《诗》学统摄词学,以此解释词、创作词的路径已略作分析,但何以要从词学本位的立场转换到《诗经》学本位的立场,这一转换是否成立,对此尚需稍加补充说明。张惠言虽然文、词兼长,影响了阳湖文派和常州词派的形成,但他为学到底重在经学,其自我身份认同是经师,而绝非文士。③ 而且张惠言身处康乾盛世末期,对政治的腐败,当朝者的昏庸,社会危机的积累都有切身的体会和深刻的观察,欲求经学经世的精神在他身上表现得极为明显。④ 他晚年用心于《礼》学,也正与当时逐渐兴起的"以礼代理",以求世用的思潮、学风相符合。可以说,经学经世,是张惠言治学为人的根本立场。这一立场也被贯穿到张惠言对诗文的看法当中。他说"古之为学,非博其文而已,必有所用之;古之为文,非华其言而已,必有所行之",但是"今之学者"对于"六艺之书,仁义礼乐之

---

① 钱锺书《谈艺录》,231页。
② 谢章铤《赌棋山庄词话续编》卷五,《续修四库全书》册1735据清光绪十年陈宝琛南昌使廨刻赌棋山庄全集本影印,2002年,186页。
③ 张惠言《文稿自序》云:"道成而所得之浅深醇杂见乎其文,无其道而有其文者,则未有也。故逌退而考之于经,求天地阴阳消息于《易》虞氏,求古先圣王礼乐制度于《礼》郑氏,庶窥微言奥义,以究本原。"自述心态转变,由学古文转而研经学,由文士进而经师。又,他在《与陈扶雅书》中告诫学生"治经当不苟名利……当潜心读注,勿求异说,勿好口谈……不患不为当代传人,但勿求为天下名士乃可耳。"其中所透露的对学术的热忱与为学的甘苦的体会,以及求为经术传人而不为天下名士的心理,都是典型经师大儒证道之言,绝非文人名士所能道得出的。《茗柯文编》三编,117页;补编卷上,193—194页。
④ 张惠言的集子与前辈汉学家文集最大的不同在于,他的文集中说经之文少,经世之文多。其文集中有大量文字揭露时弊、讨论礼制、设计政纲,甚至具体规划保甲法,这在前代汉学家那里是不可想象的。两相比较,则经世精神的复苏昭然可见。

迹，习之矣，弗求明也；明之矣，弗求通也；通之矣，弗求得也"，他们为学或求名，或求传世，但其学术都"不可以论是非，不可以考治乱"，毫无用处。所以张氏自己研究古人之学、古人之文，根本目的是为了"用之""行之"。①《诗经》的政教传统无疑与张惠言的思想相一致，所以他先用《诗》学统摄赋学，再统摄词学，其指归都在求归于人心之正，求归于政教之用。否则，认为张氏为尊词体而比附诗学，这与其经学本位的立场是相违背的。

至此，本文大致分析了清代前中期《诗经》学的调整，以及这一变化对清代诗学、词学产生的影响。正是《诗经》学对汉唐传统的全面回归和进一步引申发挥，影响了清代诗学的主体面貌，同时通过经学家之手影响到词学。可以说，常州词派的出现，是清代学术发展的必然产物。由于词学统摄于诗学，古典词学也踏上了他最后的历程。通过对这一过程的描述，我们还有另一个目的。我们今天的文学研究常常是文学本位为立场的，但这未必是古人的立场，文学自身的线索和逻辑也未必是历史的线索和逻辑。也许，有的时候不妨转换一下立场，历史的面貌便大不一样。同时，在描述清楚历史以前，在发现某个文化系统的运作逻辑以前，我们也大可不必急于下价值评判，知人论世是永不会过时的准则。真实的历史就在那儿，却如汉上游女，难以靠近。本文的描述离她究竟有多远，唯请方家不吝教正了。

（原载《中国诗学》第 12 辑，2008 年）

---

① 《毕训咸咏史诗序》，《茗柯文编》二编卷上，61—62 页。

从《随园诗话》早期家刻本看涉红史料真伪问题

郑 幸

郑幸,女,1980年生,浙江宁波人。先后在浙江大学中文系攻读学士及硕士学位;2009年毕业于复旦大学古籍整理研究所,获古典文献学博士学位;同年入职上海大学,现为上海大学文学院副教授、硕士生导师。主要研究领域为古典文献学、清代文学。主讲课程有"古代文学史(隋唐、明清段)""古代文学作品选讲""中国诗话"(以上本科生课程)及"版本学与古籍整理"(研究生课程)等。出版有专著《袁枚年谱新编》(上海古籍出版社,2011年)及校点整理作品《王昙诗文集》(人民文学出版社,2014年)等;在《文献》《中国典籍与文化》《历史档案》等刊物发表学术论文10余篇。已完成教育部青年项目"清中叶民间书业研究——以江南地区为中心";为国家社科基金重大项目"清诗话全编"子项目负责人。

袁枚《随园诗话》卷二第23条有一段著名的涉红史料,胡适发现后曾加以引用,并称"我们现在所有的关于《红楼梦》的旁证材料,要算这一条为最早"[①]。所谓"最早"云云于今虽已不确,却仍然道出了这条材料的重要性。笔者并非红学研究者,亦不敢对此间争论妄加评议,惟于调查随园刻书情况之际,先后调阅了上海、北京、山东等地数十种《随园诗话》的版本,不仅找到几个极具校勘价值的早期版本,也发现了一些值得探讨的版本现象,或可由此对《随园诗话》涉红问题作一些有力的补充。特此撰文,以就正于方家。

[①] 胡适:红楼梦考证(改定稿)//胡适红楼梦研究论述全编.上海:上海古籍出版社,1988:87. 又据孙玉明《日本红学的奠基人——森槐南》(见《红楼梦学刊》2004年第1辑)一文介绍,最先引用此段文字者,当为日人森槐南先生发表于明治二十五年(1892)的《红楼梦评论》。

一、《随园诗话》涉红问题之缘起

《随园诗话》涉红史料既缘起胡适,本文就从与胡适有关的一部说起。在北京大学图书馆古籍部,笔者见到一部巾箱本《随园诗话》,仅正编15卷,无补遗。每半叶9行,行21字,小字双行同,白口,单鱼尾,左右双边。内封题"乾隆壬子(五十七年,1792)夏镌\随园诗话\小仓山房藏版"。外封有胡适手书题识:"乾隆壬子排版《随园诗话》。此本无第十六卷及补遗,当是当时后数卷尚未有成书。壬子随园七十五岁。十,四,三。胡适。"可见胡适曾于民国十年四月三日寓目此本,并作题跋。两个月之后,胡适在日记中就顾颉刚对《随园诗话》版本的疑问回复说:"你的《随园诗话》有'明我斋读而羡之'、'我斋题云'等语,大可注意。我家中三种本子,皆无此二语。你这本子定是一种有研究价值之本。望便中多寻别本一对。"①则此巾箱本,或正是"家中三种本子"之一。今引此本所录涉红文字如下(以下简称文本一):

> 康熙间,曹练亭为江宁织造……其子雪芹撰《红楼梦》一部,备记风月繁华之盛。中有所谓文观园者,即余之随园也。当时红楼中有女校书某尤艳,雪芹赠云:"病容憔悴胜桃花,午汗潮回热转加。犹恐意中人看出,强言今日较差些。""威仪棣棣若山河,应把风流夺绮罗。不似小家拘束态,笑时偏少默时多。"

然而俞平伯、顾颉刚等人随即发现这段文字存在不同版本。据胡适日记,俞、顾二人所见版本中当有"明我斋读而羡之""我斋题云"等语。这种版本并不难找,北大图书馆内就藏有好几种,现过录如下(以下简称文本二):

> 康熙间,曹练亭为江宁织造……其子雪芹撰《红楼梦》一部,备记风月繁华之盛。明我斋读而羡之。当时红楼中有某校书尤艳,我斋题云:"病容憔悴胜桃花(以下同文本一)……"

---

① 见《胡适日记》1921年6月28日条,收入《胡适红楼梦研究论述全编》,上海古籍出版社1988年版,第70页。

对比两者文字上的差异，主要在"中有所谓文观园者，即余之随园也"一句的有无，及引诗作者究竟是曹雪芹还是明义（字我斋）。后者争议不大①，前者则一直是后人关注的焦点。胡适即认为，袁枚既曾于《随园诗话》中表达"文（大）观园"即随园的看法，就能将曹雪芹坐实为小说《红楼梦》的作者②。此外，关于雪芹究竟是曹寅儿子抑或孙子的争论，也是围绕此段文字展开的。

为解决上述问题，不少研究者将关注点转向对《随园诗话》版本的鉴定，不少学者甚至排比数十种本子，以分析文本一与文本二之间的关联。遗憾的是，就笔者浅见所及，目前对《随园诗话》版本的研究，皆着眼于文字内容，却忽视书籍实物。就实物版本学而言，内容一致的未必是同一个版本（如原刻本与翻刻本），内容不一致的倒有可能是同一个版本（如发生剜改、修订等现象的先后印本）。《随园诗话》就是后面情况下一个很典型的例子。

二、随园家刻与坊刻之别

在分析《随园诗话》的版本之前，首先要解决一个前提，即区分随园家刻本与民间坊刻本。目前学界在《随园诗话》的版本问题上纠缠不清，根本原因就在于混淆了家刻本与坊刻本③。用坊刻本来分析《随园诗话》的版本问题并无不可（事实上在此问题上，部分坊刻本有着极为重要的版本价值），但这必须建立在明确其为坊刻的前提下。而要弄清袁枚的真正态度，也只有针对真正的随园家刻本展开讨论，才有其实际意义。

区分家刻本与坊刻本，当然不能仅仅依据内封是否有"随园藏板"或"小仓山房藏板"字样。一般来说，家刻本的刊刻质量要较坊间翻刻本显得精良，但此标准略显抽象。为此，笔者尝试通过以下三点，以求更切实地甄别《随园诗话》家刻本。

---

① 此二诗又见（清）明义《绿烟琐窗集》中，题作《题红楼梦》，故可基本确定是明义的作品。按《绿烟琐窗集》今仅见选集之钞本，上海古籍出版社 1984 年影印出版，诗见第 107 页。

② 胡适在《红楼梦考证》改定稿中，曾根据俞、顾二位的意见，对所引《随园诗话》材料作了括注，指出两种版本的不同，但未指出"中有所谓文观园者，即余之随园也"在文本二中并未出现。今人多以为此系胡适引用史料不慎，或故意为之。今细读胡适日记，曾明确认未见载有文本二的《随园诗话》，他的修改是根据顾颉刚的来信所作，而顾文恰恰未引"中有所谓文观园者，即余之随园也"之句。

③ 如包云志《随园诗话中有关红楼梦一段话的前后变化——兼谈随园诗话的版本》一文中的"己酉本"，经笔者赴山东大学图书馆目验，发现实为一早期坊刻本。按包文实已注意到不同印次的家刻本存在文本上的差别，如能排除坊刻本（即所谓"己酉本"）的干扰，或能更进一步。特此说明，不敢湮没前辈发现。包文见《红楼梦学刊》2005 年第 4 辑。

首先，了解《随园诗话》的刊刻特点。袁枚著述多为生前自刻，且多以随编随刊的方式刊行。这是因为初刻时作者尚在世，故其书仍处于未完成的开放状态。而当作者创作出新的作品时，即以增刻书板的方式实现作品的增补①。《随园诗话》正编初刻于乾隆五十五年（1790），而补遗部分则直到袁枚去世仍在不断增补。熟悉《随园诗话》的研究者，俱当了解这一点。今姑举一则文献，以说明《随园诗话》家刻本这一特点：

> 所摘《诗话》错误数条，细密精详，一读一拜。缘枚年已八十矣，精神瞀乱，文债太多，长于构思，短于考证。又贪于搜寻佳句，有得即书，以致道听途说及梓人错刻者，不一而足。得先生指而告之，如吴缜作《唐书纠谬》，真乃欧宋功臣。当即登时镌改，不缓须臾。奈此书业已二省翻板，市贾居奇，一时不能家喻户晓，只好将自家藏板悉照来示改正。改后即寄台阅，以不负大君子千里通书、腃腃爱我之忱。②

文中"家藏板"，显即指《随园诗话》家刻本之书板。而所谓"有得即书""登时镌改"等语，则说明此书书板在袁枚生前曾不断地进行增补与修订。

其次，了解《随园诗话》的传播特点。由于袁枚晚年享有极高的文坛声誉，又兼交游广泛，其著述的发行量与传播速度着实令人惊讶，甚至出现"每仓山一集刷成，顷刻散尽"的盛况③。结合随编随刊这一点，不难推断当时流传在外的《随园诗话》家刻本不仅数量众多，而且会呈现出卷数不一、内容各异的复杂面貌。

最后，比较其他随园家刻本，总结其版式特征。随园刻书活动主要集中在乾隆三十九年（1774）至嘉庆元年（1796）之间，共刻书 17 种。其中可考得初刻时间的有 12 种，依次为《小仓山房外集》（乾隆三十九年）、《小仓山房文集》（乾隆四十年）、《小仓山房诗集》（乾隆四十年前后）、《红豆村人诗稿》（乾隆四十六年前后）、《南园诗选》（乾隆五十二年）、《子不语》（乾隆五十三年，后改名《新齐谐》）④、《湄君诗集》（乾隆五十三年前后）、《小仓山房尺牍》（乾隆五十四年）、《续同人集》（乾

---

① 关于随园家刻本的相关情况，笔者已另撰《随园刻书考略》一文予以说明（待刊）。
② 按此札又见《小仓山房尺牍》卷九《答赵球亭先生》，文字有异，且未见本文所引之段落。今全札见赵厚均《袁枚集外手札七篇考释》，《南京师范大学文学院学报》2009 年第 3 期。
③ （清）杨芳灿辑《芙蓉山馆师友尺牍》袁枚致芳灿尺牍第三通，收入《尺牍丛刻》，清宣统三年刻本。
④ 在乾隆刻本《小仓山房文集》卷二八所收《子不语序》中，仅云："书成，即以《子不语》三字名其篇。"但在嘉庆间增刻本及《子不语》卷首，此序则改为"书成，初名《子不语》，后见元人说部有雷同者，乃改为《新齐谐》"。

隆五十五年）、《随园诗话》（乾隆五十五年）、《随园诗话补遗》（乾隆五十七年）、《随园八十寿言》（乾隆六十年）、《随园女弟子诗选》（嘉庆元年）8 种；刊行时间未详但可确定系袁枚生前所刊的有 5 种，分别为《续子不语》（后改名《续新齐谐》）、《牍外馀言》《随园食单》《袁家三妹合稿》《碧腴斋诗存》。笔者曾调阅上述书籍的各种版本，发现有一类版本呈现出相似的版式特征，即无论开本大小、行款、字体，均较为接近，但又明显刻于不同时间。最重要的是，各书无一为巾箱本，其半叶版框尺寸基本在纵 155—185 毫米、宽 125—150 毫米之间。而除此之外的各种版本，就笔者所见，无一不是纵 120 毫米、宽 100 毫米以下的巾箱本。

根据以上三点，笔者很快找到了符合要求的 6 部《随园诗话》。从基本版式来看，6 部均非巾箱本，与其他随园刻本面貌相近。从卷数内容看，6 部卷数各不相同，各卷条目、文字亦有不少出入。进一步细究其版刻，发现此 6 部实为同一刻本在不同阶段的增刻本；且各本之间条目、文字上有差异的部位，均可看到明显的剜改版片的痕迹。上述几点，都完全符合随园家刻本的特点。由此笔者推测，此 6 部《随园诗话》正是随园家刻所出。

而袁枚生前，是否有重刻《随园诗话》的可能呢？笔者以为可能性几乎没有。一方面以随编随刊的方式增订著述，正是为了节约资金避免重刻；另一方面笔者所见 6 部《随园诗话》家刻本，呈现了该书从仅有正编 16 卷到各卷各条逐步完整的全过程，而此书的完整也恰意味着袁枚的逝世。此外，就笔者所见来看，国内各大图书馆所藏之《随园诗话》，再找不到另一种具备随园家刻特征之版本系统。换句话说，除上述 6 部及此系统之别本外，目前存世的各种《随园诗话》版本（包括胡适所收藏者），应该均为坊刻本。

《随园诗话》坊刻本的出现是比较早的。袁枚曾有《余所梓尺牍诗话被三省翻板近闻仓山全集亦有翻者戏作一首》①，此诗作于乾隆五十六年（1791），其时《随园诗话》家刻本正编刻成不过一年，《补遗》部分甚至尚未开雕。而从诗歌标题看，《诗话》实际被翻刻的时间还要更早，很可能是家刻本甫一问世就遭到了坊间的翻刻。这些早期坊刻本及其再翻本虽然刊印不精，但至少能在大体上保留其底本的文本面貌。而当《随园诗话》家刻本在增刻过程中不断对此前文本进行修订时，这一点就愈加显得重要。这是《随园诗话》在版本刊刻、传播上的独特之处，也是分析各种版本中涉红史料文本差异的关键所在。

---

① 见《小仓山房诗集》卷三三，清乾隆嘉庆增刻本。此外，《随园诗话补遗》卷三第十六条亦云："余刻《诗话》《尺牍》二种，被人翻板，以一时风行，卖者得价故也。"

三、随园家刻历次印本之别

在明确了《随园诗话》家刻本与坊刻本之区别后,我们就可以主要就 6 部家刻本展开初步的分析。此 6 部书籍(姑依次名为甲乙丙丁戊己本),笔者曾一一调阅其实物,并进行了初步的版本比对与文本校勘。6 部书行款一致,均为正文半叶 11 行,行 21 字,小字双行同,白口,单鱼尾,左右双边。半叶框高 158 毫米,宽 125 毫米。此外,各本在卷数、条目上的差异则如下表所示:

	甲本	乙本	丙本	丁本	戊本(丛书)	己本(丛书)
馆藏地	北大	北大	上图	国图	北大	复旦
卷数	十六卷	十六卷补遗九卷	十六卷补遗七卷	十六卷补遗十卷	十六卷补遗十卷	十六卷补遗八卷
卷一至二	全	全	全	全	全	全
卷三	无 80、81 条	全	全	全	全	全
卷四	无 81、82 条	全	全	全	全	全
卷五至六	全	全	全	全	全	全
卷七	无 108、109 条	全	全	全	全	全
卷八至十三	全	全	全	全	全	全
卷十四	无 104 条	全	全	全	全	全
卷十五至十六	全	全	全	全	全	全
补遗卷一至五	×	全	全	全	全	全
补遗卷六	×	无 47—50 条	无 47—50 条	全	全	全
补遗卷七	×	全	全	全	全	全
补遗卷八	×	缺 23 条以下	×	缺 65 条以下	缺 65 条以下	补刻 65 条
补遗卷九	×	无 17—68 条	×	全	无 23—68 条	×
补遗卷十	×	×	×	全	全	×

表中"×"表示未见，即不排除散失的可能；标明"无"者，全部位于该卷的最末，其实物表现均为空板，且无剜改与重刻的痕迹，可知这些条目系未刻，而非缺叶、删改等原因造成。

此外，乙本补遗卷八缺第 23 条以下内容。检该本实物，其第 23 条尚存开头"老友徐灵胎度曲嘲时文及题墓诗余已载诗话中甲"这 21 字，全文明显未完，所缺当系书叶散佚造成。比对丁、戊等本，"甲"字后续"寅八月其子榆村"等一段长文，当为第 23 条原貌。此外，丁、戊二本补遗卷八亦非全帙，其第 65 条文字不全，疑同系缺叶造成。二本该条原文如下：

夫人长女之兰、季女之芬，俱耽吟咏。今录之兰《落叶》云："金飙何意太无情，处处园林似落英。疏柳飘残沟水急（下缺）。"

此条末"疏柳飘残沟水急"一句，正好刻至该卷末叶（第二十三叶）末行，但从内容看显然未完。诸本中，惟己本有第二十四叶，其自"疏柳飘残沟水急"以下为"吾乡多士得一宗工当何如（后文涣漫）"。但此所补之文不仅在语意上与前文并不连贯，且极似同卷第 62 条"吾乡多士得一宗工当何如抃庆耶"之语，连文字所在位置都完全一致（都在右半叶的第一行）。此外从版刻看，己本第二十四叶刻工与前面各叶颇不一致，明显系后来补刻。这些都说明真正的第二十四叶原版很可能已经散失了，己本所有者不过是后来所补。

就表中所列来看，6 部家刻本中，卷数最少且唯一缺失正编条目的是甲本，卷数、条目相对最完整的是丁本。但卷数与条目多寡并不是判断各本增刻时间先后的唯一依据。笔者通过大量的文本校勘，并结合断口、修版以及刷印质量等其他版本因素，初步推断其增刻之先后即如表格所列之顺序。由于本文所关注的涉红史料，关键在于甲本，故有关其他各本之文本考订皆从略。

在甲本中，卷二之涉红史料与胡适所藏坊刻本一样，为文本一。这也是迄今为止笔者所见的唯一一部出现文本一的《随园诗话》家刻本。由于此本无内封，不通过校勘，很难在短时间内判断其刊刻时间，故虽也有研究者发现它，却从未深入细究。将此本比对其余五部家刻本，发现虽为同一刻本，其涉红史料却全部变为文本二。为方便说明，让我们再依此段文字在书籍实物上的呈现方式作个比对：

	甲 本	乙至己本
第八叶第七行至十行	康熙间曹练亭为江宁织造……人以此重之其	康熙间曹练亭为江宁织造……人以此重之其
第八叶第十一行	子雪芹撰红楼梦一部备记风月繁华之盛中有所谓	子雪芹撰红楼梦一部备记风月繁华之盛明我斋读
第九叶第一行	文观园者即余之随园也当时红楼中有女校书某尤	而羡之当时红楼中有某校书尤艳我斋题云病容憔
第九叶第二行	艳雪芹赠云病容憔悴胜桃花午汗潮回热转加犹恐	悴胜桃花午汗潮回热转加犹恐意中人看出强言今
第九叶第三行	意中人看出强言今日较差些威仪棣棣若山河应把	日较差些威仪棣棣若山河应把风流夺绮罗不似小
第九叶第四行	风流夺绮罗不似小家拘束态笑时偏少默时多	家拘束态笑时偏少默时多

通过比对不难发现，两段文字在文本上的差异总共不过十余字而已，但呈现在书版实物上，却有很大的差异。笔者仔细核对此二叶版刻，发现甲本第八叶末行"中有所谓"四字，在其他各本中均以剜改书版的方式改为"明我斋读"；而第九叶由于改动较多，自乙本而下各版，皆以抽换整叶书版的方式来达到文本改动的目的。就这样，通过对上述二叶书板或剜改或抽换的方式，著名的涉红文字在《随园诗话》家刻本中实现了从文本一到文本二的变化。

如果上述仅为孤例，或许不足以说明甲本在各本之前。但事实上，通过更多文本校勘，笔者发现了大量类似的文本改动。有对个别字句作修订者，如卷一第 1 条，甲本"侍卫"在其他各本中被改为"郎中"，第 55 条"林和靖"被改为"高青邱"；卷八第 39 条，甲本"癸未"被改为"壬午"；卷十四第 86 条，甲本"庆宝"被改为"庆保"。有对整句甚至整段作修订者，如卷二第 46 条，甲本"朝局是非堪齿冷"被改为"一局残棋偏汝著"；卷六第 29 条，甲本作：

余藏董文敏字册金笺写陈子昂古诗，钱竹初明府见而爱之，因以赠之。册尾仿醉素尤奇险。自题云：意在新奇无定则，古趣离离半无墨。醉来信手两三行，醒后却书书不得。

而其余各本中，该条被剜改为：

朱竹君以学士降编修，分校得老名士程鱼门，京师传为佳话。殁后，张中翰埙哭以一律，后四句云："丹腕书铭前学士，青山送葬老门生。从今前辈无人哭，拼与先生泪尽倾。"瘦铜诗多雕刻，而此独沉着。

据笔者不完全统计，甲本 16 卷中类似的文本改动至少在 30 处以上，且其他各本相应位置多能找到明显的剜版痕迹。

此外，几部坊刻本亦可作为佐证。如前文所及胡适藏本，凡是甲本与其他家刻本文字相异处，其基本与甲本保持一致，即便是"丞祠堂"（其他各本均作"丞相祠堂"）这样明显的讹误也错得如出一辙。类似的坊刻本还有数种，虽然刊刻时间不一，但在文本上却一以贯之。这说明甲本所出现的异文并不是孤立的存在，它与部分坊刻本一起，拥有一个共同的版本源头。这个源头与甲本关联甚为紧密，但并非甲本。因为在这些坊刻本中，还存在着不少连甲本都没有的文本内容。笔者推测很可能是印次比甲本更前的家刻本，甚至有可能是《随园诗话》家刻本的初刻初印本。

四、存疑的《随园诗话》稿本

最后，还有一个问题需要作些简单论述。近年来，有一部题为《储杏坊氏珍藏〈随园诗话〉原稿》的书籍，曾被研究者发现并讨论①。然此书虽名"原稿"，实为一后世钞本之影印复制本②。所谓"原稿"不仅未存实物，只就卷首光绪八年（1882）小坊氏《弁言》所叙之传抄之过程看，亦不无可疑之处，今择要援引如下：

……道光二十七年，予随先君馆金陵，偶游随园。尔时园已荒废，行至小阁东隅，见故纸堆积。先君素惜字，命予检拾，细阅之，乃先生所刊行世诗之亲笔稿也。其字古雅腴润，涉笔成趣。先君如获至宝，因依刻本，分颠末，汇订一本，除底面九十八页，珍藏之。及先君没后……有愿以重价购者，予皆笑而却之，非固执也，实因先君手泽，不忍轻弃。且兵燹后随园已成灰烬，此本墨宝，乃世所绝无而仅有也……先人手泽，才人墨宝，愿子孙共守之。

---

① 如：潘荣生. 今钞本随园诗话稿本述略. 古籍整理研究学刊，2003(6).
② 此书扉页题"储杏坊氏珍藏随园诗话原稿\复制本"，左下有"泰州新华书店古旧部传钞"朱文钤印；后一页版心题"原题端"，中间分三行题"窥见一斑\储杏坊珍藏\袁子才先生旧稿本"，有"杏坊"、"储赐锦印"等钤印，但均非原印，而系手绘；卷末有光绪十年（1884）张绍石等二跋，跋后"彭城母家"一印亦为手绘。从全书印章多为手绘这一点看，此书当系先由泰州书店誊抄过录，再以影印方式出版。

此段文字有几处值得推敲。其一，文中称当日所发现者为袁枚"诗之亲笔稿"，诗与诗话，岂可等而同之？如系漏书"话"字，未免太不谨慎。其二，文中"汇订一本"云云，从上下文理解，当指汇订袁枚原稿；且卷末二跋，亦称所见为袁枚"亲笔改本"。然文中又两次提及"先君（人）手泽"，不知所指为何？因原稿不存，今已无法区分其父"手泽"何处。然作者既对此一再强调，颇疑所谓"原稿"实曾羼入其父之文。其三，文中称"除底面九十八页"，今所见者正文凡109叶，多出11叶，殊不可解。

此外，检"原稿"正文内容，亦多疑点，此处不赘。本文仅就其第108叶所录之涉红文字作些阐述。从内容上看，"原稿"所录与刻本系统中文本一、文本二皆不尽相同，姑称之为文本三。今列其相异处如下，且以【　】标注"稿本"之修改痕迹：

文本三（"原稿"本）	文本一（甲本）	文本二（乙至己本）
康熙年【"年"圈改作"间"】	康熙间	康熙间
中有所谓大观园者即余之随园也	中有所谓文观园者即余之随园也	明我斋读而羡之
【增"当时"】红楼中有女校书【增"某"】尤艳绝	当时红楼中有女校书某尤艳	当时红楼中有某校书尤艳
明我斋题云	雪芹赠云	我斋题云

对比3段文字，发现文本三几可视为一、二之结合体，且相对更为"准确"。不仅"大观园"未误作"文观园"①，题诗作者"明我斋"亦未误作"雪芹"。这未免令人惊讶。如果"大"变为"文"还可视为误刻的话，"明我斋"变为"雪芹"则只能理解为系袁枚在刻前所改了。这当然并非不可能，但似亦不能排除后人据刻本作伪之可能性。

因此，如要将文本三视为文本一之初稿，则其首要前提是保证此"原稿"真实可靠。事实上，现今不仅所谓"原稿"已佚，连"原稿"之钞本也未见踪影。研究者所依据的，不过是钞本的复制本而已。就文献学尤其是版本学而言，这样一部完全难觅原书实物踪影的"稿本"，仅凭其文本（即文本亦不无疑问），是无论如何不能妄下判断的。

---

①　按潘承玉《新红学的基础与"新新"红学的张本——〈随园诗话〉涉红记载重考》一文亦提及此"原稿"本，但不知何故，称"原稿中"亦作"文观园"。或中国社科院所藏之复制本，与笔者所见非一本耶？姑存疑俟考。此文收入《求真与问美：古典小说名著新探》，人民出版社2005年版，第163页。

因此，笔者对上述"原稿"及其所录之涉红文字，持谨慎存疑之态度。在没有进一步的实物证据之前，仅可作为一个参考。

五、结　　语

通过以上梳理，我们已然明确的是，今人反复辨析的涉红文字的两个主要版本（即文本一与文本二），均来源于《随园诗话》的家刻本。其中文本一出现于问世较早的印本中（如甲本），后在增刻的过程中，这段文字被袁枚本人以剜改、抽换书板的方式，修改成了文本二。随着增刻本的不断刷印，留有文本一的早期印本存世越来越少，几乎销声匿迹。

同时，由于《随园诗话》家刻本甫一问世就被书坊翻刻，故其时当存在不少以初刻本为底本翻刻的坊本。此时，文本一尚未被修订为文本二，因此这些早期坊刻本反而继承了文本一的内容。这些坊刻本后来又被不断重新翻刻，且传播甚广，文本一的内容因得以在各种坊刻本中广泛存在。当甲本这样的早期家刻本没被发现时，就容易形成一种错觉，即文本一仅见于坊刻本之中，由此得出"大观园者即余之随园"云云系后世书坊伪造的结论。

近代报刊诗话的传统诗学影响和新变

李德强

李德强,1979年10月生,山东东营人。2008年考入复旦大学中文系,师从黄霖先生攻读博士学位;2011年进入上海大学博士后流动站,合作导师为张寅彭先生;2013年出站后留校任教,现为上海大学文学院讲师。主要研究领方向为古典文献学、清代诗学、民国报刊诗学等。主讲课程有"中国古代文学""中国文学批评史""古典文献学"等。出版有专著《近代报刊诗话研究(1870—1919)》;在《古籍整理与研究》等刊物发表学术论文数篇。

近代报刊诗话是介于传统和现代之间的过渡型诗话,它的思想、艺术和体例、风格与传统诗话有着直接联系,并在此基础上孕育出新的特质。就诗话这一体裁的规范来说,近代大多数报刊诗话应属于传统诗话范围。近代以来的社会变化和报刊自身的特点,也使得这些诗话较多延续了诗话记事体例,带有很强以诗存史的意味。从某种意义上说,报刊诗话的创作和传播更能反映出近代知识阶层对文学的期待视野,以及由此而来的报刊登载模式与诗话体制。这种深层影响不但体现在传统型诗话中,也体现于革命诗话、闺秀诗话和滑稽诗话中。

一

19世纪50年代,上海的报刊事业就率先进入近代化阶段,一批外报像《六和丛谈》《中外杂志》《万国公报》《小孩月报》等相继落户申城;19世纪90年代,上海已然成为全国报刊中心;此外,上海的新书馆也达到100多家,像墨海书局、清心书馆等外国教会所属的出版机构对报刊的发行也起到了重大推动作用。① 随着报刊事业的发展，报刊的内容也由宗教性宣传向综合性新闻方向转变。1861年11月，上海第一份商业性中文报纸《上海新报》创立，其内容主要是报道新闻、传递商情，并为后来的商业性报纸树立了典范；1872年4月，《申报》在上海创刊，发行人美查就公开宣布"本报之开馆，于愿直言不讳焉，原因谋业所开者耳。"② 正是出于商业盈利目的，美查尽最大可能使《申报》本土化。为了打开销路，他曾先后聘请赵逸如、席裕祺等买办负责经营业务；蒋芷湘、蔡尔康等任主笔；何桂笙、钱伯昕等襄理笔政。对于编辑业务他也从不过多干涉，认为"本馆虽西人开设，而秉笔者皆华人，其报系中西人所共成者"③这种办报策略不但取得了巨大成功，④也使得《申报》中国化色彩更为浓烈，并对此后的中国社会产生了很大影响。为了吸引知识阶层的关注，《申报》以"概不取值"的标语广泛征集竹枝词、书评、剧评、人物小传等耳闻乐见的文学样式，这在稿费制度还没有出现的情况下是极具吸引力的，并极大地刺激了报刊文学的繁荣景象。总体看来，虽然这些文艺作品多描情写物，充满着对洋场畸形繁华的新鲜感和自豪感，就其内容而言似乎没有太大的社会意义，但这种方式却把传统文学与现代传媒紧密联系在了一起，不但为现代传媒开辟了一片新天地，也为传统文学的发展找到了新的出路，此后近代文学与报刊之间拥有了难以割舍的亲密联系，并一直延续到今天。

正是在商业氛围的刺激下，《申报》刊印了中国第一份专业性文学刊物——《瀛寰琐记》随报附送，这也标志着中国本土化文学杂志正式登上近代历史舞台。《瀛寰琐记》是月刊，每册也只二十四页，并且还是作为附赠品而存在的，但它对近代期刊的影响却实为不小：其不但开文艺性杂志先声，也对近代报刊诗话的刊载有着首创之功。1873年8月，《瀛寰琐记》第一次刊载了诗话作品——《蝶梦楼诗话》，这也是近代中国最早的报刊诗话，并对报刊诗学的发展开启了先河。《蝶梦楼诗话》属于记事兼论诗的传统型诗话，其简短的篇幅又体现出报刊文学的主要特征。它主要以随笔形式记录了浙江慈溪县丞邓恩锡⑤的才能和诗作，

---

① 上海最早的中文报刊大多都是由这些书馆出版发行的，像《六合丛谈》是由墨海书馆于1857年创办；《小孩月报》是由清心书馆于1875年创办。
② 美查. 本馆作报本意. 申报，1875(10).
③ 主客问答. 申报，1875(1).
④ 由于美查成功的商业策略，《申报》在创刊四个月的销售数量就由原来的每日六百份增至三千份，到1877年竟高达八九千份。要知道，1871年美查同伍华德、普莱业、麦基洛不过集资一千六百两创办该报，到1899年美查出卖自己股份后竟得银十万两，可见其销售利润之大。
⑤ 邓恩锡字晋占，江苏金匮人，道光举人，著有《清可亭集》一卷；夫人于懿字静宜，金坛人，征军于乔龄女，著有《漱芳词》一卷。

并兼及其夫人于懿、子邓似周（名濂，工词）的文学成就，是类似诗歌体性质的诗人小传。邓氏"客久渐平高世想，官卑空抱济时心"①对于屡试不售的感叹似乎成了对科举制本身的攻讦，而他弃举业入仕途的书写方式似乎也在有意无意间传达着皇权与官僚政权的离心。此后，许多的诗话作品如沙仁寿《东洲诗话》、梦隐《爽籁阁诗话》、朱陶勤《勤补斋诗话》等从内容和体例等各方面都与之相似，它们一方面以诗歌抒发国事衰微、人世沧桑的社会苦难，希望以此来唤醒世人"天下兴亡，匹夫有责"之心，因而显得苍凉悲壮；另一方面又主动传承国粹意识，注重温柔敦厚之旨，以图发扬国光。从中不但可见近代知识阶层的人文思考，也折射出传统诗学仍具有的强大影响力。

正因如此，这些传统型诗话多继承了诗学的正统性和严肃性内涵，并以诗歌为抒情工具和战斗武器反对雕章琢句之作，表现出很强的经世致用思想（近代报刊诗话也以此为基本标准）。虽然这对诗歌艺术探讨会产生了诸多制约，但却是报刊诗话发展的必然阶段，也是复古理论为什么在近代受到如此重视的主要原因。这种书写方式明显是继承传统诗话而来，并对近代前期报刊诗话的影响尤为明显。如《芳菲菲馆诗话》开篇即指出：

> 诗词之溺人，有甚于声伎，岁颇以此煎其脑，既辄悔之。……入世以来，叠经丧乱；身世凄凉，集恨成海。当抑郁悲愤，或劳倦困苦之余，又未尝不借以自排遣。特性既善忘，中心所爱好者，亦鲜能毕举其词，错落脱漏，殊以为恨。爰就所能，记忆笔之。嗟乎！余身固多嗜好，年来痛自抑塞，删除殆尽矣。是区区者，亟将纵之，陶性适情，或犹愈于其它之游戏欤！②

这不仅是作者对于诗歌的态度，更是近代知识阶层对于其创作心态的自我表白。社会的动乱使得作者无心于诗词创作，但经年的动乱又刺激了作者的"抑郁""劳倦"之情以借诗自遣。可见近代知识分子在对诗歌爱之不忍，弃之不能的矛盾态度，乃是来自诗人本身，也决定了他们对于诗歌的改良心态乃又一次朝向"有为而作"的思路。这种诗学思路使得报刊诗话超越了"话诗"本身，从而染上了浓烈的悲壮色彩，同时也刺激了诗话创作厚古不薄今的双重心态，为它的自身发展带来了时代活力。

---

① 蝶梦楼诗话. 瀛寰琐记，1873(8).
② 芳菲菲馆诗话. 新新小说，1904(12).

民国成立之后，知识阶层对传统诗学的精神迷恋仍是十分深厚的。这些知识分子已经不同于传统士人：他们具有较深的文化积累，又受雇于近代商业社会从事文化事业的再生产和传播，但士大夫引以为豪的"载道"精神和"经世"思想并没有随之而骤然消亡，反而成为近代文人不可或缺的精神支柱。在这种普遍的诗学思维影响下，近代国粹主义思潮的流行也实属必然；即便是以抒写"儿女情长"为主的鸳鸯蝴蝶派作家亦在娱乐消闲中劝惩世人心，在传承新文明中固旧道德，以"逞笔端之褒贬，作皮里之阳秋；借乐府之新声，写古人之面目。"①这种矛盾心态不但造成了近代文学的双重性质，带来了文学思潮的复古潮流，也为报刊诗话的发展提供了非常有利的社会条件。像《消闲钟》《小说新报》《小说丛报》《小说月报》等鸳蝴派报刊都有大量传统型诗话刊载，可见传统诗学在近代报刊诗话中仍具有的强大影响力。

近代报刊诗话中关于艺术方面的探索，也无不彰显着传统诗学的强大魅力。由于特殊的社会环境，使得近代诗人能在充分吸收古代诗话和西方文明的基础上作出更为深入的艺术探讨，而报刊等传播媒介为诗话艺术的探讨提供了诸多可能和便利。像《澹园诗话》《诗法津梁》《论之作法》《读诗卮言》《等闲斋诗话》等作品分别从不同方面论述了诗人、诗体、诗法、诗境、诗风等艺术层面；而《羣翟论诗》提出"诗至于今日极衰而复盛"②的观点可谓眼光独到，基本抓住了近代诗话的本质问题。对于近代诗歌而言，它有着传统诗学所未有的新探索和多元化发展路线，但在总体范畴上却无法超越传统诗话的藩篱。此外，近代报刊诗话对杜甫崇拜现象的延续和发展，也是传统诗学影响下的理论再现。

近代以来随着宋诗运动的兴起，以沈曾植为代表的浙派、陈三立为代表的江西派、以陈衍为代表的闽派都以专尚宋诗为旨归，他们对于宋诗的褒扬也使得报刊诗话再一次中兴了日趋冷落的杜甫崇拜现象。像《读杜随笔》《一钵盦诗话》《赭玉尺楼诗话》等作品，都从不同方面展开了对杜诗的崇拜；吴玉春《小鹿樵室诗话》更是把杜诗看作包举各体和继古开今的典范之作，认为"子美集中贺奇、同癖、郊寒、岛瘦、元轻、白俗，无所不有"③表现出热切的崇拜之情；甚至艳体诗也有比附杜诗的现象，如杨南村认为"次回诗虽不能如老杜所谓'不废江河万古流'，然灵思绮笔亦足成一家"④也通过与杜诗或多或少的联系来为艳体诗的合

---

① 李定夷. 发刊词. 小说新报, 1916(1).
② 羣翟. 羣翟论诗. 振胜报, 1919(4).
③ 吴玉春. 小鹿樵室诗话. 民国日报, 1916(7).
④ 杨南村. 抒怀斋诗话. 民权素, 1915(12).

法地位正名,这也从侧面反映出杜诗的"广大教化主"①形象已经深入近代诗坛。此外,近代报刊诗话在尊杜思潮中对忠君爱国心声的呼唤恰恰说明了士大夫文化心理"无可奈何花落去"的失落,及由此而产生"似曾相识燕归来"的自觉追求和论诗宗旨所在。

二

近代社会文明是一个多元化的状态,保守的、维新的、革命的文学也交相杂糅,呈现出争鸣之势。作为近代重要的文学势力——革命诗话,也无不受到传统诗学的深远影响。由于革命派从开始就十分重视报刊的宣传作用,孙中山所云:"此次革命事业,数十年见屡仆屡起,而卒观成于今日者,实报纸鼓吹之力。"②并非虚言。另一方面,这些革命党人在治国理念上,主张以暴力革命来推翻清政府;在文学观念中,又力倡保存和发扬国学,有着较为复杂的文化态度。正因如此,革命党人同样重视报刊诗话的作用,并创作了像《粤西诗话》《旧民诗话》《爱国庐诗话》《迷阳庐新诗品》《小奢摩室诗话》等几十种革命诗话。总体来看,此类诗话作品多爱国之情,慷慨之音,并以新思想入旧风格中,具有明显的"诗界革命"特征;但比之维新派作品,此类诗话笔带锋芒,具有很强鼓动性和高调的民族主义倾向。《云南》杂志发刊词曾明确地提出:

  同等人抱此宗旨,誓竭诚效死以输入之、传布之、提倡之、鼓吹之;或正论、或旁击、或演白话谋普及、或录事迹作例证。东鳞西爪,尽足勾稽;断简灵篇,亦寓深意。③

这也是革命派对于报刊诗话的普遍态度,他们往往利用一切诗学资源为革命宣传服务;甚至力图从民族文化中极力发掘新思想,为蓬勃发展的革命造势,这在某种程度上推动了报刊诗话的创作和传播。可见革命派虽然反对文化专制,但却并不反对传统文化本身,且把它当作重要的文化资源以图触动国民的感情,达到宣传革命的目的;但他们过度把诗话创作绑在功利的战车上进行高速运动,难免也会产生诸多不利影响。

---

① 借用张为《诗人主客图》对白居易的评价,并以此来说明杜诗的深远影响。
② 孙中山. 民立报欢迎茶话会. 民立报,1912(4).
③ 发刊词. 云南,1906(10).

纵观革命诗话,他们的诗学宗旨主要有三个方面的内容。首先,革命派诗话多以复古为宗,普遍重视"言志"的诗学传统。革命派诗话多着眼于诗歌社会功效,对复古理论多有新的开拓,这也与革命派的文学宗旨是高度一致的。正如高旭《愿无尽庐诗话》所云:

> 诗贵乎复古,而固不刊之论也。然所谓复古者,在乎神似,不在乎形似。……今之作诗有二弊:其一病在背古;其二病在泥古。要之,二者均无当也。苟能深得古人之意境、神髓,虽已至新之词采点缀之,亦不为背古,谓真能复古可也。故诗界革命者,乃复古之美称。①

可见作者论诗虽然以复古思想为宗,力图通过继承和发扬诗歌的优秀传统来保存"国魂";但与以往复古理论不同的是,他们的复古理论乃是以复为变,有着鲜明的革命色彩。因而,革命派诗话往往会走"以韵语发挥种族思想"②的路线,这也使得诗话本身所具有的诸多功能突破了诗歌的理论化形态,从而带有了更为复杂的社会和文学功能。

其次,革命派诗话重视诗品和气节,具有明显反满排清思想。在众多革命派诗话中,几乎都会被提及的传统诗学理论即是对"诗品"的关注。因而,这类诗话多记录历代忠孝节义之士的诗歌,像民族英雄岳飞、戊戌六君子、诸多牺牲的革命党人等的事迹及其相关诗作屡屡被提及。如《迷阳庐新诗品》对刘光第之诗情有独钟;《黍离诗话》则专门辑录宋、明之际具有民族气节的诗人创作,以通过鼎革之际的黍离浩叹唤醒汉民族蛰伏的痛楚,重新激发世人"驱除鞑虏"的民族情感;《革命诗话》也是专门为革命志士而作,其中既有为变法而牺牲的林旭、谭嗣同等人的诗歌,也有为辛亥革命而献身的英烈黄钟杰、何铁笛等人的创作,并以此来"振发国民精神",③这其中也无不打上了传统诗学的烙印。

最后,革命派诗话重视诗歌的"用意",具有开放性的诗学观。革命派前期的诗话作品虽然以复古为旗帜,但往往突破传统温柔敦厚的诗教,以变雅之声为正音,以之"为民国骚雅树先声",④前期的诗话作品如《牦生诗话》《小奢摩室诗话》《天风庐诗话》等都有此理论预设;后期的诗话作品则在重视阐发思想的同时,也

---

① 高旭.愿无尽庐诗话.民权素,1915(6).
② 韦秋梦.绮霞轩诗话.民权素,1914(1-3).
③ 于右任.本报四大宗旨.民呼日报,1909(10).
④ 柳亚子.磨剑室杂拉话.民国日报,1917(8).

从多层面、多角度对诗歌的艺术进行探讨。《绿静轩诗话》所谓"诗贵用意,尤贵自标新谛,不拾前人牙慧"。① 正是此时期革命派诗话的艺术总结。相对而言,革命派诗话多重视性情之笔,也欣赏多种艺术风格。他们对马君武诗的"豪放沉郁"、汪精卫诗的"凄婉悲慨"、吴绶卿诗的俊"逸雄杰"、唐常才诗的"浓艳清新"、吕惠如诗的"哀感沉挚"②都给予充分肯定;即使革命派诗人内部也有各自不同的诗学倾向。这种开放性诗学观不但与革命派诗人的宗旨相关,也是对传统诗学的延续和发展。因而,这些革命派诗话作品往往"外之既不厚于世界文化之潮流,内之仍弗失固有之血脉,取今复古,别立新宗"。③ 这不但对中国诗学理论的发展产生了重要影响,也为"五四"新文化运动作了重要的文化铺垫。

三

近代以来随着西方文明影响的深入,妇女的地位也在发生着相应的变化。作为妇女文学的典型典型代表,闺秀诗话也在报刊中大量出现。据笔者统计,自民国建立到"五四"之前的八年时间里,近代报刊就登载了近四十种闺秀诗话,其数量足与有清一代的闺秀诗话相抗手。近代报刊闺秀诗话在清代闺秀诗话的基础上扩展了闺秀创作的新空间,保留了大量民国闺秀诗人的创作,为后人留下了宝贵的资料。这些新时代的女性既有旧文学才华又具新民思想,成为女性意识觉醒之初的领军人物,诗人的褒扬无疑会推动妇女地位的社会影响。但是有一点是不可否认的:这种对女性意识的张扬还只是停留在少数开明文人及近代知识女性中,并没有引起大多数男权阶层的认可(即使像革命家章炳麟等人竟也对女儿殉夫的行为表示支持),足见妇女解放远比想象中要艰难的多;而且多数女性群体对这种宣传显得并不热情,秋瑾"知音寥寥"(《致徐小淑书》)的感叹则真实反映了当时的社会现状。正因如此,像《桐荫丽话》《评兰室诗话》《两株红梅室闺秀诗话》等出自闺秀诗人的作品也在有意无意地传递着作为处在"三从四德"之内的贤妻良母形象,并把德才兼备的闺秀诗人当作理想性典范来对待。正如闺秀刘汝藻所云"闺阁诗性情为上,音节次之,才华又次之"④则表明了近代闺阁诗人群对于自我的定位,体现出报刊闺秀诗话的"原生态"特点。

---

① 嚼椒.绿静轩诗话.民立报,1911(7).
② 韦秋梦.绮霞轩诗话.民权素,1914(1-3).
③ 鲁迅.文化偏至论.河南,1908(7).
④ 徐世昌.晚清簃诗汇·卷180.民国退耕堂刻本.4517.

男性诗人对闺秀诗话的创作,也掺杂着较为浓厚的传统意识,更能体现出传统诗学的近代扩张。像《女艺文志》《今妇人集》《苎萝诗话》《苍崖室诗话》等作品,都有着明显的"复古"色彩。这些报刊诗话在对近代知识女性褒扬之时,又常常带有些许恐惧和压制的心理。因而,他们往往试图从旧文化观念出发来遏制、束缚她们,又通过诗话来宣传"三从四德"的妇教观,以诱导她们不要对男权社会形成严重的挑战,从而小心翼翼地将其引导并限制在传统道德框架内。如《今妇人集》在赞美近代知识女性的同时,也在大力的宣扬从古代延续下来的女性的德烈观念,表现出男性文人的矛盾和不安心态。如其"何爱文"条所云:

> 何爱文,字景秋,江苏金山县之五区头乡人,事父、事继母、事祖母能曲尽孝道。曾肄业景贤、钦明二女校,行冠侪辈;以父母多病,不能尽竟其业而去。民国二年三月,其父病剧,药石无效。中夜,彷徨背人,刮股肉和药以进,终不能愈。积哀成毁,至于十月二而卒,吾友姚光为之作传。①

作者对何爱文以"刮股肉和药"的行为表示赞许之情,并为辑入《今妇人集》,可见当时大部分女性对旧道德的潜移默化还是相当的自觉,男性文人也对于这种自残行为相当的认可,视为孝道的表率。实际上,姚光在《何爱文传》中也认为:"圣人设教,一本《中庸》,然过情而出于正,岂不尤贤哉!况观女士行修于家,又岂激发于一时之所能者哉!"②他对近代女性的态度仍希望以其是家庭为重,而这种自残的行为更能体现出圣人所设立的伦理思路,所以显得"尤贤"。可见男性群体对这种悲剧的矛盾心态和摇摆不定,不但表现了他们对于女性意识的微妙心理,也充分表达出近代知识阶层喜新恋旧情结的双重性和复杂心态,其背后所支撑的仍是传统诗学的固有内核。

四

近代报刊诗话中的一个发展方向即是对娱乐性的追求,这是由于报刊本身的特点和社会环境的变化及文学风气转变等综合而来的结果,也是不同于传统诗话的一个方面。王次回《疑雨集》价值被重新发掘,并引起报刊诗话的广泛争

---

① 庞树柏. 今妇人集. 妇女杂志,1919(4).
② 姚昆群等编. 姚光集. 北京:社会科学文献出版社,2000:58.

论即是这一综合结果的文学产物。有人从诗教观点出发极力反对之,认为"(王次回)诗格既不高,而淫气满纸,直是描摹秘戏图耳",①但也有人认为"不知作者有不得志于世不能显言,因托绮罗脂粉之旨,俾'言者无罪,闻者足戒'"。② 也有人从诗歌艺术角度出发,认为"(其)固有伤大雅,然佳者亦能使人之意也消"。③ 但不论如何,这种对娱乐文风的引领和推动使得近代报刊诗话中的娱乐性因素日趋扩大,并推动了滑稽诗话的产生和发展。

从现有资料来看,滑稽诗话出现时间较晚,大多集中于1914—1919年之间;其作品数量也相对较少,只有二十多种诗话刊载。像《游戏诗话》《芙影室滑稽诗话》《还自笑庐滑稽诗话》等作品主要以嘲讽为主,其讽刺对象既有清末官场、科举士子、民国议会、当下时局、学究道员、爆发商人,也有乞丐、假名士、驼背者、负债者、迷信者、留辫者、吸食鸦片者等可笑之人,几乎涉及社会生活各个层面。另一方面,作者也通过诗话对当时社会政治现象如政府外交的失败、旧风俗的铺张、以新名词为时髦等社会事件以关注,并对其可笑之事毫不留情的极尽挖苦之能事。如姚民哀《也是诗话》中"新名词"条所云:

  自有所谓新名词以来,文字价值为之贬削不浅,忠厚者犹尊之为国粹革命,实则斯文道丧,殊深浩叹。囊见某杂志有自号滑稽生者,曾集新名词成五律四章,即以嘲之好用新名词者。其一云:"处处皆团体,惹人有脑经。保全真目的,思想好精神。势力圈诚大,中心点最深。出门呼淘汰,何处定方针。"④

作者通过诗话嘲讽了假名士满口新名词的滑稽行为,并在滑稽之笔中流露出严肃的社会思考,有着重要的时代意义。滑稽诗话背后的这种严肃人文思考,正是传统诗学"刺政"传统在近代社会文明的延续,它带来的不仅仅戏谑和玩世的放诞不羁,其中更重要的是却是作者的深沉反思。由于滑稽诗话的特殊作用,也使得一些诗人开始为滑稽诗学以重新正名,这以蒋著超《蔽庐非诗话》具代表性。他认为:

---

① 杨南村.抒怀斋诗话.民权素,1915(12).
② 张枕绿.枕绿山房诗话.沪江月,1918(2).
③ 公余随笔.晨钟.1917(11).
④ 姚民哀.也是诗话.先施乐园报,1918(9).

> 歪诗之谑者多矣，然虐者更多，曷谓之？"虐"以《正义》解之，即"无理取闹"之谓，非其所谑而虐之也。余谓"虐"字当做"刻"字解。特刻者，则言非逾份，有寓深于浅之旨；至于虐，则多逾份之言，其状态近乎刘四一派。余弟昂孙常谓余："忠安石、秦桧、严嵩、魏阉辈歪诗中独未之见，则知若辈之无理取闹，非有心于骂人，明矣。"余友李懿谓余曰："我辈文章已见妒于宰官，不复能得其效用。区区爱国心，亦惟以诙谐出之。"①

蒋箸超着眼于滑稽诗话的文学价值，并对其"寓深于浅之旨"给予了充分的肯定，正是传统诗学影响下的文学思维使然。实际上，滑稽诗话以嘲笑为主要特征："嘲"是其内核，嘲讽一切可以嘲讽的人和事；"笑"是其努力方向。因而，此类作品在给世人带来精神享受的同时，也希望能引起他们的警醒。不可否认，滑稽诗话在嘲弄和搞笑中也多少存在着一些孤芳自赏的味道，并在近代文化浪潮中隐现着旧式文人的名士风范。这种新旧之间的微妙结合，也使得滑稽诗话在亦庄亦谐中传递着近代报刊文学不中、不西的异质文明。

综上所述，就横向而言，无论是传统型诗话，还是革命派诗话、闺秀诗话、滑稽诗话等不同类型的特色诗话作品，都是继承传统诗学而发展起来的，自有其浓厚的传统诗学印记；就纵向而言，报刊诗话无论是思想阐发，还是艺术探索等各方面无不彰显出传统诗学的强大影响力。虽然不同时期的不同诗话作品都有自己特定的阅读和批评对象，其背后也有着各种不同的功利性因素为支撑；不同功利因素和审美倾向共同作用于诗话的创作，并与报刊自身的特点相结合，从而造就了报刊诗话的丰富多彩。但不可否认，传统诗学仍在相当长的时间内，相当深的层次中对报刊诗话起着相当重要的影响。当然，近代报刊诗话通过融古今、贯中外来为诗歌发展寻求新方向的意识，已具有了新的时代特质，这是它在本质上超出了传统诗文影响之处，也是它的新变方向。

---

① 蒋著超.蔽庐非诗话.民权素，1914(2).

隋代文学における劉善経の位置について

张宇超

张宇超,1986 年 3 月生,重庆人。2008 年本科毕业于上海大学文学院对外汉语专业,免试攻读本校中国古典文献学专业硕士;2015 年博士毕业于南京大学文学院中国古代文学专业,其间国家公派日本九州大学中国文学研究室联合培养一年。现为上海大学文学院中国古典文献学学科讲师。熟练掌握韩语、日语、英语。主要研究领域为清代诗学、域外汉籍。

はじめに

　隋王朝は、僅か三十余年の短命な王朝ながら、南北朝三百年の分裂状態に終止符を打ち、多くの政策を実行に移し、南北文化を一つにまとめあげた中国史上特筆すべき王朝である。かかる南北文化の統一に際して、隋代文学はどのように展開されたのか。従来、北方文学と南方文学とが隋代において融合したことは、夙に指摘される所であるが、概説的な指摘に留まり、その詳細が論じられることは少なかった。隋王朝が短命であったこと、併せて関連資料が殆ど残存しなかったことが原因として挙げられる。しかし、近世以降、日本残存資料が相次いで発見され、新たな研究方向が切り開かれた。中でも、空海による『文鏡秘府論』は最も重視すべき資料の一つであり、該書に対する研究も非常に充実している。[①]

　ところで、『文鏡秘府論』の中に、隋代の劉善経という人物の著作が収められるが、その文章中では南朝斉梁時期から唐代にかけての声律を中心とした

[①] 小西甚一. 文鏡秘府論考・研究篇:上. 大八洲出版株式会社,1948;下. 大日本雄辯會講談社,1951. 盧盛江. 文鏡秘府論研究. 北京:人民文学出版社,2013. を参照。

文学理論が展開されている。本稿では、まず『文鏡秘府論』に採られる劉善経の著作の内容から、彼が主張する声律理論がどのような特徴を持つかを明らかにする。併せて、彼の提唱する文学理論と隋代の文学創作の実情とが、果たしてどのように関係しているかについても私見を述べることにしたい。

一　劉善経の『四声指帰』と『四声論』

本稿で注目する劉善経とは、どのような人物であるのか。『隋書』に簡略ではあるが立伝されており、彼の事跡を確認できる。

　　　河間劉善経、博物洽聞、尤善詞筆。歴仕著作佐郎、太子舎人。著『酬徳傳』三十卷、『諸劉譜』三十卷、『四声指歸』一卷、行於世。
　　　河間の劉善経、博物洽聞にして、尤も詞筆を善くす。著作佐郎、太子舎人を歴仕す。『酬徳伝』三十巻、『諸劉譜』三十巻、『四声指帰』一巻を著はし、世に行はる。
　　　　　　　　　　　　　　（『隋書』巻七十六文学・劉善経伝）①

本伝に拠れば、劉善経は幅広い知識を持ち、詩文創作に優れた人物であった。著作佐郎や太子舎人を歴任し、多くの著作を残したことがわかる。文学伝に立伝されることからも、彼に文学的素養が備わっていたことが窺われる。『北史』巻八十三文苑伝にもほぼ同様の内容で立伝されている。劉善経の生卒年は明らかでないが、北斉から隋代にかけて活動した人物と推測される。本伝に挙げられる彼の著作のうち、特に『四声指帰』は、『隋書』経籍志経部小学類に「四声指帰一巻、劉善経撰」として著録されており、彼を代表する著作であると言えよう。しかし、これ以降『旧唐書』『新唐書』をはじめとして、中国の文献目録中に『四声指帰』を確認することはできない。一方で、日本の文献目録である『日本国見在書目録』には、小学家に『隋書』と同様の記録が残されている。②　したがって、劉善経の著作として一定期間、『四声指帰』と題される文献が存在したことは間違いない。

---

　　①　本稿で使用する『隋書』テキストは中華書局校点本(1973年)とする，1748頁。
　　②　「四声指帰一巻、劉善経撰」と記録される。宮内庁書陵部所蔵室生寺本(古典保存会，1925年)に因る。

ところで、『文鏡秘府論』天巻には、「四声論」と名付けられた文章が約二千四百字を引用される。「経案」或いは「経謂」とあることから、内藤湖南氏はこの文章が『隋書』経籍志に収められる劉善経『四声指帰』からの引用であると推定する。① 内藤氏が「四声論」を『四声指帰』からの引用と判断するのは、該文が四声に関する論述であること、及び先に見た目録類中の声律理論に関する劉善経の著作が『四声指帰』のみであることに拠る。現在のところ、内藤氏の説は定説とされているが、『隋書』及び『日本国見在書目録』の編纂過程に着目することで、少しく異なる見解が掲示できるように思われる。

まず、『隋書』経籍志の収録対象とした文献に関する説明を確認する。

> 大唐武德五年、克平偽鄭、盡收其圖書及古跡焉、命司農少卿宋遵貴載之以船、泝河西上、將致京師。行經底柱、多被漂沒、其所存者、十不一二。
> 大唐の武德五年、偽鄭を克平し、盡く其の図書及び古跡を収め、司農少卿の宋遵貴に命じて之を載するに船を以てし、河を泝り西に上り、將に京師に致る。行きて底柱を経、多く漂沒するを被り、其の存する所の者、十に一二ならず。

唐高祖の武德五年（六二二）、洛陽を占拠した王世充の偽鄭が陥落し、膨大な古典籍が長安へ運ばれる途中、海難事故によりそのほとんどが沈没したとある。また、『日本国見在書目録』の編纂過程については、山田孝雄氏が、

> これより先貞観十七年に冷然院に火ありて累代の図書多く灰燼となりしことあり。本書はまさにその燼餘の図書を輯録せしものなるべきなり。しかもこれより後時々災厄ありて本書に登載するもの本邦及び支那を通じてその十が一を存するに止まれり。

と解説する。② それによると、貞観十七年（八七五）、冷然院での火災に伴い、歴代収蔵された書物の多くが灰燼に帰すことになり、残った文献を整理するために編纂されたとある。『隋書』と『日本国見在書目録』の何れもが、災厄

---

① 内藤湖南．弘法大師の文芸//日本文化史研究．弘文堂，1912．
② 前掲室生寺本に付された解説を参照。

により書物量が約十分の一となったことを示す。かかる状況からは、本来劉善経には他の著作が存在したが、日中両国における災厄により逸してしまい、両書に載録されなかった可能性が指摘できよう。かかる可能性を看過し、『文鏡秘府論』に引用される彼の四声に関する論述を、全て『四声指帰』のものとするのは、やはり早計に過ぎるのではなかろうか。『文鏡秘府論』において従来劉善経の著作と考えられる文章が、どのように引用されるかを確認したい。まず、天巻「四声論」の冒頭は以下のとおりである。

　　論曰、経案、陸士衡「文賦」云、其為物也多姿、其為體也屢遷。

　　論に曰く、(劉善)経案ずるに、陸士衡の「文の賦」に云へらく、其の物為るや姿多く、其の体為るや屢しば遷る。

「論曰」と「経案」の間には内容の省略が疑われ、「経案」以降は「論曰」に対する劉善経の案語ないしは注釈であると推定される。一方、西巻「文二十八種病」の第一「平頭」には、

　　　或曰、沈氏云、「第一第二字不宜與第六第七同聲。若能參差用之、則可矣。」

　　　或るひと曰く、沈氏(約)云へらく、「第一第二字は宜しく第六第七と声を同じくすべからず。若し能く參差して之を用ふれば、則ち可ならん」と。

とある。通行本の冒頭は「或るひと曰く」と記すが、「草本」系統に位置づけられる三宝院本と天海蔵本では、何れも「或曰」の左側に「指帰草」と注が施され、更に「指帰」二字が朱筆で「或」に改められている。① 『文鏡秘府論』を総覧すれば、以上のような劉善経の著作として、「論曰」もしくは「或(指帰)曰」の二種類の引用方法が並存している。従来述べられるように、「四声論」が『四声指帰』からの引用と判断することに対して疑問が生じるのである。従来は、劉善経の著作について、潘重規氏も内藤氏と同様『文鏡秘府論』中に引用される劉善経の著作は総じて『四声指帰』であると判断し、近年では、盧盛江氏も同様

---

　①　三宝院本と天海蔵本は現在公開されていない。六地蔵寺本(月本雅幸解題.六地蔵寺善本叢刊：第七巻.汲古書院,1984)の写真は第260頁に載る。

に内藤氏らの説に賛成している。① しかしながら、『四声指帰』が「指帰曰」と『文鏡秘府論』中で表記されることから判断すると、「論曰」と書かれる「四声論」も文章名ではなく、『四声論』という著作の名称であると考える方が自然なように思われる。つまり、『文鏡秘府論』においては、劉善経の著作として『四声論』と『四声指帰』の二種類が引用されており、「論曰」部分は『四声論』に該当すると推測されるのである。

　このように、空海は劉善経の著作である『四声論』と『四声指帰』を個別に認識した上で、『文鏡秘府論』中に引用しており、『四声論』は空海が活動した時期には少なくとも存在した。『隋書』の記録に基づけば、武徳五年には既に船の沈没に伴い散逸したと推測されるため、かなり早い段階で既に日本に伝わったのであろう。『文鏡秘府論』の成立時期は嵯峨天皇の弘仁年間(八一〇—八二三)であるが、②『日本国見在書目録』は宇多天皇の寛平年間(八八九—八九七)に編纂されており、『文鏡秘府論』の成立の方が半世紀程早い。したがって、劉善経の『四声論』は、『隋書』に記される武徳五年以前に日本へと伝来し、空海によって『文鏡秘府論』に収録された。その後、『日本国見在書目録』に記されるように、貞観十七年冷然院の火災によって消失した結果、『四声論』は中国、日本の何れからも姿を消したのではなかろうか。本稿において、日中両国に現存しない新文献を見つけ出すことができたと筆者は考える。

二　劉善経における四声説の立場と意義

　それでは、何故に劉善経は、声律に関する著作を残す程に、四声説を主張したのであろうか。そもそも、彼の著作である『四声指帰』とは四声の意図するところを正しく説くという意味であり、彼が執筆する以前にも既に同題の文献が存在した。すなわち、南朝梁の高名な法師の一人である僧旻によるものである。以下に、『続高僧伝』に見える僧旻及び『四声指帰』に関する部分を抜粋する。③

---

① 潘重規「隋劉善経四声指帰定本箋」は『新亜書院学術年報』第四期に掲載される。盧盛江はこれまでの諸観点『文鏡秘府論彙校彙考』(中華書局，2006：19)にまとめている。
② 前掲盧氏『文鏡秘府論彙校彙考』6—10頁。
③ 続高僧伝：巻5//大正新修大蔵経：第50冊．大正一切経刊行会，1927：461—463．

釋僧旻、姓孫氏、家于吳郡之富春、有吳開國大皇帝其先也。（中略）又敕於慧輪殿講『勝鬘經』、帝自臨聽。仍選才學道俗釋僧智、僧晃、臨川王記室東莞劉勰等三十人、同集上定林寺、抄一切經論、以類相從、凡八十卷。（中略）所著『論疏雜集』、『四聲指歸』、『詩譜決疑』等百有餘卷流世。

釈僧旻、姓は孫氏、呉郡の富春に家し、呉の開国の大皇帝が其の先に有り。（中略）又た慧輪殿に於て『勝鬘経』を講ぜんことをを勅し、帝自ら聴するに臨む。仍ち才学の道俗釈僧智、僧旻、臨川王記室東莞の劉勰等三十人を選びて、同に上定林寺に集ひ、一切経論を抄し、類を以て相ひ従はしむること、凡そ八十巻なり。（中略）著す所の『論疏雑集』『四声指帰』『詩譜決疑』等百有余巻、世に流る。

僧旻は、劉勰らとともに上定林寺において、仏教の経文編集活動に従事したとある。さらに、『四声指帰』や『詩譜決疑』など声律或いは文学に関する理論書を著したことが読み取れ、声律に関する広範な知識を有していたと思われる。劉勰『文心彫龍』にも声律篇が残されることから、声律を媒介として一定の影響関係が読み取れよう。劉勰は、これ以前の声律論とは異なり、体系的に声律を捉え、詩文を創作する際の重要な要素の一つであると考えていた。① 声律に対する強い意識は、僧旻、劉勰の両者に共通するものである。かかる背景に基づき、劉善経は僧旻『四声指帰』に書名を借り、自身の声律論を展開したのであろう。

続いて、『四声論』の成立時期について考えたい。『四声論』中に引用される文献のうち、最も新しいのは李季節『音譜決疑』である。しかし、隋文帝仁寿元年（六〇一）に成立し、強い影響力を持ったであろう陸法言『切韻』が引用されないことから判断するに、仁寿元年には『四声論』が既に成立していたと推測される。②

ところで、劉善経とほぼ同時代の顔之推（五三一——五九一以降）『顔氏家訓』音辞篇には、南北の声音の差について、以下のように述べる。

南方水土和柔、其音清舉而切詣、失在浮淺、其辭多鄙俗。北方山川深

---

① 古川末喜：初唐の文学思想と韻律論：知泉書館，2003；238—247.
② 王利器．文鏡秘府論校注．北京：中国社会科学出版社，1983；75.

厚、其音沈濁而鈍鈍、得其質直、其辭多古語。然冠冕君子、南方為優、閭裏小人、北方為愈。易服而與之談、南方士庶、數言可辯、隔垣而聽其語、北方朝野、終日難分。而南染吳越、北雜夷虜、皆有深弊、不可具論。

　　南方は水土和柔なれば、其の音は清挙にして切詣なり、失は浮浅に在り、其の辞は鄙俗なること多し。北方は山川　深厚なれば、其の音は沈濁にして鈍鈍なり、その質直なるを得、其の辞は古語多し。然るに冠冕の君子は、南方もて優れりと為し、閭裏の小人は、北方もて愈れりと為す。服を易えて之と談ずれば、南方の士庶、数言にして弁ずべし。垣を隔てて其の語を聴けば、北方の朝野、終日分かち難し。而して南は呉越に染まり、北は夷虜を雑ふ、皆な深弊有れば、具に論ずべからず。

　　『顔氏家訓』の成立時間は六世紀の末期、隋煬帝の即位（六〇四）前のことである。① 南朝梁から北斉を経て隋朝に仕えた顔之推は、当然南北の発音の差違を実感したであろう。南朝士族は洛陽音を使用する一方で、庶族が地元建康音であったことは、陳代の著名文人である陰鏗が庶族であったために、彼の作品に見られる韻律が建康音に準じたことから明らかである。② 北朝が洛陽音を使用したのは当然であるが、時代の推移に伴い、南朝士族と北朝の洛陽音にも徐々に変化が見られるようになる。そのため、標準音を決定することで、新たな言語規律を確立することは、南北統一を果たした隋朝にとって急務であったと推測される。標準音が確立されることにより、声病を犯すことのない詩歌創作が可能となる。隋文帝仁壽元年（六〇一）に成立し、韻書として後世に強く影響を及ぼす『切韻』の序文には以下のように記されている。

　　昔開皇初、有儀同劉臻等八人同詣法言門宿。夜永酒闌、論及音韻。以今聲調、既自有別。諸家取捨、亦復不同。吳楚則時傷輕淺、燕趙則多傷重濁、秦隴則去聲為入、梁益則平聲似去。（中略）江東取韻、與河北復殊。因論南北是非、古今通塞、欲更捃選精切、除削疏緩、蕭顏多所決定。

　　昔開皇の初め、儀同劉臻等八人同に法言の門宿を詣ぬること有り。夜永く酒闌なれば、論ずるに音韻に及ぶ。今の声調を以て、既に自ら別有

---

① 　王利器.顔氏家訓集解：増訂版.北京：中華書局,1993：2.
② 　趙以武.陰鏗与近体詩・哈爾濱：黒龍江教育出版社,1998：121—126.

り。諸家取捨するも、亦た復た同じからず。呉楚は則ち時に軽浅なるを傷み、燕趙は則ち多く重濁なるを傷み、秦隴は則ち去声を入と為し、梁益は則ち平声を去の似くす。(中略)江東韻を取るに、河北と復た殊なれり。南北の是非を論ずるに因りて、古今通塞し、更に精切なるを捃ひ選び、疏緩なるを除き削らんと欲し、蕭(該)顏(之推)の決定するところ多し。

(陸法言「切韻序」)

　序文の記述に拠れば、呉楚、燕趙、秦隴、梁益、すなわち中国の東南、北方、西北、西南の各地方の言語体系の差違を確認し、新たに標準音を設定するために『切韻』を編纂したことがわかる。この時、先に挙げた顏之推も、その編纂活動に参加している。① 四声や韻律は、主に言語学分野に属するが、文学創作にも深く関係する。特に、漢詩文を創作する際には重要であり、東アジア漢字文化圏において、声律や韻律の規定は重大事であったと言えよう。
　劉善経『四声論』は、南方と北方のそれぞれの四声論を紹介するが、四声の重要性を意識しすぎるあまり、鍾嶸など支持しない者の論説を強く批判している。② 劉善経の四声論は見るべき多くの資料を含むものの、論理展開に強引な面も見られるため、小西甚一氏が非難している。③ 何れにせよ、隋代は顏之推や陸法言を中心として、声律や韻律を強く意識した新たな文学理論や言語体系を構築しようとした時代であった。かかる潮流の中で、劉善経も自身の声律理論に関する著作を遺したのではなかろうか。

三　隋代文学における劉善経の役割

　中国文学史上、斬新な論を展開するも、権力者或いは有識者からの支持が得られないがために、支持が得られなかった例はまま確認できる。しかし、劉善経にとっては幸いにも「力」と「識」を兼ね備えた隋煬帝楊広のおかげで、自身の新理論を広めることができたように感じられる。隋煬帝楊広は、開皇二十年(六〇〇)に太子になり、仁寿四年(六〇四)に即位した。先述の『隋書』に

---

　① 曹道衡は、その編纂過程に、顏之推の役割が多いと考えられる。曹氏道衡.中古文学史論文續集.台北：文津出版社，1994：368.
　② 吉田幸一「文鏡秘府論巻第一『四声論』について」(『書誌学』第17巻第2—3号，1941年)に、この内容の要点がまとめられる。
　③ 前掲小西甚一『文鏡秘府論考・研究篇上』447頁。

見える劉善経に関する記録からは太子舎人に就いたことがわかるが、これは恐らく煬帝の頃のことであろう。とするならば、その仕官は六〇〇年頃に設定できよう。事実、劉善経の思想と隋煬帝の文学意識とは後述のように見事に符合している。

　劉善経の四声説は、隋代文学においてどのような役割を果たしたのか。北方出身の劉善経は北朝の声律理論を賞賛するが、実際には、南方出身の徐陵、庾信ら著名な文人もまた北朝に出仕しており、既に南北詩風の融合は始まっている。その後、南北統一を果たした隋代では、声律は既に南北共通であったと推測される。①『隋書』文苑伝序にこのような評価する。

> 高祖初統萬機、毎念斷彫為樸、發號施令、咸去浮華。然時俗詞藻、猶多淫麗、故憲臺執法、屢飛霜簡。（中略）雖意在驕淫、而詞無放蕩、故當時綴文之士、遂得依而取正焉。

> 高祖初め万機を統べ、斷彫して樸と為さんことを念ふ毎に、号を発し令を施し、咸浮華を去らしむ。然るに時俗の詞藻、猶ほ淫麗なること多ければ、故に憲台　法を執りて、屢しば霜簡を飛ばす。（中略）（煬帝）意は驕淫に在ると雖も、詞に放蕩なること無くんば、故に当時の綴文の士、遂に依りて正しきを取るを得。

　文帝は六朝以来の淫麗なる文風を批判し、この文風を改めるように命じたが、さほど変化しなかった。そのため、煬帝は当時の文学活動に対して質実な文風を目指すことを唱え、終に文風が改まるに至った。つまり、文帝と煬帝とは、その文学意識が正反対であったのである。

　隋煬帝は文学に対して積極的態度をとっており、煬帝自身も詩歌創作に秀でていた。また、当時の文壇の領袖として、文学活動を活発なものへと導きもした。例えば、『隋書』巻五十八柳䛒伝には、

> 王好文雅、招引才學之士諸葛穎、虞世南、王冑、朱瑒等百餘人以充學士、而䛒爲之冠。

---

① 盧盛江,葉秀清.論北朝詩歌声律的発展.吉林大学社会科学学報,2011,51(6)：58—64.魏学宝,『四声指帰』所引声律論詳析.中国文化研究,2012,冬之卷：81-89.などに参照。

王は文雅を好み、才学の士諸葛頴、虞世南、王冑、朱瑒等百余人を招引し、以て学士に充て、瑒を之が冠と為す。

とあり、当時の著名な文人を数多く自身の文壇に取り込んでいるが、これによって、煬帝自身の詩歌創作能力も飛躍的に向上したことも容易に想像できる。ここで煬帝に挙げられた文人の中でも、王冑は『隋書』文学伝中に立伝されており、当時を代表する文人の一人である。彼は大業年間（六〇五―六一七）に、著作佐郎に任じられ、優れた文辞によって煬帝から賞賛されたが、①著作佐郎は先述の劉善経についても就いた官職であり、隋代における文学創作と著作佐郎との関係も注意すべきであろう。

　続いて、隋煬帝の詩歌創作と劉善経の四声論との関係について考えたい。四声論の展開は南朝梁の沈約に始まり、徐々に深化するに伴い、実際の詩歌創作においても律化する傾向を示す。隋代における文人の律化の程度については、杜暁勤氏によれば、第一は薛道衡、その後王冑、盧思道が続き、隋煬帝は第四位に位置付けられてる。② つまり、隋煬帝は当時の声律理論を支持するばかりでなく、実際に自身の創作活動にも活用しているのである。ここからは、劉善経の四声論が煬帝に影響を与えた可能性も十分に指摘できよう。例えば、詩病の一つとして「上尾」が挙げられるが、『文鏡秘府論』では以下のように説明される。

　　上尾詩者、五言詩中、第五字不得與第十字同聲、名為上尾。
　　上尾の詩とは、五言詩の中、第五字の第十字と同声なるを得ざるなり、名づけて上尾と為す。

　　五言詩は古体詩と近体詩とを問わず、第五字と第十字が同じ声調の場合には、上尾という詩病に該当する。しかし、五言詩においては、しばしば第一句目も同じ韻を踏む、所謂「首句押韻」が存在し、その場合は必ず上尾を犯すことになる。そのため、「上尾」について、劉善経は新たな解釈を掲示する。

　　若第五與第十故為同韻者、不拘此限。
　　若し第五と第十と故らに同韻と為す者は、此の限りに拘わらず。

　　ここで劉善経は、もし第五字と第十字が同じ韻を踏む場合は、上尾となら

---

① 隋書・王冑伝. 1741.
② 杜暁勤. 斉梁詩歌向盛唐詩歌的嬗変. 北京：北京大学出版社, 2009：23.

ないという新解釈を加える。その具体的例として、隋煬帝「飲馬長城窟行」の冒頭が挙げられる。①

　　　蕭蕭秋風起　悠悠行萬里　粛粛として秋風起こり　悠悠として万里に行く
　　　萬里何所行　橫漠築長城　万里何の所へ行き　横漠に長城を築く

「起」と「里」は同じ上声であるが、止韻に属すので、劉善経の解釈に基づけば、上尾の弊を犯していないことになる。ここから、隋煬帝が劉善経の声律理論を理解し、実際の創作に活かしたことが明らかに看て取れるのである。

　また、劉善経の積極的な文学活動は仏典にも及ぶものであった。

　　　釋彥琮、俗緣李氏、趙郡柏人人也。世號衣冠、門稱甲族。（中略）高祖受禪、改號開皇、即位講筵、四時相續。長安道俗、咸拜其塵。因即通會佛理、邪正沽濡、沐道者萬計。又與陸彥師、薛道衡、劉善經、孫萬壽等一代文宗、著內典『文會集』。

　　　釈彦琮、俗縁は李氏、趙郡柏人の人なり。世に衣冠と号し、門に甲族と称す。（中略）高祖は受禅し、号を改めて開皇とし、即位講筵し、四時に相続ぐ。長安の道俗、咸其の塵を拝す。因て即ち仏理を通会し、沽濡を邪正し、沐道する者は万計たり。又た陸彦師、薛道衡、劉善経、孫万寿等一代の文宗と与に、内典『文会集』を著す。

（『続高僧伝』巻二）②

　ここで述べられる彦琮は隋代の高名な僧であり、『文会集』を編纂したことがわかる。ここで先にも挙げた薛道衡とともに、劉善経も編纂活動に従事しているのである。ここからは、劉善経の仏教に対する高い興味関心を窺い知ることができる。併せて、薛道衡らとともに「一代の文宗」と位置付けられることから、当時において文人として極めて高い評価を獲得していたであろうことも読み取れる。以上を要するに、劉善経は、隋代における極めて卓越した四声理論を唱えるとともに、かかる理論に裏打ちされた詩歌創作が可能な当時を代表する文人の一人であった。また、その理論は隋煬帝の詩歌創作に

---

　　① 逯欽立.先秦漢魏晋南北朝詩.北京：中華書局，1983：2661.
　　② 大正新修大蔵経：第50冊.436.

も活用される程に、非常に影響力を持ったものであった。

おわりに

　長きにわたる南北朝の分裂時期を終え、統一を迎えた隋代において、劉善経は改めて四声論を中心とした声律理論を提唱し、太子舎人として隋煬帝のもとで活躍した。結果として、彼の声律理論は隋代の詩歌創作に多大な影響を与え、隋代詩歌は韻律を重視する律化の道を進むことになった。つまり、南朝梁の沈約に始まり初唐に定着するに至る詩歌の律化において、隋代の劉善経が果たした役割は多大であったと言える。併せて、本稿で明らかとなった『四声論』のように『文鏡秘府論』中に引用される種々の資料についても再度検討する余地が残されているように思われる。本稿で行ったように、これら新たな資料の発見を通じて、従来はややもすれば軽視されがちであった隋代の声律理論と当時の文学創作との関わりを見つめなおすことで、隋代文学の新たな側面を探し出すことができるように思われる。

敏行集
上海大学文学院四十周年纪念文集

民间文学
与俗文学

民族记忆构建的民间文学方式

黄景春

黄景春,1965年生,河南确山人。1983年7月参加工作。华东师范大学硕士(1997)、博士(2004),上海大学博士后(2007)。现为上海大学文学院中文系教授、系主任兼党支部书记、文学院党委委员、博士生导师。主要研究领域为中国古代小说、民间文学、民间信仰、道教文化、非物质文化遗产。出版有《中国古代小说与民间信仰》(合著,上海文艺出版社,2013年)、《中国古代小说仙道人物研究》(广西师范大学出版社,2006年)、《民间传说》(广西师范大学出版社,2006年)、《中国新年礼俗》(上海辞书出版社,2001年)等;发表学术论文近20篇。主持国家项目3项、省部级项目3项。《中国古代小说与民间信仰》曾获第12届中国民间文艺"山花奖"之"学术著作奖"(2015年)。为中国民俗学会常务理事(兼副秘书长)、中国俗文学研究会理事、上海市宗教学会理事(兼副秘书长)、上海民间文艺家协会理事、上海筷箸文化促进会非遗部主任。

一、当代民间文学的多样性

让我们先从民间文学的概念讨论起。钟敬文给民间文学下过一个定义:"民间文学是劳动人民的口头创作,它在广大人民群众当中流传,主要反映人民大众的思想感情,表现他们的审美观念和艺术情趣,具有自己的艺术特色。"[1]此定义是"文革"结束后不久出现的,采用的是外在视角,带有明显的阶级论色彩,但被其他教材引用很多。实际上,这个定义的广泛影响,除了托庇于钟先生个人的学术魅力,还因为它符合当代中国社会对民间文学的基本认知,得到了主流话语体

---

[1] 钟敬文.民间文学概论.上海:上海文艺出版社,1980:1.

系的强力支撑。中国民间文学从诞生以来，从来没有离开过国家体制，总是跟国家意识形态结合在一起。户晓辉指出："中国现代民间文学或民俗学研究自一开始就不是作为一个学科，而主要是作为一种意识形态才发生和发展起来的。在'重估一切价值'的口号下，现代民间文学或民俗学研究者们大多有一个自觉或不自觉的'预设'，即无论他们研究的是歌谣、故事、童话、谚语、谜语或方言土语，在他们眼里，这些东西就不仅仅是他们本身，还是曾经受到压制和扭曲而急待被发现和解放的文化资源，它们不仅是反对封建上层文化的利器，更是建设新文化唯一可靠的基础或资源。"①这种意识形态化利用在1949年以后表现更加明显，民间文学因为被贴上了"劳动人民创作"的标签而具备了列宁所谓"人民性"，在历次政治运动和文化革命中都受到重视和利用。20世纪50年代后期在新民歌运动基础上结集而成的《红旗歌谣》《新民歌三百首》《红色歌谣》，是国家在政治运动中利用民间文学的范例。近年中国非物质文化遗产保护运动勃兴，各地搜集整理神话、传说、歌谣、史诗和谚语申报非遗项目，也有地方化的政治诉求。民间文学从来都无法脱离其社会语境而独善其身，它甚至没有书面文本而仅是一种口头表演，因而它也不是纯粹的文学，而是一种生活文化。所以，给民间文学下定义，从来都是吃力不讨好的事情。钟敬文30多年前在教科书中给民间文学所下的定义，无论曾经的影响多么巨大，在今天的学者（乃至大学生）看来都显得太落伍了。近年高丙中、吕微、万建中、户晓辉等人对民间文学的讨论，更多集中于民间文学的主体性、自在自为性、内在目的性、生活实践性等特征，讨论的话题已经从工具理性转变到价值理性，从社会功能层面上升到哲学认知层面，从中可窥视当代民间文学研究者的知识谱系已经发生了巨大转变，思考维度和学术雄心已不再是论证民歌或神话的社会功能，而是人类知识、文化记忆的形成过程及其价值判断的内在机理。

民间文学的"民"到底是什么人，这是民间文学研究中被反复讨论的问题。其实这个"民"具有多样性、可变性。就中国传统而言，"民"对应"官"，"民间"对应"官方"，"民众"对应"官吏"。士农工商即所谓"四民"，是站在官方立场上对民众的区分。在英语中，民间文学的"民"写作 folk，意为 the common people of a country（一个国家里的普通人）。民间文学对应的英语单词 folklore，也有民众知识、民俗的意思。在欧美学界，长期流行把"民"等同于文明国家的落伍者的看法，因而民间文学也被视作由这些乡民或陋民传承的文化"遗留物"（survival）。

---

① 户晓辉.现代性与民间文学.北京：社会科学文献出版社，2004：145—146.

这种观念在20世纪初的美国首先遭到质疑。经过反复讨论,民俗学家认识到,"民"不应局限于乡下人,也有城市人,甚至知识分子。阿兰·邓迪斯认为,对民间文学中的"民"要重新界定。他认为:"'民'这个词,可以指'任何民众中的某一个集团',这个集团中的人……不一定认识所有其他成员,但是他会懂得属于这个集团的共同核心传统,这些传统使该集团有一种集体一致的感觉。"①他把"民"解释为具有共同传统的任何职业群体中的人,已经超越了过去对"民"的限定。这种超越在中国也同样在尝试和探索。1922年12月北京大学创办的《歌谣周刊》,周作人起草的《发刊词》介绍了征集歌谣的两个目的,一个是学术的、一个是文艺的,"从这学术的资料之中,再由文艺批评的眼光加以选择,编成一部国民心声的选集"②。从这个表白可以看到,周作人把歌谣所表达的情感看作是"国民心声",言外之意,这些歌谣是"国民"(普罗民众)的创作。这种探索在1928年中山大学《民俗周刊》"发刊词"中也可看到。1949年以后,民间文学的"民",正如前文引述钟敬文给民间文学所下定义显示的那样,主要指"劳动人民",把上层阶级排除在"民"之外。这种限定在改革开放以后被突破。1983年5月中国民俗学会成立,钟敬文在成立大会上的发言中也谈到了"民"的问题。他说:"一个国家里大部分风俗,是民族的(全民共有的)。当然,民族里面又包含着一定的阶级内容……重要的是民俗,在一个民族里具有广泛的共同性。"③他还阐述了民间文学不仅出现在农村,也出现在城市;不仅产生于古代,也产生于现代。受钟老的启发,也受到欧美学界对"民"的讨论的影响,90年代以后,中国民间文学、民俗学研究者对"民"的界定已经出现了开放态度。高丙中指出:"现在比较全面的观点是把'民'定义为任何社会、任何群体的人,即各种家庭成员、乡村成员、社团成员、市镇成员、民族成员等。"④依此说法,则"民"就是全民,任何社会成员都包含其中。过去一向被排斥在"民"之外的帝王将相,可能比普通百姓懂得更多神话传说和格言俗语,利用也更多,那么,研究者有什么理由把他们排除在"民"之外呢?因而,民间文学具有全民性,是一国之民共同享用的口头文学。

然而,事实上,当代民间文学的新发展让民间文学越来越多以文字文本的样式呈现在众人面前,被指认为民间文学主要特征的"口头性"正在弱化。歌谣的

---

① 阿兰·邓迪斯. 世界民俗学. 陈建宪,彭海滨译. 上海:上海文艺出版社,1990:2—3. 该段第一句的"民",原译作"民众",笔者引用时,对照原文略改。
② 周作人. 发刊词. 歌谣周刊,1922-12-17(1).
③ 钟敬文. 新的驿程. 北京:中国民间文艺出版社,1987:383.
④ 高丙中. 中国民俗概论. 北京:北京大学出版社,2009:5.

创作,故事的编撰,越来越多是在书案上或电脑上,而不是在讲述或讲唱现场完成的。过去研究者通过田野调查获得口头文本,经过整理写定为书面文本。这个书面化过程,对于口头文本的凝练和固化,进而形成民间文学经典作品(如《孔雀东南飞》《木兰辞》等)起到很大作用。但是,当今是一个几乎人人识字的时代,所有的口头创作都可以轻易地被转换成书面文本;甚至,当人们心有所感时,首先不是咏唱或讲述,而是把心中所感写成文本,然后再通过书面、短信(或微信)、互联网进行传播,转化为口头表述反在其后。民间文学的呈现方式越来越文本化,这在当代已是不争的事实。一些庙会、节日庆典上吟唱的仪式歌谣同样主要是文人的书面创作,吟唱或朗诵只是对文字文本的发表形式。民间文学已经进入多媒体时代,书面性加强,口头性弱化了。与此同时,民间文学的集体性并没有弱化,每位有读写能力的人都是潜在的创作者,也是传播者和修订者。当今中国几乎所有人都具有阅读短信(或微信)、浏览网页的能力,他们因而也汇入到故事、歌谣的编创、传播过程。图文并茂、视频穿插的新故事、新歌谣在手机或互联网上传播特别方便。当代都市传说、社会谣言、网络小说也借助于互联网这一新媒体手段广为传播。这些都丰富了民间文学的内涵,是当代民间文学最新颖、最活跃的部分。

二、民间文学延续民族记忆的两种途径

民族记忆,是一个族群的集体记忆,也是文化记忆。这里首先需要讨论"民族"这个概念。现代意义上的"民族"(nation)一词,具有相当多的政治含义。本尼迪克特·安德森认为:"(民族)是一种想象的政治共同体——同时,它是被想象为本质上有限的(limited),同时也享有主权的共同体。"①安德森对"想象的共同体"做了如下三点解释:首先,民族有限性,即谓一个民族无论成员多么众多,都是有边界的;其次,任何民族的自由,都是以"主权国家"的获得为象征;第三,民族内部虽不平等,但总是被设想成为一种有着深刻的平等和爱的情形,进而人们甘愿为自己的民族去屠杀或从容赴死。② 安德森的"想象的共同体"基本上是在"民族国家"的意义上去定义民族,这就在"民族"的复杂含义中消除了种族、遗传等体质人类学的成分,偏重于从历史文化和政治组织的角度去理解民族。安德森关于民族是"想象的共同体"的观念,在中国当代文学和文化研究界已经成

---

① 本尼迪克特·安德森. 想象的共同体. 吴叡人,译. 上海: 上海人民出版社,2003: 5.
② 本尼迪克特·安德森. 想象的共同体. 吴叡人,译. 上海: 上海人民出版社,2003: 6—7.

为引人注目的话语,"为人们逾越既有的民族主义理论的政治经济学范畴,从文学/文化文本的话语层面探讨民族国家建构,提供了诸多启示"。① 然而,在多民族杂居、融合的中国,民族与国家是两个分离的概念,"民族"既指汉族、藏族、回族、蒙古族、维吾尔族、彝族、苗族、壮族等各具文化和历史的民族,也指各民族长期融合形成的中华民族。后者既是"想象的共同体",也是休戚与共的命运共同体。中国在现代化过程中一直面临着血统的种族、文化上的民族集团和政治上的民族国家等多重的"民族"焦虑,也造成了民族国家多重含义的一体性。中国既拥有多个传统各别的民族,同时它们又构成了统一的中华民族,有些学者将后者称为"大民族主义"。② 当代中国语境中的"民族国家"指的是由56个民族构成的中华民族所组成的国家。本文讨论的民间文学,主要是汉族民间文学,也会涉及其他民族民间文学;因而,所讨论的"民族记忆",也就是以汉民族为主体的中华民族的集体记忆和文化记忆。

"集体记忆"是法国社会心理学家莫里斯·哈布瓦赫(Maurice Halbwachs)首先提出的一个概念。哈布瓦赫首次将记忆赋予了社会学意义,强调个体只能在社会框架(social frame)中进行记忆。他认为,记忆产生于集体,只有参与到具体的社会互动与交往中,个体才有可能产生回忆。集体记忆的本质是立足当下需要而对"过去"的重构。哈布瓦赫认为:人们如何构建和叙述过去,在很大程度上取决于当下的理念、利益和期待,而记忆的建构受到权力的掌控。③ 集体记忆总是根据当下的需要,出于某种当下观念、利益和要求对过去进行重构。正是在这个意义上,集体记忆也被哈布瓦赫称作"社会记忆"。哈拉尔德·韦尔策则将社会记忆定义为"一个大我群体的全体成员的社会经验的总和"。④ 一个族群的社会记忆也被称作"民族记忆"。

民族记忆是一个族群的社会记忆,同时也是它的文化记忆。扬·阿斯曼(Jan Aassmann)在《文化记忆》一书中将人类记忆的外部维度分为四个部分:模仿性记忆、对物的记忆、交往记忆、文化记忆。他主要比较了短时性的交往记忆与恒久性的文化记忆⑤,而专注于对文化记忆的研究。在阿斯曼看来,无文字民

---

① 邹赞,欧阳可惺."想象的共同体"与当代西方民族主义叙述的困境//载欧阳可惺,等.民族叙述:文化认同、记忆与建构.广州:暨南大学出版社,2013:121.
② 魏朝勇在《民国时期文学的政治想象》一书中介绍了梁启超对这种"双向"民族主义的复杂思考,不过梁启超最终还是把民族主义的取向定位在中华民族这一"大民族主义"上。
③ 莫里斯·哈布瓦赫.论集体记忆毕然,等译.上海:上海人民出版社,2002:43—45.
④ 哈拉尔德·韦尔策《社会记忆》.季斌,等译.北京大学出版社,2007:16.
⑤ 扬·阿斯曼:《文化记忆》,金寿福、黄晓晨译,北京大学出版社,2015:10—12,41—51.

族的节日和仪式构成了文化记忆的"首要组织形式"。他说:"节日和仪式定期重复,保证了巩固认同的知识的传达和传承,并由此保证了文化意义上的认同的再生产。仪式性的重复在空间和时间上保证了群体的聚合性。"①节日期间的神话讲述、戏剧演出,仪式上的史诗表演、歌谣唱诵,都是民间文学展示其文化功能的时候。民间文学表演活动构成了节日和仪式的重要内容。在这样的活动过程中,文化知识、群体认同都得以表达,民族记忆也得以延续。

民族记忆是欧洲新记忆研究经常讨论的话题。扬·阿斯曼和阿莱达·阿斯曼(Aleida Aassmann)合著的《昨日重现——媒介与社会记忆》一文,比较了官方记忆的政治特点与民族记忆的文化特点,然后引用本-阿夫纳的话说:"民族记忆属于莫里斯·哈布瓦赫所研究的集体记忆,却比其他所有的记忆都更广泛,因为它跨越了社会、种族、地理三种界限。"②民族记忆依托于该民族的宗教圣典和文学经典,也包括民间文学经典作品(如《荷马史诗》《摩诃婆罗多》)。"民族认同及其稳定持久性是受制于文化记忆及其组织形式的。民族的消亡(除了印加帝国这种极特殊例子),不是有形物质的消失,而是在集体、文化层面上的遗忘"。③ 因而,维持一个民族的文化记忆,对于该民族的文化特质的保存,对于增进民族的身份认同和社会稳定,都具有无比重要的意义。

一个民族怎样维持文化记忆传承呢? 在扬·阿斯曼看来,从历时的角度看,文化记忆的保持有两种方式:仪式关联和文本关联。所谓"仪式关联",是指一个族群借助于对仪式的理解和传承实现的文化一致性。这些仪式可称作"记忆的仪式",其中附着了各种知识,在举行仪式的时候念诵宗教经文、讲唱神话、吟诵史诗,民族知识获得了重现的机会。在无文字社会或民间社会,重复举行的节日仪式是保持文化记忆的重要途径。

所谓"文本关联",是指一个族群借助于对经典文本的阐释、注解获得的文化一致性。狭义的"文本"④,是文字产生之后出现的文化载体。相比于仪式,文本不是传承形式,而是被传播的对象,"只有当人们传播文本的时候,意义才具有现

---

① 扬·阿斯曼.文化记忆.金寿福,等译.北京:北京大学出版社,2015:62.
② 扬·阿斯曼,阿莱达·阿斯曼.昨日重现——媒介与社会记忆//冯亚琳,阿斯特莉特·埃尔主编.文化记忆理论读本.北京:北京大学出版社 2012:29.
③ 扬·阿斯曼.文化记忆.金寿福,等译.北京:北京大学出版社,2015:168.
④ 法国结构理论家德里达把"文本"分为广义、狭义两种。广义的文本指包括一个仪式、一种表演、一段音乐、一个词语在内的符号形式,可以是文字的,也可以是非文字的;狭义文本则指用文字书写而成的有主题、有一定长度的符号形式,是文字构成的文学作品。(德里达.文学行动.赵兴国,等译.北京:中国社会科学出版社,1998:85—96.)按照德里达的这个划分,民间文学的口头表演属广义文本,而作家写作的作品才是狭义文本。

时性。文本一旦停止使用,它便不再是意义的载体,而是其坟墓,此时只有注释者才有可能借助注释学的艺术和注解的手段让意义复活"。① 一个民族历史上产生的具有重要信仰价值和思想意义的经典文本,通过背诵、传抄以及印刷的途径广为传播,成为形塑民族信仰、观念和行为的规范性文献,因而被视为宗教圣典或哲学、历史、文学的经典。此后每一代人都通过阐释、注解保持对这些圣典或经典的理解一致性保证民族文化的延续。

从文化史的角度看,文化记忆的维持方式从仪式关联过渡到文本关联是必然的。虽然两者传承文化的方式明显不同,前者依靠仪式的周而复始的重复举行,后者则依赖于对文本的反复解释,但是,在扬·阿斯曼看来,"在促成文化一致性的过程中,重复和解释两种方式具有大致相同的功能。"②

当代民间文学的主题内容、体裁样式、文本构成和传播媒介都复杂多样。我们可以借用德里达的"广义文本"来描述当代民间文学,即它不仅呈现为书面文本的形式,还以日常及节日仪式上的口头表演的方式存在。在传统村落里,口头表演一直都是神话、歌谣的主要存在形式。在日常生活中,神话、歌谣是零星表演的,而在周而复始的节日仪式上则是集中展示。但是,同时也应看到,古代文献记载的诸如女娲、黄帝、西王母等神话,早已成为民间文学的经典文本,在民间故事讲述中起到轴心作用。现代以来各种书刊也不断将搜集上来的故事、歌谣文本发表出来。特别是通过新民歌运动、"民间文学三套集成"及近年的非物质文化遗产保护运动,大量民间口头作品被搜集整理出来,或以模拟口头作品的方式被创作出来,先是借助于报刊、书籍传播,然后又在互联网上流传,有的还可能会被改编成影视剧。人们通过阅读(或观赏)获取其所承载的信仰、知识和观念。阅读的过程也是理解和阐释文本的过程。这种文化记忆的传递方式显然属于文本关联,而非仪式关联。

中国近代以前民间文学主要依靠仪式关联传承民族记忆,现当代民间文学越来越倚重于文本关联。

三、民间文学的语境与记忆之场

按照理查德·鲍曼(Richard Bauman)的口头表演理论,民间文学就是一种

---

① 扬·阿斯曼.文化记忆.金寿福,等译.北京:北京大学出版社,2015:89—90.
② 扬·阿斯曼.文化记忆.金寿福,等译.北京:北京大学出版社,2015:87.

口头艺术,"口头艺术是一种表演。理解这一观念的基础,是将表演作为一种言说的方式"。① 按照他的说法,表演在本质上是一种交流的方式,"表演建立或展现了一个阐释性框架,被交流的信息在此框架之中得到理解","框架是一个有限定的、阐释性的语境"。② 鲍曼所说的"框架"(frame)就是特定的"语境"(context),这个语境包括了与表演效果直接相关的特殊符码、比喻性语言、特殊辅助语言、特殊套语、文化传统等很多方面。不过,我们还可以对口头表演的语境作更宽泛的理解。狭义的语境仅指文本的上下文;广义的语境,包括与言语表达相关的各种主观因素和客观因素。"语境,包括非语言的和语言的两种。非语言的,主要指社会环境和自然环境;语言的,主要指上下文"。③ 构成语境的有社会环境、自然环境的各种要素。这些要素构成了口头表演的外在控制系统,对民间文学的表演现场、文本生成及其之后的存续状态起到决定作用。所以,在口头表演和文本生产过程中,语境不是静态呈现的景致,而是动态交互的制约环境。

民间文学对语境的依赖与民族记忆对"记忆之场"(memory field)的依附如出一辙。皮埃尔·诺拉(Pierre Nora)提出了"记忆之场"的理论。他在《记忆之场》中详细讨论了当代能唤起法兰西民族记忆的那些档案、国旗、图书馆、辞书、博物馆,"同样还有各种纪念仪式、节日、先贤祠和凯旋门,以及《拉鲁斯词典》和巴黎公社墙"④。按照诺拉的划分,记忆之场有三层含义,即实在的、象征的、功能的。⑤ 三层含义是同时存在的,特定的象征意义总是通过具体的物质形体展现出来,并承担相应的社会文化功能。

在文化的范畴内讨论记忆,记忆之场所涉及对象比诺拉讨论到的事物还要多,譬如各种自然景观也是记忆之场的重要元素。特定的山水(如泰山、黄河)也负载着一个民族宗教的和历史的想象,它已不再是自然山水,而是某种信仰的象征。诺拉说:"一个记忆场所存在的根本理由就是:让时间停止,阻止遗忘,让事物保持住一个固定的状态,让死亡永生,赋予无形的东西以有形的形式。"⑥当然,不断激起人们回顾这些东西的人物和故事,就是民间文学的角色和情节。

事实上,民间文学不仅承载民族的文化记忆,二者在本质属性的诸多方面都

---

① 理查德·鲍曼.作为表演的口头艺术.杨利慧,译.桂林:广西师范大学出版社,2008:2.
② 理查德·鲍曼.作为表演的口头艺术.杨利慧,译.桂林:广西师范大学出版社,2008:8—10.
③ 王希杰.汉语修辞学.北京:北京出版社,1983:43.
④ 皮埃尔·诺拉.记忆之场.黄艳红,等译.南京:南京大学出版社,2015:10.
⑤ 皮埃尔·诺拉.记忆之场,第20页.
⑥ 皮埃尔·诺拉.历史与记忆之间:记忆场//冯亚琳,阿斯特莉特·埃尔主编.文化记忆理论读本.北京:北京大学出版社,2012:107.

是相互连通的。文化记忆所具有的认同具体性、重构性等特征,民间文学也是同样具备的。文化记忆具有主观性和身体性,民间文学同样也具有这些特点。文化记忆以仪式和节日为首要组织形式,依赖于记忆之场;民间文学也黏附于自然山水、名胜古迹及历史事件,并以仪式和节日为重要呈现窗口。所以,民间文学的语境与记忆之场也是重合的,是二而一、一而二的东西。尤其是宗教圣地、庙宇、历史名城、名人陵墓、博物馆、伟人塑像等,这些被扬·阿斯曼称作"地形学文本"的东西,是蕴含文化记忆的场所,也是激发民间口头讲述持久、活跃发生的地方。

民间文学是一个民族的文化记忆的展现形式,二者在本质上是相通的。民间文学的语境,就是一个民族的文化记忆的记忆之场。民间文学的解释性、黏附性特征,具有创造记忆之场的能力。神话、传说、史诗持续发挥其解释-黏附效应,记忆之场不断被造出,不断地固化民族记忆的场域空间。

四、民间文学建构民族记忆

阿莱达·阿斯曼对"文化文本"和"文学文本"做了区分。文化文本就是基督徒的《圣经》、犹太人的《托拉》、穆斯林的《古兰经》之类的圣典,文学文本则是像《诗经》、莎士比亚戏剧之类的经典作品。文学经典被后世反复阅读、阐释和仿效,具有了文化文本的某些特性。她在《什么是文化文本?》一文中对比了文学文本和文化文本的不同,认为文学文本是个人阅读的、需要审美距离的、不断创新的、处在开放历史视野中的文本,而文化文本是以群体为受众、超越时间的、经典化的、处在封闭历史视野中的文本。当然,阿莱达所讨论的文学文本,仅指经典化的文字文本,对于非经典的、通俗的文学文本以及民间文学的广义文本,她都没有涉及。后来,阿斯特莉特·埃尔(Astrid Erll)把讨论的范围延伸到非经典文学,尤其是通俗文学。

为了探讨通俗文学的文化记忆功能系,阿斯特莉特提出"集体文本"这一概念。她说:"集体文本产生、观察并传播集体记忆的内容","其中文学作品不是作为一个有约束力的元素和文化记忆回忆的对象,而是作为集体的媒介建构和对现实和过去解释的表达工具。"[1]大量的集体文本作为记忆媒介发挥集体记忆的

---

[1] 阿斯特莉特·埃尔.文学作为集体记忆的媒介//冯亚琳,阿斯特莉特·埃尔主编.文化记忆理论读本.北京:北京大学出版社,2012:238—239.

功能。这些文学作品将来也许会转化为文学经典,但绝大多数逐渐被遗忘,消失在历史长河之中。但是,每个时代都会产生出大量的集体文本,它们以互动中循环的方式不断涌现,构建并维系社会的、民族的文化认同。集体文本所传达的历史感和价值观经过沉淀,进入到这个民族的文化记忆之中。通过社会性的阅读行为,集体文本引导并陪伴人们对民族历史上的和当代的人物、事件、制度、变革等进行思考和讨论,从而构建起了奠定于共同历史感和价值观的文化同一性和民族身份认同。

阿斯特莉特·埃尔对非经典文学作品的文化记忆功能的讨论,虽没有特别提及民间文学,但从她对通俗文学的界定可看出,其中也包含了民间文学,所以她的相关论述对于从新的角度考察民间文学的文化记忆功能具有重要的启发作用。民间文学也具有集体文本的记忆媒介的特性,只是它的编码未必都借助于文字符号,而是较多地借助于口头讲述和演唱。民间文学文本发挥记忆媒介作用的方式不仅有阅读,还有聆听和观赏。阅读之于文字文本,聆听和观赏之于讲述和演唱,具有相同的意义传达功能。口头文学以更快的速度产生,也以更快的速度被遗忘,但也不排除一部分口头文本经过记录转化为文字文本,乃至于在随后的世代里成为经典作品。在特定的语境下,民间文学作为集体文本发挥记忆媒介的功能,表达特定族群的历史感和价值观,构筑自己的民族身份认同。

中国民间文学自诞生以来一直具有意识形态特性,到当代,民间文学与政治革命、文化革命的结合更加密切。事实上,民间文学的政治特性源远流长,在中国封建时代,新王朝总是通过新神话证明自身的合法性,同时还用来证明旧王朝灭亡的必然性。中国历史上出现的"禹域九州""赤县神州""中华民族"等概念,也是记忆政治的表现形式,是不同时期构建民族共同体所形成的概念。

当代中国民间文学的意义建构主要体现在国家政治认同、民族身份认同两个方面。当代民间文学以编创革命故事、红色歌谣、新民歌等手法推进国家的政治认同。这些故事和歌谣能直接支持国家政权的合法性,符合稳定当今政治秩序的需要,国家一直都提倡讲这样的故事,唱这样的歌,并通过书籍、报刊乃至中小学教材传播这类作品。当代有很多地方民歌被改编成"红歌"或"新民歌",如从陕北民歌改编出来的《山丹丹花开红艳艳》《东方红》,从甘肃庆阳民歌改编而成的《绣金匾》,从藏族民歌改编而成的《北京的金山上》等,不管原来是情歌还是酒歌,都被改变成充满意识形态色彩的赞歌,并且跨越地域唱遍全国。国家掌控社会记忆,它需要这样的红歌,也需要此类红色故事,因为其中建构的记忆合乎主流意识形态的需要。

民族身份认同是民间文学建构记忆的另一主要功能。虽然作为国家象征的国旗、国歌、国庆节以及相关的纪念碑、博物馆、教科书都能强化国民的认同感和归属感，但是这些政治记忆远非民族记忆的全部。民族记忆可以追溯到历史的更深处，在神话、传说、史诗中，可以寻觅到民族记忆最稳固的核心。所以，扬·阿斯曼说："在希腊，荷马史诗传承的过程就是希腊民族形成的过程。"[1]汉民族没有史诗，但汉族的神话对民族身份认同起到重要作用。炎黄神话、伏羲女娲神话、尧舜禹神话、西王母神话等共同建构了汉民族文化记忆的源头。可以看到神话作为一种记忆资源仍在不断被开掘和利用。我们不能把中国古老的神话都称作古代神话，因为当代人仍然熟悉并在讲述这些"活态神话"。在非物质文化遗产保护运动中，这些"活态神话"陆续被列入非遗名录，它们的文化价值仍受到重视。

　　当代民间文学建构的记忆内容十分丰富，既包括主流政治记忆，也包含民族的文化记忆。二者并不矛盾，相当大一部分是一致的，相互支持并融合起来的。

---

[1] 扬·阿斯曼.文化记忆.金寿福,等译.北京：北京大学出版社,2015：303.

《草堂诗馀》三论

杨万里

> 杨万里,1972年生,湖南岳阳人。1994年毕业于湖南科技大学中文系,获文学学士学位;1997年毕业于上海师范大学中文系,获文学硕士学位;2000年毕业于复旦大学中文系,获文学博士学位。2000～2009年任上海古籍出版社编辑、副编审,2009～2011年在南开大学中文系做博士后研究,2016～2017年在美国加州大学伯克利分校做访问学者。现为上海大学文学院教授、博士生导师、俗文学专业负责人。主要研究领域为古代文学、词学研究和古籍整理。主讲课程有"中国古代文学史(唐宋段)""清真词精读""明清散文研究"等。出版有《宋词与宋代的城市生活》《唐宋词书录》等专著以及整理古籍著作6种;发表学术论文20余篇。曾承担国家研究课题2项、省部级课题1项。

　　《草堂诗馀》是南宋中期坊间编选的一本词集。宋末至元初,累有人如何士信(君实)等对其增修,书名《增修笺注妙选群英草堂诗馀》,后来依此翻雕翻印者即类编本《草堂诗馀》。明嘉靖二十九年(1550),上海顾从敬按小令、中调、长调的体例重编此书,书名改为《类编草堂诗馀》,这就是通常所说的分调本《草堂诗馀》。本文从清理《草堂诗馀》的历史文献和版本源流入手,并结合一个世纪以来公开发表的《草堂诗馀》的研究成果,试图从三个方面对《草堂诗馀》进行分析,就教于同行专家。

一、论宋本《草堂诗馀》

　　今无宋本《草堂诗馀》传世,故关于宋代《草堂诗馀》的基本情况,只能根据相关资料作些合理推测。

《草堂诗馀》一名最早见于王楙《野客丛书》卷十一："《草堂诗馀》载张仲宗《满江红》'蝶粉蜂黄都褪却',注：'蝶粉蜂黄,唐人宫妆。'仆观李商隐诗有曰：'何处拂胸资粉蝶,几时涂额籍蜂黄。'知《诗馀》所注不妄。"(《宝颜堂秘笈》正集第六)①《四库全书总目》卷一九九据此认为："考王楙《野客丛书》作于庆元年间,已引《草堂诗馀》张仲宗《满江红》词证'蝶粉蜂黄'语,则此书在庆元以前矣。"即《草堂诗馀》成书不晚于南宋庆元年间(1195—1200)。日本学者中田勇次郎进一步指出：王楙《野客丛书》有嘉泰二年(1202)自序,且该书记事下及宁宗初年,故《草堂诗馀》的成书,在嘉泰二年之后②。吴熊和先生也认为："《草堂诗馀》收词,最迟止于嘉泰初。"③按：考《草堂诗馀》已收史达祖词,并未注明"新添""新增"等字样,可知史达祖之词已入原编。史达祖约死于公元1208年,故我认为：《草堂诗馀》的成书不早于该年(这个判断成立的前提是：坊间所编《草堂诗馀》不收生者之词。剔除《草堂诗馀》中那些"新添""新增"的作者,从年代来排,史达祖是最后的词人。《草堂》原编者将史达祖作为唯一活着的词人收入的可能性极小)。此时上距南宋纪元之始已81年,下距南宋灭亡71年。舍之(施蛰存)先生说："余尝考高宗绍兴时尚无诗馀之名,故疑此书当出于孝宗乾道(1165—1173)、淳熙(1174—1188)之时。"将成书时间提得太早,似不可信④。

陈振孙《直斋书录解题》卷二十一"词曲类"载："《草堂诗馀》二卷……皆书坊编集者。"是知《草堂诗馀》最初只两卷⑤,由书坊编集而成；有注(据王楙记载),但较简略,且未必有词话,否则,陈振孙不至于将这样一个重要信息漏掉而不加以记载。其中收词多少？一般都认为：以元、明时期类编本为基础,除去其中标明"新添""新增"者,这大概就是书坊所编《草堂诗馀》二卷所收词的数目了。这个数目,一般认为在263到269之间⑥。

国家图书馆藏元至正辛卯(1351)双璧陈氏刻本《增修笺注妙选群英草堂诗

---

① 按,王楙所记殆误,《四库》馆臣亦偶失考。此处所引《满江红》乃周邦彦词,非张元幹(字仲宗)词(近见刘石先生《有高楼续稿》第334页也曾指出这一点),且今传类编本《草堂诗馀》均不收此词,而首见于顾从敬分调本,作者为周邦彦。不过,这不影响王楙记载《草堂诗馀》的真实性。
② 中田勇次郎.草堂诗馀版本研究.大谷大学年报,1951(4).下引中田氏观点皆出此文。
③ 吴熊和.吴熊和词学论集.杭州：杭州大学出版社,1999：120.
④ 舍之《历代词选集叙录·草堂诗馀》,《词学》第二辑(1983年10月)。元人王潜《金华黄先生文集》卷三提到曾见胡仔(1110—1170)所编《草堂诗馀》,内收东坡《百字令》。黄氏所见本,显为书坊伪托。
⑤ 现存《草堂诗馀》早期刻本,如元泰宇书堂本、元双璧陈氏本、明洪武遵正书堂本、明春山居士荆聚校刊本,虽然作前后集,每集分上下卷,但其版心仍是"卷上"(前集)、"卷下"(后集)。而明嘉靖十七年陈钟秀刊本则只分上、下卷。更近古貌。
⑥ 中田勇次郎认为是263首(《草堂诗馀版本研究》第189页),吴世昌认为是269首(《罗音室学术论著·第二卷·词学论丛》第137页),刘少雄认为是265首(《草堂诗馀的版本、性质和影响》抽印本第3页)。

馀前集二卷后集二卷》,题:"建安古梅何士信君实编选。"书中标明"增修笺注",并有"名贤词话"字样,分前后集,每集上下卷。这些特征(除"建安古梅何士信君实编选"一行字外)为其他类编本所共有。那么,从两卷"增修、笺注"成四卷,发生在何时?中田勇次郎认为坊间原编本(他名之为祖本)距笺修笺注本之间时间很近。今观《草堂诗馀》笺注、词话及所增添之词,其引书最晚已到黄昇《花庵词选》、魏庆之《诗人玉屑》、陈元靓《岁时广记》等书。这些书中,其成书有具体年月可考者如黄昇《花庵词选》,该书有淳祐九年(1249)年胡德芳序,故可认为,《草堂诗馀》的增修笺注似不可能早于该年。书中词牌下频频标明"新添""新增"字样,且前者远多于后者,故我们认为该书在南宋至少已有两次修订。前揭王楙《野客丛书》所提到的《满江红》词,不见于今传各种类编本,应是传刻过程中脱落所致,这说明《草堂诗馀》在宋末确曾有过频繁的修订过程,而何士信只不过是这些修订者中的最后一个①。《精选名贤词话草堂诗馀》(四印斋本)卷上《醉春风》"陌上清明近"词中注"回雁峰"云:"在今衡州府。"按,衡州府是宋人称呼,元至元十三年(1276)改衡州为安抚司,十四年改衡州路。对《草堂诗馀》的增修笺注应不晚于此时②。

有几则材料提到宋刻本《草堂诗馀》。《直斋书录解题》所载《草堂诗馀》被后人称为的祖本(中田勇次郎文),它与王楙所见本应是同一版本。晁瑮《晁氏宝文堂书目》卷上载:"《增广笺注名贤草堂诗馀》,宋刻。"晁氏是明代嘉靖时期大藏书家(据说还是宋代藏书家晁公武的后代),他不至于会将元版认作宋版,此处提到的宋刻本,应是可信的。明嘉靖二十九年何良俊序《类编草堂诗馀》,说顾从敬以家藏宋本《草堂诗馀》重编以行③。杨慎《词品》卷四"高宾王"条亦云:"旧本《草堂诗馀》选其《玉蝴蝶》一首,书坊翻刻欲省费,潜去之。予家藏有旧本,今录于此,以补遗略焉。"高观国的《玉蝴蝶》一词也不见于此前元、明各种类编本。据一般推测,杨慎自嘉靖三年(1524)被杖逐,直至去世(1559),一直贬居云南,以当时交通及书籍流通状况而论,他在晚年阅读到顾从敬本《草堂诗馀》(1550成书)的机会极微;即使能读到,也不可能将几年前出版的新书当"旧本",他所指的旧本

---

① 《草堂诗馀》所附词话主要参考黄昇、魏庆之等人的著作,加之这些作者均为建安一带人,故我们推测,何士信大概是与黄昇同时或年龄稍小的建安的乡村知识分子。
② 吴熊和先生认为,何士信增修《草堂诗馀》在1249至1264年之间。见《吴熊和词学论集》第123页。杭州大学出版社1999年版。中田勇次郎、刘少雄等以辛卯本后集胡浩然《万年欢》词注释中,已引用"宋陶谷词'若得鸳胶绫继弦,是何年'"一语,遂认为辛卯本已参元人注释。按:周密为南宋人,他也说过"宋谢太后北觐"之类话(见中华书局《词话丛编》229页)。是知仅凭一句话,还很难说辛卯本已参元人注释。
③ 学界并不相信顾氏真有宋本,但本文则持肯定态度,说详后。

极可能就是宋本①。

二、论《草堂诗馀》的版本

今传元、明以来的《草堂诗馀》各种版本，就其基本形态来说，可归纳为类编本和分调本两种。类编本《草堂诗馀》比较重要的版本有：

元至正癸未(1343)庐陵泰宇书堂新刊《增修笺注妙选群英草堂诗馀》前集二卷后集二卷

不著编者名，存前集二卷，词 177 首。后集二卷用明洪武刊本配齐。日本京都大学文学部狩野文库藏，国家图书馆、台北"国家图书馆"、台北"中央研究院"史语所有影钞本。

元至正辛卯(1351)双璧陈氏刻《增修笺注妙选群英草堂诗馀》前集二卷后集二卷

题："建安古梅何士信君实编选。"前集二卷 205 首，后集 170 首。国家图书馆、台北"国家图书馆"藏。

明洪武二十五年(1392)遵正书堂刻《增修笺注妙选群英草堂诗馀》前集二卷后集二卷

不著编者名，吴氏双照楼本据之影印。上海图书馆藏，北京大学藏本有钞配。

明成化十六年(1480)刘氏日新堂刻《增修笺注妙选群英草堂诗馀》前集

---

① 今传吴中闵映璧朱墨套印《词坛合璧》本《评点草堂诗馀》五卷，题"西蜀升庵杨慎评点，吴兴之中闵映璧校订"。前有"洞天真逸升庵杨慎撰"的草书体《草堂诗选》序。按小令、中调、长调编排。按，此序实书商移植杨慎《词品序》而来，且如文中所述，杨慎远在云南，其风烛残年评点顾本的可能性微乎其微。此书即书商依托名人以谋利的例子。白敦仁先生撰有《杨升庵评点草堂诗馀校后杂谈》一文，发表在《天府新论》1990 年第 3 期，笔者未拜读，不知曾提到这一点否？

二卷后集二卷

国家图书馆、台北"国家图书馆"藏。

明嘉靖十七年(1538)闽沙陈钟秀校刻《精选名贤词话草堂诗馀》二卷

上卷时令，共 182 阕；下卷分节序、怀古、人物、人事、杂咏五类，共 181 阕。编次与洪武本异，注亦不同。国家图书馆、台北"国家图书馆"藏。

明嘉靖二十八年(1549)刘时济刻《新刊古今名贤草堂诗馀》四卷

明李谨纂辑。分天时、地理、人物、人事、器用、花鸟六类。次第与他本亦复不同。南京图书馆藏。

明嘉靖三十三年(1554)杨金刊《草堂诗馀》前集二卷后集二卷

分类同洪武本。杨金序曰："旧集分上下卷，今仍之，刻于睦之郡斋。时嘉靖甲寅春日当涂杨金识。"南京图书馆、国家图书馆藏。

明嘉靖末安肃荆聚春山居士校刊《增修笺注妙选群英草堂诗馀》前集二卷后集二卷

同洪武本。《四部丛刊初编》本即据之影印。上海图书馆藏。

明万历三十年(1602)余氏沧泉堂刻《新刊增修笺注妙选群英草堂诗馀》上下卷

分类与前刘时济刊本差不多。收词 291 首(其中注明"新添""新增"者 81 首)，比洪武本少收 70 余首。日本神田喜一郎藏(此条据中田氏《草堂诗馀版本研究》)。

类编本中，有标"增修笺注妙选群英草堂诗馀"者，如癸未本、辛卯本、洪武本、刘氏日新堂本、荆聚本，它们基本上可以肯定是同一版本系统的；有标"精选名贤词话草堂诗馀"者,如陈钟秀校刻《精选名贤词话草堂诗馀》二卷。"增修笺注"本与"名贤词话"本之间的关系,特别是时间上可能存在的先后关系,引起了学者们的注意。早在王鹏运重刻陈种秀本时,他通过对比"增修笺注"本,就提出过这样的观点:"(词话本)足征《草堂》真本。"①王国维认为《新刊古今名贤草堂诗馀》"此疑宋旧题"②,换句话说,名贤词话本更接近《草堂诗馀》的原貌。赵万里也认为陈钟秀刊本《精选名贤词话草堂诗馀二卷》"虽经后人羼乱,未尽失真"③。由简到繁,符合版本流传的一般规律。但是,也有人提出不同看法,王重民认为:词话本"必删节何本(引者按:指何士信"增修笺注"本)注语而成者"④。即词话本是删节类编本而来的。书贾为射利而删节市面上流行之书,历史上并不鲜见。但是,我们注意到:《增修笺注妙选群英草堂诗馀》每集开卷都会另起一行标明"名贤词话",而《精选名贤词话草堂诗馀》则一般不标"增修笺注"。故我倾向于认同王国维的看法,即"名贤词话"本更接近于祖本面貌。"增修笺注"最初应是在"名贤词话"本上进行的。在流传过程中(前文已提到,《草堂诗馀》在宋末有较频繁的修版过程),"增修笺注"本与"名贤词话"本两者之间走向了互相参考,前揭晁氏《书目》中提到的《增广笺注名贤草堂诗馀》一名,似乎就综合了"增修笺注"和"名贤词话"两方面的信息。中田勇次郎即认为:今传类编本就是宋代分类注释本和名贤词话本二者相互影响的产物。

  明嘉靖二十九年(1550)上海顾从敬依小调、中调、长调重编《草堂诗馀》,收词440余首,题为《类编草堂诗馀》。此为分调本之始。据何良俊序称,顾从敬家藏有宋刻本《草堂诗馀》,比当时流行的本子多出70余调,顾从敬将宋本按小令、中调、长调标准重新编排一过。词学界大多数人并不相信有这个宋刻本存在,认为何良俊所言"明系依托",旨在抬高顾本身价,这是明人刻书时的惯用伎俩。不过,以下五则材料值得注意:明代高儒《百川书志》卷十八记载:"《草堂诗馀》四卷。《通考》云:书坊所编。各有注释引证,皆五代及宋人之作也。分五十九题,凡四百阕。"《百川书志》成书于公元1540年,早于顾从敬《类编草堂诗馀》。王楙《野客丛书》所载《满江红》"蝶粉蜂黄都褪却"词,不见于类编本,而首见于顾氏分调本。如前所论,杨慎《词品》卷四中提到的旧本《草堂诗馀》极可能是宋本。稍早于顾氏或与顾氏同时的晁瑮,也明确提到有宋刻《增广笺注名贤草堂诗馀》的

---

① 四印斋本《草堂诗馀》跋。
② 王国维. 庚辛之间读书记·读草堂诗馀记//王国维遗书. 上海:上海古籍书店,1983.
③ 赵万里. 元刻元印本增修笺注妙选草堂诗馀题记//校辑宋金元人词·引用书目. 1931年排印本.
④ 王重民. 精选名贤词话草堂诗馀二卷提要//中国善本书提要. 上海:上海古籍出版社,1983:682.

存在。据日本学者清水茂先生的统计,元至正本(前集)缺而洪武本有的词有33首,至正本(前集)有而洪武本缺的词有12首①。这还只是对两书一半篇幅进行比较的结果。按一般的推测,如果至正本后集能流传下来,则至正本收词数会超过400首。我们认为,在目前现有资料的情况下,要否定顾氏重编《草堂诗馀》所依为宋本的说法,还不具备充分的说服力。事实上,中田勇次郎就不怀疑这一点,他在为《草堂诗馀》所绘制的版本源流表中,认定顾本是吸收了宋本中多出的70余调后编成的。

分调本比较重要的版本有:

明嘉靖二十九年(1550)顾从敬刊《类编草堂诗馀》四卷

题:"武陵逸史编次,开云山农校正。"按小令、中调、长调编排,间采词话。收词440首左右,比洪武本多70余首。《四库全书》据顾刻本入录。毛晋《词苑英华》本用顾刻而删其笺注。国家图书馆、上海图书馆、南京图书馆、北京大学等藏。

明经业堂刊韩俞臣校正本
明古吴博雅堂刊本

题"武陵顾从敬编次,高阳韩俞臣校正"。日本京都大学等藏。
后两种本子基本上是重刻顾本。在顾氏分调本基础上,出现了一批续编本、评点本,共中比较重要的有:

明万历十六年(1588)勉斋詹圣学刊《重刻类编草堂诗馀评林六卷》

(明)唐顺之解注,田一隽精选,李廷机批评。南京图书馆、中山大学等藏。

明万历三十年(1602)乔山书舍刊《新锓订正评注便读草堂诗馀七卷》

(明)董其昌评。国家图书馆藏。

---

① [日]清水茂《群英诗馀解说》,《京都大学汉籍善本丛书》第1期第9卷(1980年3月)。

明万历三十二年(1604)书林郑世豪刊《新刻注释草堂诗馀评林六卷》

(明)李廷机评解,翁正春校正。中国人民大学、上海图书馆等藏。

明万历吴兴闵映璧朱墨套印本《评点草堂诗馀五卷》

题(明)杨慎评点。北京大学、复旦大学、台北"国家图书馆"等藏。

明万历师俭堂萧少衢刊《新刻李于麟先生批评注释草堂诗馀隽四卷》

(明)吴从先编,(明)袁宏道增订,(明)何伟然参校。上海图书馆、南京图书馆等藏。

明万历四十二年(1614)刊《类选笺释草堂诗馀正集六卷续选二卷》

正集(明)顾从敬类选、(明)陈继儒重校,(明)陈仁锡参订;续选(明)钱允治笺释、(明)陈仁锡校阅。与钱允治辑、陈仁锡释《类编笺释国朝诗馀五卷》合刻。国家图书馆、上海师大图书馆、台北"国家图书馆"等藏。

明万历四十二年翁少麓刊《古香岑批点草堂诗馀四集十七卷》

题"(明)顾从敬等选、(明)沈际飞评正"。正集六卷,明顾从敬编;续集二卷,明长湖外史编;别集四卷。明沈际飞编;新集五卷,明钱允治原本,沈际飞重编。国家图书馆、上海图书馆、台北"国家图书馆"等藏。

清康熙二十三年(1684)金昌天禄阁刊《类编草堂诗馀四卷卷首一卷续编二卷》

题"(明)顾从敬辑,(明)韩俞臣校",续编题"长湖外史原辑,天羽居士参阅"。清华大学、上海师范大学等藏。

续编和评点《草堂诗馀》之风,与当时出版界对其他书籍的追捧是一致的,如《史记》《苏轼集》《西厢记》等都曾受到出版界的炒作。此举虽有逐利之嫌,但客观上有助于文化普及。

　　顺便提到,关于《草堂诗馀》的编者,诸多记载颇为混乱,有必要稍作澄清。像《增修笺注妙选群英草堂诗馀》这类版本,正确的记录方式应该是:"宋无名氏原编,宋何士信增修。"像《新刊古今名贤草堂诗馀》之类的版本,可径署"宋无名氏编"。至于《类编草堂诗馀》,正确的署名应是:"明武陵逸史重编,明开云山农校正。"或者:"明顾从敬重编,明韩俞臣校正。"顾从敬,字汝所,号武陵逸史。开云山农是韩俞臣的号。清人丁丙(《善本书室藏书志》卷四十)、今人赵万里等人提到顾从敬时称"顾子汝",大概是将何良俊序中"顾子汝所刻"读成"顾子汝　所刻"了。事实上,何序中"子"表示敬称。舍之先生在介绍顾本《类编草堂诗馀》时,将编者署为"武陵山人编次,开云逸士校正"。不但将"逸史"与"山农"两词放错了位置,而且每个词中还抄错了一个字,殆手民之误。更多的情况是:不少图书馆古籍目录卡片将《草堂诗馀》的编者署为"宋武陵逸史编",大谬。

三、论《草堂诗馀》的经典化和边缘化

　　《草堂诗馀》的经典化,与两起决定性事件息息相关。一是宋末何士信对《草堂诗馀》进行增修笺注,二是明嘉靖二十九年顾从敬按小令、中调、长调标准重编《草堂诗馀》。从地域文化角度来说,前一次经典化是因为闽北词人群及建安书商的参与;后一次经典化是因为上海、吴中词人及江浙书商的积极参与。

　　何士信本《草堂诗馀》最明显的物征有三:分类编排、新增新修、有笺注和词话。这三个特征的形成,我在《论草堂诗馀成书的原因》一文中有过较详细的讨论,主要看法是:《草堂诗馀》最初是坊间所编歌本,供宴席间应景征歌之用①。到南宋后期,宋词从"应歌"阶段进入"应社"时期,对词的文本分析越来越重要。这是《增修笺注妙选群英草堂诗馀》出现的时代大背景之一。类编本《草堂诗馀》共分11大类,66小类,而这些分类,与当时节日民俗文化的高涨有关。这是《增修笺注妙选群英草堂诗馀》出现的时代大背景之二。《草堂诗馀》多收婉约词,基本上不收豪放词或格律派雅词,这是当时词坛尚"酣熟"的结果;它的笺注还反映了江湖诗派的审美趣味。这是《增修笺注妙选群英草堂诗馀》出现的时代大背景

---

① 清宋翔凤《乐府馀论》说:"《草堂》一集,盖为征歌而设,故别题春景、夏景等名,随时节即景歌以娱客。题吉席、庆寿更是此意。"龙沐勋《选词标准论》云:"《(草堂诗馀)》吾人但以为当日之类编歌本可也。"(《词学季刊》一卷二号)赵万里亦云:"分类本《(草堂诗馀)》以时令、天文、地理、人物等类标目……盖所以取便歌者。"(《明嘉靖本类编草堂诗馀四卷提要》)

三①。从更广阔的时空来看,晚唐诗所确立的那种抒情传统,在北宋婉约词中得到了很好的继承,而这个传统,在江西诗派、南宋爱国词派、豪放词派以及姜吴骚雅词派相继流行的时代,曾经迷失了。物极必反,诗学界如江湖诗派等,有意或者无意,正要找回这个抒情传统。而《草堂诗馀》,则代表了词界坚守以北宋为代表的本色词的意愿,实际上就是坚守了晚唐诗的抒情传统。

南宋末,在闽北建安一带,以黄昇为中心形成了一个词人创作群,其成员除黄昇外,还有冯取洽、冯伟寿、刘清夫、刘子寰、魏庆之、吕炎等人②。何士信应是这群词人中后起之秀。他在增修《草堂诗馀》时大量引用黄昇、魏庆之的著作,并以"建安蔡庆之宗甫校正"的《详注周美成词片玉集》一书为主要参考书之一③。不仅如此,增修笺注本《草堂诗馀》中收录词人以籍贯而论,福建词人最多,达16位以上。该书被福建当地书商相中,自是情理中事。挟出版中心的优势,《草堂诗馀》很快走向了江西、江浙等地④。

顾从敬以"小令""中调""长调"标准重编《草堂诗馀》,这种开创性的分类法,不但对《草堂诗馀》起到了革命性的影响,还对此后词学思想带来了深刻变化。一言以蔽之,它以形式批评代替了以往的风格、意境批评,适应了词体在此时已是"格律诗之一种"的客观现实。以"小令""中调""长调"编词,犹如以"五言""七言"之类编诗。同时,在此基础上的各种评点本,与当时最流行的时文(八股文)评点相接轨,让《草堂诗馀》进入最广大的读者之中。

此外,我们认为顾从敬重编《草堂诗馀》之所以取得巨大成功,还与顾从敬的家族在当时文化界的显赫地位及吴中一带的刻书中心地位有关。笔者曾撰文对顾从敬生平及家世作过一些勾勒⑤。顾从敬之曾祖顾英是明代大文人,有《草堂集》。其祖父顾澄,明成化中曾输粟千石以赈饥民。其父顾定芳,号东川先生,以医术著名,曾召为太医院御医。国家图书馆藏明嘉靖翻宋本《重广补注黄帝内经素问二十四卷》,卷末刻"明修职郎直圣济殿太医院御医上海顾定芳校"一行。顾定芳有子6人,其中5人名姓可考:顾从礼字汝由,工书;顾从德字汝修;顾从义

---

① 杨万里.论草堂诗馀成书的原因.文学遗产,2001(5).
② 陈庆元教授有《词中"江湖派":南宋后期闽北词人群体》一文,对这群词人有较全面研究分析。
③ 赵万里首揭类编本《草堂诗馀》与《片玉集》《惜香乐府》等书的参照关系,其后中田勇次郎、清水茂、吴熊和诸先生均有进一步论述。笔者受诸人启发,亦曾撰文详论,见《论草堂诗馀成书的原因》。
④ 叶德辉《书林清话》卷二说:"夫宋刻书之盛,首推闽中,而闽中尤以建安为最。"卷五还说:"自宋及明六百年间,建安书林擅天下之富。"建安书林在宋元明时期的刻书盛况,已是学界常识,故不再展开叙述。
⑤ 杨万里.论草堂诗馀的编者.文献,1999(3).

字汝和,善书能诗,书尤为文徵明、王世贞父子所重;顾从敬字汝所,重编《草堂诗馀》;顾从仁字汝元,嘉靖二十六年卒。美国国会图书馆藏明万历刻本《集古印谱》,题"武陵顾从德汝修校",沈明臣序其书曰:"上海顾氏称世家,三世以博雅传。御医公世安氏搜购始,及光禄君汝由,鸿胪君汝修,大理君汝和,禄子天锡(汝由子),历祖孙父子兄弟绵远矣。"①上海顾氏作为文化世家,名不虚传。顾氏家族在当时享有极高声望,所与交往者,如文徵明、王世贞父子、何良俊等,皆当世名人。顾氏本问世后,即得到文化界热烈反应,李攀龙、唐顺之、袁宏道、陈继儒、沈际飞、陈仁锡、钱允治等,纷纷加入到评点该书的行列,其间或有书贾仿托,如杨慎评点本,但各种评注本蜂拥而现,却是不争事实。明末毛晋说:"宋元间词林选本几屈百指,惟《草堂》一编飞驰。几百年来,凡歌栏酒榭,丝而竹之者,无不拊髀雀跃。及至寒窗腐儒,挑灯闲看,亦未尝欠伸鱼睨,不知何以动人一至此也。"(《词苑英华》本《草堂诗馀跋》)这是《草堂诗馀》在明代、特别是自顾本出现后流行状况的最形象生动的描述。

康熙十七年(1678)朱彝尊所编《词综》付梓,第二年,龚翔麟汇编的《浙西六家词》问世,标志着浙西词派作为一个整体登上词坛。浙西词派以肃清《草堂诗馀》的影响为首务,故浙西词派登上词坛,也是《草堂诗馀》边缘化的开始。

《词综·发凡》云:"古词选本……皆佚不传,独《草堂诗馀》所收最下最传。填词最雅无过石帚,《草堂诗馀》不登其只字,见胡浩然立春、吉席之作,蜜殊咏桂之章,亟收卷中,可谓无目也。"朱彝尊在其他场合,反复表达类似的意思,如《孟彦林词序》云:"词虽小道,为之亦有术矣。去《花间》《草堂》之陈言,而不为所役,俾渣滓洗濯,以孤技自拔于流俗。"(《曝书亭集》卷四十)《乐府雅词跋》云:"词以雅为尚,得是编,《草堂诗馀》可废矣。"《书周密绝妙好词后》云:"词人之作,自《草堂诗馀》盛行,屏去《激楚》《阳阿》,而巴人之唱齐进矣。周公谨《绝妙好词》选本虽未全醇,然中多俊语,方诸《草堂》所录,雅俗殊分。"(以上见《曝书亭集》卷四十三)《词综》由汪森所刻并序,序中说:"友人朱子锡鬯辑有唐以来,迄于元人所为词,凡一十八卷,目曰《词综》……庶几一洗《草堂》之陋,而倚声者知所宗矣。"朱彝尊选编《词综》,推扬《乐府补题》《乐府雅词》《绝妙好词》,抨击《草堂诗馀》,目的都是为了重树姜夔、张炎创立的"雅词"风范。究其根本,实因自顺治后期起,清朝的社会基础已相对稳固,各地反清斗争趋于平静,朝廷加强了对文化思想方

---

① 今存顾从义摹刻的石鼓砚,被收藏界称为"中国第一文物砚",此砚上有今存唯一一从宋拓本摹刻下来的石鼓文,对石鼓文研究极有价值,当年郭沫若研究石鼓文,就得力于此砚。

面的控制,文字狱、兴理学、行科举、清群籍,都是实现这一目的的手段。在政治高压之下,尊经重道观念在思想界流行开来,表现在文学上,就是为文要重视道德主体的作用,强调性情之正,抛弃明代那种任情放荡的文风。以经学立身的朱彝尊倡导"醇雅"词风,正是适应这样的社会文化环境的结果,正如他在《静惕堂词序》中所说的:"念倚声虽小道,当其为之,必崇尔雅,斥淫哇,极其能事,则亦是宣昭方义,鼓吹元音。"其《斋中读书》第11首说:"诗篇虽小技,其源本经史。"这种说法必然出于像他这样的经学家之口。当其时,词界复归醇雅,诗界重视宋诗,其精神是一致的。浙西词派盛行清代100余年,继起者常州词派,论词主寄托,亦与《草堂》不合。《草堂》行之久,久则生厌,退出历史舞台也在情理之中。《草堂诗馀》盛行于明代而隐晦于清代①,必有其深刻的社会思潮的变迁在起作用,限于篇幅,本节只就导致《草堂诗馀》显与晦的几桩关键事件作些描述,并稍稍涉及其背后的原因。

(第四届宋代文学国际研讨会论文,原载《中国典籍与文化》2007年辑刊)

---

① 其具体过程可参看:孙克强.草堂诗馀的盛衰和清初词风的转变.中国文哲研究通讯,1992,2(1).

"土之力"：论周作人的本土风物文化建构

石圆圆

> 石圆圆，女，江苏宜兴人。本科就读于南京师范大学文科基地，硕士进入复旦大学中文系文艺学专业学习；2007年获直接攻读博士资格，2011年毕业于复旦大学中文系，获文学博士学位；同年夏入职上海大学文学院，任中文系比较文学与世界文学专业讲师；现任职于本系俗文学与民间文学专业。主要研究领域为中日比较文学和跨文化研究、中国民间文学和东亚地方民俗文化相关研究。在核心期刊和报纸发表学术论文及书评多篇。

一、人 间 物

对周作人本土风物书写的阐述，还要从他的乡土记忆和故乡观开始。他对名物的爱好，是他一生致力于风物写作的天然原因，也让我们找到一个来自他自身内部的稳定传统和温厚基石。

1898年2月①，14岁的周作人写了一篇饶有兴味的日记：《戊戌在杭日记抄》。

> 正月三十日，雨。上午兄去。食水芹，紫油菜，味同油菜，第茎紫如茄树耳，花色黄。兄缒归，贻予建历一本，口香饼二十五枚。作《炒红果法》，存稿。
>
> 二月初五日，晴，燠暖异常。上午，食龙须菜，京师呼豌豆苗，即蚕豆苗也，以有藤似须故名，每斤四十馀钱，以炒肉丝，鲜美可唉。

---

① 笔者注。其时周作人是在杭州服侍在监狱中的祖父，但看此文，毫无忧虑之情，此时周还是位少年，从中也能窥得他个性的一二。

闰三月廿三日,雨。食莴苣笋,青鲳鲞,出太湖,每尾二十馀文,形如撑鱼,首如带鱼,背青色,长约一尺,味似勒鱼,细骨皆作入字形。午晴,下午小雨即止,天色蔚蓝可玩。①

写于1902年4月的《江南杂记》,亦是一篇上好的风物佳作,文中江浙蔬食色味俱呈,莴苣菜、红萝卜、笋、紫苋菜、蟠桃、小藕……吃法一一罗列。我们不得不说,品物的趣味是周作人从儿时便有的,这种趣味甚或接近于某种天性,是一种认知世界与生活的图式,因后时学问与知识的长进而更进为一种理性的书写。

以上两篇,是周作人最早的关于中国本土风物的书写。彼时他尚未踏上异国的土地,只是从绍兴前往杭州,后又进南京水师学堂。这些早期的日记和片段自述正为周作人的本土风物书写厘清了缘由,也使在论及他回国之后的风土文化建构时,有了天然而连贯的性格逻辑。

在《论文章之意义暨其使命因及中国近时论文之失》一文中,周作人描写了一段游子饱览异国风物后的心情。此文写于1908年,周作人正在日本游学,"游子远适,旷览异国之风物,赏其山川之秀、花木之美者,恒不禁怀旧而思故园,此人情然也。吾言他国精神之完大,既如上述,然反观吾陵夷之中国则如何?"这是周作人诉求中国"国民文章"的先声。

日本风物文化之于周作人的意义,除了审美趣味上的偏好,也是一种风土热情的激兴。建立在地方风土上的"物的趣味",具备了真正的被鉴赏的意义,以及对作为更广义的风物及土地力量的关注。尤其是周作人成熟时期的风物书写,经常在中日文化比较的视角下展开。他对中国和本土的文化的褒扬或批判似乎总是不经意地出现,这种不经意实则是"中心藏之",更在"心的深处"。在《日本俗歌五首》译序中,周作人讲到俗歌小呗,说歌中主旨几乎全说恋爱,也多有讲"花柳社会"的生活的,出于雅鄙的考量,选译的时候费了不少心思。接来下便隐隐地说了一句:"其实江浙一带的山歌,也多是讲私情的",于是,"在明白的人看来,本来没有什么忌讳,但是现在当作一般的读物发表,还是注意一点的好"。文章全是悠然之感,读罢又蓦然清醒:在周作人对日本文化的忘情里,有他的文化本位和起点。中国的浙东,一个辽远的背景和家园。

---

① 周作人. 周作人散文全集:卷1. 钟叔河,鄢琨,编订. 桂林:广西师范大学出版社,2009:1.

二、三 城 记

在《故乡的野菜》中,作者写道:"我的故乡不止一个,凡我住过的地方都是故乡。故乡对于我并没有什么特别的情分,只因钓于斯游于斯的关系,朝夕会面,遂成相识,正如乡村里的邻舍一样,虽然不是亲属,别后有时也要想念到他。我在浙东住过十几年,南京、东京都住过六年,这都是我的故乡,现在住在北京,于是北京就成了我的家乡了。"似乎实体的故乡观念对于周作人而言甚是淡泊。

故乡在周作人的叙事中,确实不仅是地理上的概念,也是一种精神与文化的旨归。他常用"第二故乡"这个语词。对"第二故乡"东京的好感与追怀正是缘于他对日本文化的沉浸和喜爱。但与此同时,作为一个20世纪初中国的知识精英,他对乡土的事功更多落实到中国的本土:他的故乡以及更广大的国族,在他的"乡愁"中投射了对中国乡土、民情民性的批判与期待。对北京、东京、绍兴3座城市的描述,以及对"精神原乡"的阐释,表露了他的故乡观和风土视域。

周作人一生在4个地方居住过较长时间:绍兴、南京、东京、北京。在《北平的好坏》中,他比较完整地表述了对这4个城市的亲疏印象:"不佞住在北平已有二十个年头了。其间曾经回绍兴去过三次,往日本去三次,时间不过一两个月……因此北平于我的确可以算是第二故乡,与我很有些情分。虽然此外还有绍兴,南京,以及日本东京,我也住过颇久。"其中"绍兴是我生长的地方,有好许多山水风物至今还时时记起,如有闲暇很想记述一点下来,可是那里天气不好,寒暑水旱的时候都有困难,不甚适于住家"。而关于南京,则是"六年学生生活也留下好些影响与感慨,背景却是那么模糊的,我对于龙盘虎踞的钟山与浩荡奔流的长江总没有什么感情,自从一九〇六年肩铺盖出仪凤门之后,一直没有进城去瞻礼过,虽似薄情实在也无怪的。"最后谈及东京,"到底是人家的国土,那是另外的一件事情,归根结底在现今说来还是北平与我最有关系。"[①] 这篇文章写于1936年。

对"第二故乡"的阐释,是周作人故乡观的核心概念。在他的"第二故乡"书写里,隐含着他抽象的土地意识以及更广阔的地方情怀。且他对两个"第二故乡"——东京和北京的书写角度亦是有很大不同的。

---

① 周作人.北平的好坏//周作人散文全集:卷7,钟叔河,鄢琨编订.桂林:广西师范大学出版社,2009:268.

浙东水乡绍兴,是周作人出生与长成的故土,也是他文化行旅的出发地。周作人对家乡的感情是十分浓厚的,尽管绍兴食物简苦,气候潮湿,但这一地独特的风气对周作人趣味和气质的形成产生了极为重要的促成作用,作为一个绍兴人的"傲气"行走于字里行间。在他的风物书写中,如果说日本风物是一个文化的参照系,那么绍兴则是一个天然的植根于记忆中的血液的参照系,是他寻访自我和世界关系图谱的天然指南。如在《北平的春天》一文中,其实记述的却是家乡"会稽"的春景,追忆儿时游春的欢乐,关于"春的印象",是"水与花木",缘于那是"活物的根本"。我觉得这句话很好地表达了周作人对真实故乡的"乡愁",绍兴是作为一个生动的"根本"存在于周作人的书写记忆中的。绍兴的风土民情是周作人民俗风土研究的出发点,为他提供了极为丰富的资料。

北京是周作人居住时间最久的城市,自 1917 年始直至去世,除了几次出行,时间最长的一次离开是 40 年代被审判入狱。"北平于我的确可以算是第二故乡。"对北京的最欣赏之物:一是气候,二是大方的人情。在他对"大方"的论述里,我们可以窥见他难得的对中国人国民性的舒心的议论:"大方,这是很不容易的,因为这里边包含着宽容与自由。"同时亦指出宿疾:"我觉得世间最可怕的是狭隘,一切的干涉与迫害都从这里出来的。中国人的宿疾是外强中干,表面要摆架子,内心却无自信,随时怀着恐怖,看见别人一举一动,便疑心是在骂他或是要危害他,说是度量窄排斥异己,其实是精神不健全的缘故。"北京由于宽和的人情,"使居住的人安心"。

而北京让他不喜欢的东西,"第一就是京戏"①。其中对京剧的批评,和他对中国旧戏的看法一以承继,20 世纪 20 年代前后周作人写了一系列关于旧戏的文章《论中国旧戏之应废》《关于戏剧的两条意见》《中国戏剧的三条路》《上海的戏剧》等。这些文章和他在 20 世纪五六十年代对民间戏曲的搜集和典故论述有精神上的联系,但后期的立意和书写语境已是大不相同。

对北京的喜与不喜,自然不是这两件事所能概括的。况且有时好恶之情并不那么重要,对城市描述的角度和叙述的内容本身更能表现他写作的立意。周作人在北京的风物上是大为着力的,写了很多关于地方志、岁时记和竹枝词的论述。周作人和他的同仁刘半农、钱玄同等展开民俗研究的舞台,也是在北京。

而作为"人家的国土""另外的一件事情"的东京,他寻访到了故土气息和中

---

① 周作人.北平的好坏//周作人散文全集:卷7,钟叔河,鄢琨编订.桂林:广西师范大学出版社,2009:268.

国古风。"我留学日本还在民国以前,只在东京住了六年,所以对于文化云云够不上说什么认识,不过这总是一个第二故乡,有时想到或是谈及,觉得对于一部分的日本生活很有一种爱着。"而且"我那时又是民族革命的一信徒,凡民族主义必含有复古思想在里边,我们反对清朝,觉得清以前或元以前的差不多都好,何况更早的东西。听说夏穗卿、钱念勋两位先生在东京街上走路,看见店铺招牌的某文句或某字体,常指点赞叹,谓犹存唐代遗风,非现今中国所有"①。

其中将日本的食物与中国的作一系列的类比,摘录如下:

有些东西可以与故乡的什么相比,有些又即是中国某处的什么,这样一想就很有意思。如味噌汁与干菜汤,金山寺味噌与豆板酱,福神渍与酱咯哒,牛蒡独活与芦笋,盐鲑与勒鲞,皆相似的食物也。又如大德寺纳豆即咸豆豉,泽庵渍即福建的黄土萝卜,药藕即四川的黑豆腐,刺身即广东的鱼生,寿司(《杂事诗》作寿志)即古昔的鱼鲜,其制法见于《齐民要术》,此其间又含有文化交通的历史,不但可吃,也更可思索。②

作者在日本管窥系列中不断地复述他对这个第二故乡的依恋和喜爱,更多是基于日本文化维度上的考量。正如他在《怀东京》中所说,对于东京的怀念是他对日本一切观察的基本,因为除却东京以外,他不知道日本的生活。他最感兴趣的,即关于日本文学艺术风物的书写,也大多是东京前身江户的文化艺术。其感染之深,恐怕没人会否认。不论是生活方式,还是文学和审美,东京都是周作人文化地图上的重镇,甚至在某些阶段成为他审美期待的核心和文化归属。

三、原 乡 子

周作人所处的时代决定了他文化游离的可能性,最终成为一个文化的游子,这也使他着眼于人类的整体成为可能。在他所接触的异域文化中,对他产生最大影响的是日本与古希腊。他自述日本对他而言是"情"的方面,而古希腊则是"理"的精神。并于晚年坦陈他的思想之要义寄托于对古希腊著作的翻译与诠释之中。可以说,日本和古希腊对周作人而言,亦是文化的乡土。所谓文化的乡

---

①② 周作人.日本的衣食住//周作人散文全集:卷6.钟叔河,鄢琨编订.桂林:广西师范大学出版社,2009:657.

土,既承载着智识与情感的希冀,同时也是一个"他者"眼中的幻境。纠缠了周作人一生的日本和古希腊文化的幻境,是浸润在他文学创作与文化创建的事功上的。这种不同以往的"乡愁",既富有现代性,也具有周作人独一无二的个性。

这种独特原乡意识的存在,使周作人的本土风物写作有了区别以往的崭新的视角和高度:从一个具体的地方和国家中逃逸出的个体,再次回到自己出生和生活的乡土上开始写作,不仅看到了世界,而且有所依托,有所相信。在此基础上,秉承着浙东之子的气性和文学书写者的审美情趣,在文化人类学和民俗学新的研究角度的观照下,用新生的现代国语,周作人开始力拓中国风物文学和风物文化的新的格局。

四、土 之 力

地方,是周作人本土风物文化建构中的核心词汇。地方是国民最基本的栖息地,也是构成民族文化的最基本的承载体。而地方的文化正是通过其文学与艺术来表现的。在《旧梦》中,他写道:"我常怀着这种私见去看诗文,知道的因风土而考察著作,不知道的就著作以推想风土。"地方文学和艺术是其风土的表征。同时,周作人的地方文艺观与他的"个性文学观"又密不可分,相互印证,从而完成了"个性的人—地方文学—族群文化—真正的国粹"的书写。

周作人是现代文学史上第一个探讨民俗学的作家,无论是歌谣的论述和收集,还是对故乡的描绘和回顾,周作人似乎开始强调中国本土地方的风物。在《故乡的回顾》里,他不无风趣地说"(绍兴人)对于天地与人既然都碰了壁,那么留下来的就只有'物'了"。随即便以鲁迅在《朝花夕拾》小引中的一节来说明儿时的吃食是思乡的缘由①。周作人对风物的倡导和呼吁不是大张旗鼓式的,也远不及永井荷风那样激烈愤懑。永井荷风对江户与周作人对绍兴的追溯方式,毕竟有着根本的不同。笔者认为,周作人一直在小心翼翼地摸索一条开启民众的艺术感知力和生活实感力的道路。

在对"土之力"的书写中,周作人通过"地方和文艺"的主张来表达他对地方风物文学的倡导;但周作人所言的"地方性"和传统语境中的"地方"有所区别,人类学观照的背景,使他从狭隘的地方观和乡土观中挣脱出来,建立"世界的人"的理念,从人类的生活的高度来创造那一个"个"的更好的生活。

---

① 周作人.周作人散文全集:卷13.钟叔河,鄢琨编订.桂林:广西师范大学出版社,2009:465.

对中国地方文学和艺术的创建,周作人有其自身的见解。1923年,他写了著名的《地方与文艺》一文,以浙东的风土和文艺为例,发表自己对地方文学的看法。浙东在地域上的精神个性十分典型。陈方竞认为,由于"奉禹为祖先",因而浙东民性中具有"禹墨遗风",即周作人所概括的"安贫贱,敝恶食,终岁勤劳",以及"食贫""习苦"的生活方式,所有这些构成了浙东民俗的特性①。鲁迅也这样描绘过浙东的地方风气:"于越故称无敌于天下,海岳精液,善生俊异,后先络绎,展其殊才;其民复存大禹卓苦勤劳之风,同勾践坚确慷慨之质,力作治生,绰然足以自理。世俗递降,精气播迁,则浙专实利而清思理,乐安谧而远武术。"②作家对故乡的赞美之情溢于言表。

周作人在《地方与文艺》中指出:"风土与住民有着密切的关系,大家都是知道的:所以各国文学各有特色,就是一国之中也可以因了地域显出一种不同的风格,譬如法国的南方普洛凡斯的文人作品,与北法兰西便有不同,在中国这样的广大国土当然更是如此……我们的希望即在于摆脱这些自加的锁杻,自由地发表那从土里长出来的个性。"③他认为:"个性就是在可以保存范围内的国粹,有个性的新文学便是这国民所有的真的国粹的文学。"④所以,"我们不能主张浙江的文艺应该怎样,但可以说他总应有一种独具的性质。我们说到地方,并不以籍贯为原则,只是说风土的影响,推重那培养个性的土之力"⑤。这种"培养个性的土之力",不妨看作为周作人地方文艺观的核心。在《共和国之盛衰》中,他亦说道:"凡一民族,必自具特有之性格,异于他种,是曰种姓,亦谓之种族魂。其国民生活与一切文明,悉本此处,宛转相寻,不可迎拒。"⑥"个性的土之力"便是这种"种性"和"种族魂"的来源。

在为《农家的草紫》一书所作的序言中⑦,周作人评道:"何君的诗如何,要请读者自己去评骘,我们个人的褒贬都是无用的。我只觉得其中有一点,可以提出一说,这便是诗中的乡土气。在好些小篇里,把浙东田村的空气,山歌童谣的精

---

① 毛晓平.民俗对文学的浸润:以浙东现代作家为例.河北学刊,2002(9).
② 鲁迅.鲁迅全集:第8卷.北京:人民文学出版社,1981:39.
③ 周作人.地方与文艺//周作人散文全集:卷3.钟叔河,鄢琨编订.广西师范大学出版社,2009:101.
④ 参见周作人.个性的文学//周作人散文全集:卷2.钟叔河,鄢琨编订.桂林:广西师范大学出版社,2009:290.
⑤ 周作人.地方与文艺//周作人散文全集:卷3.钟叔河,鄢琨编订.桂林:广西师范大学出版社,2009:103.
⑥ 周作人.共和国之盛衰//周作人散文全集:卷1.钟叔河,鄢琨编订.桂林:广西师范大学出版社,2009:241.
⑦ 该书的作者为何植三,1929年11月由上海亚东图书馆出版.

神,表现出来,很有趣味。"①

在他叙述本土文化的同时,我们又可以明显地感受到他叙述的困境。土地文化的式微是一个事实。这不是仅靠知识分子的文字营造就能创建的。"民国初年我在绍兴城内做中学教师,忽发乡曲之见,想搜集一点越人著作,这且以山阴会稽为限。然而此事亦大难,书既难得,力亦有所未逮,结果是搜到的寥寥无几,更不必说什么名著善本了。"②众所周知,"土之力"是在"人之力"上建立起来的,培养个性的人,是培养个性的土之力的前提。

《地方与文艺》的最后,周作人引用了尼采在《察拉图斯忒拉》中说的那句话:"我恳愿你们,我的兄弟们,忠于地。""忠于地"的意思,即人类是"地之子",不能离地面生活,周作人认为,"忠于地"是"人生的正当的道路"。面对凌空的生活,抽象的理论,只有回到踏踏实实的土地上,让"土气息泥滋味"透过我们的脉搏,写出自己的文字,创造出真实的思想与艺术。创作地方的文艺在这个语境中是文学性质的存在,所强调的是作为文化内部的人的存在,通过文学所表现出的创造力和生命力。

五、世 界 民

周作人标举的地方和传统地方概念的区别在于,它已不是旧时的乡土概念,而是在人类学观照下的一种现代学术自觉。这样的"地方性"是建立在个体和人类的整体关系之上的。作为自觉的新知传播者,周作人从一开始就阐明了他所言的地方性文艺和"国粹乡风"的区别:"我希望以后能够精进,跳出国粹乡风这些成见以外,却真实地发挥出他的特性来,造成新国民文学的一部分。"③

周作人强调了作为新国民文学的现代意义,能否从人类的"类"的角度来看待自己的生活处境,是他所言的地方文艺所关注的内容。他始终坚信,只有作为人类中的一个,才能更好地理解作为一个人的存在。而狭隘的地方观念恰恰压抑了作为人类的共通性的了解,从而也就无法发挥出真正的个性的生命力和文学。

---

① 周作人.农家的草紫//周作人散文全集:卷3.钟叔河,鄢琨编订.桂林:广西师范大学出版社,2009:309.
② 周作人.文饭小品//周作人散文全集:卷6.钟叔河,鄢琨编订.桂林:广西师范大学出版社,2009:359.
③ 周作人.地方与文艺//周作人散文全集:卷3.钟叔河,鄢琨编订.桂林:广西师范大学出版社,2009:105.

文化人类学是将地方性置于处在异文化中的人的理解和交流的大背景下展开的，这是世界语境形成后的必然现实，同时也是与封闭的传统地方认知相隔阂的。在《旧梦》中，周作人写道："我于别的事情都不喜讲地方主义，唯独在艺术上常感到这种区别……现在固未必执守乡曲之见去做批评，但觉得风土的力在文艺上是极重大的。"基于此，解释现代意义上的地方性和地方文学的含义，尤其是作为整体人类的意识的建成，显得尤为重要。"我们不必一定在材料上有明显的乡土的色彩，只要不钻入哪一派的篱笆里去，任其自然长发，便会到恰好的地步，成为有个性的著作。"接着又带着自我批判意味，评价五四一代的矫枉过正："不过我们这时代的人，因为对于褊隘的国家主义的反动，大抵养成一种'世界民'（Kos-mopolites）的态度，容易减少乡土的气味，这虽然是不得已却也是觉得可惜的。"但是，这并不是说要回到原来的乡土观了，即便如此，"我仍然不愿取消世界民的态度，但觉得因此更须感到地方民的资格，因为这二者本是相关的。正如我们因是个人，所以是'人类一分子'（Homarano）一般。我轻蔑那些传统的爱国的假文学，然而对于乡土艺术很是爱重，我相信强烈的地方趣味也正是'世界的'文学的一个重大成分。具有多方面的趣味，而不相冲突，合成和谐的全体，这是'世界的'文学的价值，否则是'拔起了的树木'，不但不能排到大林中去，不久还将枯槁了。"①

笔者认为上述文字是周作人极为经典的一个论述，在对人类和个体的关系的解读中，周作人运用了极为灵活也很设身处地的言说方式，倍具感染力和说服力。

正因为有了"世界民"的姿态，为了不让本土风土的力消解，必须更强烈地感受到乡土的气息。这种理性的对矫枉过正弊端的提醒，也是在新文学启蒙者中表现出来的不多的一种对待传统和新进现代观念的中和之态。周作人通过对现代人类学话语下的"地方性"的阐释，是他对于人类和个体之间的关系完成的一次确定。在这样的风物书写中，"类"的意识始终观照，而"世界民"的视野也再一次得到反观，从而形成了稳固的文化逻辑。这对他自身书写的意义，则是形成了基本的立场，在处置国民文化的改造问题时，又为其提供了理论的依据：正是可以交流的地方性，使进步成为可能。

---

① 周作人.旧梦//周作人散文全集：卷3.钟叔河，鄢琨编订.桂林：广西师范大学出版社，2009：54.

六、建 构 者

周作人的本土风物书写最终形成了完整的谱系，将其整理归纳，大致可分为名物、文艺、史志、礼俗、教育这五类。其间会稍有重叠。这是在统一的文化观和学术理念下形成的完整体系。

章太炎曾说："我们各时代地方的衣食住，生计，言语，死生的仪式，鬼神的信仰种种都未经考察过，须要有人去着手，横的是民俗学，竖的是文化史，分了部门做去，点点滴滴积累起来，尽是可尊贵的资料。想起好些重要事业，如方言之调查，歌谣传说童话之收集，风俗习惯之记录，都还未曾做，这在旧学者看来恐怕全是些玩物丧志的事，却不知没有这些做底子，则文字学文学史宗教道德思想史等正经学问也就有点站立不稳，由此可知学问无孤立亦无无用者也。"①

而周作人自己"本意实在是想引诱读者，进到民俗研究方面去，使这冷僻的小路上稍为增加几个行人……假如另外有人对于中国人的过去与将来颇为关心，便想请他们把史学的兴趣放到低的广的方面来，从读杂记的时候起离开了廊庙朝廷，多注意田野坊巷的事，渐与田夫野老相接触，从事于国民生活史之研究，此虽是寂寞的学问，却于中国有重大的意义"②。这"寂寞的学问"，建立在一水一木的具体书写之上。

第一类是地方名物的书写。周作人的《乌篷船》《石板路》《水乡的船店》《航船与埠船》等描写家乡绍兴风物的文章都是代表作。这类散文是表现周作人风物书写文学艺术特色的典型载体。地方文艺类是指地方特有的文艺形式，如《竹枝词》《竹枝词打油》等，以及总量可观的地方歌谣和儿歌都在此类的范畴中。史志类别指的是"风土志"和"岁时记"的整理和论述，有《燕京岁时记》《风土志》《清嘉录》等文。民间礼俗类是容量最多、内容最丰富的一块内容，代表作有《关于祭神迎会》《关于送灶》《两种祭规》《祭祖的商榷》等。

其中教育类别较为特殊。笔者将它大致上分为儿童的教育和常识的教育。尽管这与地方文艺和礼俗都有相重之处，但在这里单独做一列，不为内容，只为揭示风物书写用心之处，即国民的培育。

---

① 参见周作人. 女学一席话//周作人散文全集：卷8. 钟叔河，鄢琨编订. 桂林：广西师范大学出版社，2009：498.

② 参见周作人. 十堂笔谈之风土志//周作人散文全集：卷9. 钟叔河，鄢琨编订. 桂林：广西师范大学出版社，2009：409.

周作人在看到了世界之后,在学问上习得了关于人间的新理论:人类学和民俗学;在文学上了解到新的理念:人的文学。在这样的观照下,再结合感性经验中的风物文化体验,对中国的本土风物文化的建构做了一次"再生"的手术。这也类似周作人所说的日本对其他国家的先进文明的"创造的模拟"。模拟的只是一种关注的视角和学问的方法。没有任何关于地方的感性经验是可以复制的。

周作人的风土文化建构的意识及其在本土风物书写中的具体表现,是真正意义上的启蒙写作。在"看到世界"以后的周作人的眼中,"地方"不仅表现为家乡、故土、一个局部的地域,它还意味着土地所孕育的个性的力量,他的由"个体"到"人类"的意识在此得到了充分的体现。而他宽泛而意味深远的"故乡观"则正如一层淡淡的底色,让关于本土的努力显得更加真实而有力。

无论是何种向度的风物书写,其目的乃是为了生成新的国民文化。从这个角度而言,周作人对国民文化的改造是有着坚定的信心的,姑且也可称之为"国民文化的可进化论"。但这一过程漫长而需谨慎,于是周作人呼吁应中国文化应尽可能多地承受异文化的冲击,择其英长,在保留种性与族性的同时不断丰富和优化国民性的内涵。作为一个精神原乡的徜徉者和一个在具体家国时局中的知识分子的存在,他用新生的白话文,书写了对一个个体、一个国家的审美启蒙的理想,留在我们的记忆和文学史中,和历史对他的其他评述互证。

敏行集
上海大学文学院四十周年纪念文集

汉语言
文字学

异体字与汉字学研究

王继洪

王继洪,男,1952年5月生,1983年1月毕业于复旦大学分校历史学系,留校任教直至2012年6月退休。2001年起任中文系副教授,曾任中文系副主任、汉语教研室主任等职。2002年起担任文学院汉语言文字学和民俗学硕士研究生导师。主讲课程有"古代汉语""汉字与文化""中国民俗文化"等;曾先后在韩国忠州大学和泰国乌隆他尼皇家师范大学教授汉语课程计3学年。出版有专著《汉字文化学概论》,参与《新型古代汉语》《现代实用汉语词典》《王维集》《中国文学叙事传统研究》等书的编写;在《中国语文》《语文建设》《辞书研究》和《上海大学学报(社科版)》等刊物发表学术论文10余篇;在《大公报》发表散文和随感10余篇。为中国语言学会会员。

异体字,又有重文、俗字、俗体、或体、帖体、别体等诸名。历来对异体字的研究多从其形体结构上进行分析,如蒋善国先生的《汉字学》一书精辟地指出,异体字产生的7类共12种情况,梁东汉先生在《汉字的结构及其流变》一书中也较全面地揭示了异体字组成结构的15种情况。不少学者从谴责异体字造成文字使用和传播上的讹误和混乱入手,提出如何整理、限制乃至消灭异体字,但对汉字在演进过程中产生数以几万计的异体字,如何正确地认识,它仅仅只是汉字史上的累赘和包袱呢,还是汉字演进发展的见证,并在汉字学和汉字文化学上不可替代的价值正有待于开发和研究呢?它对规范使用汉字有负面影响的同时,是否也对汉字的演变和发展起过积极作用呢?本文就这些问题,想作些浅显的分析和探讨。

一、大量的异体字是汉字演进和发展的记录

汉字究竟有多少异体字,目前还没有这方面的确切的统计资料。笔者对《康

熙字典》戌集食部进行统计，该部共收字 424 个，其中狭义和广义异体字共 128 个，占 30%左右。随着年代的往后，其数量也会随之增加。《汉语大字典》共收字 54 678 个，其后所附的《异体字表》对异体字作了较全面的归纳，共列 11 900 组。笔者统计共有 27 039 个，除去一部分当另属正体字外，估计占汉字总量的 40%以上，大约超过 25 000 个。这个数目与王凤阳先生在《汉字学》一书中估计的 2 万至 3 万相差不多①。这 2 万余异体字退出了流通和应用的舞台，堆积和沉睡在汉字的字库内，研究汉字和汉字学，如果置如此巨量的异体字于不顾，把它撇开或绕过去，这样研究出来的汉字学，终究是不够全面的。

笔者对《说文解字》中的异体字进行分析和归纳②，从它的来源中，可以让人们大致把握汉字从商周古文字到大篆、小篆，从篆体到隶书，乃至从隶书到楷书的演变过程和发展线索，为汉字史的研究提供丰富的佐证和资料：

1. 有来自六国文字的异体字（左为今正字，下同）：

狂㹱　闻聬　起迡　奸㜝　造艁　扶扙

2. 有来自籀文的异体字：

祺禥　旁雱　牭㸽　啸歗　锐劂　述遹

3. 有来自小篆的异体字：

聘䎥　叟㬜　祀禩　惕悐　涉㴇　吻䐇

4. 有来自隶变的异体字：

服𦨶　朕𦨶

5. 有来自奇字的异体字：

涿㲿　無无（今"无"为正字）

6. 有来自秦刻石的异体字：

也𠃟

在汉字演变过程中，形声字的比例在不断地加重，这是汉字从象形的表意文字向符号的表意文字进化的标志。这一现象从众多的异体字中也可以得到证明，或者说，异体字数量的大幅增加，是与汉字总体向形声化方向发展是同步的。一个新字的产生或定型需要有广泛的选择性，需要有约定俗成的过程，不少异体字就是这个过程的产物。伉俪的"俪"，《集韵》也作"㑦"，"离"虽是声符，但"离"有分离之意，用"㑦"来记录"伉俪"的"俪"，显然不如"俪"来得合适，因而也就自

---

① 王凤阳.汉字学.长春：吉林文史出版社，1989：539.
② 本文《说文》引文均据《说文解字》中华书局 1963 年 12 月第 1 版，并参见清·段玉裁《说文解字注》，上海古籍出版社 1988 年版。

然淘汰了。汉字在向形声化演变过程中,通常会产生以下几种情况:

1. 变换声音相同、相近的声符:

蜩蛁　緁縋　瀎渿　锅銧　聃聸

2. 变换意义相近的形符:

啸歗　谟嘆　歌詞　侄姪　唾涶　盉瓷

3. 形符与声符一同变换,或说另用形声方法造字:

緹衹　釜鬴　惕愁　銳劂

4. 给古字加上形符:

从從　厷肱　戉钺　乂刈　暴曝

5. 把象形字改为形声字:

伞繖　鬲鬹

6. 把会意字改为形声字:

灾烖　羴羶　岳嶽　泪淚

7. 单纯双音节词,是汉语语音的直接记录,不同方言区、不同时代的人会用不同的字把它们记下来,在记录这些单纯双音节词的过程中,那音节用字越来越向形符与其意义相关的形声字靠拢:

控揆　空侯　坎侯—箜篌

繈抱　禠保　禠緥—禠褓

槃珊　盤姗　盤珊—蹣跚①

人们根据形声字的规则,在不同的时代,出于不同的地域和不同的理解以及不同的新需求,对汉字以形声字为主流方向进行改造、替换和重建,虽然会产生一定的负面影响,但总体是符合汉字发展的潮流。有人认为汉字演变的过程,是一个不断从繁到简的过程,这观点是片面的,而李荣先生的观点较为全面,他认为汉字的演变既有从繁到简,也有从简到繁的②。他的观点从众多的异体字中,也可找到答案。汉字从简到繁,如前文已提到的,给古字加上形旁,如:厷肱、从從、丩纠、叕缀。有人认为汉字由繁到简,从大篆到小篆,从篆书到隶书,从隶书到楷书,一般都体现了从繁到简。《说文·艸部》中的菲、芥、葱、苇等53个字,在大篆中均从茻。

---

① 出处详见拙文.联绵词的音节用字与形符的表义作用.语言与文化研究,1998(4):60—62.
② 李荣.汉字演变的几个趋势.中国语文,1980(1).

二、俗字对汉字演变发展的双重性

俗字是异体字的一种,一般是指常能见到的、在手头上用的,大多能认识的非规范用字。有个别字的俗字、异体字的数量之多是惊人的。如"灵"字有 45 种写法,"龟"字有 42 种写法,"华"字有 29 种写法,在民间,"福"字有上百种写法,"寿"字更有几百种写法,就连鲁迅笔下的孔乙己也说:"回字有四种写法。"汉字的异体字之多,使用之普及,恐怕在世界文字史上也是少见的。俗字、异体字对于字义的正确表达、信息跨时空的传递确有不可低估的消极作用,以至有时以讹传讹,以误传误,造成信息错误地传播和文字使用极其混乱的状况。

历史上在俗字盛行的年代里,连官印上的字都俗字不绝。《后汉书·马援传》唐李贤注引《东观记》曰:"援上书:'臣所假伏波将军印,书"伏"字,"犬"外向。城皋令印,"皋"字为"白"下"羊";丞印"四"下"羊";尉印"白"下"人","人"下"羊"。即一县长吏,印文不同。'恐天下不正者多。符印所以为信也,所宜齐同,荐晓古文字者,事下大司空正郡国印章。奏可。"①俗字,不仅村夫商贾惯于使用,就是文人墨客也不免见于行文。唐李商隐的《韩碑》:"涂改清庙生民诗,文成破体书在纸。"此处的"破体"即是俗字、异体字之意。②

历朝对俗字、异体字的整理、规范和限制都比较严格,秦始皇命李斯定小篆,书同文字,即是统一文字,废除异体字的重大举措。东汉灵帝熹平四年,针对当时"经籍去圣久远,文字多谬,俗儒穿凿,疑误后学"的情况,蔡邕"乃自书册于碑,使之镌刻于太学门外,于是后儒晚学,咸取正焉。"以至出现"及碑始立,其观视及摹写者,车乘日千两,填塞街陌"③的盛况。"熹平石经"也是历史上规范汉字的一件大事。唐代针对六朝以来文字混乱、俗字泛滥的情况,相继推出了一系列整理文字的措施,唐玄宗《开元文字音义》、颜师古《匡谬正俗》《字样》、颜元孙《干禄字书》、张参《五经文字》、唐玄度《九经字样》等都是正定文字的重要典籍,在历史上也有深远的影响。

但汉字有史以来,俗字和异体字没有因哪一次的整理和统一而被消除殆尽,没有因为人们的善良愿望而全部淘汰,也没有根绝这种现象。究其原因,笔者以

---

① 范晔.后汉书:第 3 册.北京:中华书局,1965:839.
② 古汉语知识详解辞典.北京:中华书局,1996:66.参见:冯浩.玉溪生诗集笺注.上海:上海古籍出版社,1979:6.
③ 范晔.后汉书:第 7 册.北京:中华书局,1965:1990.

为大约有以下四方面的原因：

（一）俗字是汉字演进过程中，汉字本身所具有原创性的一种表现。

众所周知，隶书来源于战国时代公务繁忙的下级官吏所使用的简便俗字，是从大篆、小篆中俗化而来的，这在汉字史上引发一场最重要的变革，它使汉字的字形笔画简省，使笔画从圆变方，从弯到直，由连而断的变化，使汉字的书写和学习变得相对简便和容易，便于汉字从贵族走向平民，为少数人占有走向多数人使用创造了条件。正如胡适先生指出的："在语言文字的沿革上，往往小百姓是革新家。"①"我们从秦孝公时代的铭文中，可以看到正体和俗体并存的情况。商鞅量的铭文是较为规整的正体字，而商鞅矛镦的铭文却是草率的俗体。秦孝公后，由于文字使用越来越频繁，俗体也随之迅速流行。从出土的兵器铭文、漆器铭文，以至印文、陶文里都可以看到与隶书相同或相似的俗字。"②在汉字和汉字字体演进过程中，俗字起过不可或缺的角色。正如唐兰先生说的："中国文字由商周古文字到小篆，由小篆到隶书。由篆书到正书。新文字总是旧文字的简俗字。"③

来自社会日常生活，来自民间的俗字，对新出现的事物和情况的反映最为迅捷。在许多情况下，不是由官方先确定或公布某一个新字，然后大家照读照写的，而常常是先在社会上用起来，得到大家普遍认同，然后才取得正字的地位。在《康熙字典》中查不到"瘄、痧"二字，可偏偏在清"嘉庆廿五年，民间忽患瘄痧症，为古方所无，时医遂造'瘄痧'书，今皆通行。"④一部钦定的、收字47035个之巨、首次以字典命名的字书《康熙字典》，面对新事物，束手无策，无可奈何之际，一名在文字学青史上不留姓名的民间郎中，却以自造的俗字化解了这一矛盾。这个生动的事例，是否可折射出汉字演变发展的规律之一："今之雅，古之俗也；今之俗，后之雅也"⑤呢？

（二）俗字是历代规范汉字的一种来源，历代不少文字学家能以发展的眼光来看待俗字，并采取客观的态度。

历代不少文字学家、有识之士对俗字、异体字，并不采取一概排斥、全盘否定的态度，而在规范汉字、统一正字的前提下，对某些形之有理、约定俗成的异体字审慎地遴选、登录和承认。限于篇幅，略举数例。

---

① 胡适文存·《国语月刊》汉字改革号·卷头言//胡奇光. 中国小学史. 上海：上海人民出版社，1987：9.
② 裘锡圭. 汉字学概论. 北京：商务印书馆，1988：67.
③ 唐兰. 中国文字. 上海：上海古籍出版社，1979：183.
④⑤ 范寅. 论雅俗字//唐兰. 中国文字学. 上海：上海古籍出版社，1979：185.

许慎《说文解字》1 163个重文中,把俗字也专列一项。据笔者对《说文》全书进行统计,许慎对俗字予以肯定之处不少,现选几处:

1. "肩"原是俗字,本作𦟝。《说文》四下肉部:"𦟝,髆也,从肉象形。肩,俗𦟝从户。"

2. "袖"原是俗字,本作褎。《说文》八上衣部:"褎,袂也。从衣𠔏声。袖,俗褎从由"。

3. "脓"原是俗字,本作䘌。《说文》五上血部:䘌,肿血也。脓,俗䘌,从肉农声。

4. "簪'原是俗字,本作兂。《说文》八下兂部:"兂,首笄也。从人匕,象簪形。簪,俗兂。"

5. "蚊"原是俗字,本作䘉、或作䘎。《说文》十二下䖵部:"䘉,啮人飞虫,从䖵民声。䘎,䘉或从昏,昏时出也。蚊,俗䘉,从虫从文。"

许慎对于俗字采取尊重事实,承认其合理的部分,他的观点也经得起时间的检验和历史的考验,上述"肩、袖、脓、蚊、簪"不仅都成了今天的正字,而且还是常用字和较常用的字。

唐代正处于中外文化和南北文化交汇之际,更有文字统一和规范的需求。在这时期诞生的《干禄字书》是最著名的代表作,由颜师古的四世从孙颜元孙编定,颜元孙的侄子、唐代大书法家颜真卿曾于太宗九年手书其书,镌刻于碑。唐代进士考试必须写正字,不能使用俗字,试卷上一旦出现俗字,便与金榜题名无缘。颜元孙在《干禄字书·序》中云:"升沈是系,安可忽诸?"即告诉那些莘莘学子,谁要求得功名利禄,谁就必须书写规范的正字。但即使在此时,颜元孙对俗字仍以发展的眼光、采取审慎客观的态度,首先他把字分为三类:俗、通、正。然后划定这三种字书写和应用的范围:"所谓'俗者',例皆浅近,唯籍帐、文案、券契药方. 非涉雅言,用亦无爽,傥能改革,善不可加;所谓'通者',相承久远,可以施表、奏、笺、启、尺牍、判状。固负诋诃;所谓'正者',并有凭据,可以施著述文章、对策、碑碣,将为允当。"①在他对俗字进行认真、审慎总结之中,我们可以看到,在他认为可以在一定范围内使用的俗字,许多已成为后代的正字,现略表如下:

《干禄字书·平声》:

堤隄,上俗下正。　　猨猴猿,上俗中通下正,今不行。

怜憐,上俗下正。　　鵶鴉,上俗下正。

---

① 台湾商务印书馆文渊阁《四库全书》第224册,245—250页。

牀牀，上俗下正。　　楞稜，上俗下正。

《干禄字书·上声》：

　　峙峙跱，上俗中下正。叙敍，上俗下正。

　　惚惱，上俗下正。　　减減，上俗下正。

　　断斷，上俗下正。

《干禄字书·去声》：

　　盗盜，上俗下正。　　况況，上俗下正。

　　秘祕，上俗下正。　　乱亂，上俗下正。

　　恙恚，上俗下正。　　吊弔，上俗下正。

《干禄字书·入声》：

　　凤鳳，上俗下正。　　决決，上俗下正。①

　　从唐宋变文、宋元戏曲，直至明清小说中，更是大量使用俗字，久而久之，不少字便约定俗成。本世纪30年代，刘复、李家瑞编的《宋元以来俗字谱》是一本研究俗字的重要资料。据该书对《古列女传》《大唐三藏取经诗话》《京本通俗小说》等宋元明清12种民间刻本所用字统计，其中1 604个字的俗字容量达6240个。其中"实、罗、梦、搀、医、虽"等330个俗字与当今《简化字总表》内的字相同。正如周祖谟先生说的："宋元以后在戏曲小说刻板书里还经常应用一些俗体字，其中很多字一直到现在还在应用，有不少已作为正式的简体字。"②或者说是《简化字总表》中采用了相当部分的简俗字。此外，方言俗字也有成为规范汉字，如北京话的"捂"、西南官话的"搞"、粤方言中的"泵"、吴方言中的"什、叶"等，已频率极高地在口头和书面语中使用。《现代汉语词典》(96新版，下同)、《新华字典》(98新版，下同)均收入"橘"的俗字"桔"，"嘴"的俗字"咀"。"闫"字，《现代汉语词典》和《汉语大字典》均未收，并均以"闫"作为"阎"的异体字，《简化字总表》也没有收"闫"字，而民间早已以"闫"作为俗字取代"阎"或与"阎"同时使用。《新华字典》尊重约定俗成的事实，在"阎"字头外，另立"闫"的字头，这是值得肯定的做法。

　　（三）俗字、异体字只是个相对的概念，区分的标准常因时代不同而不同。

　　事物总是在发展变化的，汉字亦是如此。俗字、异体字的身份也不是一成不变的，异体字不仅在文字史上是个相当活跃的因素，而且与正字之间有千丝万缕

---

① 台湾商务印书馆文渊阁《四库全书》第224册，245—250页。
② 《中国大百科全书·语言文字卷》1988年2月第一版，375页。

的联系,在异体字的区分和变化中,大约有以下几种情况:

1. 古属异体字而今属正字

如上文例举《说文》中的 5 例和《干禄字书》中的 19 例俗字,而今全部成了规范字。此外还有"蛛、蜜、蚍蜉"等,都是当年《说文》中的重文。

2. 古属正字,而今属异体字,如上文列举的 24 例,均属此情况。此外,《说文》中还有以下列左边的字为正字的:

筍笋　劒剑　餻糕　晦肭　栁柳　羣群

顦顇(憔悴)

3. 本属不相同的两个字,被后代列入异体字关系。

霓,《说文》十一下雨部:"霓,屈虹,青赤或白色,阴气也。从雨兒声。"

蜺,《说文》十三上虫部:"蜺,寒蜩也。从虫,兒声"。可见"霓"与"蜺"是两个不相同的字,但《第一批异体字整理表》将"蜺"列为"霓"的异体字。

又"算"与"祘",在《说文》中,前者列入竹部,后者列入示部,当属有区别的两个字,但《现代汉语词典》和《新华字典》均将"祘"列为"算"的异体字。

4. 古属异体字关系,而今属不相同的两个字。

摭,在《说文·手部》是"拓"的重文:"拓,拾也。从手石声。摭,拓或从庶。"而《现代汉语词典》和《新华字典》均作:摭 zhí;拓 tuò,又拓 tà。

涟,在《说文·水部》中属"澜"的异体字;"澜,大波为澜。从水阑声。涟,澜或从连。"而现在"澜 lán"与"涟 lián"的音义与词性均不同。

5. 某些字已归入异体字表,但以后的身份发生了变化。

1955 年 12 月 22 日,文化部、中国文字改革委员会发出联合通知,并公布了《第一批异体字整理表》,该表共列异体字 810 组,每组最少 2 字,最多 6 字,合计 1 865 字。经过整理,共淘汰了 1 055 个异体字。但该表自公布之日起,已经历了三次变动。

第一次修正:距公布之日仅数月,1956 年 3 月 23 日,文字改革委员会向各省市自治区文化局发出《修正第一批异体字整理表内"阪、挫"二字的通知》:一,"阪,用作日本地名"大阪"时,仍用原字。二,删去"挫"字。这样,《第一批异体字整理表》中的异体字即从 1 055 个减少至 1 053 个。

第二次改变:1986 年 10 月 10 日,国家语言文字工作委员会在重新发表《简化字总表》时,收入了"䜣、谳、晔、奓、诃、鲔、紃、刬、鲙、诓、雠"11 个类推简化字为规范字,不再列入被淘汰的异体字行列。

第三次改变:1988 年 3 月 25 日国家语言工作委员会与中华人民共和国新

闻出版署发布了《现代汉语通用字表》，该表收入了在《第一批异体字整理表》中有的"翦、邱、於、澹、骼、彷、菰、徴、薰、黏、桉、愣、晖、凋"等 15 个字为规范字。①

（四）汉字形变是一个不以人的意志为转移的规律，与汉字规范化是对矛盾的统一体。

正如汉字的古今字义和读音是在变化之中的一样，汉字的字形也在变异和发展之中，即使在汉字规范化工作做得很好的今天，还是有这一现象的存在。小举两例：

1. "龟"的繁体字，《现代汉语词典》《汉语大字典》、台湾《中文大辞典》等均作"龜"，而《新华字典》却依据《简化字总表》所对应的繁体字作"龜"。

2. 随着电脑打字和排版的普及，新颖印刷字体出现较多，其中一度在正式公众传媒上出现最多的是用于标题的琥珀体和综艺体两种。前者以浑厚、粗实，给人以凝重、富贵的感觉。后者以多折、活跃，给人以明快和巧饰的意味，但两者在笔画的笔势和形态，以及笔画数上与传统的宋体、黑体等正体字有较多的不同。如"需"上当作"雨"，而琥珀体把"雨"中的 4 点变成了两个短竖。② "象"当为 11 画，而综艺体中的"象"字却作 12 画。③ 类似的情况还很多，不胜枚举。还有在汉字的新字体中，有个雨点体，把横或竖的笔画作断离状。上述情况出现在官方权威的传媒上也没有引起人们的诧异，也许是因为已被大家逐渐接受了。

正如《第一批异体字整理表》公布后作了三次调整一样，汉字规范化的工作也是在发展中不断完善的，在矛盾的对立统一中推动了汉字的向前发展。

三、大量的异体字是研究汉字文化学的宝藏

在汉字异体字中，从言的"詠"与从口的"咏"相同，从刀的"创"与从戈的"戗"相同，从糸的"缓"与从素的"繷"一样，从金的"钮"与从玉的"珸"一样，从齿的"齩"与从口的"咬"是一个字，从竹的"筏"与从木的"栰"也是一个字。从汉字的文化学角度出发，我们可以去剖析汉字的文化心理，可以体现使用汉字的中国人历来有一种重本质和主流，而不拘泥于细节的一种豁达大度，求同和宽容的民族

---

① 语言文字规范手册（增订本）. 北京：语文出版社，1993. 王均. 当代中国文字改革. 北京：当代中国出版社，1995.
② 《文汇报》1999 年 3 月 30 日第 6 版标题《社区网需要宣传引导》。
③ 《文汇报》1999 年 3 月 30 日第 2 版标题《上海，比想象中更美》。

心理。

中国历代土地辽阔,地形复杂,交通不便,方言区众多,在汉字使用和传播的过程中,出现一点差异和变通是很正常的,反之,才不可思议。几千年来,在汉字一次又一次的演变过程中,表现出一种"同中有异,异而趋同"的共同民族心理。从大量的异体字中我们可以感受到这种民族心理,而这种民族心理也适应和促使了汉字的向前发展,使汉字成为超方言的语言文字,并成为我们民族和社会牢固的纽带。

大量的异体字还是社会物质生产和生活形态演变的真实记录,从石的"砲"到从火的"炮",可以看到生产力和科技的进步,为火药是中国四大发明之一提供了佐证。我们又可以从"袜"字众多的异体字中可以知道,古代的袜子有皮质的、布质的,也许还有编织的。

裘锡圭先生在《文字学概论》中认为避讳缺笔字也应属于异体字的一个类别,是有一定道理的。避讳是古人在写作时,不能直称君主或尊长的名字,凡遇到与君主和尊长名字相同的字,甚至音近和形近的字,都要用种种方法加以回避。缺笔法,通常是指缺掉应避讳字的最后一笔,是避讳诸法中常用的一种,由此而造成了许许多多这类的异体字,在辞书中一般是查不到的。这类现象大量地充斥于未整理的古籍之中,如"卋"是避唐太宗李世民的讳,"玄"或"煊"是避清高宗(康熙)爱新觉罗·玄烨的讳,"胤"是避清世宗(雍正)爱新觉罗·胤禛的讳,"丠"是避孔子(孔丘)之讳。通过对这类异体字的全面整理,可以让人了解中国封建专制制度在文字领域内的一种表现和中国封建社会内一种特有的文化现象。

阴阳五行说渗透于漫长中国封建社会内的许多领域,也体现在封建君主统治思想内。公元25年,东汉光武帝"建社稷于洛阳,立郊兆于城南。始正火德,色尚赤。"①由于以火德为正,便觉得都城洛阳的"洛"字从水,火水相克而犯忌,故改洛阳为雒阳。唐颜师古注《汉书·地理志上》河南郡时曰:"鱼豢云汉火行忌水,故去'洛''水'而加'隹'。如鱼氏说,则光武以后改为'雒'字也。②"

异体字中也留下帝王改字的痕迹。"罪"本作"辠",《说文》十四下辛部:"辠,犯法也,从辛从自,言辠人蹙鼻苦辛之忧,秦以辠似皇字.改为罪。"段注:"此志改字之始也。"从《睡虎地秦墓竹简》中,"罪"字均作"辠",可以证明统治者为自己的

---

① 范晔.后汉书:第1册.北京:中华书局,1965:27.
② 范晔.汉书:第6册.北京:中华书局,1965:1556.

需求而改字的事例是可信的。

武则天是中国历史上唯一的一位女皇帝,尊为武周圣神皇帝。本名武媚娘,即位后改名武曌,取意"日月当空"。武后留给中国朝代史上了许许多多的评论,而一个流传千古的话题,便是她曾经造了20个左右的新字。女皇帝,武后是前无古人,后无来者的,作为最高统治者新造汉字也同样是如此,这真是给汉字文化留下了一个值得研究的课题。

有关武则天造字,最权威的记录是在《新唐书·后妃上》:"载初中,又享万象神宫,以太穆,文德二皇后配皇地祇,引周忠孝太后从配,作曌、𠂢、埊、〇、囝、〇、𠀁、忠、𢘑、𤯔、秊、𠨞十有二文。太后自名曌。改诏书为制书。"除上述"照、天、地、日、月、星、君、臣、除、载、年、正"12个字外,在《玉篇》《集韵》《字汇》《字汇补》《龙龛》《宣和书谱》《大周泰山碑》《康熙字典》和《汉语大字典》等历代字书和文献中,还收集了武后造的另一些字:𡔈、㡺、壐、囡、匨、厜、壾、稰(人、幼、初、国、生、应、圣、证、授)。此外,上述所列的字,还有许多异体的情况。①

一千多年过去了,今天我们重新来分析武则天造字的史实,不仅对于研究武则天本人和唐代的历史是非常有意义的,更有益于汉字史和汉字文化学的研究。透过这20几个字,我们是否可以作出如下的分析:

1. 首先武后把自己作为天神的代表,日月星辰的化身,从"曌"的字形结构,就可以得到说明。

作为第一位女皇,武则天意识到要巩固皇权,必须作出前无古人的动作。建都、改国号、改年号对于一个新皇帝来说,虽然极为重要,但这些都是历代皇朝干过的事情。因此武则天除了采取一系列的政治、经济的措施外,还必须借助于精神文化的力量。中国人历来对于汉字的形音义,特别是汉字的字形有种神秘的感觉。任何新的政治经济的形式都需要有精神和文化力量的陪衬和辅助,武则天用新造"曌"等汉字,实质上就是通过对人们普遍使用的汉字进行新造和改变的方式,为一种新的政权形式的诞生,从思想文化上、从人们的心灵上为自己打开一条通道,汉字尽管有字体等的变化,但千百年来汉字的结构是稳定的,通过汉字新造来打破人们思维习惯中这种深层次的固定的思维模式,来为一种新的皇权以破天荒的形式的出现和存在作精神上、文化上和心理上的准备。既然千年不变的汉字可以新造,那么以男权为中心的皇权就不可以改变吗?新造字的

---

① 参见《新唐书》、《康熙字典》、胡朴安《中国文字学史》、《汉语大字典》及《则天文字》网页、王维坤《武则天造字的分期》(《文博》1998年第4期)等。

这种弦外之音,比直接用语言具体说出自己的政治主张也许来得更高明,作用更含蓄深沉和持久。

2. 在中国传统的文化中,只有顺应天命的皇帝,才是正统的。

武则天要坐稳自己的皇位,当然要在文化方面确立自己正统的地位,新造"日""月""星"等字,这是其中的一个方面。武则天想要说明自己建立的"武周"王朝是顺应天意和神灵。新造了"天""地"等字,是要告诉天下的臣民,天变了,地也变了,旷古未有的"天""授"的女皇帝登基了。用新造字的办法,利用人们普遍对"天"的敬畏,强化人们对新的皇权替天行道、顺应天命的认识,为自己新政权找到思想理论的根据,使天下臣民以一种新的精神感觉去适应和服从一种前所未有的皇权形式。

3. 任何统治者都非常重视与臣民的关系,武则天也不例外。

在所造为数不多的字中就有个"臣"字,这个新造的"恶"是个会意字,取臣子必须"一心忠诚"之意,或取"天下臣子都要忠诚"之意。由于唐太宗名李世民,武则天也就不可能再去造个"民"字。但武后所造字中有个"人"字,"人"在唐代一直有"民"的词义。从中可以看出武则天的统治思想。

4. 在新造字中还有"生"字,和"除"字,这两个字无论古今,都是一组反义词。

从中可以清晰地看到,这位雄才大略的女皇,不论功过如何留待后人评说,但她的统治思路是非常清醒的,什么是该"新生"的,什么是该"除灭"的。

5. 这位女君主特造一个"圣"字,无疑是想确立自己神圣的历史地位。

在武后所造字中间,我们发现有两个字,似乎很耐人寻味,这便是"庎(幼)"和"壐(初)"这两个字。回想当年嬴政吞并六国,建立大一统秦王朝时,许多臣子向秦王献上许多称号的用词,而嬴政却以一个"始"字来作为自己帝王的称号,因为此时只有一个"始"字,才能体现他要把大秦江山传位于世世代代和子子孙孙的千古雄心。秦虽然二世而亡,但武后看到秦朝虽然短暂,但嬴政建立的中央集权的制度却快要有近千年的历史了。无独有偶,"庎"和"壐"也有"始"的意义在其中,我们无法确知武后当年造字的背后所内含的深义,但这也许并不是一种巧合,而似乎是政治巨人对一种新的政治形式的某种期待或者说是一种神秘的祈祷。

6. 作为君主的武后,对某些具有重要意义的汉字字形,十分敏感,非常重视。

在其执政时,有官员提出"國"字中间是个"或","或"与"惑"通,对皇朝很不吉利,于是武后新造了一个"国"字——"圀",意为国家要"以武镇之"。为此,她也颇为得意。不料,后来一位大臣提醒道:"武在口中,与困何异?"她才恍然大悟,于是便再改为"圀"字。据张鷟《朝野佥载》卷一记载:"天授中,则天好改新字,又多忌讳。有幽州人寻如意上封曰:'国字中或,或(惑)乱天象,请口中安武以镇之。'则天大喜,下制即依。月余,有上封者云:'武退在口中,与囚字无异,不祥之甚。'则天愕然,遽追制,改令中为八方字。"从"国"字两度的改写中,尽管可以说明武后的治国思想中有迷信的成分,但更可以知道在中国古代最高统治者的深层意识中,一个汉字的具体字形竟然对国家的命运和王朝的盛衰有如此重要的意义!

如果从普通汉字学来看,武后所造的字,不过在汉字史上又多了些异体字,而我们从汉字文化学的角度,去揭示这些新造字背后所深含的历史文化背景,既能充实一般汉字学的研究,又能为历史学的研究开辟一种新的途径和新的角度。

复文也可算是异体字的一个别类,它通过把两个或两个以上的单个汉字进行组合,来表达其独具的意义。这在辞书中一般都查不到,但在现实生活中不乏存在之处,如常见的"囍"字便是地无论南北,居无论城乡,家家户户都要用它,民间用此字来表示喜庆和祝福。此外,民间还有把"招财进宝""黄金万两"等分别组成复文,反映了民间求富求贵的一种民俗心理;古代有左以"亻",右以"西域哲"纵向组成复文,来表达"佛"字,被列为异体字而收入《汉语大字典》,反映了历史上民间对佛陀的理解和崇仰的心理。东汉遗存的道书《太平经》卷一百零四至一百零七,记载了体现道教"兴上除害""令尊者无忧""德行昌吉""神佑"的复文数百个,①从中可以看到当年传布教义和推行宗教活动的一些情况,也使我们了解到,道教早期的符箓更接近于文字。清代的洪门会和天地会曾用左"霓"字,右分别为"龙、虎、龟、蛇"等字分别组成复文来表示趋吉避凶,或以"忠心义气""共同和合""反清""复明"等组成复文来进行秘密联络和开展帮会活动。② 收集和研究这些复文,可为我们研究社会史和民间文化史提供丰富的材料。

唐兰先生在半个多世纪前就说过,"俗文字在文字学史上应该有重要的地位",并认为是中国文字学的五大分支之一。两三万个异体字可以默默地沉睡在汉字字库和字书里,或散落在民间和深藏在地下文物中,但深入研究汉字学的迫

---

① 中华道学通典.海口:南海出版公司,1994:490—509.
② 王纯五.洪门·青帮·袍哥.成都:四川人民出版社,1993:23,153.

切需要。却要求我们去付出艰辛的劳动,对近乎天文数字的异体字进行分类、整理和研究,而不能让它再沉睡了！相信它给文字学和文化史研究所提供的价值将会与它的巨量是成正比例的。

（原载《上海大学学报》社会科学版 1999 年第 4 期,此次作了部分修改和补充）

上海话止遇两摄合口三等字读音及相关问题

薛才德

薛才德,1953年生,上海人。曾下乡云南西双版纳8年。1977年考入云南大学,毕业后留校任教。先后在中国人民大学、南开大学获硕士学位与博士学位。1999年调入上海大学。现任上海大学上海方言与文化研究中心主任、文学院中文系语言学科总带头人、教授、博士生导师。主要研究领域为比较语言学、方言学、社会语言学。主讲课程有"汉语方言学""语言学概论""欧美语言学史""语言和社会文化"(以上本科生课程)以及"理论语言学文献研读""汉藏语言学文献研读""汉语方言调查实践"(以上研究生课程)等。出版有《汉语藏语同源字研究》等专著6部,编撰词典3部,与他人合编教材1部;在《民族语文》《中等方言学报》等刊物发表学术论文40余篇。兼任中国民族语言学会理事、上海市语文学会副会长、上海大学上海方言与文化研究中心主任。

吴语各地方言止摄合口三等韵和遇摄合口三等韵往往都各有好几个韵母,其中还有交叉现象,如遇摄合口三等见系字读"-y",止摄合口三等也有一些见系字读"-y",有人就把这种现象称之谓"支微入鱼"或"支微入虞"。本文设想以上海话为样本,①运用所能找到的多种相关方言材料来论证,上海话曾经历过怎样的一个历史阶段而演变成现在这样的面貌。

一

上海话止遇摄合口三等韵的读音。上海话止摄合口三等字和遇摄合口三等

---

① 本文上海话是指上海市区话,上海市区范围是改革开放前的上海市10个区。

字出现在不少韵母中,并且可以同现在几个韵母中。现在将止摄合口三等字和遇摄合口三等字可以出现的韵母开列如下①。

止摄合口三等字:

规葵挥胃危威(见系)　　　　　　　　　uE

炊蕊醉追水穗(知系、精组)　　　　　　ø

累垒类帅率衰(来母生母少数字)　　　　E

龟鬼柜亏围喂(见系少数字)　　　　　　y

吹嘴水(三个字)　　　　　　　　　　　ɿ

飞肥味尾泪唯(非组、其他少数字)　　　i

遇摄合口三等字:

居女絮缕趋喻(见系、泥组精组)　　　　y

处锄书注朱乳(知系)　　　　　　　　　ɿ

吕蛆徐去滤胥(少数字)　　　　　　　　i

初助所肤数如(庄组非组日母)　　　　　u

上海话涉及止摄合口三等字的韵母有 uE、ø、E、y、ɿ、i 6 个,涉及遇摄合口三等字的韵母有 y、ɿ、i、u 4 个,其中 y、ɿ、i 三个韵母为止遇两个摄所共有,uE、ø、E 三个韵母只同止摄合口三等字有关,u 韵母只同遇摄合口三等字有关。两个韵摄各有四到六个韵母,其中三个韵母为两个韵摄所共有,这显然是语音演变的结果,它们较早期的状态不会是这样的。好在止摄合口三等字和遇摄合口三等字在上海话中都有文白异读,这为我们追溯语音的演变留下了一些线索。上海话止摄合口三等韵见系字的"龟鬼贵柜跪亏喂围",文读为"-uE",白读为"-y";精章组字的"嘴吹水",文读为"-ø",白读为"-ɿ"。遇摄合口三等来母精见组字的"吕滤蛆胥絮徐去",文读为"-y",白读为"-i";崇母"锄",文读为"-u",白读为"-ɿ"。

一般认为,文读音是外来的,是权威方言对当地方言的影响;白读音是口语音,是当地方言原有的。如果说上海话止摄合口三等见系字"龟鬼贵柜跪亏喂围"白读的"-y"是上海话原本的读音,那么,精章组字"嘴吹水"白读的"-ɿ",很可能原本也读"-y",由"-y"经过"-ɥ"或"-i"演变为"-ɿ"。② 如果说上海话遇摄合口三等来母精见组字"吕滤取蛆胥絮徐去"白读的"-i"是上海话原本的读音,那么崇母"锄"白读的"-ɿ",很可能是由"-i"演变而来的。不过,上海话中来自止摄合

———————
① 声化韵只涉及个别字音,本文暂不讨论。
② 薛才德.吴语"龟"类字及相关问题探讨//吴语研究:第 6 辑.上海:上海教育出版社,2011.

口三等韵白读为"-y"的字和来自遇摄合口三等韵白读为"-i"的字数量都很少,止摄合口三等字读"-ᴇ"和"-i"的,遇摄合口三等字读"-u"的,都只有一种读音,它们是文读音还是白读音,我们需要联系相关的方言来考察。

二

止摄合口三等字在太湖片吴语和早期文献记录中的读音。

表1① 止摄合口三等见系字在太湖片吴语的读音

	龟	鬼	贵	柜	跪	亏	喂	围	纬	匦
靖江	-ue	-ue	-ue	-ue	-ue	-ue	-ue	-ue	-ue	
金坛	-uei	-uei	-uei	-uei	-uei	-uei	-uei	-uei		
丹阳	-ue	-ue/-y	-ue/-y	-ue	-ue	-ue	-ue/-y	-ue		
常州	-uæe	-uæe	-uæe	-uæe	-uæe	-uæe	-uæe	-uæe/-y		
苏州	-uE/-y	-uE/-y	-uE/-y	-uE/-y	-uE/-y	-uE/-y	-uE/-y	-uE/-y	-uE/-y	-uE/-y
绍兴	-uE/-y	-uE/-y	-uE/-y	-uE/-y	-uE/-y	-uE/-y	-uE/-y	-uE/-y	-uE/-y	-uE/-y

表1的10个例字是现存上海话中文白异读为"-uᴇ/-y"的所有古止摄合口三等见系字。在表中靖江的9个例字和金坛8个例字都只有一读,跟同表的其他方言比较,可以确定这些都是文读音,也就是白读音都被文读音覆盖了。丹阳话保留"鬼贵喂"3个字有文白异读,常州话只有"围"一个字有文白异读。苏州和绍兴话同上海话,10例字都有文白异读,除此,苏州话还有"归 kue¹/tɕy¹"有文白异读,"鳜 tɕy⁰"只有白读音;绍兴话"归 kue¹/tɕy¹"有文白异读。

表2② 止摄合口三等见系字在早期上海话和苏州话文献中的读音

	龟	鬼	贵	柜	跪	亏	喂	围
艾约瑟上海话			-ue/-y		-ue	-y		-ue
高本汉上海话	-ue	-ue	-ue/-y	-ue/-y	-ue/-y	-ue/-y	ue/y	-ue
丁邦新苏州话	-uE/-y	-uE/-y	-uE/-y	-uE/-y	-uE	-uE		-uE

---

① 表1的语料分别来自:苏增耀. 靖江方言词典. 南京:江苏人民出版社,2009. 钱乃荣. 当代吴语研究. 上海:上海教育出版社,1992. 汪平. 苏州方言研究. 北京:中华书局,2011. 王福堂. 绍兴方言同音字汇. 方言,2008(1). 表中斜线左边是文读,右边是白读。丹阳话和常州话白读"-y"后描写性标注省略。下同。

② 表2的语料来自:Joseph Edkins. A Grammar of Colloquial Chinese, as Exhibited in the Shanghai Dialet. Shanghai:Presbyterian Mission Press,1853. 高本汉. 中国音韵学研究. 北京:商务印书馆,1995. 丁邦新. 一百年前的苏州话. 上海:上海教育出版社,2003. 下同。

341

表 2 8 个止摄合口三等字，艾约瑟(1853)只记录了其中"贵跪亏围"4 个字的读音，"贵"有文白异读，"跪围"只有文读音，"亏"只有白读音，除此，在书中还记录了上海话中"归"文读为"kue¹"，白读为"ky¹"。高本汉(1926)记录的上海话"贵柜跪亏喂"有文白异读，"龟鬼围"只有文读音，此外，在书中还记录了上海话"归"文读为"kue"白读为"tɕy"。丁邦新(2003)记录了苏州话 7 个字的读音，"龟鬼贵柜"有文白异读，"跪亏围"只有文读音，除此，在书中还记录"归"只读白读音"tɕy¹"。表 1 和表 2 止摄合口三等见系字的读音情况大致是相同的。

再来考察浙江天台和温州吴语的情况①。浙江天台话见系字文白异读的有"龟归 kuei¹/ky¹、鬼 kuei³/ky³、贵 kuei⁵/ky⁵、逵葵馗夔 guei²/gy²、跪 guei⁴/gy⁴、毁 huei³/hy³、围 ɦuei²/ɦy²、位为胃 ɦuei⁶/ɦy⁶、喂尉 uei⁵/y⁵、魏 ɦuei⁶/ny⁶"等等；"柜 gy⁶、危 ny²、伪 ny⁶"等只有白读音。

浙江温州话见系字文白异读的有"规归 kai¹/tɕy¹、贵 kai⁵/tɕy⁵、亏 khai¹/tɕhy¹、挥麾 fai¹/ɕy¹"等等，"龟轨 tɕy¹、诡轨鬼 tɕy³、跪 dzy⁴、柜馈 dzy⁶、葵逵馗 dzy²、辉 ɕy¹、毁 ɕy³、讳纬 ɕy⁵、危 ny²、伪 ny⁶，"只有白读音。

太湖片吴语止摄合口三等见系字有文白异读的比较少，有些话没有文白异读，但联系天台和温州等方言可以断定止摄合口三等见系字在吴语中原本读"-y"，同时可以看到文白的竞争不仅仅限制于一个方言音系的内部，它们还受到外力的影响。天台和温州话比上海话保留更多止摄合口三等见系读"-y"的字，而靖江和金坛等话止摄合口三等见系字已完全被文读音覆盖，这可以从地理上得到解释，靖江和金坛话紧靠北方官话，天台和温州话相对远离北方官话，上海话恰恰处于中间。

表 3　止摄合口三等精组和知系字在太湖片吴语的读音

	锤	穗	坠	吹	炊	髓	水	嘴	蕊	醉
靖江	-ye	-e	-ye	-ye	-ye	-e	-ye	-e	-ye	-e
金坛		-uei	-uei	-uei	-uei	-uei	-uei	-uei	-ei	-uei
丹阳		-ue/-y	-ye	-ye	-ye	-ue	-ye	-y	-ue	y
常州		-ɤæe	-ɤæe	-ɤæe/ɥ	-ɤæe	-ɤæe	-ɤæe/ɥ	-ɤæe	-ɤæe	-ɤæe
苏州	-E/-ɥ	-E/-ɥ	-E	-E/-ɥ	-E	-E/-ɥ	-E	-ɥ	-E/-y	-E
绍兴	-E/-ɿ	-E/-ɿ	-E/	-E/-ɿ	-E/-ɿ	-E/-i	-E/-ɿ	-E/-ɿ	-E/-y	-E

---

① 语料来自：戴昭铭．天台方言初探．北京：中国社会科学出版社，2003．郑张尚芳．温州方言志．北京：中华书局，2008．下同。

止摄合口三等精组和知系字，上海话只有"嘴吹水"3个有文白异读。表3，靖江话和金坛话例字都只有文读音，分别读-ye、-e 和-uei；丹阳话"穗"有文白异读，"坠吹炊髓水蕊"只有文读音，"嘴醉"只有白读音；常州话"吹水"有文白异读，其他例字只有文读音；苏州话"锤穗吹髓蕊"有文白异读，"坠炊醉"只有文读音，"水嘴"只有白读音；绍兴话"锤穗坠吹炊髓水嘴蕊"都有文白异读，"醉"只有文读音。

止摄合口三等精组和知系字，艾约瑟(1853)记录的上海话"水 sɥe²/sʅ²"有文白异读，"嘴 tsʅ³、吹 tshʅ¹"只有白读音，"追 tsɥe³、随 zɥe²、虽 sɥe¹"只有文读音；高本汉(1926)记录的上海话"锥 tsœ/tsʅ、水 sœ/sʅ、吹炊 tshœ/tshʅ、髓 sœ/si"等有文白异读；丁邦新(2003)书中记录的苏州话只有"醉追 tsɛ、翠吹 tshɛ、虽水 sɛ、随睡 zɛ"等文读音。

再来考察浙江天台和温州吴语的情况。天台话精组和知系字文白异读的有"嘴 tsei³/tɕy³、醉 tsei⁵/tɕy⁵、缒坠 dzei⁶/dʑy⁵、水 sei³/ɕy³、随 zei²/ʑy²、睡 zei⁶/ʑy⁶"等，"追锥佳 tɕy¹、吹炊 tɕhy¹、槌锤椎 dʑy²、虽 ɕy¹、髓 ɕy³、垂隋 ʑy²、遂隧穗 ʑy⁶"等只有白读音。

温州话精组和知系字文白两读的有"醉 tsai⁵/tsʅ⁵、随 zai²/zʅ²、髓 sei³/ɕi³、蕊 zʅ⁴/ȵy⁶"等，"嘴 tsʅ³、虽 sʅ¹、隋 zʅ²、穗遂瑞 zʅ⁶、追锥 tsʅ¹、坠 dzʅ⁶、吹炊 tshʅ²、垂锤 dzʅ²、水 sʅ³"只有白读音。

太湖片吴语止摄合口三等精组和知系字有文白异读的很少，有些话没有文白异读，但联系天台和温州等方言，可以推断古止摄合口三等精组和知系字在吴语中原本读"-y"。太湖片吴语止摄合口三等精组和知系字白读音有"-y、-ɥ、-ɥ、-ʅ、-i"等多种表现形式，不过演变的痕迹还是清晰可见的，都是在"y"基础上的发展。

上文主要论证了上海话止摄合口三等字白读音原本应该读"-y"，下文简略地讨论一下上海话中"-ɛ、-uɛ、-ø"三个文读音。上海话的"-ɛ、-uɛ、-ø"分别是从160多年前上海话文读音的"-e、-ue、-ɥe"演变而来的①。e 和 ue 韵母跟相关方言比较，可以断定它们来自北京官话，而 ɥe 韵母的来源似乎就不太容易判断了。这个"-ɥe"很可能是来自历史上的杭州官话，即，宋代南迁杭州的开封官话。在老派杭州话中"嘴醉追吹随水瑞"等字读"-ɥei"②。

---

① 这是指艾约瑟(1853)《上海方言口语文法》中记录的上海话。上海话音系元音高化是其特征，e、ue 到 ɛ、uɛ 的演变是元音低化，这是由音系内部的调整造成的。高本汉《中国音韵学研究》中记录的上海话"锥水吹炊髓"文读为"-œ"，"-œ"比"-ø"开口度要大，不过，我们认为这种差异可能是个人使用音标的习惯造成的，它们记录的实际音值是差不多的。

② 语料来自：鲍士杰. 杭州方言词典. 南京：江苏教育出版社，1998.

三

遇摄合口三等非知系字在太湖片吴语和早期文献记录中的读音。

表 4　遇摄合口三等非知系字在太湖片吴语的读音

	吕	滤	蛆	徐	去	絮	胥
靖江	-y	-y			-i	-y/-i	-y
金坛		-y	-y	-y	-y/-iε^e		
丹阳		-y	-y	-y	-æ		
常州		-y	-y	-y	-y/-i		
苏州	-i	-i	-i	-i	-y/-i	-i	-i/-ɿ
绍兴	-y/-i	-y/-i	-y/-i	-i	-y/-i	-y/-i	-i

表 4 的 7 个例字是现存上海话中文白异读为"-y/-i"的所有遇摄合口三等字。金坛、丹阳和常州话所收的 4 个字中"滤蛆徐"都只有文读音,"去"金坛和常州有文白异读,丹阳只有白读音。靖江话所收的 5 个字中"吕滤絮"只有文读音,"去"有文白异读,"徐"只有白读音。除此,靖江话文白异读的还有"驴 lu^2/li^2、趣 tɕhy^4/tshi^4、聚 zy^5/zi^5"。苏州话"去胥"有文白异读,"吕滤蛆徐絮"只有白读音。除此,苏州话文白异读的还有"趋 tshi^1/tshɿ^1"①,"虑驴旅履膂侣褛缕 li^0、取娶 tshi^3、趣 tshi^4、需须鬚 si^1、序叙绪聚 zi^5"②只有白读音。绍兴话文白异读的有"吕滤蛆去絮","徐胥"只有白读音。除此,绍兴话文白异读还有"驴 lu^2/li^2、侣稆旅、屡 ly^4/li^4、虑 ly^6/li^6"。靖江、金坛、丹阳和常州 5 个方言遇摄三等字文白异读的较少,文读的较多。苏州和绍兴话有文白异读的较多,苏州话有不少字只读白读音。靖江和绍兴"驴"文读为"lu^2"很可能是受字形影响的误读。在上海话和表四的 6 个方言中遇摄字有文白异读的,或只有白读音-i 的,除了"去"是见系字外,其他都是非见系字。主要是来母字"吕侣稆滤虑驴旅履膂侣褛缕屡"、从母字"聚"、清母字"蛆取娶趣趋"、心母字"须需絮胥"、邪母字"徐绪叙序"等。见系字一般读-y。

---

① 笔者认为苏州方言"趋"文读应该为 tshɿ^{44},白读为 tshi^{44},表三中的"胥"文白异读也应该相互换换位置。

② 吴语"鬚",另有一个读音"səu"或"su",似乎更口语化,这是一个例外,我们将另文探讨。

表 5　遇摄合口三等非知系字在早期上海话和苏州话的读

	吕	虑	蛆	徐	去	絮	胥
艾约瑟上海话		-y		-y/-i	-y/-i		
高本汉上海话	-y/-i	-y		-y/-i	-y/-i	-y/-i	-y
丁邦新苏州话	-i	-i		-i	-y/-i	-i	-i

表 5 例字，艾约瑟记录的上海话"徐去"有文白异读，"虑"只有文读音；高本汉书中的上海话"吕徐去絮"有文白异读，"虑胥"只有文读音；丁邦新书中的苏州话"去"有文白异读，"吕虑徐絮胥"只有白读音。除此，高本汉书中的上海话文白异读的还有"驴 ly/li"等；丁邦新书中的苏州话只有白读音的还有"驴闾旅滤屡 li、疽 tsi、取娶趣 tshi、须鬚需 si、聚叙绪 zi"等。

遇摄合口三等非知系字在太湖片吴语或早期上海话和苏州话的读音都是差不多的，白读为"-i"，文读为"-y"或"-ɥ"。这似乎在告诉我们上海话原本遇摄合口三等非知系字就是读"-i"的。

四

遇摄合口三等知系字在太湖片吴语和早期文献记录中的读音。

表 6　遇摄合口三等知系字在太湖片吴语的读音

	猪	珠	处	锄	树	书	乳	初	助	数	如
靖江	-y	-y	-y	-u	-y	-y	-y	-u	-u	-u	-y
金坛	-ᵊu	-ᵊu	-ᵊu	-ᵊu	-ᵊu	-ᵊu	-ᵊu	-ᵊu	-ᵊu	-ᵊu	-ᵊu
丹阳	-ᵊu	-ᵊu	-ᵊu	-ᵊu	-ᵊu	-ᵊu	-ᵊu	-ᵊu	-ᵊu	-ᵊu	-ᵊu
常州	-ɥ	-ɥ	-ɥ	-ɥ	-ɥ	-ɥ	-ɥ	-ɥ	-ɥ	-ɥ	-ɥ
苏州	-ɥ	-ɥ	-ɥ	-əu/-ɿ	-ɥ	-ɥ	-ɥ	-əu	-əu	-əu	-ɥ
绍兴	-ɿ	-y	-y	-u/-ɿ	-y	-y	-y	-u	-u	-u/-y	-y

表 6 例字中，金坛和丹阳话都读"-ᵊu"，常州话都读"-ɥ"；苏州话大部分读"-ɥ"，小部分读"-əu"，"锄"有"-əu/-ɿ"文白异读；靖江话大部分读"-y"，小部分读"-u"；绍兴话大部分读"-y"，小部分读"-u"，"猪"读"-ɿ"，"锄"和"数"分别有"-u/-ɿ"和"-u/-y"的文白异读。

表 7　遇摄合口三等知系字在早期上海话和苏州话文献中的读音

	猪	珠	处	锄	树	书	乳	初	助	数	如
艾约瑟	-ɿ	-ʮ	-ʮ	-ɿ	-ʮ	-ʮ			-u		-ʮ
高本汉	-ʮ/-ɿ	-ʮ	-ʮ	-u/-ɿ	-ʮ	-ʮ	-ʮ	-u	-u	-u	-ʮ
丁邦新	-ʮ	-ʮ	-ʮ	-u	-ʮ	-ʮ	-ʮ	-u	-u	-u	-ʮ

表 7 例字中，艾约瑟记录的上海话"珠处树书如"读"-ʮ"，"猪锄"读"-ɿ"；高本汉书中的上海话"猪锄"有文白异读，"珠处树书乳如"只读"-ʮ"，"初助数"只读"-u"；丁邦新书中的苏州话"猪珠处树书如"读"-ʮ"，"锄初助数"读"-u"。

联系表 6 和表 7 考察，可以发现太湖片吴语遇摄合口三等知系字早期应该读"-y"，绍兴和靖江话读"-y"的，保留了早期的形式。这个"-y"受舌尖声母的影响，就演变为"-ʮ"或"-ʮ"。一百多年前的苏州话知系声母读卷舌音，因此"-y"就变成了"-ʮ"；当今苏州话知系声母读平舌音，于是"-ʮ"就变成了"-ʮ"。艾约瑟记录的上海话遇摄合口三等知系字有的读"-ʮ"，有的读"-ɿ"，这些字到上海话中都读成了"-ɿ"，很显然这个"-ɿ"是由"-ʮ"演变来的。根据表 6 苏州和绍兴话的文白异读，读"-əu"或"-u"的都是文读音，在文白竞争中，文读音首先在庄组字中获得胜利，在金坛和丹阳话中更是扩大到了整个知系字。遇摄合口三等知系字吴语读"-y"的这个早期形式似乎应该是白读音。丁邦新在讨论一百多年前苏州话的知系字时认为读卷舌音是文读，读平舌音是白读，文白异读是否跟韵母相关没有涉及。从书中实例来看，文白异读不仅仅跟声母有关，跟韵母也同样有关。如宕摄字"张账涨帐长胀掌幛障彰"只有文读音"tʂɑ̄"，"樟獐臧脏赃"只有白读音"tsɑ̄"，"章"文读为"tʂɑ̄"，白读为"tsɑ̄"；"昌倡娼猖畅昶厂敞氅"只有文读音"tʂhɑ̄"，"仓舱沧苍创"只有白读音"tshɑ̄"，"閶菖唱"文读为"tʂhɑ̄"，白读为"tshɑ̄"；"商殇"只有文读音"ʂɑ̄"，"桑颡搡孀丧"只有白读音"sɑ̄"，"赏伤爽"文读为"ʂɑ̄"，白读为"sɑ̄"①。宕摄字文白异读声母固然有"tʂ—ts、tʂh—tsh、ʂ—s"平卷不同，其实韵母也是有"ā—ɑ̄"元音前后位置的差异的，可以肯定"ā"是文读音，"ɑ̄"是白读音。遇摄合口三等知系字，丁邦新的书中只有文读音，如"朱 tʂʮ、处 tʂhʮ、署 ʂʮ、住 zʮ"②等，没有相应的白读音，到了当代苏州话知系字都读成了平舌音，于是"-ʮ"就变成了"-ʮ"；不过，丁邦新书中"梳 sɿ、墅 zɿ"两字声母显然是白读音，它们的韵母"ɿ"很可能也是白读音。艾约瑟和高本汉的上海话记录，"梳"

---

① 丁邦新．一百年前的苏州话．上海：上海教育出版社，2003．
② 丁邦新《一百年前的苏州话》第 48 页国际音标"zʮ"显然有误，应该为"zʮ"。

都是读"sɿ"的,当代上海话"梳"也是读"sɿ",这个"-ɿ"很可能是直接从"-i"变来的。由此推测,上海话和太湖片吴语古遇摄合口三等知系字早期读"-y"的很可能是文读音,读"-i"才是白读音。这种推论还能找到其他证据吗？以北京话为代表的北方官话大多数遇摄合口三等知系字都不读"-y",而读"-u",吴语的这个"-y"文读音从何而来？我们认为很可能来自杭州官话,也就是历史上南迁杭州的开封官话。遇摄合口三等知系字老派杭州话都读"-ʮ",如"朱珠硃猪 tsʮ¹、主拄疰蛀 tsʮ³、处暑 tshʮ³、除厨橱 dzʮ²、柱 dzʮ⁵、书 sʮ¹、如 zʮ²、树竖 zʮ⁵"等①。当代开封话受到北京官话的影响,遇摄合口三等知系字绝大部分都已读"-u",只有"铸"还读"tɕy³¹"②。不过,在河南方言中仍然有不少地方遇摄合口三等知系字读"-ʮ"或"-ʯ"的。如,兰考阳垌镇话"诸朱珠蛛株 tsʮ¹、煮拄主注 tsʮ³、著柱住蛀驻铸 tsʮ⁴、枢 tshʮ¹、除储厨橱殊 tshʮ²、处 tshʮ⁴、书舒输戍 sʮ¹、恕 sʮ²、暑署薯鼠黍庶 sʮ³、竖树 sʮ⁴"等,新安五村话"诸朱珠蛛株 tʂʯ¹、著煮拄主注 tʂʯ³、柱住蛀驻铸 tʂʯ⁴、枢除储殊厨橱 tʂhʯ²、处 tʂhʯ⁴、书舒输戍恕 ʂʯ¹、暑署薯鼠黍庶 ʂʯ³、竖树 ʂʯ⁴"等③。贺巍(1985)指出,遇摄知系字的韵母河南陕县全读"ʮ"韵;栾川、偃师、新安、渑池、洛宁、汝阳、临汝、宜阳、伊川、嵩县、灵宝、卢氏、西峡、浙川、内乡、镇平等地知章组读"ʮ"韵,庄组读"u"或"əu"④。

五

古遇摄合口三等字在太湖片其他吴语中的读音。

表8⑤　古遇摄合口三等知系字在太湖片其他吴语中的读音

	猪	珠	处	锄	树	书	乳	初	助	数	如
湖州双林	-ɿ	-ɿ	-ɿ	-ɿ	-ɿ	-ɿ	-ɿ	-ue	-ue	-ue	-ɿ
崇明	-ɿ	-ɿ	-ɿ	-u/-ɿ	-ɿ	-ɿ	-ɿ	-u	-u	-u	-ɿ
宝山庙行	-ɿ	-ɿ	-ɿ	-ɿ	-ɿ	-ɿ	-ɿ	-u	-u	-u	-ɿ

如果说表8三个方言点庄组字"初助数锄"的读音类同表6和表7那些方言

---

① 鲍士杰.杭州方言词典.南京:江苏教育出版社,1998.
② 张启焕.河南方言研究.开封:河南大学出版社,1993.
③ 兰考阳垌镇话和新安五村话语料由我博士生王杰立调查和提供。
④ 贺巍.河南省西南部方言的语音异同.方言,1985(2).
⑤ 湖州双林话语料来自:钱乃荣.当代吴语研究.上海:上海教育出版社,1992.崇明话语料来自:张惠英.崇明方言研究.北京:中国社会科学出版社,2009.上海宝山庙行话语料来自笔者的调查。下同。

点,读"-u"或"-ɐu"都是来自文读音,那么那些读"-ɿ"的音是否也是来自文读音"-y",由"-y"演变为"-ʮ"或"-ɥ"再到"-ɿ"吗?回答是否定的。湖州话、崇明话和上海宝山庙行话遇摄合口三等知系字都没有读"-y"或"-ʮ""-ɥ"的,音系中也没有读"ʮ"或"ɥ"的韵母。崇明话有两个章组字"曙署"不读"-ɿ",读"dʑi⁶"。可见,表八例字中读"-ɿ"的音直接来自"-i"。

湖州双林话遇摄合口三等字根本就不读"-y",如,泥组字"驴滤 li²、旅屡 li⁴、女 ȵi³",精组字"蛆趋 tɕhi¹、趣 tɕhi⁵、徐 dzi²、聚 dzi⁴、须 ɕi¹、取 tɕhi³、序 zi⁴",见系字"居拘 tɕi¹、举 tɕi³、据句 tɕi⁵、区 tɕhi¹、去 tɕhi⁵、瞿具 dʑi²、拒 dʑi⁴、愚御遇 ȵi²、於余雨预喻 ɦi²、迂 ʔi¹、虚 ɕi¹、许 ɕi³、愈 ɦi⁴"①。

崇明话遇摄合口三等字文读为"-y",白读为"-i",如,泥组字"女 ɦȵy⁴/ɦȵi⁴、屡 ʔli²、驴 ɦli²、吕 ɦli⁴、铝旅虑滤侣榈闾膂 ɦli⁶",精组字"聚 dzy⁴/zi⁴、趋蛆 tɕhi¹、取娶 tɕhi³、序叙绪 dzi⁶、须鬚需 ɕi¹、絮壻 ɕi⁵、徐 zi²、疽 tɕy¹、覷 tɕhy¹",见系字"居 tɕy¹/tɕi¹、举 tɕy⁵/tɕi³、区 tɕhy¹/tɕhi¹、瞿渠衢惧 dʑy²/dʑi²、巨 dʑy⁶/dʑi⁶、虞愚娱 ɦȵy²/ɦȵi²、鱼 ɦy²/ɦi⁶、遇语 ɦȵy⁶/ɦȵi⁶、虚嘘墟 ɕy¹/ɕi¹、许 ɕy³/ɕi³、去 tɕhy⁵/khi⁵、于 ɦy²/ɦi²、雨 ɦy⁴/ɦi⁴、预裕 ɦy⁶/ɦi⁶、驱 tɕhi¹、诩煦 ɕi¹、芋 ɦi⁶、车驹锯踞矩 tɕy¹、句据 tɕy⁵、躯 tɕhy¹、距具俱炬拒飓钜 dʑy⁶、寓 ɦȵy²、淤瘀 ʔy¹、羽予 ʔy³、与於禹 ʔy⁵、余馀玙俞逾踰愈瑜渝 ɦy²、预裕宇御豫喻 ɦy⁶"。

宝山庙行话遇摄合口三等字文读为"-y",白读为"-i",如,泥组字"女 ȵi⁵、旅虑滤 li³、缕 li⁵、吕屡 ly³",精组字"蛆趋 tɕhi¹、徐 zi²、取 tɕhi⁴⁴、娶 tɕy³/tɕhi³、绪鬚 ɕi¹、壻絮 ɕi³、趣 tɕhy⁴、聚 dzy⁵、叙须 ɕy¹、序 ɕy³⁴",见系字"拘驹 tɕi⁵²、距 tɕi⁴⁴、区 tɕhy⁵²/tɕhi⁵²、去 tɕhi³⁴、渠 dzi²¹、惧 dzi²³、语 ȵi²³、虚 ɕi¹、屿余馀予誉预豫寓愚虞迂盂宇禹羽芋榆逾俞 ɦi²、誉 ɦy²/ɦi²、娱雨愉愈 ɦi⁵、居车 tɕy¹、举据锯句 tɕy³、驱躯岖 tɕhy¹、苣瞿衢 dʑy²、拒距具俱 dʑy⁵、墟嘘 ɕy¹、许 ɕy³、渔与吁于喻裕 ɦy²、御遇 ɦy⁵、淤 y¹、於 y³"。

上述三个方言遇摄合口三等韵的现况可以大致观察到演变的线索,湖州双林话保留了较古的读音,崇明话和宝山庙行话的读音相对要发展快一些。历史上某一个时期,遇摄合口三等字都是读"-i"的,后来知系字受声母影响由"-i"演变为"-ɿ",再后来文读音开始入侵,庄组一些字由白读音"-ɿ"转变读文读音"-u"或"-ɐu";其他声母字,湖州双林话保持不变,仍然读"-i",崇明话和宝山庙行话有些仍然读"-i",有些有文白两读,有些只读文读音"-y"。在这些其他声母字中,见

---

① 湖州双林话"-i"后描写性标注省略。下同。

系字受到北方官话的影响最大,文读音比较多;精组字其次;泥组字受到的影响最小,除了少数几个字有文读音外,大多只有白读音。

六

止遇摄合口三等非组字在上海话和相关方言中的读音。前文讨论止遇两摄合口三等字没有涉及非组字,非组字的演变比较特殊。

表9 止遇摄合口三等非组字在上海话和相关方言中的读音

	飞	非	匪	费	夫	府	抚	父	武	务
上海	-i	-i	-i	-i	-u	-u	-u	-u	-u	-u
艾约瑟	-i	-i	-i	-i	-u	-u	-u	-u	-u	-u
靖江	-i	-i	-i	-i	-u	-u	-u	-u	-u	-u
苏州	-i	-i	-i	-i	-v	-v	-v	-v	-v	-v
湖州双林	-i		-i		-v	-v		-v	-v	
绍兴	-i	-i	-i	-i	-u	-u		-u	-u	-u

表9例字的当代上海话的读音跟艾约瑟(1853)记录的160多年前的上海话完全一样,跟靖江话、苏州话、湖州双林话、绍兴话也大致相同。止摄合口三等韵在非组声母后读"i",遇摄合口三等韵在非组声母后读"u"或v。"u"韵母受到非组唇齿音声母的影响就变成了声化韵"v"。

七

上海话止遇两摄合口三等韵演变的脉络。至此,我们可以大体勾勒出上海话止遇两摄合口三等韵演变的脉络,在历史上的某个时期,止摄合口三等韵可能为"*iɯ",遇摄合口三等韵可能为"*io"。

止摄合口三等韵"*iɯ"在非组声母后,先演变为"*iɿ",然后演变为"i";"*iɯ"韵母在非非组声母后,先演变为"*ɯ",再演变为"*ui",进一步演变为"y";知系和精组声母后的"y",被来自杭州官话的文读音"ɥe"覆盖,这个"ɥe"又进一步演变为"ø";随后,见系声母和来母等声母后的"y"被来自北京官话的文读音"ue"和"e"覆盖,上海音系内部的调整,使"ue"和"e"演化为"uE"和"E",只有"鬼亏"等少数见系字仍然保存着白读音"-y"。这是大体的演化轨迹,还有一些细节可以做进一步的说明。"*iuɪ"韵母在非非组声母后,演变为"*uɪ"后,有少数零声母字"u"演变为"v","ɪ"演变为"i",如"唯维"等;少数生母字白读音"-y"被来自杭州官话文读音"-ɥe"覆盖后,再被来自北京官话文读音"-ɛ"覆盖,如"帅衰"等;少数章组和精组字由"-y"演变为"-ɥ",再演变为"-ʅ",如"水嘴"等;个别来母字由"-y"演变为"-i",如"泪"等。

遇摄合口三等韵"*io",在非组声母后,演变为"*iu",再演变为"u";"*io"在非非组声母后,可能先演变为"*iɤ",后演变为"*ie",再演变为"*e",再后演变为"i";这个"i"韵母其后被来自杭州官话的文读音"y"覆盖,只有极少数泥组、精组和见组字还保留白读音"-i",如"吕徐去"等;知系声母后的文读音"y",受舌尖音声母影响变为"ɥ",由"ɥ"再变为"ʅ",其后,有一部分庄组和日母字再次被来自北京官话文读音覆盖,由读"-ɥ"或"-ʅ"变为读"-u",如"初助如"等,有极少数字可能没有经过由"-i"到"-y",再到"-ɥ",最后到"-ʅ"这样一个变化过程,是由"-i"直接演变到"-ʅ"的,如"梳"等。

最后需要指出,这里描述遇摄合口三等韵的演变轨迹并不完整。我们发现上海话"虚"除了文读音"-y"外,还有白读音"-ɛ",艾约瑟(1853)记录的上海话"许"读"he",高本汉(1926)记录的上海话"锯许"有"-y/-e"的文白异读;苏州话"居锯虚许"有"-y/-ɛ"的文白异读,绍兴话"锯裾"有"-y/-ɛ"的文白异读,崇明话也有类似的文白异读,如"锯-y/-ei,鱼居虚墟-y/-ei、-i,许-y/-ɛ、-ei、-i"。"锯鱼居虚墟许"都是鱼韵见系字,从这些字所保留的白读音中,可以依稀地感觉到鱼韵跟虞韵的差别。如果将上文跟遇摄三等韵构拟的"*io"给虞韵,那么可以给鱼韵构拟为"*iɔ"。鱼韵由"*iɔ"演变为"*iʌ",后演变为"*iɛ",再演变为"ɛ"然后演变为"e",最后演变为"-i",同虞韵合流。

上海话止遇两摄三等合口韵的演变轨迹可以简要展示如下:

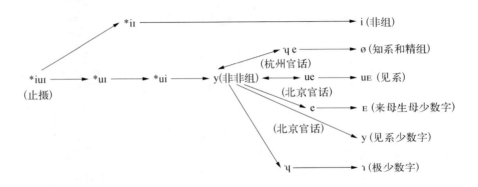

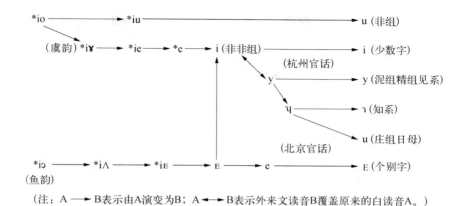

（注：A —→ B表示由A演变为B；A ←→ B表示外来文读音B覆盖原来的白读音A。）

总之，上海话可能经历过止摄合口三等韵在非组声母后读"i"，在其他声母后读"y"，遇摄三等韵在非组声母后读"u"，在其他声母后读"i"的历史阶段。上海话曾先后受到杭州官话和北京官话的巨大影响。上海话的经历可能也是北部吴语乃至大多数吴语的经历。

苏州话[i]元音的语音学分析

凌 锋

凌锋,江苏苏州人。本科和硕士阶段就读于北京大学中文系,先后获汉语专业学士学位和语言学及应用语言学专业硕士学位。博士阶段就读于香港城市大学中文、翻译及语言学系,获语音学专业博士学位。现为上海大学文学院副教授。主要研究领域为实验语音学、汉语方言学。出版专著1部,在《中国语文》《方言》《民族语文》等刊物发表学术论文十余篇。曾主持国家社科基金一般项目1项、教育部哲学社会科学青年项目1项及教育部哲学社会科学重大项目子项目1项。

一、缘 起

世界上所有语言的元音系统几乎都可以找到元音[i](Crothers,1978,93-152)。苏州话也不例外,但有意思的是它竟然有两个对立的元音都被人认为是[i]。在袁家骅(1960,58),叶祥苓(1988,3)的描写里,止摄、蟹摄三四等字的元音被认为是[i],零声母平声字"衣"可以作为代表字。而汪平(1996,17)则认为咸山摄三四等字的元音才是[i],零声母字平声字"烟"可以作为代表字。两个元音出现的环境很相似,都可以和除了入声之外其他所有声调组合,也都可以和除了软腭声母之外的其他各组声母搭配,唯一的区别只有"衣"的元音能和两个唇齿擦音组合,而"烟"的元音不行。

此外,还有一个相关的问题。有些学者发现苏州话"衣"的元音不是一个普通元音,而是一个带摩擦的元音(赵元任,1928,48;钱乃荣,1992,37;汪平,1996,17)。在通常的元音定义中,元音是不能带摩擦的。但是"摩擦元音"在汉语方言中并不罕见。石汝杰(1998)综合了汉语各方言的资料后发现,吴语、江淮官话、徽语、西北官话、山西方言中都可以找到带摩擦的元音。事实上不光汉语方言,西北的很多少数民族方言同样也有这样的元音。此外,世界其他语言也可以找到摩擦元音的例子,比如非洲的班图语里所谓的"超高元音",Ladefoged、Maddieson(1996,314)认为也是"摩擦元音"。可惜的是,这一语音现象虽然被广泛报道,但很少有学者对这种"摩擦元音"进行专门的语音分析。

由于过去的研究还都依靠主观听觉印象,我们很难更深入了解这些元音的语音性质。所以本研究打算结合声学分析和颚位分析的方法来分析一下苏州话的这两个元音。研究首先要解答哪个元音才是真正的一号元音。其次,这两个元音是如何互相区分的。再次,如果"衣"确实是摩擦元音,我们还想对这种特殊的元音做一下深入的分析。最后,我们还想讨论一下苏州话的元音系统是如何演化成这样的格局的。

为了叙述方便,后文中用 $[i_z]$ 表示"衣"的元音,用 $[i]$ 表示"烟"的元音。选用这两个符号,仅仅是为了区分两个元音,并不代表它们的实际音值。

二、实 验 方 法

本实验是笔者正在进行的苏州话元音系统语音研究的一部分。发音人有 20 个苏州本地人,10 男 10 女,年龄均在 50—60 岁之间。实验过程是先拟制好录音字表。然后请发音人把这些字放在负载句中逐个以自然的语速语调读出。负载句为"我说＿＿＿拨侬听"。字表打乱顺序后重复读 3 遍。

为了排除声调、声母等因素的影响。实验用字都选用了零声母、高平调(阴平)字。本文涉及的实验用字如下:

$[i_z^{44}]$ 衣 $[i^{44}]$ 烟

录音在一间安静的房间中进行。录音话筒采用 Shure SM‑58,录音机用的是 HHB MDP500 便携式 MD 录音机。语音分析主要包括共振峰分析、语图分析和 HNR 分析,所有声学分析所用的软件都是阿姆斯特丹大学 Paul Boersma 和 David Weenink 开发的 Praat 软件。其中共振峰分析和 HNR 分析都直接选取了元音中点的分析结果。

除了声学实验之外,我们还做了发音实验。在上述 20 人中选了 2 男 2 女。用颚位照相的办法做了这两个元音的颚位图和舌位图。颚位照相参考了 Dart (1991,11)介绍的方法。

三、实验结果

声学测量结果

表 1 苏州话[i$_z$]和[i]前三个共振峰的平均值和标准差(10 男 10 女)

单位(Hz)	元音	F1		F2		F3	
		平均值	标准差	平均值	标准差	平均值	标准差
男	[i$_z$]	274.2	38.2	2 022.0	111.6	3 012.4	198.7
	[i]	268.8	37.8	2 353.4	205.3	3 420.8	295.6
女	[i$_z$]	323.0	38.5	2 323.3	165.8	3 514.1	167.3
	[i]	289.8	36.0	2 938.8	150.7	3 773.3	240.6

从声学测量的结果看,两个元音最大的区别在于第二共振峰。无论男女发音人,[i$_z$]的第二共振峰都要比[i]低很多。用单因素方差分析分别比较男女两组发音人两个元音的第二共振峰,结果 p 值均小于 0.000 1,这说明[i$_z$]和[i]的第二共振峰有显著差异。其次,两者的第三共振峰也有差异,[i$_z$]的第三共振峰也要比[i]的低,p 值也均小于 0.000 1。此外,第一共振峰也略有区别。从数值上看,无论男女都是[i$_z$]比[i]的第一个共振峰高。但是从统计看,男子组的差异 p 值为 0.581 9,不是显著性差异;而女子组的差异 p 值为 0.056 7,接近显著性差异。

三维语图可以直观的显示出元音中是否带有摩擦成分。为了确认[i$_z$]是否是摩擦元音,我们也做了语图分析。图 1 分别列出了这两个元音的窄带和宽带语图。

根据窄带语图显示,[i$_z$]在中高频区的谐波非常模糊,而[i]在各频率区的谐波都非常清晰。在宽带语图上,[i$_z$]的共振峰能量相对偏弱,并不是十分清晰;而[i]的共振峰的能量比较强。这说明在这个频段有较强的噪音,因此,不论宽带语图还是窄带语图,都显示元音[i$_z$]包含有比较多的噪音成分,噪音能量主要集中在中高频区;而元音[i]基本没有噪音成分。

为了量化这两个元音的噪音水平,我们还做了 HNR 分析。HNR (Harmonics-to-Noise Ratio)是一个反映声音中谐波和噪音能量比率的量化指标。数值越大,说明其中的噪音成分越少;反之则噪音越大。如果 HNR 值超过

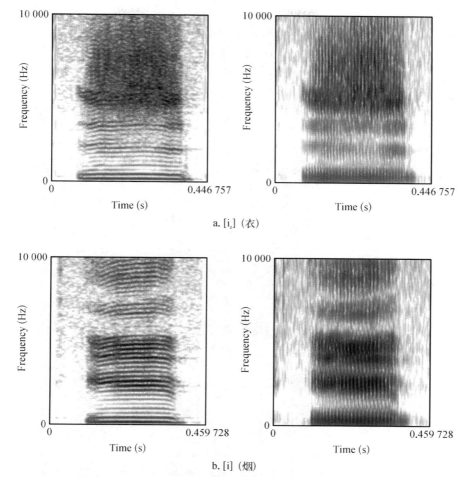

图 1 苏州话[iz]和[i]两个元音的窄带语图和宽带语图(来自一位男发音人)

20 dB,那就说明谐波总能量占整个声音能量的99%以上。统计结果如表2所示。不过需要说明的是,音质相差很大的元音,内在 HNR 会有较大差异。[i]和[iz]虽然音质接近,但毕竟不是相同的元音,以下比较结果仅能作为参考。

表 2 苏州话[iz]和[i]的 HNR 值比较(10 男 10 女,男女数据没有分开统计)

元音	平均 HNR(单位:dB)	标准差	F 值	P 值
[iz]	15.6	4.5	39.285	P<0.0001
[i]	20.4	3.9		

测算结果是[i_z]的 HNR 值显著小于[i]。这说明相比元音[i]而言,苏州话[i_z]中包含了更多噪音成分;而[i]的的 HNR 值大于 20 dB,说明它包含的噪音成分相当少。HNR 分析的结果跟我们从语图上观察到的结果是一致的。

综合前述几项声学测量的结果,我们发现这两个元音有两点区别,除了两者的共振峰结构不同,而且[i_z]还含有更多的噪音成分。

发音测量结果:

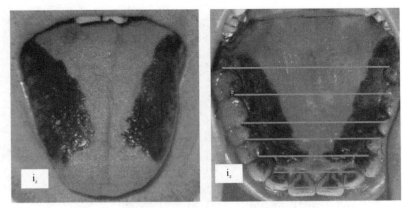

a. [i_z](衣)

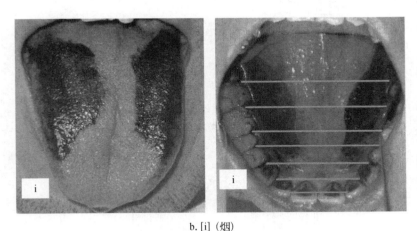

b. [i](烟)

图 2　[i_z][i]的颚位图和舌位图(男发音人 M1)

图 2 是这两个元音的颚位图和舌位图,数据来自一位男发音人。为了清楚地显示出收紧点的位置,我们在颚位图上根据发音人的牙齿位置画了若干条参考线。

根据上图显示,[iz]的收紧点位置,主动发音位置是比舌叶更靠后,应该算"舌面前";被动发音部位处在比齿龈和齿龈后的交界线略偏后的位置,可以看作是"齿龈后"。[i]的收紧点则已经不是一个点了,而是一条窄窄的通道,主动发音部位是"舌面";被动发音部位是"硬腭"。所以该发音人的[iz]是个"舌面前-齿龈后"音,而[i]是个"舌面-硬腭"音。简而言之,[iz]的发音位置比[i]更靠前。

两个元音除了发音部位有差异之外,收紧点的宽窄也有差异。颚位图显示[iz]的收紧点要比[i]窄得多。根据空气动力学的原理,气流通过一个非常狭窄的通道之后,会产生大量噪音,这也就可以解释为什么[iz]会有更多噪音成分。其他三位发音人的发音实验结果也是大同小异,他们的颚位图这里就不一一展示了。表3列出了这三位发音人的调查结果。

其中除了两位女发音人的[iz]主动发音部位比男发音人略微更偏前一些之外,其他方面四个发音人都基本一致。

表3 其他三位发音人[iz][i]的主动和被动发音部位。

	M2(男)		F1(女)		F2(女)	
	主动	被动	主动	被动	主动	被动
[iz]	舌面前	齿龈后	舌叶	齿龈后	舌叶	齿龈后
[i]	舌面	硬腭	舌面	硬腭	舌面	硬腭

因此,从发音调查结果来看,[iz]和[i]的发音部位也有明显区别。[i]的发音部位是舌面-硬腭,这是一个典型前高元音的发音位置;而[iz]的发音部位要更靠前一些。曹文(1999)曾经推测盐城方言摩擦元音的发音部位是舌叶。我们的研究结果跟他的推测很相似。

但是值得指出的是,发音调查的结果是有点出乎意料的。因为声学调查的结果是[iz]的第二共振峰低于[i]。按通常的元音发音-声学关系,第二共振峰越低,说明元音发音部位越后。根据这一关系推测,[iz]应该比[i]的发音部位偏后一些,但是实际发音调查结果是正好相反。我们将在后文的讨论部分进一步探讨这个"矛盾"。

四、讨 论

哪个元音才是真正的[i]

为了解决这个问题,我们先来比较一下苏州话这两个元音和其他一些方言或者语言[i]的共振峰数据。由于同一语言男女发音人的元音格局基本是一样的,下表只比较了男发音人的数据。

表 4 显示,这些元音第一共振峰的差别不大。而第二共振峰的数据很明显可以分成两组。北京话、粤语、英语和苏州话[i]的第二共振峰在 2 300 Hz 左右或者更高,而苏州话[i_z]的第二共振峰只有 2 022 Hz。这些元音的第三共振峰也可以分成两组,苏州话[i_z]和英语[i]为一组,其他三个元音为另一组。

表 4 苏州话、北京话(Lee 和 Zee,2001)、粤语(Zee,2003)、英语元音(Peterson 和 Barney,1952)[i]前三个共振峰的比较

元音(单位:Hz)	F1	F2	F3
[i_z](苏州话)	274	2 022	3 012
[i](北京话)	300	2 443	3 384
[i](香港粤语)	265	2 369	3 327
[i](美国英语)	270	2 290	3 010
[i](苏州话)	269	2 353	3 421

对于一般元音来说,前两个共振峰是最重要的,而第三共振峰更多是在区分圆唇元音和非圆唇元音的时候起作用。所以相比之下,苏州话的[i]的共振峰数据和其他语言的[i]比较接近,而苏州话的[i_z]则跟这些[i]差别要大一些。

从发音角度来说,一号元音[i]的发音部位应该是"舌面硬腭"。我们发音调查的结果发现苏州话[i]也正是一个舌面硬腭音。而苏州话[i_z]的发音部位要比"舌面硬腭"更靠前一些。

综合发音和声学两方面的调查结果,我们认为,苏州话"烟"的元音才是一号元音[i]。而苏州话[i_z],除了共振峰数据跟其他语言的[i]不大一样,发音部位也和普通的一号元音不同。而且它的频谱中还包含了很多噪声成分。因此,"衣"的元音是一个国际音标中没有专门符号的带摩擦元音,简单地用一号元音来描写它很不合适。

有关摩擦元音[i_z]的性质:

既然"衣"用[i]来描写不合适,那么从纯粹语音学的角度来看,它应该怎么描写更合理?我们再比较一下[i_z]和其他一些典型浊擦音的频谱。

在葡萄牙语[ʒ]的频谱上,一个重要特征是在 2 kHz 左右有一个明显的尖峰(如箭头所指位置)(Jesus 和 Shadle,1999)。而英语[ʒ]的频谱也一样,在 2 kHz 附近同样有一个凸起的部分(Soli,1982)。从整个频谱包络线来看,两条线在

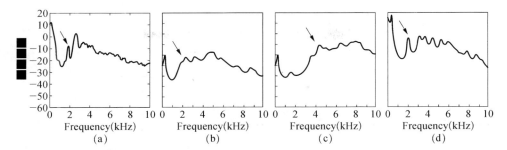

图3　(a) 葡萄牙语[ʒ]的频谱(Jesus 和 Shadle, 1999), (b) 英语[ʒ]的频谱 (Soli, 1982),
(c) 苏州话[iz]的频谱,(d) 英语[z]的频谱 (Soli, 1982)

5 kHz 以上的频段都是平缓下降的。英语[z]频谱则和前两者差别非常大,它除了在 1.7 kHz 左右有一个不大显眼的小凸起之外,主要能量是集中在 4 kHz 以上的频段,在这个频段里,包络线基本平行于横坐标轴的(Soli, 1982)。

苏州话[iz]的频谱同样在 2 kHz 左右有一个尖峰,5 kHz 以上的频段包络线平缓下降。这样的频谱和英语葡萄牙语的[ʒ]非常相似。

而发音调查的结果也表明,苏州话[iz]是一个齿龈后音。因此综合声学和发音两方面的结果,我们认为单纯从语音学角度来看,苏州话的[iz]可以描写成[ʒ]"音节化的舌叶(或舌面前)-齿龈后浊擦音"。不过这样的描写毕竟太烦琐了,使用的时候很不方便。再考虑到汉语方言中常见的音节化辅音一般都是成音节的边音或者鼻音。这些音一般只能独立成音节,不能和其他辅音搭配,往往只出现在有限的几个词语中,在音系中不占重要地位。所以它们的性质和[iz]性质不大一样。所以我们认为要描述类似[iz]这类元音,"摩擦元音"还是一个相当合适的术语。

不过如前所述,"摩擦元音"确实是一个不同寻常的术语。比如国内常用教材《语音学教程》(第 35 页)对元音的特征的描述是"声腔完全开放,气流能够顺利通过"。又如特拉斯克的《语音学与音系学词典》对元音的定义是"口腔气流没有明显阻塞的音段"。根据以上定义,"摩擦"和"元音"是不能共存的。但是正如 Laver(1994, 114)指出的,"元音"这个术语经常在两个层面上被使用。一个是纯语音层面,这也是前述那几个"元音"的定义;另一个则是功能层面,把可以作为音节核心的音段当作"元音"。通常情况两者并不矛盾。而"摩擦元音"正好属于非常情况。所以在使用这个术语的时候需要注意,其中的"元音"只是在功能层面定义的。

五、声学结果和发音结果的"矛盾"

本研究的声学分析和发音分析两部分,单独看结果都没有问题。但是如果把两者放在一起,发音-声学关系却出现了一个看似"矛盾"的地方。从发音看,$[i_z]$ 比 $[i]$ 更靠前。一般来讲,元音舌位越靠前,其第二共振峰就越高。所以,$[i_z]$ 的第二共振峰应该比 $[i]$ 的高。但是声学分析的结果却是,$[i_z]$ 的第二共振峰低于 $[i]$ 的第二共振峰。

事实上类似的问题也出现在普通话舌尖元音中。舌尖元音的第二共振峰比舌面元音 $[i]$ 要低很多。如果画在一个以第一、第二共振峰为坐标轴的二维声学元音图上,舌尖元音差不多处在央高元音的位置。有鉴于此,Howie(1976,64) 就认为舌尖元音实际是比元音 $[i]$ 要偏后一些。但是这样的判断看上去总是有点别扭。因为"舌尖元音"这个名称上本身就意味着它应该比所有其他元音更靠前才对。鲍怀翘(1984)同样也发现了普通话舌尖元音发音部位靠前,但第二共振峰却很低。通过比较舌尖元音的 X 光发音照片,他认为,舌尖元音在舌面后-软腭位置还有一个次收紧点,这个位置的前后影响了舌尖元音第二共振峰的高度。但是这一解释不大适用于苏州话摩擦元音的情况,因为 $[i_z]$ 的颚位图(见图 2a)显示,收紧点后面的气流通道呈倒三角形状,在舌面后位置并没有次收紧点。

所以有必要进一步审视一下第二共振峰与发音部位前后的关系。

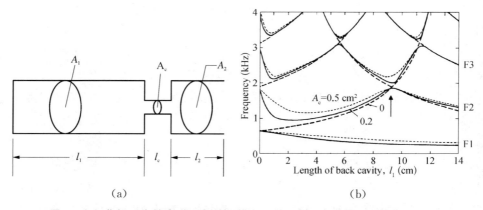

图 4 (a) 非低元音的声道形状简化模型 (b) 左侧声学模型中收紧处位置变化和自然共鸣频率变化关系(Stevens, 1989)

图 4 是元音发音理论的"管子"模型。根据这一模型，所有音的声道形状都可以简化成若干不同长度、口径的管子的组合。不圆唇非低元音的声道形状可以简化成图 4(a)那样一个模型。这个模型是一根细管子连接了两根粗管子。左侧的粗管子代表了从声门到收紧处的声道后腔，它的长度我们可以用 l_1 来标记；右侧的粗管子则是从收紧处到嘴唇的声调前腔，它的长度我们标为 l_2；中间的细管子则是收紧处，长度标为 l_c，口径标为 A_c。假设整个声道长度（=17 cm），三根管子的口径（其中 $A_c=0.2$ cm^2）和 l_c（=3 cm）这几个参数都保持不变，如果仅仅 l_1 从 0 cm 开始逐渐变长（也就是细管子从最左侧开始向右移动，或者说保持元音高度不变，逐渐从后元音向前元音滑动），那么这个模型的共振峰变化情况就如图 4(b)中实曲线所示（另两种虚曲线分别代表 $A_c=0.5$ cm^2 和 $A_c=0$ cm^2 的情况）。其中自左而右向上弯曲的几条曲线是前腔共振频率的变化曲线，自右而左向上弯曲的几条曲线则是后腔共振频率的变化曲线。最底下那条线是后腔的 Helmholtz 共振频率，它是元音的第一共振峰，这里我们就不作详细讨论。

我们主要看前后腔各自的第一共振频率曲线。它们在图 4(b)箭头所指的位置有一个交叉。这个位置就是 Stevens(1989)所谓元音[i]的 quantal 位置，这也是普通元音的边界，过了这个位置再向右，在西方语言学界看来都不属于元音范畴了。而在箭头左侧部分，元音的第二共振峰是前腔的第一共振频率。随着收紧处不断前移，第二共振峰持续升高。这一部分完全符合"元音越前，第二共振峰越高"的说法。但是在箭头右侧部分，由于前腔的第一共振频率已经变得很高，超过了后腔的第一共振频率，两条曲线的位置颠倒过来了，后腔的第一共振频率反而成为元音的第二共振峰。所以对于比[i]更靠前的音，收紧点越前，第二共振峰不是越高，而是越低。这样也就解释了为什么[iz]比[i]前，第二共振峰却更低。根据这一关系，我们还可以进一步推测，发音位置更靠前的舌尖元音，第二共振峰应该比[iz]还要低。事实也确实如此。经过测量，苏州话舌尖元音[ɿ]的第二共振峰，本实验 10 位男发音人的平均值是 1 179 Hz，10 位女发音人的平均值为 1 405 Hz，均小于对应的[iz]的第二共振峰。

除了管子模型以外，其他诸如 Chiba 和 Kajiyama(1941)、Fant(1960)，Mrayati 等人(1988)的发音-声学关系的模型，在这个问题上推导出的结果也是一样的。本文就不多作介绍了。

不过，理论模型总是比较理想化。就像刚才介绍的这个模型，它假定只有一个参数变化，而其他所有参数保持不变。但是在实际发音过程中，往往改变一个参数,其他参数也会一起变化。那么在实际发音过程中,上述关系是否也能成立呢?

Ladefoged、Lindau(1989)发表了他们的一个实验。在实验中,他们请发音人先发元音[i],然后让发音人以这个发音动作为基准,逐渐把舌叶慢慢靠向上颚,使收紧处不断前移。实验结果表明,随着收紧点前移,第二共振峰会逐步下降。

在实际语言中,我们也发现有相似的例子。比如瑞典语有两个圆唇的高元音,通常分别描写为[y]和[ʉ]。但Fant(1973)用x光调查这两个元音的发音舌位时却发现那个所谓的央高元音,"舌头主体的位置在硬腭软腭方向上并不比前元音更软腭化,舌冠部分则微微翘起,从而使舌-腭收紧处比[i]更靠前"。

因此不论理论模型、实验数据还是真实语言的数据都表明我们的声学发音调查结果并不冲突。由于苏州话[iᶻ]的收紧点位于比[i]更靠前的位置,通常的舌位前后与第二共振峰关系已经不再成立,而变成舌位越前,第二共振峰越低。

这个结论同样也可以解释为什么在包括北京话在内的很多汉语方言里,舌尖元音收紧点位置比[i]更靠前,而它的第二共振峰要比[i]的要低。

苏州话前高元音的演变过程:

虽然不论在发音方面还是声学方面,[iᶻ]和[i]都是有区别的。但是两者毕竟还是有些相似的,否则也不会有学者用"[i]"来描写[iᶻ]了。一个元音系统,一般而言应该尽可能让内部各成员之间彼此保持充分的距离,这样才能有利于感知的区分(Liljencrants和Lindblom,1972)。那么探讨一下这两个相似的元音怎么会共存在苏州话元音系统里,它们未来又会如何发展也是很有意思的题目。

根据发音分析的结果,[iᶻ]的发音部位已经超出一般元音的界限,位于"齿龈后"的位置。舌尖元音的发音部位比[iᶻ]还要靠前。所以我们打算结合了舌尖元音来讨论这个问题。

朱晓农(2004)推测舌尖元音可能是从摩擦元音演变而成的。他总结了汉语方言中高元音的演变情况后,发现汉语高元音有一个"元音大转移"演变过程。他发现,不同于印欧语的是,汉语的元音高化到高元音之后不是直接就变成复元音,而是继续高化,出现所谓"高顶出位"的现象。大致来说,演化可以分成这样三个阶段:首先是"擦化",即高元音继续变高,就成为擦化元音;其次是"舌尖化",即擦化元音继续发展就会变成舌尖元音;最后是"复化",也就是变成复元音。在此之前,也有一些学者(比如石汝杰 1998、曹文 1999 等)推测很多汉语方言的舌尖元音来自摩擦元音。而朱晓农的研究,确证了这样的演变过程。

但是这个演变过程还是存在着一点漏洞。第一步元音[i]继续高化，就会变成擦音，这是大家非常容易接受的。因为擦音和元音的区别本来就在于主被动发音器官之间距离的大小。但是第二步就有点令人费解了，如果擦音继续变高，其结果只能是由擦音变成舌面塞音，而不应该跑到前面去，变成舌尖元音。何况从舌面到舌尖还是有一段距离的。对于这一步，朱晓农在文章里也承认确实很难给出一个很圆满的解释。

有意思的是，苏州话高元音的历史发展，又跟朱晓农说的"高顶出位"过程非常吻合。根据丁邦新(2003,124)对一百多年前苏州话的研究。他发现今天苏州话的[i]和[iz]，100年前分别应该是[ie]和[i]。而李小凡(1998,211)，汪平和杨佶(2002)都发现，现在部分苏州年轻人，尤其是年轻女孩，倾向于把[iz]发成舌尖元音[ɿ]。由此可见，近100多年来苏州话的"衣"正好经历了从舌面元音[i]发展成摩擦元音[iz]，然后再向舌尖元音[ɿ]发展的音变过程。所以摩擦元音[iz]是从舌面元音[i]发展到舌尖元音的一个中间阶段，至少对于苏州话来说完全没有问题。

我们的研究结果正好可以合理解释舌面元音[i]发展成舌尖元音的变化过程。如前所述，苏州话摩擦元音的发音部位应该是舌叶(或舌面前)-齿龈后。所以从[i]到[ɿ]，并非是一个简单变高的过程，而是一个发音部位逐步从舌面发展到舌面前，然后再到舌叶，最后到舌尖这样一个逐步前化的过程。如果连续发这三个音，我们还会发现，前化同时也是高化的过程，只不过不是整个舌头不断抬高，而是舌头前端逐渐变高。比如前文提到的Ladefoged和Lindau(1989)那个实验正好再现这样的发音变化。他们是这样描述这个发音变化过程的，"the blade of the tongue is advanced and raised(舌叶向前并抬起)"。所以从这一点而言，从[i]发展到舌尖元音也是一个高化的结果。

不过苏州话[iz]为什么会在这一百多年里发生这样的变化仍是一个值得探讨的问题。这里我尝试着给出几个可能的解释，一种可能是元音系统内部调整造成的元音链式变化。因为在100多年前，现在的[i]还是一个双元音[ie]。当这个双元音的音值变得越来越接近一号元音时，本来音值为一号元音的[iz]如果要保持跟这个"双元音"的对立，就必然改变自己本来的音值。继续"高化"，就变成了今天的摩擦元音[iz]。而由于[iz]和[i]的音值还是有点相似。为了更好地区分这两个元音，新一代年轻苏州人就继续前化本来的摩擦元音[iz]，从而变成舌尖元音。如果这种解释成立，那么苏州话前高元音的变化是一个推链过程。

另一种可能则是受周边方言的影响。因为苏州以北的方言不论是吴语还是江淮官话普遍存在摩擦元音[i_z],有些方言甚至已经完成了摩擦元音到舌尖元音的演变过程(石汝杰,1998)。相比之下,苏州前高元音的演变速度并不算快。如果这种变化确实是方言接触引起的语音特征扩散,那么变异的源头肯定不会是苏州而应该在更北面的某个方言。笔者对上海话的一次小调查里就观察到过这种扩散的例子(凌锋、李俭,2006)。上海话跟苏州话关系非常密切,它也发生了[ie]单元音化成为[i]的语音演变。不同于苏州话的是,这个新出现的[i]和原来的[i]合并了(许宝华、汤珍珠,1988)。所以上海话等于已经失去了推链音变的条件。但是我们的调查却发现现在上海年轻人的[i]其实大概可以分成两派,一派的[i]就读成一号元音,而另一派则读成摩擦元音[i_z]。这样两种不同的变体的出现恐怕只能用周边方言的影响来解释。因此,苏州话也很可能是先受周边的影响,产生了摩擦元音,反过来促使[ie]单元音化。这样,这种变化就应该是拉链式演变了。

当然,还有一个可能就是前述两种因素共同发生作用,从而导致苏州话出现了[i_z]和[i]一对音值相近但彼此对立的元音。

六、小　　结

根据本文的研究,我们发现苏州话两个元音[i_z]和[i],后者才是普遍出现在世界各语言中的一号元音,前者是一个特殊的摩擦元音,它不但带有摩擦,其共振峰模式也和[i]不大一样,发音部位是在"舌叶(或舌面前)-齿龈后"。

我们还发现对于像[i_z]这类发音部位比[i]更靠前的元音,通常的第二共振峰与元音前后的对应关系不再成立,而变成元音越前,第二共振峰越低。这个解释不仅适用于苏州话,其他语言中只要出现类似的更靠前的元音,其共振峰都会呈现相同的模式。

我们也证实了苏州话前高元音确实发生了"高顶出位"的历史演变。但是我们发现"高顶出位"不是单纯的元音高化,同时更是发音部位的前移。这样才能更合理的解释从前高元音发展成舌尖元音的音变过程。

从《墨子》"选、择、选择"用法看"选择"成词

张　萍

张萍,1985年生,江苏溧阳人。2006年毕业于南京大学基础学科教学强化部文科强化班,获文学学士学位;2011年毕业于南京大学中文系汉语言文字学专业,先后获文学硕士、文学博士学位。现为上海大学文学院中文系讲师、硕士研究生导师。主要研究领域为汉语史语法及词汇。出版有《汉语"以"之研究》《〈墨子〉特殊语言现象研究》等专著2部;在《语言科学》《语言学论丛》《当代修辞学》《励耘语言学刊》《中国语文通讯》等刊物发表学术论文多篇。主持教育部人文社会科学研究青年基金项目1项、上海市哲学社会科学青年课题1项、上海市教育委员会科研创新项目1项、上海市语言文字水平测试中心科研课题2项。

一、引　　言

《汉语大词典》列有"选择"词条,义为"挑选;选取",首举例子即《墨子·尚同中》中的用例。[①] 我们利用北京大学中国语言学研究中心(CCL)"古代汉语语料库"对先秦主要典籍中"选择"加以检索,得14例,其中有10例在《墨子》中。《墨子》中"选择"见用频次高,且时代较早,当为"选择"最先用为双音词的典籍,这一点特殊性引起我们的注意。《墨子》中10例"选择"如下:

(1) 此言先王之治天下也,必<u>选择</u>贤者以为其群属辅佐。(《尚贤下》)
(2) 夫明虖天下之所以乱者,生于无政长,是故选天下之贤可者,立以

---

① 罗竹风主编.汉语大词典(缩印本).上海:汉语大词典出版社,1997:6443.

为天子。天子立，以其力为未足，又选择天下之贤可者，置立之以为三公……诸侯国君既已立，以其力为未足，又选择其国之贤可者，置立之以为正长。(《尚同上》)

(3) 明乎民之无正长以一同天下之义，而天下乱也，是故选择天下贤良圣知辩慧之人，立以为天子，使从事乎一同天下之义。天子既以立矣，以为唯其耳目之请，不能独一同天下之义，是故选择天下赞阅贤良圣知辩慧之人，置以为三公，与从事乎一同天下之义。(《尚同中》)

(4) 是故天下之欲同一天下之义也，是故选择贤者立为天子。天子以其知力为未足独治天下，是以选择其次立为三公……诸侯又以其知力为未足独治其四境之内也，是以选择其次立为卿之宰。卿之宰又以其知力为未足独左右其君也，是以选择其次立而为乡长家君。(《尚同下》)

(5) 及傅城，守将营无下三百人，四面四门之将，必选择之有功劳之臣及死事之后重者，从卒各百人。(《号令》)

10例"选择"分布在以上5个语段中，《尚同上、中、下》3篇为主，共有8例"选择"，另有2例在《尚贤下》与《号令》篇。例(2)段中有3个平行的句子，"是故选天下之贤可者，立以为天子"与下文的"又选择天下之贤可者，置立之以为三公"、"又选择其国之贤可者，置立之以为正长"，句式结构相似，仅第一处使用了单音词"选"，后两句则使用了双音词"选择"。孙诒让《墨子间诂》、吴毓江《墨子校注》均引王念孙云："'选'下有'择'字，而今本脱之，下文及中下二篇皆作'选择'。"①那么这一处"选"是否真的像王念孙所说的，要根据后两句及中、下篇中的"选择"判断为脱了一个"择"字呢，是不是非得补上一个"择"字，变成"选择"？如果结合"选择"形成的词汇史与《墨子》中"选择"一词的特殊性，或许会得到不同答案。

双音词"选择"从表层看，是由两个单音动词"选"与"择"同义复用凝固而成。"选"与"择"都有"挑选"义，《王力古汉语字典》指出了两者用法的区别："区别在于挑选的对象和目的有所不同。'选'是按一定标准从众多事物中挑选出好的来，挑选的对象主要是人；'择'是根据挑选人的意愿和需要进行选择，挑选的对象固然也可以是人，但主要是选取者所需要的事物。"②这一辨析抓住了"选"与

---

① 孙诒让撰，孙启治点校.墨子间诂.北京：中华书局，2001：75.吴毓江撰，孙启治点校.墨子校注.北京：中华书局，2006：110.
② 王力主编.王力古汉语字典.北京：中华书局，2000：1457.

"择"用法的关键,即"选"的目标对象多是好的、优秀的人才,而"择"的目标对象则未必是好的,也未必是人。

《墨子》中不仅有"选择",且有"选"与"择"独立作动词用的情况,其用法也印证了上述区别性特点。"选择"集中出现于《墨子》,其使用体现出什么特点? 其背后隐含着与"选""择"两个单音词怎样的功能演变关系? 通过对《墨子》中"选""择""选择"三者用例的具体分析,将得出较为明确的结论。

二、《墨子》中"选"的用法

《墨子》中"选"共出现 19 次,除"选择"中 10 次,另有 9 次,其中 4 例为动词用法,义为"挑选";2 例为形容词用法,义为"齐";3 例为通假用法,通"馔",义为"供,供食",分别是《明鬼下》篇"春秋冬夏选失时""官府选效"与《号令》篇"所居之吏上数选具之"。下面重点分析《墨子》中"挑选"义与"齐"义"选"。

(6) 适人为穴而来,我亟使穴师<u>选</u>本,迎而穴之,为之且内弩以应之。(《备城门》)

(7) 二十船为一队,<u>选</u>材士有力者三十人共船。(《备水》)

(8) <u>选</u>厉锐卒,慎无使顾,审赏行罚。(《杂守》)

以上 3 例以及例(2)第一句"选天下之贤可者,立以为天子"是"选"作"挑选"义动词的 4 例。例(6)"选本"之"本"为讹字,王念孙以为当为"士",孙诒让提出或当为"卒"。① 据文意,挑选出来的精兵主要从事"穴"(挖隧道)的工作,"选卒"可能性更大,该"选"是动词作定语修饰"卒",与"穴师"并称,义为"精通穴战的工师和精选出来的兵卒"。其他 3 例"选"为谓语,均带宾语,分别为"天下之贤可者、材士有力者(勇武之士)、锐卒",可见其所"挑选"的全部是"优质人选"。

《墨子》中有 2 例"齐"义形容词"选":

(9) 故又使国君<u>选</u>其国之义,以尚同于天子。(《尚同下》)

---

① 孙诒让撰,孙启治点校.墨子间诂.北京:中华书局,2001:498.

(10) 凡守围城之法……人众以选，吏民和……(《备城门》)

这两例"选"多被看作"挑选"义或其他动词义，其实当是"齐"义形容词。例(9)，谭家健译为"于是又使国君综合其国中意见，用来上同于天子"，用"综合"对译"选"。① 此"综合"义从何而来？此句前后文段中各有一句相似的句子，分别为"故又使家君总其家之义，以尚同于国君""天子又总天下之义，以尚同于天"，两句中都用了"总"，唯例(9)用"选"，这大概是一些今译将"选"译为"综合"的主要原因，即"选"义同"总"，但此处"总"并非"综合"之义。

《墨子间诂》已采俞樾明确的观点："《诗·猗嗟》篇'舞则选兮'，毛传训选为齐。'选其国'之义，犹齐其国之义。曰总，曰选，文异而义同也。《史记·仲尼弟子列传》'任不齐，字选'，是选有齐义。"②"选"是"按一定标准从众多事物中挑选出好的来"，则"选"的结果"都是好的"，不是参差不齐的，由此，"选"由"挑选"义引申出"齐"义，符合词义引申的认知逻辑。"齐""选"是形容词，例(9)"选其国之义"意思是"使得国中思想达到整齐一致"，以与上面的天子相同，译为"统一"亦可，另两句"总其家之义""总天下之义"之"总"义也如此，而不是"总括、综合"之义。

例(10)"人众以选"，孙中原译为"防守的人多并且经过训练选择"，③将"选"看作"选择"义，语意上看似还比较通顺，其实并未切中要旨。银雀山简本《尉缭子》有一句"……城坚而厚士民众篡薪食经〔□□〕劲矢仁矛戟〔□□□〕□策也"，整理小组释文提到"'篡'读为'选'，二字音近相通，银雀山竹书中屡见其例。《墨子·备城门》有'人众以选'语，'选'字用法与简文同。"④此处所谓"选"字的相同用法，当为"齐"义形容词用法，《墨子》"人众以选"与简文"城坚而厚"结构一致，"以"与"而"都是并列连词。"人众以选"义为"防守的人众多且整齐"，突出的更是一种秩序，这对于作战防御来说是极为重要的。

---

① 谭家健,孙中原注译.墨子今注今译.北京：商务印书馆,2009：79.据"前言"介绍本书分工,从《经上》到《小取》6篇、从《备城门》到《杂守》11篇为孙中原负责,其余篇目为谭家健负责。
② 孙诒让撰,孙启治点校.墨子间诂.北京：中华书局,2001：94.
③ 谭家健,孙中原注译.墨子今注今译.北京：商务印书馆,2009：426.据"前言"介绍本书分工,从《经上》到《小取》6篇、从《备城门》到《杂守》11篇为孙中原负责,其余篇目为谭家健负责。
④ 银雀山汉墓竹简整理小组.银雀山简本《尉缭子》释文附校注.文物,1977(2)：27.

三、《墨子》中"择"的用法

《墨子》中"择"共39见,除"选择"中10见外,另有29见单用。其中23见为"选择"义动词;3例为"区别"义,均见于"无择";3例为"释"义动词,《节葬下》"为而不已,操而不择"出现3次,"操而不择"指"实行而不放弃",与前面"为而不已"语义一致。

"选择"义"择"共23例,对象为人的有12例,为事物的有10例,还有1例宾语是代词"彼"。先看对象是事物的"择"的用法:

(11)《诗》曰"必择所堪(湛),必谨所堪"者,此之谓也。(《所染》)

(12)非惟若书之说为然也,且惟昔者虞夏商周三代之圣王,其始建国营都日,必择国之正坛,置以为宗庙;必择木之修茂者,立以为菆位(丛社);必择国之父兄慈孝贞良者,以为祝宗;必择六畜之胜腯肥倅,毛以为牺牲;珪璧琮璜,称财为度;必择五谷之芳黄,以为酒醴粢盛,故酒醴粢盛与岁上下也。(《明鬼下》)

(13)子墨子曰:"……今有固车良马于此,又有奴马四隅之轮于此,使子择焉,子将何乘?"对曰:"乘良马固车,可以速至。"(《鲁问》)

以上诸例"择"的对象分别是:"所堪(湛)",即染料;国之正坛、木之修茂者、六畜、五谷;车马。此外还有《明鬼下》"武王以择车百两,虎贲之卒四百人,先庶国节窥戎,与殷人战乎牧之野",《贵义》"商人用一布布(市),不敢继苟而雠(售)焉,必择良者",《鲁问》2见"择务而从事焉",这几例"择"的对象分别是车、交易物品中的"良者"、要务。

对象为事物的"择",一般用作谓语,仅"择车"中作定语,表"挑选出来的精车"。作谓语时,"择"都带宾语,宾语多为选择的目标,目标成分语义上都是积极正向的,如例(12)以及"择良者";也有选择的范围对象,如例(11)、(13),例(13)"焉"指代前面的"固车良马"与"奴马四隅之轮",是具体的两个选择项。

《墨子》中对象为人的"择"用例略多于事物,如下:

(14)"来,有国有土,告女讼刑,在今而安百姓,女何择言人?何敬不刑?何度不及?"能择人而敬为刑,尧舜禹汤文武之道可及也。(《尚贤下》)

(15) 是故择其国之贤者,置以为左右将军大夫。(《尚同中》)

(16) 是故古者天子之立三公、诸侯、卿之宰、乡长、家君,非特富贵游佚而择之也,将使助治乱刑政也。(《尚同下》)

(17) 谁以为二士,使其一士者执别,使其一士者执兼……别士之言若此,行若此……兼士之言若此,行若此……此言而非兼,择即取兼,即此言行费也……然而天下之士非兼者之言犹未止也,曰:意可以择士,而不可以择君乎?姑尝两而进之,谁以为二君,使其一君者执兼,使其一君者执别……不识将择之二君者,将何从也?我以为当其于此也,天下无愚夫愚妇,虽非兼者,必从兼君是也。言而非兼,择即取兼,此言行拂也。(《兼爱下》)

(18) 爱之相若,择而杀其一人,其类在坑下之鼠。(《大取》)

(19) 葆卫必取戍卒有重厚者,请择吏之忠信、无害可任事者。(《号令》)

上述诸例以及例(12)"择国之父兄慈孝贞良者,以为祝宗",共12处,是"择"的对象为人的用法。与"选"的宾语都是语义积极的目标对象不同,"择"的人物对象宾语呈多样化现象。有目标对象,如例(12)"国之父兄慈孝贞良者",例(14)"能择人"中"人"特指贤人,例(15)"其国之贤者",例(16)"之"指代前面的"三公、诸侯、卿之宰、乡长、家君",例(19)"吏之忠信、无害可任事者";有范围对象,如例(17)"士""君"、"之二君(这两位国君)"。也有宾语隐含的,例(17)"择即取兼",隐含的是选择范围;例(18)"择而杀其一人",隐含的是选择目标。可见,"择"的对象为人时,宾语语义以目标对象为主,也有范围对象;宾语为目标对象时,多为积极正向语义成分,也有消极语义成分,如例(18)选择的目标是如害鼠般的坏人。综上,对象为人时,"择"的宾语还是以带积极语义成分的目标对象为主,这一点与"选"用法一致,也是"选择"成词的语义基础。

结合以上"择"对象为物或人的用例来看,"择"有一个较为明显的使用特点,即语义为"从往往具有对立性的 A 与 B 两方中选择一方"。如例(13)"今有固车良马于此,又有奴马四隅之轮于此,使子择焉",一方是坚车好马,一方是破车劣马;例(17)"择之二君","之二君"就是上文提到的"谁(设)以为二君,使其一君者执兼,使其一君者执别",即两位国君,一位主张兼相爱,一位主张别相恶。从对立的双方中根据需要选择一方,这是"择"的重要语义特征。《墨子》中恰有一例可看作对这一特征的提炼,即《经说上》

对《经上》"法异则观其宜"的解说：

(20) 取此择彼，问故观宜。① (《经说上》)

孙诒让注："择读为释。释、舍古通。"②将"择"看作通"释"，义"舍弃"，即与前面的"取"反义。杨俊光《〈墨经〉研究》认为"以'择'为'去'、'舍'，则使'取此'和'择彼'成为同义反复，恐非是；此'择'字，还是作本义——挑选、选取解为是。"③我们赞同杨说，此句"择"当为"选择"义，与"取"同义，而非反义之"释"。

该句表示在"此"与"彼"具有相对性的双方之间进行择取时，需要"观其宜"，并非就取"此"，也有可能择取"彼"，若"择"为"释"，则只有一种可能性了，不符合《经上》"异则观其宜"文意，结合《经说上》后文举的例子以及"是孰宜"，可知这里突出的是根据"其宜"而进行选择，"此"与"彼"就是选择范围对象，正如上面所说，"择"的语义特征是在相对立的 A 与 B 之间根据需要进行选择，A 与 B 就是"此"与"彼"。可以说，《经说上》的这一例"取此择彼"对"择"的语义特征作出了精炼的概括。

《墨子》中有 3 例"无择"，其中"择"当是"区别"义，而非"选择"义。

(21) "我有是人也，与无是人也，孰愈？"曰："我有是人也，与无是人也，无择也。"(《节葬下》)

(22) 断指与断腕，利于天下相若，无择也。死生利若一，无择也。④ (《大取》)

《汉语大词典》收录了"无择"一词，义为"不用挑选；没有区别"，所举例子即例(21)与例(22)前一句。⑤ "无择"不当译为"不用挑选"，而当是"没有区别"。这与"择"的"区别"义相关。如前文所述，"择"重在表现"具有对立性的双方 A

---

① 《墨子间诂》为"取此择读彼"，第 354 页，多一"读"字，于文意不达，今从《墨子校注》"取此择彼"，第 474 页。

② 孙诒让撰，孙启治点校.墨子间诂.北京：中华书局，2001：354.

③ 杨俊光.《墨经》研究.南京：南京大学出版社，2002：775.

④ 此句"死生利若一，无择也"，孙诒让《墨子间诂》、吴毓江《墨子校注》作"死生利若，一无择也"，今据语意采谭家健、孙中原注今译《墨子今注今译》断句。

⑤ 罗竹风主编.汉语大词典（缩印本）.上海：汉语大词典出版社，1997：4132.

与B之间的择取",语义上突出相关的两个对象之间的"差异性",即"区别",由此"择"由"挑选"义引申出"区别"义。

例(21)选择问句可以简化为"A与B,孰愈?"即"A与B哪一个更好",其答案有且只有三种,一是A,二是B,三是"一样",答句中的"无择"就是"没有区别",即"一样"。例(21),谭家健译为"我有这些人和没有这些人,没有区别",但例(22)两个"无择",孙中原译作了"在精神状态上无所选择,不予计较",[①]究竟是"没有区别"还是"没有选择",两者一从客观而言,一从主观而言,似乎差别不大,却与文意理解大有关系。

胡适引用例(22)前一句说明"有一件事是肯定的,墨家从不主张以自私自利为标准。一件事是'小害'还是'大利',这要依它的社会价值来定;也就是说,或者依它直接对于社会,或者依个人对社会的价值来定。"[②]例(22)讲的正是一种客观的价值判断标准,而不是主观选择取向。这一段两个"无择也"有着承上启下的作用,前一句承接上文断指与断腕的例子,后一句紧接下文的例子:"杀一人以存天下,非'杀人'以利于天下也;杀己以存天下,是杀己以利天下。""死生利若一,无择也"指的是在生死问题上,要看其对整个社会的影响和价值,如果对社会的利益是一样的,那么它们的价值就没有区别,好比杀他人与牺牲自己,对社会有益,就同样有价值。

把握住"无择"为"没有区别"义,"择"并非"选择"义,极为关键,不然则会理解成对生死的主观选择,或理解成不论生死,只要对社会有益,就不会逃避,如吴毓江注"此示墨家牺牲精神之伟大。苟利天下,断指可,断腕亦可,生可,死亦可,举无择也。"[③]或如孙诒让断句时将"一"属下,并谓"当作'非无择也',谓必舍死取生"。[④] 显然,"必舍死取生"说与整个文段内容是不一致的,也非下文所举例子说明的结论。"一"不是"非"之讹,且属上,"若一"连文,表示"等同,一致",与前面"相若"功能一致。

四、《墨子》及其他典籍中"选择"的用法

观察例(1)—(5)《墨子》中"选择"用例,10例中9例用为"$VP_1 + NP_1 +$

---

① 谭家健,孙中原注译.墨子今注今译.北京:商务印书馆,2009:141,354.
② 胡适.先秦名学史.上海:学林出版社,1983:83.
③ 吴毓江撰,孙启治点校.墨子校注.北京:中华书局,2001:605.
④ 孙诒让撰,孙启治点校.墨子间诂.北京:中华书局,2001:404.

VP_2(立/置/置立/置立之)+Conj(以/而)+VP_3(为)+NP_2"句式中的VP_1,"选择"(VP_1)与"为"(VP_3)之间大多有另一个表"确立、设置"义的动词VP_2,VP_2有单音"立/置",有双音"置立",也可以带宾语"之",仅1例缺失VP_2,即例(1)"选择贤者以为其群属辅佐",中间有连词"以"连接,1例《尚同下》"选择其次立而为乡长家君"中VP_2与VP_3之间有连词"而"连接,4例VP_2与VP_3之间有连词"以"连接,3例VP_2与VP_3直接连用,不用连词。

10例中另有1例非连动式,而是"选择NP"动宾式,即例(5)"选择之有功劳之臣及死事之后重者"。岑仲勉注:"之,于也。"①由前文分析可知,表示挑人选时,"选"或"择"后面一般都是直接加名词,多为目标对象,在动词与宾语之间不用介词,故岑注可能不当。此处"之"相当于"其",表特指,与例(22)"择而杀其一人"中"其"用法相似,"选择之NP"相当于"选择其NP",即"选择那些有功的臣子和烈士的后代"。

《墨子》中"选择"的用法非常集中,除了上述句式上的特点,在语义上,其所针对的对象均为人,且都是目标对象,这与"选"的动词功能一致,没有带其他事物对象的用法,也没有带范围对象或省略宾语的用法,这两个是"择"区别于"选"的特别用法。可见,"选择"在《墨子》中集中出现,成为一个双音词,其功能相当于"选",或者说是"选"与"择"的共性用法,而不是简单的"选"和"择"用法的加和(并列词组的表现)。由此可以确定"选择"在《墨子》中凝固成双音词,其后"选择"在句式及语义上均有扩展。

前面提到CCL语料库先秦典籍中"选择"共有14例,《墨子》10例外,有1例为《战国纵横家书·见田倛于梁南章》"将军皆令县急急为守备,选择贤者,令之坚守,将以救亡",核对马王堆帛书,"选"作"譔",②当是"譔"通"选","譔择"即"选择",后带宾语"贤者",用法同《墨子》"选择"。有1例为《逸周书·酆保解》"五祥:一君选择,二官得度,三务不舍,四不行赂,五察民困。"这一例"选择"需注意,它与《墨子》中"选择"性质不同。该例出自西周文献,时代大为早于《墨子》,此处"选"与"择"当为独立的单音动词,因两者兼具"挑选优秀人才"之常见用法,"选"与"择"前后连用,是一种"叠用"表达,当主要出于前后句式相当的韵律需要,"选"与"择"尚未结合成双音词,其后不带宾语,至《墨子》中凝固成双音词的"选择"典型的特征是其后带上了宾语。另2例如下:

---

① 岑仲勉.墨子城守各篇简注.北京:中华书局,1958:98.
② 马王堆汉墓帛书整理小组编.马王堆汉墓帛书——战国纵横家书.北京:文物出版社,1976:115.

(23) 使毕战问井地，孟子曰："子之君将行仁政，选择而使子，子必勉之。"(《孟子·滕文公上》)

(24) 所谓庸人者……日选择于物，不知所贵；从物如流，不知所归。(《荀子·哀公》)

例(23)"选择而使子"句式同例(18)"择而杀其一人"，不过语义上此例"选择"的对象是"贤人"。例(24)"选择于物"，是"选择"用于事物最早的例子，且与对象为人的用法不同，宾语通过介词"于"引出。随着"选择"语义上进一步拓展，对象由人扩展至事物，该用法并不是直接沿袭"择"的用法，而是"选择"自身功能拓展的结果。

通过以上诸例与《墨子》"选择"的比较，可以帮助认识"选择"演变成词的历程与语义、句法功能的发展。

五、《墨子》"选择"成词的重要意义

《墨子》中"选择"在"选""择"共现使用的基础上，凝固成为双音词，三者有着密切的动态联系。挖掘这一语言演变事实，有两个重要意义：一是为汉语词汇史提供重要材料，明确了"选择"这一现代汉语常用词的成词过程与机制；二是明确了"选择"在《墨子》中最初成词的使用状况，为《墨子》文本校勘与语意理解提供更为可靠的依据。

回到例(2)"选天下之贤可者，立以为天子"，这一例"选"是否一定是脱了一"择"字呢？综合前面对"选""择""选择"用法的梳理，可见在《墨子》中三者都能独立用于"$VP_1＋NP_1＋VP_2＋Conj＋VP_3＋NP_2$"句式中的$VP_1$位置，即"选天下之贤可者"完全是可能的，并不能因为后文相似句式用了"选择"就判断其为"选择"之脱漏，而要给它补成"选择"。正如《墨子》"$VP_1＋NP_1＋VP_2＋Conj＋VP_3＋NP_2$"句式中$VP_2$有"立""置""置立"三者单音、双音并用而未呈现完全统一的状况，例(2)后续两句"选择天下之贤可者，置立之以为三公""选择其国之贤可者，置立之以为正长"都使用了"置立"，但前面"选天下之贤可者，立以为天子"用了"立"，第一句单用"选"也是有原因的，正与单音"立"一致，而后两句用双音"选择"，也与后面的"置立"一致。例(15)"择其国之贤者，置以为左右将军大夫"单用"择"也是与后面单用的"置"一致，可见这些句子中使用单音"选""择"还是双音的"选择"并不随意，其中有一定的讲究。由此，例(2)"选"绝非"选择"脱

了个"择"。

  《墨子》中"选择"与"选""择"并用,正如"置立"与"立""置"并用,恰恰生动地呈现出了《墨子》中双音词形成的动态性,如果一味追求词汇形式的一致性而轻易校改,则破坏了这一丰富多样化的语言事实,将会影响对词汇演变规律的准确揭示。从这一角度而言,《墨子》语料的"原始性"程度较其他先秦典籍较高,其对汉语词汇史、句法演变研究的价值值得重视。

  (原载《励耘语言学刊》2017年第2辑,总第27辑)

论特殊谐声字语音判定中的若干问题

郑 妞

郑妞,1984年7月生,湖北当阳人。文学博士。2006年毕业于武汉大学国学试验班,获学士学位;2008年毕业于武汉大学文学院,获硕士学位;2012年毕业于北京大学中文系,获博士学位,导师为孙玉文教授,博士论文荣获2012年北京大学优秀博士论文称号。2013年2月入上海大学文学院中文系工作。主要研究领域为汉语语音史。主讲课程有"古代汉语""音韵学基础""诗词格律""训诂学""音韵学与音义学文献研读"等。在《语言学论丛》《人文论丛》《国学学刊》等刊物发表学术论文10多篇。主持国家社会科学基金后期资助项目、上海市哲学社会科学青年项目各1项。

在上古音研究领域,谐声字是很重要的材料,尤其是上古声母的研究,早期有代表性的几家构拟如高本汉、董同龢、陆志韦、李方桂的系统都建立在全面分析谐声字的基础之上。一般情况下,学者们都会以《说文》中的谐声字为研究对象,以声符为纲,按照同系列、同声母、同发音部位的关系依次整理谐声系统,总结并分析其中蕴含的谐声原则和语音演变规律。在谐声系统的整理当中,就涉及对一个谐声字语音地位的判定,有学者主要参考《广韵》(如董同龢、陆志韦),也有参考大徐所附《唐韵》(如管燮初),其中的利弊李建强(2015)已有分析。① 在谐声字音的确立中,最基本的要求是其字音和《说文》的释义相匹配,对大部分谐声字来说,因其音义内在的一致性,无论依据何种取音原则,大部分都能符合要求,也不影响其谐声关系的基本判断。存在较大争议的是那些特殊谐声字,若仅凭单一的原则,以某一中古韵书,或者某一经师音注为参考对象,往往

---

① 李建强.来母字及相关声母字的上古音研究.北京:中国社会科学出版社,2015.

容易出现语音判断上的失误。这一点，在主张复辅音构拟的论著中体现得较为明显，下文将结合具体的例子谈谈这方面的问题。

一、误解注释体例，将释义当作释音

汉代经师在注解经籍时使用了一些术语，如"谓之、之为言、犹、读如、读若、声之误"等，虽然这一时期的训诂术语尚不具备统一的用例，但联系上下文和其它的术语用例，大多数情况下其功能是能够辨识清楚的。但有一些学者并不能够很好地区别这些注释体例，导致一些释义的条例被当作释音使用。最典型的就是毛《传》中的"犹"字。高本汉早期坚持 C 式的复辅音构拟，在否定 A 式和 B 式的构拟时，就举到了毛《传》的一个例子：

那么，"阁"是上古音的 kâk，或是 klâk 呢？它用在《诗经·斯干》里的一个短句"约之阁阁"当中，这里的 kâk 不是表明"楼阁"的意义。毛亨（约当西元前第二世纪中叶）以早先注释家所常用的一种方法来解释它。他认为是代表另外一个"同音"语词的假借字，说"kâk kâk 即为'历历'liek liek"。这种音训，假使"阁"是一个上古音的 kâk，便不可能，是无意义的了，如果是一个上古音的 klâk，便可以明白了："klâk-klâk 即为 liek-liek"（这样一种意义不同的程度有时发生于假借当中）。这种确是使我们赞成 C 的说法，于是我们得到了"各"klâk："洛"glâk 等。①

此例来自《诗·小雅·斯干》："约之阁阁，椓之橐橐"，毛《传》云："阁阁犹历历也"。高本汉将此条注释看作音训，所以认为"阁阁"和"历历"读音相近。"犹"是汉儒注经中常用的一个训诂术语，历来都是作为义训的标志，如段注在《说文》"雠，犹膺也"云："凡汉人作注云犹者，皆义隔而通之。"郭在贻《训诂学》解释："所谓'义隔而通之'，就是说释者与被释者是同义词或近义词的关系。"毛《传》中"犹"字常见的训释方式是"某犹某也"，如《白驹》毛《传》"藿犹苗也。夕犹朝也。"另一种释义方式是"某某犹某某也"，如《蒹葭》毛《传》"萋萋，犹苍苍也。采采，犹萋萋也。"《东门之杨》毛《传》"肺肺，犹胖胖也。晢晢，犹煌煌也。"《正月》毛《传》："惨惨，犹戚戚也"，可见大多数情况释词和被释词都没有语音的联系。只因汉字音义结合的特殊性，有些同义词和近义词又正好是同源词，所以也偶然可以看到"犹"连接的前后两个词是音同或音近的关系，如《邶风·柏舟》毛《传》："耿耿，犹儆儆也。"《颀弁》毛《传》："忡忡，犹冲冲也。"但这种现象出现的概率是非常小的，

---

① 高本汉. 汉语词类. 张世禄，译. 上海：商务印书馆，1937：105.

与"犹"字作为义训而非音训的标志并不矛盾。因此,高本汉径直认定《斯干》中的"阁阁犹历历"是音训,并没有充足的依据。《周礼·考工记·匠人》郑玄注引《诗》作"格格",马瑞辰《毛诗传笺通释》据《说文》"鞈,生革,可以为缕束也",段玉裁曰:"生革缕束曰鞈,谓束之历录也。"认为"阁、格"皆是"鞈"字之假借,毛《传》"阁阁犹历历"乃说"束板历碌之貌","鞈"本是束物的缕带,所以用"鞈鞈"来描绘"束物历录之貌耳"。可见,马瑞辰也是从意义的角度来解释"鞈"和"历"的联系。因此,根据毛《传》"阁阁犹历历",是无法认定"阁"和"历"有语音上的联系,也就不能作为"阁"为复辅音 kl- 的依据。

在典籍的注解中,尚存在很多"一物异名"现象,常常以"一曰、一名"的注释体例出现。如《说文·草部》:"荧,一曰蘵,一曰雒。"《辵部》:"遁,一曰逃也。"《木部》:"枫,一名㯉。"《林部》:"楚,一名荆也。"《鱼部》:"鳠,一名鲤,一名鳒。"大多数的"一曰、一名"是对同一事物或同一性状、同一动作的不同称呼,其中意义的关联是主要的。我们也可以看到"异名"意义和读音都相关的情况,如《足部》:"跳,一曰跃也。"《手部》:"播,一曰布也。""跳、跃""播、布"都是同源词,但这种现象的出现是非常偶然的,甚至带有巧合性,所以我们不能将偶然当作必然。下文所举的例子即忽略了这一问题。

"林"字是一个颇有争议的声符,因为"林声"的谐声系列中除了来母,还有见母(禁)、心母(罧)、彻母(琳、綝、郴),在《上古音系·古音字表》中,郑张尚芳将"林"构拟为[g·rɯm],潘悟云(1997)也将"林"拟为[g·rǔm]。除了谐声字外,潘悟云还列举了另外一个证据:

"函"与"林"通假。《周礼·春官·大司乐》"歌函钟",郑玄注:"函钟,一名林钟。""函"为匣母字,上古来源为 *g-,"林"的前面如果不带有一个前冠塞音 *g- 就很难解释它与"函"的通假关系。所以"林"的上古音应该是 *g·rǔm。①

其论证看似很有道理,但联系注解上下文仔细考察一番,会发现这个例证存在很大的问题。先看出处,《周礼·春官·大司乐》:"乃奏蕤宾,歌函钟,舞《大夏》,以祭山川。乃奏夷则,歌小吕,舞《大濩》,以享先妣。乃奏无射,歌夹钟,舞《大武》,以享先祖。"郑注:"蕤宾,阳声第四,函钟为之合。函钟一名林钟。夷则,阳声第五,小吕为之合。小吕一名中吕……无射,阳声之下也,夹钟为之合。夹钟一名圜钟。"郑玄的注解有三次使用了"一名"的体例,除了"函钟一名林钟",还有"小吕一名中吕""夹钟一名圜钟",很显然没有人会将后两则视为通假,所以这

---

① 潘悟云.喉音考.民族语文,1997(5):15.

里的"一名林钟",很可能只是一物异名。《礼记·月令》:"季夏之月,日在柳……其音徵,律中林钟。"郑玄是看到了《礼记》中作"林钟",所以才在《周礼》中作此注解。其次,"林"和"函"也有意义上的联系。《吕氏春秋·季夏纪》:"其日丙丁,其帝炎帝,其神祝融,其虫羽,其音徵,律中林钟。"高诱注:"林,众。钟,聚。阴律也。阳气衰,阴气起,万物众聚而成,竹管之阴应林钟也。"唐王泾《大唐郊祀录》卷二:"函钟即林钟也,函钟以函容为义。""林"有聚集义,"函"有涵容义,都包含多、盛的义素。又《淮南子·时则训》:"律中百钟,其数五。"高诱注:"百钟,林钟也,是月阳盛阴阻起,生养万物,故曰百钟。""百钟"也是形容数目之多,由此我们可以推断"林钟、函钟、百钟"三者的异文,都是因为意义相近的缘故,与通假没有关系。

二、异读收集不完备,仅根据《广韵》确定读音

就汉语的发展演变来说,其语音在后代的表现并不总是单向的,常存在异读,这些异读在《广韵》中,有些得到了完整的保留,有些则只存一音,但在经师音注、其它韵书和音义书中却可以找到这些异读。一些研究上古音的学者并没有充分重视这些异读,直接根据《广韵》确定谐声字的读音,导致分析出现失误。我们先以"飒"字为例。

"飒",《说文》从"立"得声,《广韵·合韵》"苏合切",只此一音。但从文献反映的情况,至晚到汉代时,"飒"是有来母一读的。《史记·司马相如列传》:"茝飒卉翕燔至电过兮,焕然雾除霍然云消。"《汉书·司马相如传》也有此句,略有文字上的差异:"茝飒芔歙焱至电过兮,焕然雾除霍然云消。"颜师古注:"张揖曰:'茝飒,飞相及也。芔歙,走相追也。师古曰:茝音利,飒音立,芔音讳,歙音翕。'""茝飒、芔歙"都是双声联绵词,"茝"为来母字,"飒"也当是来母字。又《汉书·游侠传》:"与归德侯刘飒俱使匈奴。"邓展曰:"飒音立。"又《匈奴传》"王飒",师古注:"飒音立。"说明至晚到西汉"飒"还有来母音。并且,在双声联绵词"茝飒"中,"飒"也不可能是复辅音。

"飒"在汉代也有齿音一读,《文选·西京赋》:"红罗飒纚,绮组缤纷,精曜华烛,俯仰如神。"李善注引薛综注《西京赋》曰:"飒纚,长袖貌。飒音素合反,纚音山绮反。"对于"纚"字,《释名·释采帛》:"纚,筛也。粗可以筛物也。""纚"作为齿音,方可和"筛"声训,说明刘熙将"纚"字视为齿音,薛综少时师从刘熙,将"飒、纚"二字也注为齿音,则"飒纚"为准双声联绵词。"飒"的齿音一读一直保留到现

代,但来母音已不见于《玉篇》《经典释文》《广韵》,只在《集韵》中可以见到:覃韵卢含切,缉韵力入切,合韵落合切,释为翔风或风声,不区别意义。

同样的例子还见于"虒"字,《广韵·支韵》息移切,只有心母读音。但"虒声"的谐声系列除了心母字,还有大量的舌音字,如透母"螔、褫",定母"螗、递、镺、觚、鼺、蹏、摵"等。文献中也可以看到"虒"读舌音的记载。《太平御览》卷一百六十二引《十道志》:"《汉志》曰:'虒奚,属渔阳郡,莽曰敦德。'原注:'虒,音题。'"《汉书·地理志》"渔阳郡"有"犀奚",颜师古注引孟康曰:"犀,音题,字或作蹏。"又《文选·司马相如〈上林赋〉》:"傃池茈虒,旋泞乎后宫。"李善注:"张揖曰:'茈虒,不齐也。'如淳曰:'茈,音此。虒,音豸。'""犀、题、豸"都属于舌音字,可证至晚汉代"虒"已有舌母读音。但"虒"的舌音只在《集韵》中得到了保留:齐韵田黎切,纸韵丈尔切。因此,"虒"的谐声系列中出现的舌音当是正常谐声,到中古后"虒"以心母音为常,《释文》为"虒"注音 3 次,皆是心母,《玉篇》《广韵》也只收了心母读音。

在解释复辅音到单辅音的发展过程时,主张复辅音者一般都分析了语音演变的方向和规律,如 sl-、sr-型复声母后来变为心母,生母,或者塞化为精母、庄母。[1] 在《古音字表》中,郑张尚芳将中古读为心母合韵的"飒"字拟为[sluub],将读心母支韵的"虒"字拟为[sle],并没有对另外一个读音拟音,若认为中古来母或定澄母也来自 sl-,则显然和上文的语音演变规律产生了矛盾。

三、未能辨清非历史性语音演变形成的异读

对于一个谐声字,中古的字书和韵书中收集的读音,其来源是很复杂的,有一些特殊读音的形成,与历史性的语音演变并没有多大关系,而要归咎到字形讹误、同义换读[2]、语流音变等因素。在特殊谐声字的语音拟定中,一些学者也没有细加考察,构拟了不合适的复辅音。我们以"巢声"谐声系列中的特殊谐声字为例。

"巢声"系列的字绝大部分都是齿音字,但"獞、操"却有来母读音。

(1) 獞

"獞"字不见于《说文》《广韵》,《集韵》收有三音,《巧韵》:"獞狐,侧绞切。西

---

[1] 郑张尚芳.上古音系.上海:上海教育出版社,2013:138.
[2] 有关"同义换读",可参考:郑妞."同义换读"现象在上古音研究中的作用.陕西理工学院学报,2012(1).

南夷种,或从爪。《巧韵》:"獠獠獠,竹狡切。戎夷别名。从豸从巢。"《晧韵》:"獠獠僚獠,鲁晧切。西南夷谓之獠,或从犬从人,亦作獿。一曰土人自谓,獠獿别种。"除了侧绞切,"獿"字的另外两个读音都和"獠獠"二字相关,《广韵》"獠獠"为异体字,张绞切又卢皓切,正和"獿"在《集韵》中的另外两音相对应。我们推测"獿"的来母音很可能是受"獠獠"二字的影响。

首先,唐以前典籍中出现的"獿"字都和齿音相关联。如《国语·鲁语下》:"丘闻之木石之怪曰夔蝄蜽。"韦昭注:"木石谓山也,或云:夔,一足,越人谓之山缫,音骚,或作獿。"《后汉书·礼仪志注》引韦昭注曰:"木石谓山怪也。夔一足,越人谓之山獿。"梁代宗懔《荆楚岁时记》记载"先于庭前爆竹以辟山臊恶鬼",隋杜公瞻注:"《玄黄经》所谓山獿鬼也。"其中的"山缫、山獿、山臊"都是指同一物,"獿"当为齿音字。

其次,"獿獠"两字连用表示少数民族,表明两者是有区别性的,不可能同音同义。如隋费长房《历代三宝记》:"又胡既是西域边俗,类此氐羌蛮夷獿獠,何有经书,乃云胡语。"又隋释智颉《摩诃止观》:"若无见者万斧不断,如为牛马说法,不相领解,獿獠全未解语若为论玄。""獠"字见于《说文》,且从"尞"得声的字都是来母①,所以"獿"在"獿獠"一词中也当是齿音。

《说文·犬部》:"獠,猎也。"字本义为夜猎、打猎,魏晋之后多用在史籍中表示西南少数民族。如晋常璩《华阳国志·李势志》:"势骄淫,不恤国事,中外离心,蜀土无獠,至是始徙山出,自巴至犍为、梓潼,布满山谷,大为民患。""獿"在唐以前的文献中多表示神怪,指西南夷除了以上"獿獠"一词以外,最早见于《考声》,《慧琳音义》卷八十四《集古今佛道论衡》:"獿,嘲狡反。《考声》云:獿,西南夷种也。《说文》从犬巢声。论文从尞作獠,俗字。"可知,至晚在隋唐时代,"獿"已有表示西南少数民族的含义。"獿"从齿音变为来母很可能也发生在此时,其读来母是受到同义词(或近义词)"獠"字的影响,与自身的历史语音演变无关。

(2)操

《说文·手部》:"操,拘击也。从手,巢声。"大徐注"子小切"。《文选·西京赋》:"操昆鲕,殄水族。"李善注引薛综注:"操、殄言尽取之,操,责交切。""操"从"巢"得声,当是齿音字,但中古"操"也有读为来母的情况。《篆隶万象名义·手部》:"操,力刁反。取。"《广韵·肴韵》:"操,击也。侧交切。"又《萧韵》:"操,击

---

① 只有"獠"字中古另有"张绞切"的知母读音,来母和知母上古同为舌音,与齿音无涉,因此并不影响我们将"獿獠"中的"獿"字定为齿音。

也。落萧切。"又玄应《一切经音义·大集日藏分经》:"石撩,力雕反。撩,掷也。《说文》作摷,相击也。"玄应《一切经音义·观佛三昧海经》:"摷啄,争交反。"《通俗文》:浮取曰摷。《广雅》:摷,取也。慧琳《一切经音义·观佛三昧海经》:"摷啄,争交反。《通俗文》:浮取曰摷,沉取曰捞。《广雅》:摷,取也。"《广雅·释诂》:"摷,撩,取也。"《博雅音》:"摷,力刁;撩,力幺。""摷、撩"在表示"取物"的含义上相近,可知"力刁反、力刀切、落萧切"本是"撩"的读音,只因"摷"和"撩"发生了"同义换读",才使得"摷"具有了来母音读。

郑张尚芳《古音字表》在构拟"巢声"的谐声系列时,除了读为来母的"摷"拟为[raaw],其余的从"巢"得声的谐声字都拟为带 l 或 r 的复辅音,①很显然是将来母读音归为上古语音的遗留,而忽略了语言中的"同义换读"现象。

四、忽略音义配合关系,错配同源词

在复辅音的论证依据中,汉藏语和民族语中的同源词是很重要的一项材料,但同源词的确立却并不容易,尤其是在同源词意义的搭配上,就存在着一些音义并没有严格对应而被错认为同源词的例子。对此,郭锡良(2002,2003)②、孙玉文(2002,2005)③均有论述,我们再以"缮"字为例进行说明。

潘悟云《章、昌、船母古读考》一文认为"缮"在"修缮、缝补"义上和藏文[glam-pa]同源,并说:

从"善"得声的谐声系列中,只有'搢'属见母。但此字在先秦文献中未发现,仅见于《广雅》《玉篇》。不过《礼记·曲礼上》"急缮其怒",郑玄注:"缮读曰劲",《释文》"吉政反","缮"有见母又读。④

郑张尚芳在《古音字表》中为"善、缮"字分别拟音[djen?＜gj]和[djens＜gj],⑤应该也是相同的意见。

---

① 郑张尚芳. 上古音系. 上海:上海教育出版社,2013:286-287.
② 郭锡良. 历史音韵学研究中的几个问题——驳梅祖麟在香港语言学会年会上的讲话(2002),音韵问题答梅祖麟(2003)//音韵学方法论讨论集. 北京:商务印书馆,2009:7-69.
③ 孙玉文.《汉语历史音韵学·上古篇》指误(2002),上古音构拟的检验标准问题(2005)//音韵学方法论讨论集. 北京:商务印书馆,2009:336-427.
④ 潘悟云. 章、昌、船母古读考. 温州师范学院学报,1985(1):94—95.
⑤ 郑张尚芳. 上古音系. 上海:上海教育出版社,2013:457.

"缮"字《玉篇》注音"市扇切",《广韵》和《集韵》中都只注有一音"时战切",《一切经音义》注"音善、市战反、视战反、时战反、是战反、蝉战反",皆同音。《经典释文》中注音九次,除去《礼记·曲礼》中的一例,其余均注禅母,表示"修缮、整治"的含义。如:

(1)《诗·郑风·叔于田》序:"叔处于京,缮甲治兵,以出于田,国人说而归之。"郑玄注:"缮之言善也。"《释文》:"缮,市战反。善也。"

(2)《左传·襄公三十年》:"聚禾粟,缮城郭,恃此二者而不忧其民,其君弱植,公子侈,大子卑,大夫敖,政多门。"《释文》:"缮,上战反。"

(3)《礼记·曲礼上》:"行,前朱鸟而后玄武,左青龙而右白虎,招摇在上,急缮其怒。"郑玄注:"以此四兽为军陈,象天也。急犹坚也,缮读曰劲。又画招摇星于旌旗上,以起居坚劲,军之威怒,象天帝也。"《释文》"缮,依注音劲,吉政反。"

"缮"与"劲"相关的注还见于《周礼·夏官·序官》:"缮人,上士二人,下士四人,府一人,史二人,胥二人,徒二十人。"郑玄注:"缮之言劲也,善也。"《疏》:"云'缮之言劲也,善也'者,以其所掌弓弩有坚劲而善堪为王用者,乃入缮人以共王,故郑为此解之也。"结合《序官》和《曲礼》中郑玄的注,可知"缮"注音"吉政反",实际上是注音同"劲",从"善"得声的字多是元部字,而"劲"为耕部字,虽属邻韵,但终有别,从《序官》中的孔疏可以看出,缮人乃掌坚劲之弓弩者,意义相关,所以"缮"的"吉政反"很可能是因"同义换读"产生的一个读音。对于这一认识,早在元代就有学者提过,熊朋来《五经说·礼记》"急缮其怒"条曰:"尝疑急缮之缮为劲,既非字文讹转,又非古音可通,诸家莫能言其故,余证之《周礼·夏官》缮人以弓、弩、矢、箙、矰、弋、抉、拾为职,亦取于急劲者也。《序官》"缮人"之注曰:"缮之言劲也。窃意如缮甲兵之缮,皆主于劲,郑氏注《曲礼》,又以其注缮人之说,言之本只说缮之义为劲,久之就读为劲,如'匪颁'之'匪'本则解为'分',师弟子相承竟读为'分',观缮人注可以知缮之为劲矣。"段玉裁在《说文解字注》中也表达了类似的看法,其注曰:"缮,补也。《周礼·缮人》注曰:缮之言劲也,善也。《叔于田》序注云:缮之言善也。《曲礼》'招摇在上,急缮其怒'注曰:'急犹坚也,缮读曰劲。'按:许言补,其本义也,而中含善劲二义,故郑云之言,不必如曲礼注之改读也。"段玉裁和熊朋来的不同之处是他不认同"缮读曰劲"这一读音,后来的字书、韵书和音义书,除了《释文》,都未收入"吉政反"一音,大概和段玉裁的看法相同,并未承认此音的合理性。

因此,从音义关系的匹配上来说,在上古典籍中,"缮"表示"修缮、整治"义时读禅母,我们未见其有牙喉音的读法,因此认为其与表示"修缮、缝补"的藏文

[glam-pa]同源是没有多少根据的。

五、小　　结

综合上述,在一个特殊谐声字的语音判定中,需要我们注意以下几个方面的问题:

(1) 准确了解上古典籍的注释体例,区分通例和特例,在一个具体的注释中要联系上下文分析注释词和被注词间的关系,避免将义注和音注混为一谈。

(2) 广泛收集字书、韵书、音义书和经师注解中的音注材料,多角度考察一个特殊谐声字在上古的真实语音状况,古音构拟要能系统地、历史地解释上古音到中古音的发展演变。

(3) 全面考虑韵书收集到的音切中包含的各种复杂因素,剔除与历史性语音演变无关的一些冗余音切。

(4) 充分重视上古同源词研究中的音义匹配原则,同源词的确立需要以汉藏语语音对应规律的系统性研究为前提,避免仅凭几个例子去推断一般性的结论。

（原载《国学学刊》2015 年第 3 期）

从物性角色看汉语中动句中动词的语义约束

李　强

李强，1988年1月生，安徽巢湖人。2010年7月毕业于安徽师范大学汉语言文学专业，获学士学位；2012年7月毕业于浙江大学语言学及应用语言学专业，获硕士学位；2016年7月毕业于北京大学汉语言文字学专业，获博士学位。现为上海大学文学院中文系讲师。主要研究领域为汉语句法学、语义学、语用学及自然语言处理。主讲课程有"现代汉语""西方语言学史"等。在《中国语文》《世界汉语教学》《外国语》《语言科学》等刊物发表学术论文30余篇。参与国家社科基金重大项目"汉语国际教育背景下的汉语意合特征研究与大型知识库和语料库建设"（北京大学中文系袁毓林教授主持）、国家重点基础研究计划（973计划）项目子课题"基于认知并且面向计算的语义信息描写框架研究"（北京大学中文系袁毓林教授主持）等的研究；主持教育部人文社会科学研究青年项目1项。

一、引　　言

中动结构（middle construction，也被称为"中动句""中动语态"或"中动构式"）是存在于不同语言中的一种普遍的语法现象，传统语法一般认为它是介于主动语态和被动语态之间，是"主动形式表被动意义"（Quirk 1985：735）。典型的中动句如下面的例(1)—(2)所示：

(1) a. The car drives fast.
　　b. The pen writes well.
(2) a. 这辆车开起来很快。

b. 这只钢笔写起来很流畅。

　　由于中动结构牵涉到形式和意义之间的复杂的对应关系,更直接关涉到语态范畴、论元结构、信息结构等诸多具体问题,因此被看作是"语言理论发展的试金石,也是检验和推动理论研究的有效工具"(Fagan 1992:4)。关于中动结构,较早的是以英语为对象展开的一系列研究,包括 Keyser & Roeper(1984),Fagan(1988),Ackema & Schoorlemmer(1994/1995)等;而在汉语学界,相关的研究可以追溯到吕叔湘(1980)、刘月华等(1998)和房玉清(2001),而较为系统的研究则可见于 Sung Kuo-ming(1994)、Ji Xiaoling(1995)和曹宏(2003)。其中,在关于汉语中动句的研究成果中,所涉及的议题非常广泛,既有宏观上对汉语是否存在中动句的争论(殷树林 2006a;余光武、司惠文 2008;严辰松 2011;蔡淑美、张新华 2015),也有中观上对中动句的句法构造和句式意义的探讨(古川裕 2005;殷树林 2006b;曹宏 2004b,c,2005;何文忠 2007a),同时还有微观上对中动句的组构成分的精细讨论(曹宏 2004;何文忠 2007a,b)。在这些研究当中,有关中动句的成句合格性条件尤其引人注意,不少学者对此做过深入细致的考察,主要议题集中在影响中动句成立的因素是什么。更为具体地说就是,构成中动句式"NP+V 起来+AP"中的 NP、V 起来和 AP 三部分之间存在什么样的句法语义协同机制,导致可以组构成为一个合格的中动句。

　　本文在上述相关研究成果的基础上,继续对这个问题展开讨论。传统语法学界坚持以动词为中心的分析模式,强调对于中动句中动词的语义性质和用法特点做细致的考察。本文的思路则稍与之有所不同,除了中心成分动词的语义分析外,认为主语名词的属性特征能够对中动句的句法和语义合格性产生影响,因此,在具体的分析过程中,名词的作用也不可忽视。具体而言,本文将从生成词库论所提出的物性角色角度出发,来探讨汉语中动句的合格性及其对中动词的语义约束,说明中动句成立的合格性条件是主语名词的物性角色与谓语成分在语义上具有共构性和关联性。

二、中动句对动词选择限制的四种解释方案

　　关于中动句对动词的选择限制问题,目前学界主要存在四种看法,分别以 Jaeggli(1986)/Sung(1994),Hale & Keyser(1987),Grimshaw(1990)和曹宏(2004a)为代表。本节着重对这四种代表性的看法进行回顾,并指出各自存在的

一些缺陷和无法解释的问题。

　　Jaeggli(1986)在讨论英语被动句时提出了"影响限制"说(Affectedness Constraint),并认为这可以用来说明什么样的动词能够进入中动句之中。这个说法的主要内容可以概括成"凡是能使客体性成分受到影响的动词都可以进入中动句"。但是,这个观点存在很大的争议。Ji(1995：96)就指出,像"The book read easily"这样的中动句,很难说其中的动词"read"能够对名词"book"产生何种影响。这与"The clothes clean easily"这类情况并不相同,因为在这后一个句子中,通过对"衣服"施加"洗"这样一种动作行为,"衣服"会经历从脏到干净、从干燥到潮湿的状态变化,因此可以说"洗"对"衣服"产生了影响。而宾语名词不受影响的中动句在英语中比比皆是。例如:

(3) a. The book sells quickly.
　　b. The music dances well.
　　c. The pen writes smoothly.
　　d. This book translates easily.

　　另外,英语中还有些能够使客体性成分受到影响的动词,但无法进入中动句。比如"murder、kill、hit、kick"等(Lemmens 1998：59):

(4) a. * Kidnappers do not murder easily.
　　b. ? Chickens kill easily.
　　c. * That car hits easily.
　　d. * The door kicks with difficulty.

　　Sung(1994)支持Jaeggli(1986)的理论,也认为"影响"说能够解释中动句中的动词为什么受到特定的选择限制,并以此来解释下面这两组句子的合格性。

(5) a. 法文学起来很容易。
　　b. 这件工作做起来很容易。
　　c. 简单的故事说起来很容易。
(6) a. * 答案知道起来很容易。
　　b. * 那个人喜欢起来很容易。

c. *飞行害怕起来很容易。

　Sung指出,例(5)中的动词"学、做、说"都能分别对"法文、这件工作、简单的故事"产生影响,一个可供验证的手段是,这些动词可以进入"把"字句。例如：

　　(7) a. 李四把法文学得很彻底。
　　　　b. 李四把这件工作做完了。
　　　　c. 李四把这个故事说出去了。

　　因此,例(5)中的中动句都能够成立;而例(6)中的"知道、喜欢、害怕"对"答案、那个人、飞行"都没有影响,所形成的中动句都不能成立。

　　但这样一种解释方案仍存在问题。曹宏(2004a)就指出,用"把"字句来佐证"学、做、说"等动词有影响效应并不成功,因为更为准确地说,影响效应是来自述补结构"学得很彻底、做完、说出去",而不是单个动词"学、做、说"。另外,这也无法解释为什么相应的包含动词"learn、do、tell"的英语中动句不能成立①。更为主要的是,Sung(1994)还指出,汉语中的影响效应可见于"被"字句,即具有影响效应的动词能够进入"被"字句中。而语言事实却告诉我们,动词"知道、喜欢"也是可以进入"被"字句中的,如"这件事被他知道了、被一个人喜欢是什么样的感觉";这样说来,它们也应该是具有影响效应的。结果,到头来与他认为这两个动词没有影响效应的观点又相互抵触了。

　　Hale & Keyser(1987)认为,能使受事论元经历变化的动词才能进入中动结构之中。这种理论可以用来说明为什么动词"hit、touch"不能进入中动句,因为"hit、touch"只表示与受事相互接触,而没有给它带来变化;但仍无法说明为什么不能使受事经历变化的动词"read"却可以进入中动句这个问题。Plank (1979)对Jaeggli(1986)和Hale & Keyser(1987)的观点进行了统一,提出"动作性强度"这一说法,并认为中动句中的动词所表示的动作要有一定的强度,也就是动作蕴含着对受事有较大的影响,或使受事发生了变化。然而,动作性强弱没有绝对的界限和参照标准,因而也就失去了可供判定的硬性标尺。况且,汉语中还有动作性并不是太强的动词却可以进入中动句的情况。比如:

---

　　① 比如,"*French learns easily. /*This job does easily. /*Simple stories tell easily."Sung(1994:42)用英汉两种语言对影响的概念理解的不同来解释中动句合格性的差异;但曹宏(2004a)指出这种解释多少带有一种特设(ad hoc)的性质。我们认为这种批评是恰当的。

(8) a. 时代精神把握起来很难。

b. 这件事想起来就后怕。

c. 他的话听起来很高妙。

Grimshaw(1990：90)指出,可以带有在论旨关系和时体特性上都最突出的内部论元的动词,才能够进入中动句中;也就是说,她认为中动句中动词都必须是及物动词。虽然总体来看这个概括是贴近语言事实的,因为中动句的主语都必须是动词的非施事性成分,也即动词的内部论元,这必然要求动词是及物动词。不过,这仍然是一条很粗糙的判定标准,因为它无法说明为什么有的及物动词,比如"hit、kick、kill"等,进入中动句之中却形成不合格的句子,正如上面例(4)所示。

曹宏(2004a)通过对真实语料中大量例句的分析,并辅之对动词的逐个、细致的考察,总结出中动句对动词的选择限制条件,即"只有自主动词中的及物动词才有可能进入中动句,非自主动词中的及物动词不能进入中动句"。应该说,她的总结是对上述 Grimshaw 的观点的进一步补充和完善,也是十分恰当的,动词的自主性和非自主性特征的确是中动句能否成句的一个非常重要的条件。但是,我们也觉得"自主性"虽然能够在宏观上对中动句中动词的用法特点进行较好的概括,但面对一些微观上的细节问题,仅凭"自主性"也不能完全地加以解决。比如,殷树林(2006b)就曾指出,并不是任意一个自主动词都可以进入中动句,"国画画起来很美"一般就不说;再比如,同样都是自主动词,有的可以进入中动句,有的则不行。请看：

(9) a. 这辆车开起来很容易。

b. *这辆车踢起来很容易。

(10) a. 这件衣服穿起来很舒服。

b. *这件衣服洗起来很舒服。

(11) a. 这种苹果吃起来很酸。

b. *这种苹果吃起来很容易。

c. 这种核桃吃起来很容易。

(12) a. 一两件衣服带起来方便得很。("携带"义)

b. *这么多居民带起来可是一股不小的力量。("带动"义)

在上面的例(9)和(10)中,每组两个句子除了动词不同外,其余成分都相同,所形成的中动句存在合格性上的差异。在例(11)中,a句和b句的主语名词和动词都相同,而形容词不同,所形成的中动句在合格性上存在差异;而与c句相比,b句更换主语名词,其余部分不变,所形成的中动句又变得能说。在例(12)中,虽然是同一个动词,但分别表示不同的意义,主语名词和形容词都不相同,所形成的中动句a合格,而b句却不合格。

上述这一系列的对比差异告诉我们:虽然这些句子中的动词都是自主性的及物动词,但有的中动句能说,而有的则不能说;其中的原因不可能在于动词是否具有"自主性"这一语义范畴,否则上面这些句子都应该合格。要寻找到解决问题的答案,只可能从动词和名词、形容词的语义关系入手。这也就启发我们:在研究中动句对动词的选择限制这一问题时,不能把目光仅仅聚焦在动词上,也要关注名词,甚至是形容词的语义信息对进入其中的动词在语义上所具有的约束作用,以及对于整个中动句是否能够成句所产生的影响。

三、从物性角色看中动句对中动词的语义约束

上一节的相关内容已经表明,目前关于中动句对动词选择限制的几种看法都还存在一些问题,并不具有充足、准确的预测性,其原因在于它们冀希望能够仅从动词本身的语义性质和用法特点中寻找到限制条件,而忽视了名词、形容词与动词在语义上的互动关系,而这种互动关系又在很大程度上受制于我们对于名词所指事物的了解认识和体验感受。因此,本节内容将着重从人们对万事万物的概念化识解过程这点入手,来试图回答中动句中动词的选择受到哪些因素的限制。

3.1 物性角色——包装人们对于事物的概念化认识

意义是"脏"的,它不是一张白纸,而是一个"大杂烩"。在关于意义复杂性的研究中,一个重要的问题就是"语言知识"(linguistic knowledge)与"百科知识"(encyclopedic knowledge)的区分,关于这一问题的讨论一直伴随着语义学的发展。从结构语义学和生成语义学对"百科知识"的排斥,到概念语义学和双层语义学对"百科知识"的接纳,再到认知语义学对"百科知识"的全盘接受[①]。越来越多的学者开始意识到语义问题不再是局限于语言系统内部所讨论的对象,而

[①] 关于不同语义学理论对百科知识的态度评判,可参考Geeraerts(2010)的相关论述。

是牵涉到我们对于世界的了解和认识状态；并且，这种百科知识也会影响我们的话语理解和建构、塑造我们的话语形式。但是，百科知识终究是模糊而难以把握的，如何对它加以系统化、条理化的描写却一直困扰着语言学家。现在，物性角色可以为这个问题提供一种形式化水平高、操作性程度强的解决手段。

物性角色的根基源于亚里士多德的"四因"说，在亚氏看来，世界上的万事万物都具有四个方面的属性，即形式因、质料因、动力因和目的因，这四方面属性汇聚了我们对于事物的一般性、常规性的认识和看法，反映了我们对于事物最为朴素和深刻的概念化理解方式。换而言之，这四因其实就是一种百科知识。受此启发，Pustejovsky（1991、1995）创立并发展出一套词项的物性结构描写体系，旨在以一种系统化、条理化的方式对词项（主要是名词）的语义信息结构进行描写，以求能够更为直接地反映我们对于词项单位的基本感受和认识。他希望通过这套物性结构体系，能够将亚氏所总结的百科知识以形式化的方式直接和语言平面挂钩，并使之参与到我们的言语理解和建构当中。简单来说，这套物性结构描写信息主要包括四个方面的语义知识（即物性角色），对应亚氏的"四因"，它们分别是：

形式角色（formal role）：描写对象在更大的认知域内区别于其他对象的属性，包括方位、大小、形状、维度和颜色等。比如，"石头"的颜色有"彩色、黑色、红色、褐色、白色"等，形状包括"圆形、柱形、方形"等，根据大小可分为"巨大、大、小、碎"等；

构成角色（constitutive role）：描写一个物体与其组成部分之间的关系，包括材料、重量、部分与组成成分等；也指物体在一个更大的范围内构成或组成其他物体。比如，"门"的构成角色中，因材料质地不同，可以分为木门、钢门、铝合金门、塑料门、铁门、铝木门、不锈钢门、玻璃门等；同时，"门"也是房屋的组成成分，其构成角色说明门是房屋的一部分；

施成角色（agentive role）：描写对象怎样形成或产生的，如创造、因果关系等。比如，饺子是用皮和馅儿包出来的，那么饺子的施成角色就是"包"这个动作；"椅子"施成角色是"制作、做、加工、编制"等；"医院"的施成角色是"办、盖、建立、创建、创办、开办、开设、设立"等；

功用角色（telic role）：描写对象的用途和功能。比如，beer 的功用角色是 drink，knife 的功用角色是 cut；此外，功用角色还可以描写人的社会功用，比如，"音乐家/批评家/科学家"等具有一定身份且以某项特定的活动为职业的人群,他们的功用角色就分别是"创作音乐/批评社会或艺术作品/进行科学研究"。

上述这四种物性角色展示了名词指称事物所涉及的百科知识,极大地丰富了名词的语义内涵,对于深入刻画名词的语义结构和信息具有重要的指导作用;同时,它们都是名词所涉及的基本角色,有着很强的心理现实性。更为重要的是,它们将人们对于名词指称事物的基本感受和认识以形式化的方式表征出来,让名词的语义信息变得不再飘忽不定从而难以把握。在语言平面上,物性结构描写体系可以直接通过规则化的方式解释语义的理解和生成过程,这里我们以形名组合为例加以说明。在英语中"an old friend"是一个歧义结构,既可以指"一个上了年纪的老朋友",也可以指"一个关系非常久的老朋友"。为什么会有这两种不同的意义?它们是通过什么方式生成的?现在有了上面这些物性角色,就可以对这些问题做出回答。因为名词"friend"具有形式角色和施成角色,它的形式角色包括"age"(如"老、少、年轻、年老"等),施成角色包括"form"("形成"朋友这种关系)。当形容词"old"修饰"friend"时,既可以利用名词的形式角色,表达"年纪老",也可以利用名词的施成角色,表达"关系久";因此,整个短语才会出现上述两种不同的意义。再比如,名词"pencil"具有构成角色"铅芯"和功用角色"书写",当形容词"red"修饰它时,既可以利用它的构成角色表达"红色铅芯的铅笔",也可以利用它的功用角色表达"记录(书写)赤字的铅笔"。由上述两个案例可见,对于语义的组合性和生成性难题,物性角色确实能够提供一种解决方案。

3.2 名词物性角色与中动句谓语的语义共构性和关联性

一个句子成立与否,不仅受到语法规则的制约,还受到不同成分在语义组合性上的限制。我们发现,决定中动句能否成句的主要因素是名词物性角色与中动句谓语部分是否在语义上具有共构性和关联性,这也直接影响到中动句对中动词的选择限制。首先,让我们来看一些合格的中动句[①],以此说明名词物性角色与谓语成分在语义上的共构和关联的重要性。根据中动句中"V起来"后成分的语义指向,我们将中动句分为三种情况来加以讨论:a. 语义指向主语名词所指称的事物;b. 语义指向"V+NP"所表示的动作行为;c. 语义指向隐含的施事性成分。

---

① 文中的例句大部分都是引自相关的文献,一小部分为作者本人拟造,下文不再一一注明。

先看第一种情况,即语义指向主语名词所指称的事物,如下面例(13)所示。这又可以细分为两个小类:(1)动词是主语名词的功用角色,如例(13)a、(13)a′;(2)动词不是主语名词的功用角色,如例(13)b、(13)b′。

(13) a. 这种苹果吃起来很酸。　　a′. 这把刀切起来挺顺手。
　　　b. 那些面料摸起来滑溜溜的。b′. 这蛋糕闻起来非常香。

在例(13)a 和(13)a′中,动词是主语名词的功用角色,"苹果"的功用角色是用来"吃"的,"刀"的功用角色是用来"切"东西的,即中动句中动词与名词的功用角色是叠合的;同时,形容词与名词的物性角色在语义上也具有关联性,能够对名词物性角色在语义性质上进行描述,比如,"苹果"的构成角色包含"口味",它与"酸"这一语义属性直接关联;"刀"的构成角色包括"刀刃、刀柄"等,它们在设计上能够给使用者"顺手"的感觉,如刀刃打磨得很锋利,刀柄设计成容易把握的样式,这些形式角色是产生"顺手"感觉的原因。

在例(13)b 和(13)b′中,动词不是主语名词的功用角色,但形容词在语义上能够与主语名词所指称事物的属性特征产生关联,并且我们对于形容词所表示性质状态的感受必须要通过动词所示动作行为才能达成和实现。Yoshimura & Taylor(2004)认为中动句的句式语义表达的是:主语名词所指事物的内在属性或性质能够明显地推动、促进或者阻止谓语成分所指动作行为过程的开展。例(13)b 和(13)b′反映了这样的情况。例如,"面料"是用来做衣服的,要判断面料的质量好坏,根据一般的生活经验,我们需要通过"摸"这一方式来看它的柔软、细腻、光滑等程度,面料本身的材质和属性特征使得它手感上"滑溜溜",也决定了"摸起来滑溜溜"这一状态的实现。"蛋糕"的构成角色是"小麦粉、鸡蛋、奶油"等原材料,经过烘焙后能够散发出香味,形容词"香"在语义上描述这一形式特征,而人们要感受到香味,就必须要通过"闻"这一行为;"闻起来香"这一行为状态的实现跟"蛋糕"经过烘焙后具有香味这一属性特征相关。也就是说,形容词所示性质状态必须要通过特定的动作行为才能实现,而名词自身的属性(物性角色)决定了谓语部分"V 起来 AP"这一动作状态的达成。

再来看第二种情况,即"V 起来"后成分语义指向"V+NP"所表示的动作行为,如下面例(14)所示。这又可以细分为三个小类:(1)动词是主语名词的功用角色,如例(14)a、(14)a′所示;(2)动词是主语名词的施成角色,如例(14)b、(14)b′所示;(3)动词表示对主语名词的行为处置,如例(14)c、(14)c′所示。

(14) a. 小说读起来耗时间。　　　a′. 这辆车开起来很容易。
　　 b. 话剧演起来很费劲。　　　b′. 航空母舰造起来不容易。
　　 c. 这种开关安装起来不容易。c′. 那种树木砍起来很费劲儿。

在例(14)a 和(14)a′中,动词是主语名词的功用角色,"小说"是用来"读"的,"足球"是用来"踢"的,即中动句中动词与名词功用角色是叠合的。而名词物性角色也与"V 起来"后成分在语义上具有关联性。具体来说,它能够促进"V+AP"这种状态的达成。例如,"小说"具有"篇幅长"的形式特征,因此,读完一部小说通常需要较长的时间,这一形式角色导致"读起来耗时间"。"开车容易不容易"有时取决于车子本身的性能,包括构成部件和功能设计等;也就是说,车子本身所拥有的形式和构成角色可以使它开起来容易。

在例(14)b 和(14)b′中,动词是主语名词的施成角色,即"话剧"是"演"出来的,"航空母舰"是"造"出来的,动词与主语名词的施成角色是叠合的,而名词物性角色也与"V 起来"后的形容词成分在语义上具有关联性。具体来说,物性角色对"V+AP"这一状态的实现能够产生影响。例如,要演出一场话剧,人员、剧本、道具、舞台设计等是必不可少的构成因素,每一个环节都需要加以精心布置和紧密配合,所以,"话剧"构成角色的复杂性决定了"演起来费劲"这一状态的实现。"航空母舰"是复杂的军事武器,其内部具有众多的构成部件,如"甲板、武器、电子设备"等,因此,"航空母舰"的构成角色的繁杂性自然会导致它"造起来不容易"。

在例(14)c 和(14)c′中,动词不是主语名词的功用或施成角色,而表示一种行为处置,谓语成分"V 起来 AP"与名词的构成或形式角色之间仍具有语义关联性。例如,"开关"具有复杂、细小的部件(构成角色),其外形构造也比较特殊(形式角色),这会导致"安装"过程不易操作;"树木"的枝叶繁多、根茎粗壮(构成角色+形式角色),使得要做出"砍"这一行为就得花费较大的力气。

总之,在例(14)这些情况中,名词自身的物性角色(形式角色或构成角色)跟谓语成分"V 起来 AP"在语义上具有共构性和关联性①,因此,所形成的中动句是可以成立的。

最后来看第三种情况,"V 起来"后成分语义指向隐含的施事。这又可以细

---

① 如例(14a)所示,"V 起来"后不一定都是形容词性短语,也可能是动词性短语。因为以出现形容词性短语的情况居多,并且为了称述方便,我们这里暂且统称为 AP。

分为两个小类:(1)动词是主语名词的功用角色,如例(15)a、(15)a′;(2)动词不是主语名词的功用角色,而表示一种行为处置,如例(15)b、(15)b′。

(15) a. 洋货用起来很舒服。　　a′. 自行车骑起来很轻松。
　　　b. 这种稿子校起来很疲劳。　b′. 屋子收拾起来很辛苦。

在例(15)a 和(15)a′中,动词是主语名词的功用角色,名词所指事物的属性特征能够促进谓语成分"V 起来 AP"所示状态的实现。比如,为了方便人们的使用,"洋货"在外观等方面的设计(形式角色)可能更加人性化,使得人们"用起来舒服";"自行车"也可以有某个专门的部件或具有某种独特的设计(构成角色或形式角色),能够让人们骑起来感觉轻松。在例(15)b 和(15)b′中,动词不是主语名词的功用角色,而表示一种行为处置,施事者之所以感到"疲劳"和"辛苦",也是由主语名词所指事物自身的属性特征决定的。比如,"稿子"里的字太小、文句不通,"房子"的面积太大、东西杂乱,这些形式角色导致"V 起来 AP"所指事件或状态的发生。

综上所述,从例(13)—(15)中我们发现,只有当主语名词所指事物自身的属性特征(通常表现为形式角色或构成角色)能够有助于谓语成分"V 起来 AP"所代表事件或状态的发生,即与谓语成分在语义上具有共构性和关联性时,所构成的中动句才是合格的。

殷树林(2006a,b)认为中动句可以表达"NP 由于 V 的实施而凸现出 AP 的性质"的意义,进入其中的动词必须可以支配做受事或客体成分的句首 NP,并且可以使 AP 的性质得到凸现。像"那篇文章抄起来很耐人寻味"这样的句子之所以不能成立,就是因为其中的动词所代表的动作行为不能凸现出主语名词的 AP 的性质。其实,换个角度从名词出发,也就可以解释为:主语名词"文章"与谓语成分"抄起来很耐人寻味"之间没有共构性和关联性,"抄"这一动作行为并不能使"文章"凸现出"耐人寻味"的性质,"文章"自身也不具有相关的属性特征能够推动"抄起来很耐人寻味"这一状态的实现。

与上面那些合格的中动句形成对比,如果名词物性角色与谓语成分在语义上不具有共构性和关联性,所形成的中动句则不能成立。这里我们分两种情况讨论:a. 动词是否为主语名词的功用角色,在一定程度上影响中动句的合格性,如例(16)所示;b. 动词虽然都是主语名词的功用角色,但对于名词所指事物的概念化识解决定了中动句能否成立,如例(17)所示。首先让我们来看第一种情况。

(16) a1. 这辆车踢起来很费劲。a2. 这辆车开起来很费劲。a3. 这个球踢起来很费劲。

b1. 这把椅子摸起来很舒服。b2. 这把椅子坐起来很舒服。b3. 这块布料摸起来很舒服。

c1. 这本书扔起来很轻松。c2. 这本书读起来很轻松。c3. 这个篮球扔起来很轻松。

在例(16)的三组例子中，a1(b1/c1)和 a2(b2/c2)中的动词不同，a1(b1/c1)和 a3(b3/c3)的主语名词不同。a1(b1/c1)不合格，而 a2(b2/c2)、a3(b3/c3)合格。

"车"的基本功能是供人们开的，即它的功用角色是"开"；并且，"车"的内部构造或设计(形式角色和构成角色)也能在一定程度上影响开车的感受。所以，"车"的物性角色与"开起来很费劲"在语义上具有共构性和关联性，例 a2 是合格的。例 a1 中，虽然车也可以被人故意地去踢，但在我们对"车"的概念化认识中，车本身并没有任何部件或设计旨在为了让人们去踢它；也就是说，"车"的物性角色与"踢起来费劲"在语义上并不具有共构性和关联性，因而例 a1 是不成立的。相反，在例 a3 中，"球"的功能用途(功用角色)就是用来"踢"的，并且它的大小、形状、重量等属性(形式角色)对"踢"这一动作行为能够产生重要的影响，"能够踢多远、用多大力气去踢"等都与之相关，所以"球"的物性角色与"踢起来很费劲"在语义上相关联，例 a3 合格。

同样地，b组和c组的句子也能做类似的分析。"椅子"是供人们坐的，即它的功用角色是"坐"；并且，"椅子"的设计或材质(形式角色和构成角色)也能在一定程度上影响"坐"的感受。所以，例 b2 合格。而例 b1 中，"椅子"虽然也可以被"摸"，但它并不是为了供人触摸而设计的，"椅子"本身没有任何属性特征旨在能够让人通过触摸而感到舒服，所以句子不成立。相反，在例 b3 中，"布料"的质地、柔软和细腻程度等光凭视觉是无法获知的，通常需要我们用手去触摸，通过"摸"才能感受到它到底舒服不舒服，所以句子也合格。c组中，"书"是供人们读的，即它的功用角色是"读"；并且，"书"的内容(构成角色)也能在一定程度上影响"读"的感受。所以，例 c2 是合格的。反观例 c1，虽然"书"也可以被扔，但"书"本身并不具有能够提升"可扔性"的属性特征，其物性角色跟"扔起来很轻松"这一行为状态在语义上不具有关联性，所以句子不成立。相反，在例 c3 中，"篮球"的功能用途是供人们投、抛、扔，它的重量、大小等形式特征(形式角色)在一定程度上能够影响"扔"这一动作行为,如"扔的有多远、需要耗费多少力气"等,所以句子合格。

接下来再来看第二种情况:

(17) a1. 这种苹果吃起来不容易。a2. 这种苹果吃起来很脆。a3. 这种核桃吃起来不容易。
b1. 这台洗衣机洗起来很舒服。b2. 这台洗衣机洗起来节约时间。b3. 这个澡堂洗起来很舒服。
c1. 这份报纸读起来很精彩。c2. 这份报纸读起来很吃力。c3. 这个故事读起来很精彩。

在例(17)的三组例子中,a1(b1/c1)和 a2(b2/c2)中的形容词不同,a1(b1/c1)和 a3(b3/c3)的主语名词不同。a1(b1/c1)不合格,而 a2(b2/c2)、a3(b3/c3)合格。

"核桃"是供人们吃的(功用角色),具有坚硬的外壳,如果不用工具就很难将外壳剥除,这种形式角色与"吃起来不容易"所表示的行为状态具有语义共构性和关联性,所以例 a3 是合格的。相反,在我们对"苹果"的概念化认识中,它的皮很薄,不具有核桃那种坚硬的外壳,也不需要像核桃那样去除外壳才能吃到里面的果实;所以,"苹果"这一形式角色与"吃起来不容易"所表示的行为状态不具有语义共构性和关联性,因而例 a1 不合格。如果把其中的形容词替换为"脆",那么,"吃起来很脆"就与"苹果"的物性角色产生关联性了,因为"苹果"的肉质(构成角色)可以表现出"脆"这样一种性质特征(形式角色),所以例 a2 成立。

同样的分析可以应用于 b 组和 c 组的句子上。"澡堂"是供人们洗澡(功用角色)的地方,里面的设备设施、人员的服务态度等构成因素(构成角色)可以让顾客产生"舒服"的感受,所以例 b3 合格。相反,"洗衣机"虽然是用来洗衣服的,但它本身却没有任何物性角色能与"洗起来很舒服"这种状态在语义上产生关联性,例 b1 不合格。如果把其中的形容词替换为"节约时间",那"洗起来节约时间"与"洗衣机"的物性角色就可以产生关联性了,因为"洗衣机"的部件性能等(构成角色)在一定程度上可以对其工作效率产生影响,例 b2 此时成立。c 组中,"故事"是供人们读的,曲折的情节和各式各样的人物性格(构成角色或形式角色)能够使人们读后感觉"精彩",例 c3 合格。相反,"报纸"的内容一般都是关于新闻事实的报道和采访(构成角色),这种内容方面的性质特征并不能让人们读后产生精彩的感觉,例 c1 不成立。如果把其中的形容词替换为"吃力",那么句子就成立,因为"报纸"的字体大小、内容的专业性程度等(形式角色或构成角色)在一定程度上可以对读者能否读的顺畅轻松产生影响。

综上所述,从例(16)(17)中我们发现,关于名词所指事物的概念化知识能够对中动句的合格性产生影响,那些不合格的中动句之所以不能成立,其原因就在于名词的概念化知识(即物性角色)与谓语成分"V 起来 AP"不具有语义上的共构性和关联性。与此相近,何文忠(2007a)也曾指出,合法的中动句应该满足"责任条件"(responsibility condition),即该被动参与者在说话人看来由于某种内在特征而使得事件可以以某种方式发生。可见,名词所指事物的属性特征在一定程度上能够影响中动句的合格性。

曹宏(2004a)以是否具有自主性这一语义范畴来鉴定中动句中的动词。我们认为,对于她所列举的不合格的中动句,除了可以从动词的角度予以解释外,同样也可以从名词物性角色是否与谓语成分在语义上具有共构性和关联性这个角度来加以说明。我们抽取如下几例,并对其中两例加以说明。

(18) a. 在公共汽车上,钱包丢起来很容易。
　　 b. 在跳高的时候,腿折起来很容易。
　　 c. 在山路的时候,脚崴起来很容易。
　　 d. 摔跤的时候,腰闪起来很容易。

从物性角色的角度看,上面例(18)a 不成立,是因为"丢钱包"这一行为和我们有关"钱包"的概念化认识中的物性角色没有关联性。对于"钱包",我们的基本认识是它可以用来装钱,即它具有装钱这一功能用途;当然,我们可以故意去丢或者扔钱包,但钱包的原初功能并不是为了让人们去丢它或者扔它,钱包的构成角色或者形式角色中也没有任何可以促进"可扔性"的语义内容。也就是说,"钱包"的物性角色与"扔起来容易"这一状态的实现之间没有共构性和关联性。所以,动词"丢"进入其中就会导致句子不合格。再比如,"腿"的基本功能是用来走路的,虽然我们可能会一不小心弄折了腿,但"腿"没有构成角色或者形式角色可以导致"容易折断"这一状态的发生,也正是因为"腿"的物性角色与"折起来很容易"之间在语义上没有共构性和关联性,动词"折"进入其中就会造成句子不成立。其余情况也都可做同样的分析。从另外一个角度看,"容易丢、容易折、容易崴、容易闪"这些状态的发生主要是由于人们自身的不小心或者不注意造成的,人的主观因素更应该对这些行为负责,而非取决于主语名词的客观属性特征。换句话说,正是由于主语名词的客观属性与上述状态之间没有必然的联系,例(18)中的中动句都不能成立。

Yoshimura & Taylor(2004)指出,在中动句中,主语名词的属性特征和物性角色被前景化(foreground),而施事者则被背景化(background),语义上隐含却不能出现在句子中。① 也就是说,如果中动句的谓语成分能够突显主语名词的物性角色,这样的中动句是合格的;相反,如果中动句的谓语成分所表示的动作行为的发生取决于施事者,将施事者突显,这样的中动句则不能成立。这种差异可通过下面这些例子展示出来。

(19) a. 这种苹果吃起来很脆。
　　　b. 这种苹果吃起来很容易。
(20) a. 这辆车开起来很平稳。
　　　b. 这辆车开起来很仔细。
(21) a. 这种稿子校对起来很烦琐。
　　　b. 这种稿子校对起来很细心。

上面每组例子中 a 句和 b 句的主语名词和谓语部分"V+起来"都相同,而形容词不同。a 句中的形容词在语义上都指向主语名词,名词的属性特征(即物性角色)在语义解读中是凸显的,能够对"V 起来 AP"事件负责,由此形成的中动句合格。比如,"苹果"的肉质特征能够引发"吃起来很脆"的感觉状态。b 句中的形容词在语义上都指向隐含的施事者,这也就意味着"V 起来 AP"事件的发生主要依赖施事者的作用(能力、耐心等),而非名词的客观属性,施事者在语义解读中是突显的,所构成的中动句不能成立。比如,"容易"的体验通常都是由吃东西的人才能感受到的,而跟"苹果"这一客体事物无关。上述 a 句和 b 句的这种差异也就说明,合格的中动句必须突显的是主语名词的属性特征(即物性角色),名词在语义上与谓语成分具有共构性和关联性,能够促进或帮助谓语成分所指事件或状态的发生。

3.3　名词物性角色的语境充实和中动句的语义解读

上文的相关论述已经显示,合格的中动句要求主语名词的物性角色与谓语成分在语义上具有共构性和关联性。然而,在具体的语言交际过程中,随着语境的不断调整,名词的物性角色也不是一成不变的,可能会发生一些变化,这就使

---

① 何文忠(2004)同样认为,中动结构的认知动因是弱化事件主动参与者(施事)的作用,凸显被参与者(受事)对于事件的发生所发挥的积极作用。

得那些原本孤立地看并不属于名词物性角色的语义信息也可以固化为名词自身语义的一部分,从而能够被人们容易地加以提取和激活。这导致的一个现象是:那些脱离语境的不合格的中动句在特定的语境下也能变得可以接受。比如(引自 Yoshimura & Taylor 2004):

  (22) a. That corner sells well.
    b. (dialogue between bookshop personnel on a newly published book)
    A: Where should we display this new book?
    B: That corner over there sells well. It sells much better than this one over here.

  在脱离语境的情况下,a 句显然是难以成立的,因为很难在名词 corner 的语义信息中找到与谓语成分 sell well 相关联的物性角色;我们对于 corner 的百科知识也无法提供任何线索从而使它能与交易活动产生关系。但是,如果有了一定的语境帮助,a 句就完全有可能变为合格的中动句,如 b 句所示。b 句构造了一个书店售货员之间的对话情景,这一新的语境使得名词 corner 的语义信息得到充实。因为根据售货员的售书经验和吸引人们购买的目的,他们知道什么地方是比较容易让顾客留下深刻印象的,从而能够吸引顾客购买图书。也就是说,在对话的情景语境下,corner 被售货员赋予了一定的功用角色,即这个地方可以有助于 sell 这一行为的发生,那么,corner 和 sell well 在语义上自然具有共构性和关联性。通过语境化,主语名词的功用角色对动作行为的发生所产生的积极作用被突显强化出来,从而也就增强了中动句的合格性。

  当然,语境的构造途径可以是多样的,除了像上例那样构造一个场景之外,还可以通过比较状语来产生新的语境。以上面例(18)中不合格的中动句为例,如果在句子中添加一个比较对象,那么,句子的合格性程度就会有所增加。例如:

  (23) a. 在公共汽车上,与手机相比,钱包丢起来更容易。
    b. 在跳远的时候,与上身相比,腿折起来更容易。
    c. 与水泥路相比,在山路的时候,脚崴起来更容易。
    d. 摔跤的时候,与脚踝相比,腰扭起来更容易。

  殷树林(2006)曾将"NP$_{(对象)}$+(状)+V 起来+AP"这类中动句法格式分为

两种不同的型式：型式一如"这件夹克穿起来有点大"，表达的意义是"NP 由于 V 的实施而凸显出 AP 的性质；型式二如"语言课教起来特别困难"，表达的意义是"由于某种原因，V 支配 NP 是 AP 的"。

我们认为，上面例(23)中的句子从语义表达上看其实更接近于型式二，但也存在细微的差别，因为这里的动词并不构成与主语名词之间的绝对的支配关系，比如，"丢"并不支配"钱包"，"折"并不支配"脚踝"等。但是，这些动词又具有很典型的"非宾格动词"（unaccusative verb）的特征：它们都是不及物动词，其主语名词在深层结构中是动词的直接宾语，在表层结构中有时出现在动词短语的宾语位置，有时出现在动词短语的主语位置上（Perlmutter 1978）。例如：

a. 他的钱包丢了　～　他丢了钱包
b. 她的腿折了　～　她折了腿
c. 他的脚崴了　～　他崴了脚
d. 她的腰扭了　～　她扭了腰

上面左栏中的动词是非宾格动词，右栏中的动词是使役动词，这种非宾格动词和使役动词的变换关系叫作交替（alternation）现象。Levin & Rappaport(1995)认为，动词的使役形是基本的，而非宾格形则是派生的，非宾格动词来自使役动词。而从语义衍生关系上看，非宾格动词表达的是一种初始的、原动的状态，如果我们将这种状态看作是某种结果，追溯造成这种结果的动因，得到的便是一种使役关系（顾阳 1996）。因此，"丢、折、崴、扭"等非宾格动词多多少少还保留了些使役动词的语义性质。正因为如此，它们可以进入表致使义的"把"字句中。例如：

a. 他把钱包(给)丢了。
b. 她把腿(给)折了。
c. 他把脚(给)崴了。
d. 她把腰(给)扭了。

而使役动词在一定程度上同时具有自主性和及物性特征[①]，这为这些动词

[①] 使役动词表达复杂事件的外因及结果，在动词的词义中标有活动或使因及结果或改变了的状态这两个意义，具有较强的动作性；因此，从使役动词发展而来的非宾格动词也具有活动和结果两个意义，也具有较强的动作性。Hopper & Thompson(1980：251-299)指出，行为或动作是构成动词及物性的要素之一，动词表行为则及物性高，动词表非行为则及物性低。

进入中动句式提供了一定的条件,因为中动句式通常要求其中的动词具有自主性(曹宏 2004a,殷树林 2006)。

当然,正如例(18)所示,仅仅具有部分的自主性特征还不足以让这些动词能够进入中动句式。比较状语的加入使得一个新语境得以产生,并由此可以临时激活主语名词的相关物性角色,这为中动句的成立提供了额外的条件,相当于填充了上面型式二的语义解释中"由于某种原因"的内容。这里,我们选取例(23a、b)两句为例加以说明。

在例(23a)中,"手机"和"钱包"在"丢失起来容易"这一状态上的对比容易激活这两类事物的一些内在性质:"钱包"在体积上可能更小、经常装在口袋里而容易忽视,"手机"的体积可能更大、经常拿在手上而不易丢失,这种性质特征上的差异会对它们的"可丢性"产生影响。正是因为有了与"手机"的对比,当置于讨论容不容易丢失这一具体的语境下,"钱包"原有的"装钱"这种功用角色被隐没(hidden)了,而与"手机"相比"体积较小"这种形式角色被突显(prominent)了,因而能与谓语部分"丢起来更容易"形成语义上的共构性和关联性,达到语义连贯的效果。整个中动句所表达的意思可以概括为"由于钱包体积较小,在公共汽车上丢钱包这种情况是容易发生的。"再来看例(23b),在跳远的时候,腿的用力往往会比上身的用力要大,因此它们也就存在"可折性"大小的差别。当被置于跳远和与上身对比的语境下,"腿"的功用角色"走路"此时被隐含了,而其"能够发力并且需要承受重量"这一特性则被突现出来,因而也就更加容易出现折断的情况;所以,它与谓语部分"折起来更容易"具有语义共构性和关联性,整个中动句所表达的语义可以概括为"由于腿要发力并且承受重量,跳远的时候折断腿的情况更加容易发生"。

总之,对比语境所产生的效果是能够将中动句主语名词所指事物的内在属性特征突显出来,形成与谓语部分的语义连贯性,并且使它具有一定程度上的"可 V 性";进而,原本不成立的中动句,其可接受度也会有所提高。换而言之,原本不成立的中动句经过适当的语境化过程之后,可以充实名词的语义信息和相关的物性角色,从而使得中动句的合格性增强。Langacker(1991)指出,一个述谓结构表达式的重要性在于它反映了说话人对某一情形的识解方式,它的可接受性很大程度上取决于说话人对特定情形的识解知识和视角。也就是说,借助于百科知识和语境知识,我们对于事物特定状态的解构和认识视角以及概念化过程,可以把原本不能进入中动句的动词转变为可以嵌入中动句中的合格而恰当的动词。

四、结　　语

  单纯从动词本身的语义或动词对名词施加影响等角度都不能完全解决中动句对动词的选择限制问题。生成词库理论所提出的物性角色为中动结构的生成,具体来说为中动句中动词的选择提供了更多的语义约束条件。中动结构旨在突显事物的属性特征对于动作行为或状态的促进作用,因而也就内在地要求主语名词与谓语成分在语义上具有共构性和关联性,只有满足这种条件的中动句才是合格的。当然,对于事物属性特征的认识反映了我们的识解和概念化过程;随着语境的调整,识解的角度和方式必然会发生变化,我们对于事物的概念化知识也就可能会发生扭曲和变形,这就使得中动句的合格性处于动态变化之中,原本不合格的中动句被赋予一定的语境之后也可以成立。从中动句的句法语义分析中可以明确一点的是:语言是对我们如何认识世界的反映;反过来,对于世界的认识也会在一定程度上塑造我们的话语形式。

(本文缩减版原载《外国语》2018年第1期)